国家社会科学基金项目
"劳动者素质提升与产业优化升级的协同路径研究"（18BJY049）的最终成果

中国劳动关系学院 CHINA UNIVERSITY OF LABOR RELATIONS | 学术论丛

劳动力素质提升
与产业优化升级的协同路径研究

RESEARCH ON THE SYNERGISTIC PATH OF
IMPROVING LABOR QUALITY AND
UPGRADING INDUSTRIAL STRUCTURE

张 勇 著

社会科学文献出版社
SOCIAL SCIENCES ACADEMIC PRESS (CHINA)

目 录
CONTENTS

引　言

　　仰望苍穹，满星空的迷惑；放眼寰球，满世界的不解。姑且略过外太空的神秘，怯怯自问，我们身处的星球究竟是如何运转的？大到一片海、一座山、一片丛林，小至一滴水、一块石、一棵草、一尾南极红虾，万事万物运行之精妙远远超越了人类的想象。

　　自第一批智人离开东非大峡谷以来，地球已经发生了翻天覆地的变化，珠穆朗玛峰顶和马里亚纳海沟都留下了人类的印迹。然而，人类一边欢天喜地尽享高科技创造的财富盛宴，一边又为微弱的大地颤抖或气候扰动惊惶失措。在似乎无所不能又时常无能为力的挣扎中，科技腾飞和局部战争还在同行，穷奢极欲和食不果腹依然并存，乱砍滥伐和随意排污也并未止步。

　　大自然仿佛是人类的母亲、先生、伙伴、对手……，飘忽不定，难以言说。人类与大自然究竟要如何相处？正在朝着第二个百年奋斗目标阔步前行的中华民族能否给出不一样的方案？党的二十大报告指出，我们要站在人与自然和谐共生的高度谋划发展，以中国式现代化全面推进中华民族伟大复兴，同时要推动构建人类命运共同体，创造人类文明新形态。

　　这是一项艰巨的任务，也是一项神圣的使命。在国家社科基金的资助下，我们（课题组成员包括：张勇、赵明霏、王珊娜、冯婧、王蓉、赵鑫全、高雪原、燕晓飞、刘军丽、刘盾、王建宁）将产业活动视作人类与自然互动的一种重要形式，试图从"人口与产业协同发展"的视角做一点力所能及的探索工作，期待能够发现些许维护人与自然和谐共生的线索。这份工作的起步或许是微不足道的，但我们依旧小心翼翼而又竭尽全力，因为，我们每走一步，似乎都能够看到一束被称为"协同经济学"的光在不远的前方闪烁着。

呈现在您面前的这本书围绕"劳动力素质提升"和"产业优化升级"两个话题展开，目的是寻求二者协同发展的路径。全书分为10章，第1~3章为研究准备，基于对中国经济实践的分析和对相关文献的梳理构建起本研究的框架；第4~9章为研究展开，分别从产业结构高端化、融合化、智能化和绿色化等视角出发，由表及里，对劳动力素质与产业优化升级的关系进行了理论分析和实证检验，并从创新的角度对整个研究工作进行了系统化分析；第10章为研究总结，在国际比较的基础上提出了实现劳动力素质提升与产业优化升级的协同路径和政策建议。

第一章　问题导入：协同思维下的
人与产业

在数千年的文明进程中，人类不断认识和改造自然，并在与大自然的互动中孕育出了丰富多样的产业形态，同时也通过相关产业活动改变着自身。如果把大自然比喻成一片原本平静的菜园子，那烈日下各种农机具的轰鸣声、菜市场里买卖双方的讨价还价声、灶台前铁铲与炒锅的碰撞声、餐桌上美食入口时的赞叹声……无疑是一首首美妙的乐章，也是学术殿堂里永恒的探讨话题。经济学也不例外！

第一节　经济学视野中的人与产业

大约在奴隶主们徘徊于田间地头苦苦思索他们的庄园到底该如何经营之时，学科意义上的经济学便开始萌芽了。由于温饱问题在人生中处于无可替代的地位，因此在绝大多数时间里，经济学家都把财富创造作为研究的重心。或许是基于此，威廉·配第（William Petty）的"劳动是财富之父，土地是财富之母"的著名论断才被广泛传播。问题在于，财富并不能成为终极共识，财富的背后还存在获得者和享用者，也包含着孕育它的自然源泉。19 世纪后半叶经济危机悄然来袭，新古典经济学派创始人阿尔弗雷德·马歇尔（Alfred Marshall）指出，经济学是一门研究财富的学问，同时也是研究人的学问。因此，为了更清晰地认识人类与自然的关系，经济学就必须花费一定的精力去探讨人与产业（作为财富代名词）的关系。

一　作为产业活动主体的人在自我认知方面的三重困惑

人类对自我的认知从来就没有停止过，将来也不会！这不仅仅是因为人所生存的环境在不断变化，而且就其作为认知主体而言，人自身也时刻处于变化之中。在生物学上，人是一种能够直立行走的哺乳动物，当这种外部形态和机体生理特征被延伸至 DNA、染色体或基因领域之后，我们似乎能比较轻松地界定什么是"人"。"克隆"的出现是一个新的挑战，但只要我们守住"精神、思维、情感"的界限，对生物学上人的认知总不至于枉断梁塌。然而，经济学家想要在学科层面不产生明显争议的同时对人做出假定并不是一件容易的事情。

经济学关于人之假设的第一重困惑来自理性问题。几乎所有人文社会科学都认可"人是感性和理性的结合体"的观点，并以此作为学科研究的重要前提，但经济学家却偏偏要对两者作出取舍，以便更好地利用其数学优势，这就使得经济学更像一门自然科学。然而，几乎所有的自然科学都忌讳人的情感因素的干扰，仅沉醉于对自然现象纯粹的逻辑推演，而经济学家却时时刻刻要面对人，即便是在经济实验中也需要投入很大精力处理人的感性问题。由于人的感性行为会让量化分析变得相对困难，因此对经济学研究而言，在多大比例上接受人的感性假设，也就意味着在多大比例上放弃量化优势；而在多大比例上接受人的理性假设，预示着在多大比例上背离自身的研究对象。不仅如此，即便人的理性在纯粹的经济活动中能够被抽象出来，但这种理性也可能是非共同的和非持续的，即人与人之间的理性是否相同和是否可比仍旧无法被证实，而特定个体的理性是否可持续更是无从论证。

第二重困惑是非共同、非持续的理性引发的最大化问题。数学原本就是一种理性的存在。20 世纪中叶以来，经济学在量化分析的道路上越走越远，对理性人假定的依赖也越来越高，逐渐陷入"理性—量化—

理性—量化"的循环。数学最早进入经济学研究具有一定的合理性，但其目的更像是为了简化分析而非精确分析，因为人类经济行为的不确定性原本就与自然界物体运动的稳定性显著不同。如今，经济学界之所以会陷入量化精准分析的误区，很大程度上源自对"最大化"的痴迷。人的欲望是否永无止境实质上是一个哲学命题，经济学要在这一前提下借助资源稀缺性寻求人类经济行为的最大化，本身就有些不够理智。即便这一假设是成立的，人类到底想要最大化的是什么却不太能说得清楚。再退一步讲，人类整体的最大化诉求真的能涵盖甚至替代每一位个体的多样化诉求吗？答案恐怕是否定的。这就使得经济学在宏观和微观上存在天然的冲突，自然科学中的叠加定律很容易被谷贱伤农的故事所伤。

第三重困惑是无法有效识别的最大化导致的劳动问题。经济学最早的最大化指的是单纯的财富，这在温饱还未有效解决的时代是很容易被理解的，尤其在以体力劳动为主的生产方式下，人被简单地视作一种投入要素也是正常的。20世纪初的大萧条是一个重要的分水岭，财富的大量过剩和贫困的大量存在形成强烈反差，促使经济学界开始反思过去的理论假设是否合理。一方面，宏观的富裕和微观的贫困冲突很显然不仅仅是收入分配制度的过错，似乎与人性本身有着直接的关联，况且制度也是人的选择而非自然的创造，因而把劳动简单地视作不悲不喜的生产要素并不合理；另一方面，在不断涌现的新技术的带动下，人的劳动呈现明显的复杂性和情绪化，如何计算劳动要素的投入量变得非常困难，而个体在温饱问题解决之后的劳动投入选择更是千差万别，理性假设和最大化假设都面临着重大挑战。

二　经济思想在人与产业关系认识上的三次转变

经济学关于人之假设的困惑从根本上与人的双重身份有关，即人既是生产过程中劳动要素的投入主体，又是生产财富的分配和享用主体，这就使得经济学意义上的人既具有自然属性又具有社会属性。如何处理人的自然属性与社会属性的关系成为经济思想在认识论上三次跨越的重要标识，而每一次跨越都与特定时代的产业形态息息相关。

第一次跨越是从"天"到"物"的转变。早期的经济活动严重受制于自然，人类在各种影响生产效率的自然现象面前只能被动接受，对于频繁发生的自然灾害更是束手无策，主导的经济思想将其归属于"上天"或"神灵"的意志。从古希腊的自然法到古罗马的宗教一统天下，处处都能看到"人的无助"和"自然的神力"，加之为争夺领土而接连爆发的种族战争，绝大多数人都是在温饱线之下度过一生，只有极少数人过着挥霍无度但精神空虚的生活。在此背景下，无论享乐者还是禁欲者都不约而同地将内心的追求诉诸神灵的施舍，特别是中世纪的西方经济思想总体上是将人置于神灵的牢笼之内。发生在 17 世纪的工业革命冲破了自然力的约束，随之诞生的古典经济学果断放弃了神本主义的思想，将注意力更多投向物质生产领域，尽管对"人"也有一定的关注，但总体上是作为"物"的附属而存在。

第二次跨越是从"物"到"人"的转变。工业革命后的两三百年，是全球物质财富大爆发的时代，也是一个"供给能自动创造需求"的时代。以 19 世纪末陆续爆发且波及范围与破坏程度都持续扩大的经济危机为标志，"生产相对过剩"或"有效需求不足"成为一种经济常态，经济学家们对"效用"的兴趣逐渐浓厚起来。新古典经济学家认为"人"不仅是一种劳动要素，还是有情绪的消费者，还指出是消费者需求的满足（效用水平提升）引导着生产的方向，而不是生产创造消费者的需求，效用价值论甚至成为新古典经济学的理论基石。第二次科技革命和两次世界大战的爆发使得经济学家们进一步认识到，不重视"人"的双重属性，经济注定会走向失衡。在凯恩斯的经济思想里，心理因素占据了非常重要的位置，"人"而非"物化的人"真正站到了经济学的舞台中央。

第三次跨越是"人""物"分离到"人""物"融合的转变。几乎所有的早期经济思想都在"人"与"物"之间设置了明确的分界线，这也是导致人对物占有、控制和争夺的重要原因。20世纪中后期的"滞胀"不仅重新唤回了自由主义的思潮，同时打开了经济学界的格局，人力资本理论、演化经济学、实验经济学等理论纷纷破土而出，意味着经济学家们已经清醒地认识到，只有把"人"与"物"融合在一起讨论，才有可能真正地找到经济运行的规律。具体来说，离开"物"的环境分析"人"的理性或劳动问题，很容易陷入主观主义的泥潭；反之，剥离"人"的社会属性探讨物质世界的意义也值得怀疑。

三　动态视角下人与产业关系的三大方向

长期以来，讨论人与产业关系的核心其实是讨论人与自然的关系。工业革命后短短几百年的时间，地球完全变成了另外一番景象，这成了"人是自然的主宰"这一观点的自信之源；然而，人类在自然灾难面前的柔弱无助也使得一部分人坚信，社会规律永远跳不出自然规律，人类只能是自然界的一个组成部分。人工智能在全球范围内的快速兴起正在模糊"人"与"物"的传统边界，再次引发了社会各界关于人与自然关系的大讨论。

一是乐观的主宰视角。与早期产业发展方式相比，科技在今天人类经济活动中的地位空前抬升。科技让人类受制于自然的领域持续萎缩，在人工智能的帮助下，"稀缺性"很可能不再是一个必须的话题，人工智能是否会脱离人的控制似乎才是问题的关键。乐观者认为，无论多么先进的人工智能都是在人的控制下实现的"物"的智能化，人类推动"物"的智能化的每一步都伴随着与之相应的掌控能力的提升，人工智能无论如何都不可能超过人类的智慧水平。

二是悲观的终结视角。纵观历史，人类用于征服自然的任何科技发明最终都被证明是一把"双刃剑"。人工智能毫无疑问地将大幅度解放人力，推动人类朝着控制自然的道路上继续迈进，但人工智能是否可能脱离人类的掌控呢？悲观者认为，人工智能终将脱离人的控制而成为人类的终结者。人的贪欲导致其对先进技术的追求永远不会停止，而人工智能迟早会获得独立思考的能力，并成为人类的竞争对手。同时，人工智能是人类集体智慧的凝结，但现实世界的人类却无法迅速集结所有人的才智，这决定了人类在与人工智能的对抗中必然会落下风。

三是中性的协同视角。在更多的学者看来，人类从来就没有真正地主宰过自然，未来也不可能跳出自然规律。人工智能不过是人与自然互动中介（产业）的组成部分。人工智能究竟是为人的生活质量提升服务还是成为人类秩序的破坏者，在根本上不是取决于人工智能，而是取决于人类自身。换句话讲，未来人工智能如果成为破坏乃至毁灭人类的因素，那一定是人类自己犯了过错！由此，人类更应该在动态中寻求与自然的协同发展，而非期望成为自然的主宰者。如果回归到最朴素的学术思路，大自然仅被视作不善不恶不喜不悲的外部环境，人类真正能够掌控的仅仅是作用于自然的经济活动，如果还能够有所作为的话，或许只有努力寻求人与产业协同发展这一条道路。

第二节　新中国人与产业关系的
演进历程及启示

在认识和处理人与产业关系的问题时，盲目乐观和过分悲观都不是科学的态度，积极稳妥地推动人与产业协同发展才是我们要选择的道路。中国特色社会主义已经进入新时代，迈上新征程，面对构建新发展格局的历史重任，我们能够从历史这面镜子里发现哪些有意义的启发呢？回顾新中国七十多年的经济发展和产业演进史，可以 1978 年为界线，将其划分为计划经济时代的产业奠基和市场经济探索中的产业壮大两个时期，改革开放后又可被细分为产业扩围和产业跃升两个阶段，每个阶段的人口政策和劳动就业情况呈现不同的特征。回顾并反思各个阶段人与产业的互动情况，认真总结经验教训，对于全面深化改革开放，更好地把人口数量优势转化为质量优势，加快形成以国内大循环为主体、国内国际双循环相互促进的新发展格局，推动经济高质量发展具有积极意义。

一　产业奠基阶段的人口政策与劳动就业

中华人民共和国成立之初，我国产业基础能力薄弱、结构失衡、体系零散。这一时期的人口政策在限制节育和鼓励节育之间交错，占比超过40%的第一产业始终无法填饱数亿国民的肚子（见图1-1），吃饭仍是头等大事；作为工业基础的钢产量还不到美国的四百分之一（郑有贵，2016），全国铁路线总计不足三万公里且破坏严重，国家建设困难重重。

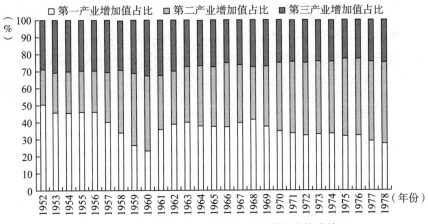

图1-1　1952～1978年中国三次产业增加值构成情况

资料来源：各年度《中国统计年鉴》。

为应对物质资本和人力资本双重短缺的困境，我国选择了优先发展重工业的战略，基本建立起了独立的工业体系，部分国防工业实现重大突破。与此同时，第二产业就业人口比重波动上升（见图1-2），到1978年，第二产业和第三产业共同吸纳就业人口所占比重约为30%。

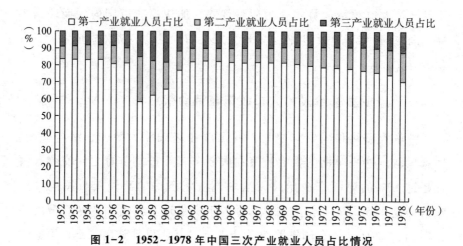

图 1-2 1952~1978 年中国三次产业就业人员占比情况

资料来源：各年度《中国统计年鉴》。

这一时期，农村和城市经济活力不足，资源配置扭曲，国民经济运行效率低下，城市新增岗位有限，就业压力长期居高不下，农村劳动力素质偏低且缺乏最基本的动力。可以说，计划经济下的人像是社会机器上的一个零件，或者产业发展中随时待命和毫无主见的附属物，其主观能动性很小。

二 产业扩围阶段的人口政策与劳动就业

新中国前三十年的曲折探索付出了沉重的时间、人力和物力代价，初步构建起来的产业体系层次还很低端，结构也极度失衡。从改革开放初期三次产业就业人员占比情况来看，第一产业仍然占据很大比重（见图 1-3），工业化总体处于较低水平。1979 年，我国第一产业就业人员占比为 70% 左右，第二产业就业人员占比不足 20%。这一时期的产业层级严重限制了我国劳动力资源丰富这一突出优势的发挥，加之价格扭曲导致资源的大量错配，市场主体内在动力受到抑制，产业竞争力整体上不足。

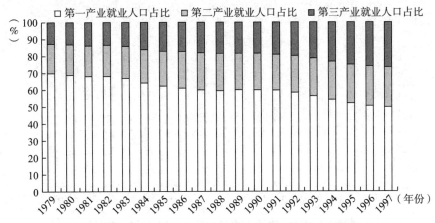

图 1-3　1979~1997 年中国三次产业就业人员占比情况

资料来源：各年度《中国统计年鉴》。

党的十一届三中全会开启了中国改革开放的历程，以各领域"放权让利"为主要特征的渐进式市场化改革正式拉开序幕。放权让利在本质上是通过决策分散化释放人的主观能动性，调动政府、企业、居民等各类主体参与经济建设的积极性，并以广阔的市场吸引外资的进入，扭转资本短缺的局面。同时，改革完善劳动力市场，数千万劳动力实现了流动就业，投资和消费需求"双旺"让经济规模扩张和结构均衡两方面都取得了显著成效。

这一时期的产业呈现明显的增量和扩围特征（见图 1-4），产业结构也在逐步改善。1997 年，国内生产总值（GDP）达到 78973 亿元，是 1979 年的 19 倍多。其中，第一产业增加值稳步增长但占比呈波动下降趋势，从 1979 年的 31.3% 降至 1997 年的 18.3%；1979~1997 年，随着工业化的快速推进，第二产业增加值占比在经历了 20 世纪 80 年代的小幅下滑之后，重新回到接近 48% 的水平；第三产业增加值占比呈波动上升趋势，由 1979 年的 21.6% 上升至 1997 年的 34.2%。"二三一"的产业结构趋于稳定并在继续优化。

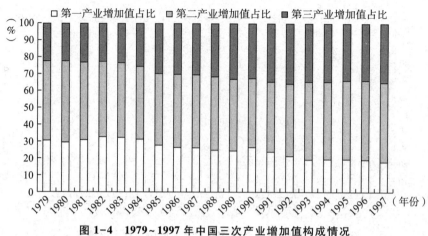

图 1-4　1979~1997 年中国三次产业增加值构成情况
资料来源：各年度《中国统计年鉴》。

三　产业跃升阶段的人口政策与劳动就业

为应对亚洲金融危机后的出口紧缩，我国于 1998 年实施了积极的财政政策，以政府主导投资的方式重启了重化工业发展之路，基础设施建设成为推动这一时期经济增长的主要动力，1998~2017 年我国第二产业增加值占比保持在 40% 以上（见图 1-5）。各地大规模基础设施建设和房地产投资打开了农村剩余劳动力进城的大门，我国数量型人口红利开始集中释放，人口大规模流动进入爆发期。如图 1-6 所示，2000 年我国流动人口规模首次迈入"亿级"，2008 年进一步跃上"两亿级"台阶，到 2017 年已经连续五年稳定在 2.5 亿人左右。从流动方向上看，以农村进入城市为主，由此带动全国城镇人口占比由 2000 年的 36.2%快速攀升至 2017 年的 60.2%。从三次产业就业结构情况来看（见图 1-7），1998~2017 年我国第一产业就业人口占比呈下降趋势，第三产业就业人口占比增长趋势明显。

投资主导型重化工业发展方式确保了我国经济的持续快速增长，但也埋下了诸多隐患，威胁着长期发展的持续性。一是粗放型增长背后资源短缺的问题日益显现，资源开发和运输压力快速上升，部分能源对外

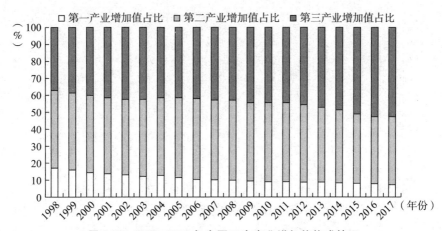

图 1-5　1998~2017 年中国三次产业增加值构成情况

资料来源：各年度《中国统计年鉴》。

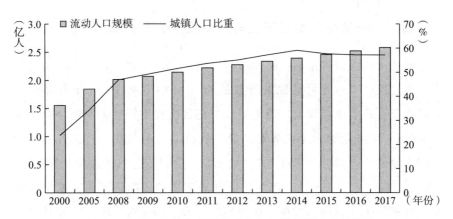

图 1-6　2000~2017 年我国流动人口规模及城镇人口比重

资料来源：根据各年度《中国统计年鉴》和《中国流动人口发展报告》数据整理绘制。

依存度亮起警灯；二是环境破坏现象严重，生态承载能力受到极大挑战，空气质量问题在全国范围内蔓延，人民正常的生产生活受到不同程度的影响；三是人口红利消散，劳动力成本上升，产业升级步伐受阻，陷入"中等收入陷阱"的风险上升。

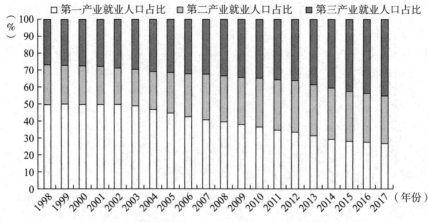

图1-7　1998~2017年中国三次产业就业结构情况

资料来源：各年度《中国统计年鉴》。

四　"双循环"背景下人与产业关系的再思考

党的十九大报告指出，必须统筹国内国际两个大局，始终不渝走和平发展道路、奉行互利共赢的开放战略。2020年4月，在十九届中央财经委员会第七次会议上，习近平总书记首次提出构建新发展格局。自"双循环"提出以来，学术界对"新发展格局"的关注度持续升温。学者们大量使用"堵点""难点""短板""关键点""着力点""要点""基石""抓手""基础""基点"等展现逻辑归属的词汇建言献策，但系统分析相关文献就会发现，相同逻辑归属用词所对应的内容却是五花八门，既有多对一关系，也有一对多关系，甚至还存在各种交叉关系。"双循环"是党中央立足过去发展基础、在特定时点上作出的重大战略决策，既体现了我国积极应对当前复杂多变经济形势的态度，又展示了我国对未来较长一段时期经济发展路径的新谋划。构建"双循环"发展格局绝不是另起炉灶，坚持新发展理念、持续深化改革开放没有变，坚持推动供给侧结构性改革、保持人口与产业协同发展的主线同样没有变。

站在新的历史起点上，寻求人与产业协同发展的路径，需清楚以下几个基本的共识。其一，要有边界意识。地球的资源不是取之不竭用之不尽的，人的欲望也不能是永无止境的，产业对人欲望的满足要在地球可承载的范围之内。其二，要有共同体意识。实现中华民族伟大复兴离不开民族自尊心、自信心和自豪感，但绝不能关起门来孤立崛起，该学的要学，该帮的要帮，谦卑和爱心都是大国崛起道路上不可或缺的品行和利器。其三，要有规则意识。人与产业的协同发展不可能自动实现，追求协同发展意味着某些领域在速度、力度或幅度上的主动让步，共同遵循的规则能够让合作走得更长久和更平稳。

第三节　新时代促进劳动力素质提升与产业协同的现实意义与重点任务

新时代意味着马克思主义中国化实践翻开新的篇章，其客观依据是我国社会主要矛盾已经转化为人民日益增长的美好生活需要和不平衡不充分的发展之间的矛盾。按照党中央的总体部署，解决我国新时代主要矛盾的根本路径在于通过全面贯彻创新、协调、绿色、开放、共享的新发展理念，充分发挥我国人口大国优势，不断深化改革和扩大开放，持续推动产业结构优化升级。

一　新时代继续推动产业结构升级所面临的人口问题

人口是经济社会均衡发展的基础性、全局性、关键性要素。与以往相比，2021 年中国第七次全国人口普查（以下简称"七普"）基本数据受到了全社会的广泛关注，尤其是劳动力市场所呈现的新趋势将对中国人口和产业政策走向产生深远的影响。

其一，中国劳动力数量由过剩转入短缺成为无法回避的事实。"七普"数据显示，中国仍然是世界第一人口大国，但人口年均增速从

1982 年 "三普" 之后开始下滑，由 1982 年的 2.09% 下降至 2020 年的 0.53%。虽然全面放开二孩政策实施后出生人口有所回升，但在 2020 年之后主要受育龄妇女数量减少等因素的影响，人口增长势能进一步减弱，我国人口总量预计在 2025 到 2030 年间达到峰值①，之后就会开启负增长，人口总量将逐渐减少。受此影响，中国改革开放以来依靠劳动力数量充裕带来的发展优势正在消失。"七普" 数据显示，中国 15~64 岁劳动年龄人口规模在 2013 年达到 10.06 亿人的峰值，之后开始逐年下降，2020 年下降至 9.68 亿人，与 2010 年相比减少了约 3000 万人。根据联合国《世界人口展望》及国内学者的预测，中国劳动力人口规模在 2050 年将下降至 8 亿人左右，这意味着中国劳动力总量供给将进一步减少，人口数量红利逐渐消失，甚至可能出现劳动力数量短缺风险（童玉芬等，2021）。如果劳动力供给总量萎缩趋势无法得到有效控制，那么未来劳动力成本将不断上升，最终导致部分制造业外迁。

其二，短期内难以扭转中国劳动力年龄结构持续老化的趋势。与人口总量相比，人口年龄结构直接决定了一个社会可能参与财富创造的人口比重以及整个社会的抚养负担。"七普" 数据显示，2020 年中国有 1.9 亿 65 岁及以上人口，占到了全部人口的 13.5%，几乎相当于老龄化社会标准（7%）的两倍，正在逼近 14% 的深度老龄化标准。绝大多数老年人口逐渐退出劳动力市场，一方面会导致中国劳动年龄人口比重不断下降；另一方面也意味着社会抚养负担的增大。1990 年中国社会老年抚养比为 8.3%，2020 年已上升至 19.7%。② 由于人口繁育周期较长，人口年龄结构的变动趋势一旦形成，很有可能形成路径依赖，要改变的难度非常之大。在信息技术日新月异的大背景下，

---

① 陈功. 我国人口发展呈现新特点与新趋势——第七次全国人口普查公报解读［EB/OL］（2021-5-13）［2025-2-18］http://finance.people.com.cn/n1/2021/0513/c1004-32101889.html.

② 老年抚养比 =（65 岁以上人口数/15~64 岁劳动年龄人口数）* 100%，老年抚养比用以表明每 100 名劳动年龄人口要负担多少名老年人。

"未富先老"的人口结构趋势还极有可能限制劳动生产率和经济发展活力。

其三，中国劳动力跨地区跨行业配置的阻力仍然明显。地域广阔、地形复杂、资源多样、人口众多是中国的基本国情，人口跨地区流动是实现人与产业协同发展的重要方式。2010~2020年，中国东部地区人口聚集明显，西部地区人口近年来也有波动上升的趋势，中部地区人口规模呈小幅下降趋势，而东北地区人口流出的趋势一直在持续。从"七普"数据来看，近年来中国劳动力迁移在方向、周期、人群等方面都出现了一些新的变化。一是乡村劳动力进入城市仍是主流，特大城市隐现人才"逃离"迹象；二是流向更为复杂，跨区域流动呈现双向或交叉流动特征；三是劳动力流动距离有缩短趋势，就地转移比例增大。这一系列新趋势背后仍隐含着诸多阻碍劳动力流动的因素，进而提出了诸多优化中国劳动力地区分布的政策诉求：继续优化户籍管理制度和政策，促进劳动力合理自由流动；加大城市反哺农村力度，优化配合乡村振兴战略的人才政策；稳定东北等特定区域发展的专项劳动力引导政策等。

其四，中国劳动力整体素质全面提升的内在压力越来越大。从科技在经济发展中日益显著的推动作用来看，人口素质是比人口数量、人口结构和人口分布更为重要的话题，多数关于人口与产业不匹配的数量化或结构化问题，实际上都可以通过提高人口素质的办法加以解决。从"七普"数据来看，2020年中国文盲率已下降至2.7%；2010~2020年，中国总人口中受教育程度为大专及以上的人口比重从8.9%上升为15.5%。中国人口受教育程度持续提升为未来人口数量红利转向人口质量红利奠定了较好的基础。但是，中国劳动年龄人口平均受教育程度与多数发达国家平均水平仍存在1~3年的差距，要使中国劳动力素质切实满足经济高质量发展的要求，未来还需要弥补教育质量的差距。

二　劳动力素质提升对于加快产业优化升级的现实意义

中国劳动力市场的新趋势为未来人口和就业政策调整提供了现实依据，同时也为产业优化升级开辟了新空间。从各种因素来看，提高发展质量和效益的动力主要来源于持续不断地创新，而无论技术创新、制度创新还是文化创新，都需要有大量高素质的人才作为支撑。劳动力素质提升对加快产业优化升级具有重要的现实意义。

首先，只有不断涌现的高素质劳动力才能为经济永续发展提供动力，为产业持续升级保驾护航。在生产力发展水平相对落后的时期，满足人们的基本生存需要是第一目标，选择数量型经济增长方式具有一定的必然性。中国特色社会主义进入新时代，经济发展主要面临的是发展不充分和不平衡的问题，大量高素质劳动力能够形成新的人才红利、加速创新并为经济持续发展提供永续动力，支撑产业优化升级。

其次，协同推进劳动力素质提升和产业优化升级，能够提高资源配置效率。一方面，只有摸清产业优化升级中的具体劳动需求，全面把握我国教育改革的总方向，根据产业优化升级的现实需要开展分级分类教育培训，才能实现人才与岗位的有机衔接，减少教育资源和人力资本的浪费；另一方面，根据现实人才状况进行产业规划，选择更加务实的产业优化升级路径，提高我国劳动力市场的供需对接效率，优化劳动力要素的配置，可以显著降低不同类型企业的用工成本，从而提升企业的盈利预期。

最后，高素质的劳动力能够提供更高品质的产品和服务，也才有资格、有能力、有品位共享发展成果。共享发展已经超越了经济范畴，是一个涉及政治、经济、文化、社会、生态等领域的全局性问题。一方面，实现共享发展对于发展成果的品质具有较高要求，高素质劳动力进入供给领域，能够提高产品和服务质量；另一方面，充分参与了高质量成果创造的劳动力，更有能力鉴别并分享发展成果。

三　促进我国劳动力素质与产业优化升级协同需要完成的重点任务

如果认定促进劳动力素质提升与产业优化升级协同对于我国经济高质量发展是必要且意义重大的，那么针对这一问题的学术探讨需回答以下四个基本问题，这也是本书致力于研究的问题。

一是在理论上找到两者关系的分析依据并给出合理的解释。本书第二章梳理了现有研究成果，第三章阐释了本书的理论框架和分析思路。

二是对中国当前劳动力素质的现状特征作出基本判断。本书第四章将对这一问题做专门探讨，并分析中国的劳动力素质现状。

三是科学划分劳动力素质提升与产业优化升级协同的领域和层次并进行实证分析。本书第五、六、七、八章将进行分项实证研究，并在第九章进行总结分析。

四是寻找促进劳动力素质提升与产业优化升级的协同路径和举措。本书第十章将立足于实证分析的主要结论，在借鉴国际经验的基础上提出相应的建议。

第二章　文献回顾：劳动力素质与产业演进

系统梳理国内外相关文献发现，早期研究产业升级的学者把更多注意力集中于产业技术和资本层面。探讨产业升级与劳动力市场关系的研究成果比较关注劳动力数量问题，并且通常将劳动力视作参与生产活动的同质化要素。随着发达国家劳动力短缺时代的到来以及技术革命的风起云涌，人力资本理论快速兴起，关于劳动力素质和产业演进关系的研究明显增多。近年来，国内对产业优化升级中劳动力素质的文献则普遍局限于制造业等特定行业，系统研究产业优化升级与劳动力素质提升协同问题的文献还比较缺乏。

第一节　同质化劳动与产业发展的研究

人类早期的产业活动主要是从大自然直接索取财富或以简单加工的方式进行的生产，对劳动技能的要求总体较低，即便是到了机器大工业时代，被束缚在厂房里的劳动技能仍然呈现同质化的特征。这一时期，除少数马克思主义政治经济学的先驱关注到了劳资关系外，绝大多数经济学研究都将劳动视作一种普通的生产要素，甚至由于供求关系和社会关系的影响，劳动的从属地位更加明显。

一　从属于技术和资本的劳动与产业演变研究

世界各国都依托其特定文化对经济学发展作出了自己独特的贡献，但现代经济学科的源头主要在西方国家。后苏格拉底时期是经济思想大量涌现的时代，以色诺芬、柏拉图、亚里士多德等为代表的古希腊哲人们对于财富创造、庄园管理、家庭经营等给予了关注，提出了诸多富有创造性的经济思想。虽然这些经济学先驱们已经开始重视因人的技艺差别而引起的社会分工问题，并强调贸易对促进经济增长的重要性，但自然经济仍然是其主要主张。总体来看，在古希腊哲人们眼中，人的技能差异局限于体力劳动，并由人生来不平等的天性所引发，就劳动的属性而言并无太大区别，更无投资价值。即便在比较重视教育的亚里士多德看来，教育更主要的是培养人的德行而非智慧，因为脑力劳动是奴隶主的天然职能，奴隶们的劳动仅仅是奴隶主们的附属品而已。

在此后数千年的演变过程中，虽然西方经济核心区几经转移，产业形态不断演变，经济学理论体系也越来越复杂，但直到 20 世纪中叶，劳动作为一种同质化生产要素在经济学思想中的地位并未发生显著变化，仅仅是由直接附属于统治阶层转变为间接附属于更多物质资本拥有者。值得一提的是，从威廉·配第那里开始萌芽并逐渐发展起来的劳动价值论确实注意到了劳动的异质性，并认为这种异质性是由后天养成而非先天决定的，还通过比较优势理论发展出了自成体系的自由贸易学说。但亚当·斯密认为，与其说人们能力的异质性是分工的原因，倒不如说是分工的结果。总体来看，从主动投资的角度研究劳动能力差异的思想还不占优势。

尽管在现代经济学体系中，劳动的地位已经今非昔比，但研究依然多从资本与技术的角度探讨产业优化升级。Bell 和 Albu（1999）关于产业核心竞争力与产业价值链的提法被视为国外学者研究产业转型升级问题的出发点。Gereffi（1999）从价值链角度将产业升级界定为逐步走向更具获利能力的资本和技术密集型经济的过程；Humphrey 和 Schmitz（2002）更强调微观研究的重要性，并将产业动态能力纳入该研究范畴；Kaplinsky 和 Morris（2001）的研究进一步将这种能力细化为更好的产品、更有效的生产或更多技能的活动。可以看出，国外学者更为关注微观层面的技术问题，宏观层面研究相对较少。

国内学者对中国产业优化升级的研究视角较为广泛，就近十多年的文献来看，大致可划分为以下几个视角。一是对外贸易与产业优化升级，包括贸易开放（唐东波，2013；周茂等，2016；蔡海亚和徐盈之，2017；辛冲冲，2022）、贸易政策（赵春明等，2020；张玉兰等，2020）、贸易结构（卜伟等，2019；姚战琪，2021）等对产业优化升级的影响，其中，针对贸易开放的研究表明，贸易开放有助于产业结构整体转型升级，但在产业内部和地区之间存在差异，经济发达地区以及能代表产业高质量发展的领域，贸易开放的促进作用更加明显。二是技术进步与产业优化升级，主要涉及引发技术进步的经济增长（任小军，2011）、低碳经济（蔡荣生和刘传扬，2012）、新型城镇化（赵永平和徐盈之，2016）、制度环境（潘明明等，2017）、经济开放（王兆萍和马婧，2017）、外商直接投资（谢婷婷等，2018）、要素效率（陈创练等，2021）等，部分研究表明技术进步对于产业优化升级的整体效应很显著，其促进作用在地区差异上呈现东部强西部弱的特征。三是金融发展与产业优化升级，包括金融创新（李媛媛等，2015）、金融集聚（王一乔等，2020）、数字普惠金融（谢汝宗等，2022）、金融结构（王文倩和张羽，2022）、科技金融（邹建国和李明贤，2018）、金融合作（马艳和王洁辰，2021）等诸多方面，研究结果支持金融改革对产业优化升级总体效应显著但其效应存在地区差异的结论。此外，也有不少学者做过一些多因素混合分析，如颜冬和陈能军（2016）分析了金融发展与贸易开放对产业优化升级的影响；周国富等（2020）将技术进步作为金融发展影响产业优化升级的中介变量进行了实证检验等。

二　劳动就业数量与产业发展的关系研究

除对外贸易、技术进步和金融发展三个视角外，越来越多的学者从人口或劳动力的角度探讨了产业优化升级的话题，但劳动的同质化以及劳动对资本的从属关系导致的显著现象使经济学理论对数量化就业更为关注。特别是受功利主义的影响，在整个工业化过程中大多数经济学家鼓励就业数量增加。19 世纪后期，因为供需矛盾引发了经济危机爆发，经济学家们仍强调是有效需求不足导致的，政府的干预政策依旧在增加就业数量。直到今天，就业数量仍然是经济学家们关注的焦点。

针对产业优化升级是否减少了就业需求的问题，Pianta（2000）对欧洲 5 国的历史数据分析发现，基于技术创新的产业优化升级对就业的总体影响是负面的，但技术创新中的产品创新却能够增加就业需求。Antonucci 和 Pianta（2002）对欧洲 8 个国家的研究得到了同样的结论。国内学者利用多种数学模型寻求产业优化升级与就业需求间的线性关系，得到的结果略有不同。冉光和等（2007）基于劳动供需协调率的 AK 模型，经过检验得到了产业优化升级与劳动供需之间呈稳定的负相关关系的结论；叶仁荪等（2008）采用数据包络法（DEA），对我国发达地区与欠发达地区技术进步对就业的影响进行了比较，发现产业优化升级对就业总量和就业结构均存在显著影响；吴振球（2013）利用 1995~2011 年我国 30 个省份的面板数据，验证了产业结构合理化、产业结构高级化对降低失业率有积极作用；杜传忠和许冰（2017）区分了技术进步和产业升级的差异，其研究结果表明，技术进步对就业需求具有明显的抑制效应，产业结构升级对就业需求具有促进效应，而基于技术进步的产业结构升级对就业需求具有负向影响。

随着新经济业态的不断涌现，数字经济、平台经济的就业效应成为值得关注的研究热点。与以往的研究不同，新经济对就业同时存在着创造效应和替代效应，政策需要同时考虑激发扩充就业容量的潜力和防范结构性失业风险（胡拥军和关乐宁，2022）。从杨骁等（2020）的研究结果来看，数字经济对就业规模存在正向作用，但分产业和分地区的影响存在差异，总体上数字经济对服务业的就业需求增加效应更为明显。此外，不少学者注意到了数字经济在影响就业规模的同时也明显影响了就业质量。白争辉和原珂（2022）研究发现，数字经济发展、产业结构升级虽然对就业规模具有负向作用，但数字经济发展对就业质量具有正向作用；李敏等（2021）从宏观视角分析了平台经济发展对就业质量的作用机制，并利用 2013～2019 年我国 16 个行业的面板数据进行了实证检验，发现我国不同行业间的平台经济发展水平差异较大，平台经济的发展显著地促进了就业质量的提高，产业结构升级在其中起到了显著的中介效应。

第二节　劳动力素质与产业优化升级关系的整体视角

从 20 世纪 60 年代开始，人力资本理论引发了广泛而持久的讨论，这既是社会分工进一步深化的结果，也是技术革命推动产业优化升级的内在要求。由于经济增长中有越来越多的"剩余"部分难以被简单的某个要素在数量上的增加来解释，经济学家试图寻找增长的源泉。人力资本理论的提出为经济学研究带来了一个重要转变，即在衡量劳动投入对产出或经济增长的影响时，从关注劳动力数量转变为更关注劳动力质量或劳动力素质。

一　人力资本理论的有效突破

在工业化的初期阶段，主流经济学并未将资本的概念用于人身上，经济增长更依赖于要素投入在数量上的增加，尽管亚当·斯密认为人的能力可以被纳入资本的范畴，欧文·费雪也曾提出凡是可能产生未来收入的资源都是资产（Schultz，1961），但主流经济学并未将对人的投资纳入经济学的核心问题。究其原因，一方面是因为根深蒂固的价值观念，如约翰·穆勒曾经指出，人不应该被视为财富，因为财富的存在只是为了人；另一方面是因为一些经济学家认为将人视为资本是脱离市场现实的分析，人力资本的增值并不像物质资本的增值那般清晰可见。

在投入增长率与产出增长率出现较大的差异、物质资本的回报率越来越低的背景下人力资本理论被经济学家提出。柯布-道格拉斯生产函数将技术作为外生变量来解释经济增长的"剩余"部分，但这样的处理方式并不能完全解释清楚"剩余"的原因。产出（或收入）增长超过投入增长的那部分，有可能由两方面引起。一是规模收益效应，二是来自未被测量的投入要素质量的提升。Schultz（1961）认为后者才是主要的原因。当然，人力资本理论的提出还得益于20世纪50年代末开始的学术界对教育经济学的持续关注，学术界对不同国家在教育方面的投资和回报率的研究显著增加，对教育收益率的讨论越来越广泛。在这样的现实和学术背景下，一些经济学家以人力资本理论重新解释了"剩余"。随后Schultz（1961）、Becker（1964）和Mincer（1974）构建了人力资本理论的新古典分析框架和标准模型。人力资本理论最初被劳动经济学家广泛运用，后来宏观经济学家们也用人力资本来估算国家间的收入差异。

在人力资本理论中，知识和技能被看作是资本的一种形式，健康、教育、培训，甚至迁移决策，都被认为是对人的投资，这种投资活动会带来未来收益的增加。也就是说，知识和技能具有经济价值，这种知识、技能以及其他形式的人力资本也被视为投资的产物，形成了技术先进国家的生产优势。对人力资本的投资活动会增加个体的知识和技能，在劳动力市场范畴下会带来劳动力素质的提升，并体现为劳动收入的增加。人力资本和劳动力素质都是凝结在人身上的，无法与人这个主体分割开的。两者的区别或许在于，前者更具有结果导向，人力资本视域下对人的投资活动必然带来某种形式的激励，可能是收入的增加，也可能是非货币的激励；而劳动力素质更多的是一种人本身能力和素质上的变化，并不一定以货币激励或非货币激励为导向。可以说，人力资本的概念更符合经济学范式下新古典模型构建和经验研究的需要，而劳动力素质的概念则更符合人文社科中以人为本的导向。

就当前的研究成果看（见表2-1），健康活动、在职培训、正规教育和迁移决策等都是人力资本投资的类型，这些不同的人力资本投资活动可以带来不同层面的劳动力素质的提升。

（1）卫生设施和服务等健康活动可以提升劳动力的身体素质，进一步影响劳动时间、单位时间的精力投入以及预期寿命。

（2）正规教育是人力资本理论研究的起点，可以提升更为广泛的知识和理论基础，即文化（理论）素质。在大多数的研究中，教育被视作人力资本投资的主要渠道。

（3）在职培训是提升劳动力技能素质的重要渠道。Becker（1964）构建了在职培训的经济学理论模型和分析框架。

（4）迁移决策在这里最为特殊，Schultz（1961）认为，从农业向非农转化的劳动力迁移带来的社会外部经济效益值得更进一步的研究，尤其是代际传递。本书将迁移决策带来的劳动力能力和素质的提升概括为迁移素质。值得注意的是，迁移并非狭隘的物理迁移，而是借用教育心理学中的知识迁移的概念，包含一种体现为能力的抽象意义上的迁移，包括知识、能力和习惯的重构和迁移。物理意义上工作的迁移带来的从一个工作场景（地点）到另一个工作场景（地点）的转移需要劳动力打破原有的知识、技能和信息获取的路径依赖，并进行重构和转移，这本身也体现为某种能力和素质上的提升，本书称之为迁移能力。可见，人力资本和劳动力素质之间存在内在统一性和贯通性。

表 2-1　人力资本投资的类型、研究关键点及其与劳动力素质的关系

人力资本投资类型	研究关键点	与劳动力素质的关系
健康活动	对人口的数量和质量都有影响（Schultz，1961）	身体素质：劳动时间、单位时间的精力投入、预期寿命
正规教育	教育的总成本应包括机会成本，即学生在接受教育时所放弃的收入，这部分很难被估计（Schultz，1961）；需求是高收入弹性的（Schultz，1961）	文化（理论）素质：一般性知识
在职培训	培训费用谁来承担（Schultz，1961）；初期净收入降低，之后再提升（Schultz，1961）；学徒制的作用和衰落（Schultz，1961）；重要性经常被低估，能更清楚地说明人力资本对收入、就业等的影响，对年龄与收入之间的关系有重要影响（Becker，1964）；区分一般性培训和特殊性培训（Becker，1964）	技能素质：专业技能
迁移决策	非农移民成本和回报（Schultz，1961）；非农转移的代际收益（Schultz，1961）	迁移素质：知识重构和迁移、能力重构和迁移、习惯重构和迁移

资料来源：作者整理。

二　人力资本与经济增长关系的宏观分析

如何从宏观意义上将人力资本纳入经济增长模型之中是人力资本理论构建和经验研究的主要任务之一。宏观经济学家们认为人力资本所包含的知识和技能的进步是与经济发展紧密联系在一起的，并将人力资本作为内生变量，提出了不同的包含人力资本在内的现代经济增长模型（Uzawa，1965；Lucas，1988；Romer，1986；Romer，1990；Grossman 和 Helpman，1991），由此推动了经济增长理论的发展。后续一些经济学家提出的迭代模型中（Becker 等，1990；Azariadis 和 Drazen，1990），也有将人力资本积累中的初始状态视为外生的，需要有外部干预去推动，以此来解释一些低收入国家经济增长慢的现象。宏观层面的经验研究方

面，Denison（1985）发现 1929 年后正规教育给美国平均资本收入增长
带来了 25% 的贡献。后续一些研究除了支持人力资本对经济增长的影
响，还试图测算其影响程度及作用机理，但这些渠道起作用的细节仍需
进一步讨论，需要结合劳动、市场、政策与制度情况展开更为细致的研
究（Topel，1999）。

　　20 世纪 80 年代中期，以 Romer、Lucas 为代表的经济学家提出的新
增长理论将教育的作用放在首要位置，认为教育能提高劳动力素质水
平，并且对经济增长率的提高具有永久效应。国内学者围绕新增长理论
进行了多角度分析。张帆（2000）提出应使人力资本和物质资本达到
适当比例以促进产业优化升级；张学江（2009）认为劳动力供给质量
会影响产业结构高级化程度，劳动力需要更新知识、提高技能以适应产
业升级的新要求；刘小兵（2011）认为全面提高劳动力科学文化素质
和劳动技能、优化劳动力知识结构和布局，是改变经济发展方式、以人
为本建设创新型国家的第一生产要素；王健和李佳（2013）的研究显
示，人力资本红利显著地促进了我国产业结构的升级，适度的人力资本
不均等分布会促进经济的非农化，但阻碍了经济的服务化进程；梁泳梅
（2014）以人力资本理论和结构红利假说为基础，对中国产业结构及劳
动力素质水平和劳动力利用效率进行了测算与实证检验，强化了劳动力
素质提升能够推动产业升级的假说；李钢等（2015）结合中国实际进
行的定量分析发现劳动力素质提升对产业结构升级起着至关重要的
作用。

第三节　劳动力素质与产业优化升级关系的
特定视角

　　尽管学术界对人力资本理论存在过度资本化等方面的质疑，对人力
资本存量和投资回报的测量也存在不小挑战，但人力资本推动经济增长

特别是产业优化升级的重要意义得到了广泛认可。随着宏观研究的进一步深入，学者们将越来越多的精力放在了人力资本与产业的配置效率方面，产生了不少有意义的研究成果，为人力资本理论的细化和深化奠定了基础。

一 关于劳动力和物质资本的配置研究

根据增长核算理论，一个地区或经济体产出的增长有两大来源：一是资源投入的增加，二是全要素生产率（TFP）的增长。而后者的增长又可进一步分解为各部门由于技术进步带来的 TFP 提升以及资源的重新配置带来的 TFP 提升（Solow，1957；Chenery 等，1987）。早期研究资源错配的成果主要集中于分析劳动力和物质资本等传统要素错配问题，关于二者互补性方面的文献数量众多（Griliches，1969；Restuccia 和 Rogerson，2008；Hsieh 和 Klenow，2009）。近年来，国外学者分别从政策、产权、金融、贸易等诸多角度探析了传统要素错配的原因（Garicano 等，2016；Ranasinghe，2017；Midrigan 和 Xu，2014；Khandelwal 等，2013），对传统要素错配理论的深化研究作出了积极贡献。与此同时，学者们发现，资源从低效率部门流向高效率部门的重置效应是一个国家（地区）生产率增长的另一个关键因素。这意味着，不同部门间的资源错配会带来经济效率的损失。而在长期内，最优的资源配置将有利于实现产出和社会福利最大化。

我国学者多从两条技术路径出发探究资源配置的问题：一是用不同的方法估算我国的 TFP 水平，并进一步分解测算我国资源错配程度；二是建立资源错配与 TFP 之间关系的数理模型，并结合相关数据，测算资本和劳动力要素在不同地区及不同所有制之间的配置扭曲所导致的 TFP 损失程度。从龚关和胡关亮（2013）的测算结果来看，我国资本和劳动力错配产生的 TFP 损失大致在 10%~20%。其中，袁志刚和解栋栋（2011）利用劳动力错配对 TFP 影响的核算框架，研究发现由劳动力错配对经济增长造成的平均效应损失大约在 8%，并且自 1978 年以来，这种负效应随着制度改革呈现一定的周期性波动并有逐渐扩大的趋势。盖庆恩等（2013）同样发现我国劳动力市场扭曲对劳动生产率带来了显著的效率损失，并且 1991~1996 年效率损失呈逐渐增大的趋势，1997~2004 年效率损失基本保持稳定，2004年后，劳动力市场扭曲程度逐渐减弱，一体化程度持续加深，推动生产结构进一步优化。钱雪亚和缪仁余（2014）运用随机前沿超越对数生产函数模型估计了我国省级 TFP 的变动，发现 2003 年以来我国各地区 TFP 增长率呈现下降趋势，其中最主要的原因是要素配置效率呈负增长；伴随着东部、西部地区之间要素配置效率差异的快速扩大，东部地区与西部地区之间的 TFP 增长率差异日趋扩大。

总体来看，户籍、土地以及社会保障等制度性因素都有可能阻碍劳动力的流动，产生劳动力错配效应，对经济增长的总效率即 TFP 存在明显的负效应，且这种负效应存在着阶段性和周期性的变化。还有学者（刘贯春等，2017）针对影响因素的研究发现，上调最低工资标准将有利于改善中国资源错配程度。

二　人力资本在特定部门或行业的配置研究

近年来关于人力资本错配及其对经济增长影响的研究明显增多，针对人力资本错配的分析更加关注部门间或行业间的人力资本错配。有学者（Vries，2014；Adamopoulos 和 Restuccia，2014）将要素错配的研究领域从制造业拓展到服务业和农业，从静态错配分析拓展到动态错配分析（Hsieh 和 Klenow，2014）。也有学者探究了人力资本与技术创新之间的优化匹配问题（Brida 和 Risso，2008），估算了不同国家各部门之间人力资本错配对全要素生产率的影响（Vollrath，2014），检验了人力资本与高知识密集型产业结构变迁之间的关系（Teixeira 和 Queirós，2016）。

在国内研究中，相对报酬扭曲对部门间人力资本错配的影响受到较多学者（钱雪亚和缪仁余，2014；乔红芳和沈利生，2015；纪雯雯和赖德胜，2018）的关注，其研究成果均支持实际产出远低于潜在产出水平的结论。李静等（2017）通过构建一个包含技术生产部门和最终产品部门的人力资本错配的内生增长模型，指出中国人力资本在部门间不匹配导致具有创新潜力的科技人才因薪酬激励而选择去非生产性、非科技创新部门就业。李静和楠玉（2019b）认为在长期经济增长过程中，公共部门存在最优人力资本配置比，如果公共部门人力资本配置偏离这个最优比例，将导致经济增长受阻。另一些学者（马颖等，2018；葛晶和李勇，2019）重点考察了行业间人力资本错配对行业产出的影响，基于行政垄断等视角测算了人力资本错配的程度，探究不同所有制企业人力资本错配的成因。

在前人研究的基础上，孙健和尤雯（2008）以软件行业为例，发现产业升级与人才集聚之间存在高度相关关系；陈津津（2010）通过对纺织服装产业升级的探讨，深层挖掘出在产业升级过程中产业对相关人才的需求将增加，认为劳动力素质提升对服装产业升级有重大影响；王家庆（2014）以浙江省服务业作为研究对象，通过构建模型，利用因果分析法分析浙江省人口素质与产业发展之间的互动关系，最终发现人口素质发展状态与第三产业发展呈较为明显的互动性因果关系。可见，国内学者已经认识到了特定行业劳动力素质提升对产业优化升级的重要性。刘三林（2013）、李群（2016）和周密（2017）也开始尝试进行分类研究，但对不同行业系统性比较研究仍然不足。

从研究数据来看，对人力资本错配程度的测算从以宏观数据为主逐渐转向宏观与微观数据兼顾。部分学者（李静和楠玉，2019a）使用《中国劳动统计年鉴》《中国统计年鉴》《中国人口和就业统计年鉴》《中国科技统计年鉴》等宏观数据来测度人力资本错配的程度及其对经济的影响。还有学者（马颖等，2018；葛晶和李勇，2019）通过中国家庭追踪调查（CFPS）或中国家庭收入调查（CHIP）等微观数据，结合宏观数据构造"时间—行业""个人—行业"两层级数据，对我国各行业教育收益率、人力资本错配及其成因进行了深入分析。

综合来看，近年来人力资本错配的相关研究主要是在总量框架下进行的定性或定量讨论，结构上以部门间或行业间的人力资本错配分析为主，大多数学者对人力资本和产业结构的适度匹配是产业演进和经济高质量发展的重要源泉这一观点达成了共识；也有研究者认识到部门间和行业间的人力资本错配是抑制人力资本红利释放的关键因素。可以看出，国内外尚缺乏从劳动力需求角度系统探讨劳动力素质提升与产业优化升级协同路径的成果，特别是从产业优化升级的不同维度分析二者协同性的成果，本书将尝试在这方面做出努力。

第四节　进一步研究劳动力素质提升与产业优化升级关系的理论意义

全球经济形势正在发生深刻的复杂变化，中国的经济发展模式和成就已经引起了各国的广泛关注。面对我国经济发展重心由总量提升全面转向发展方式转变、产业优化升级在供给层面的矛盾更为突出、劳动力市场的素质要求已超越数量要求等基本事实，探讨中国劳动力素质提升与产业优化升级的关系及其协同路径对于丰富经济学理论具有重要意义。

一　有利于深化对劳动要素的认识、丰富劳动经济学理论

人既是经济活动的参与者，也是经济成果的享用者，经济发展最终要服务于人的需要。探讨产业发展对劳动的需要以及人的发展对产业的需要都应建立在对劳动力素质清晰认知的基础上，如何科学界定、合理衡量、恰当分析、有效提高劳动力素质是劳动经济学界的重要话题。从产业升级的劳动需求视角分析劳动力市场均衡、劳动就业和人力资本投资等问题可能会产生一些新的认识，进而丰富劳动经济学理论体系。

二 有助于更好把握要素配置规律、丰富产业经济学理论

当前主流经济学对产业演进的认识总体上是基于工业化大背景的，将劳动力作为一种常规生产要素具有一定的历史合理性。随着新经济时代的到来，对劳动力（要素的视角）的考察势必要向劳动者（人的视角）转变，这是把握产业经济未来演进趋势的需要，而从理论上细化和深化对劳动力要素的认知也有助于更加客观地洞悉资本、劳动、土地和技术等生产要素之间的互动关系，丰富产业定价、合作、规制、结构、布局等学说。

三 有助于更好认识转型国家的问题、丰富制度经济学理论

制度经济学是基于对人类行为和基本价值观念的认知而产生的，最新的制度经济研究已经开始突破工业化国家的既有模式，重视对转型国家的情景模拟分析。中国作为世界上人口和经济体量最大的发展中国家和选择走社会主义道路的国家，其经济转型具有显著的探索和示范效应，势必会带来诸多新的全球性现实问题，引发对既有制度因素的再思考。尤其中国特色社会主义经济发展道路是否能突破中等收入陷阱，比发达国家更快更低成本地迈向共富共享社会，对于制度经济学路径依赖理论、制度变迁理论、制度绩效理论等都具有一定的价值。

第三章　总体设计：理论架构
与研究思路

党的十九大报告提出，要着力加快建设实体经济、科技创新、现代金融、人力资源协同发展的产业体系，深刻地阐述了新时代围绕实体经济发展的基本要素——劳动、资本与科技的内在关系；党的二十大报告则以"中国式现代化"的表述高度凝练地展示了实现中华民族伟大复兴道路上人口因素和经济因素的关系。按照马克思主义的观点，在这一系列相互交错的复杂关系中，劳动无疑是经济中最为活跃也是最为根本的要素，因而推动实体经济高质量发展在本质上就是要清晰回答"如何协同推进产业优化升级与劳动力素质提升"的新课题。怎样才能把人口数量红利更好地转化为人口质量红利，力争产业品质和就业质量同步提升且相互促进，需要在理论上进行必要的梳理。由于对劳动力素质和产业优化升级的解读都可以从多个维度展开，二者的匹配关系势必呈现一种复杂交错的状态，因而梳理其匹配逻辑是问题分析的起点。

第一节　理论基础：高质量就业视角下产业
与劳动的匹配逻辑

基于萨伊定律的西方传统经济学将充分就业视作劳动力市场的常态，虽然凯恩斯等经济学家承认非自愿失业的存在，但仍把关注的重点放在就业率及其之后的就业结构方面。20 世纪 90 年代以来，随着信息技术的兴起和灵活用工方式的涌现，各国劳动力市场的不平等现象开始显现，以自由、公平、安定和尊重人格为条件的体面劳动在全球范围内受到重视，劳动经济学界对就业质量的关注也显著增多。在我国，就业的地域结构、行业结构、性别结构、学历结构等诸方面的矛盾既带来了劳动力资源的局部浪费，还导致了部分领域的用工短缺。因此，产业与劳动不匹配问题受到越来越多的关注。为满足中国经济加速转型升级的需要，党的十九大报告提出要坚持就业优先战略和积极就业政策，实现更高质量和更充分就业。

一　高质量就业的提出及解读

传统就业理论将劳动力视为一种生产要素，认为就业是劳动力拥有者与需求方的一种市场交易行为，在自由竞争状态下，劳动力的价格（工资）具有充分弹性，能够通过有效地调整使劳动力市场长期处于充分就业的均衡状态。言外之意，无论工资低到什么程度，只要劳动力数量足够多，劳动力都会自愿接受，即低工资总比没有工资要好。经济大萧条特别是二战后，失业问题和就业结构性失衡问题凸显，不同经济学派提出了各自的解释和对策，对于缓解就业市场矛盾起到了一定的作用。即便如此，传统视阈下劳动收入和消费分离的状态并未得到根本性扭转，就业更大程度上仍然是一个数量化的课题。由于对人口质量进行鉴定和计算的难度非常大，一般的人口研究主要依据的是人口数量理论，除了一小部分经济学家以外，没有人会致力于发展一种同时兼顾数量和质量的人口理论（舒尔茨，2002）。

20世纪90年代后期，欧盟委员会和欧盟教育基金会开始使用"工作质量"的提法。国际劳工组织于1999年提出了包括就业、社会保护、社会对话和工作中的权利四个维度的体面劳动评价指标体系。2008年，欧洲工会联合会发布了欧洲就业质量指数。此后，不同的国际组织、政府以及学者尝试从不同角度构建就业质量评价体系，但由于同时存在主观和客观标准，难以形成统一的界定。彭五堂和余斌（2019）指出高质量发展是中国特色社会主义的新发展阶段,是在新技术革命不断深化这一大背景下中国崛起必然要进入的发展阶段,也是劳动力素质和就业质量加快提升的发展阶段。党的十八大以来,我国政府在继续采取措施稳定就业的同时开始关注就业质量,"更高质量和更充分就业"逐渐成为新时代就业工作的重要导向,理论界对于就业质量的关注度也不断提高。赖德胜(2017)认为,高质量就业主要包括工作稳定性、工作待遇和工作环境、提升和发展机会、工作和生活的平衡度、意见表达和对话机制五个方面的内容。这一综合性界定囊括了大多数学者的看法,也提供了一个衡量就业质量的基本框架。从理论上讲,高质量就业是高质量发展的内在要求,其关键是解决劳动与岗位的匹配问题。一方面,推动高质量就业必须以总体就业形势相对稳定为前提,劳动力的关注点不再停留在是否能找到工作,而是能否从报酬、环境、稳定性等多个角度获得更多成就感;另一方面,高质量就业是与产业优化升级相伴出现的社会诉求,劳动力期待更高质量的工作岗位,产业优化升级也会提供更多高质量的工作岗位,但要求劳动力素质能够同步跟进。因此,高质量就业可以从静态和动态两个角度展开匹配逻辑分析(见图3-1)。

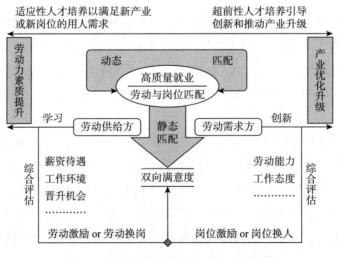

图3-1 劳动与岗位静态与动态匹配逻辑

二　劳动与工作岗位的静态匹配

就业是一个双主体指向概念，简单站在任何一方进行就业质量评价都难免失之偏颇。加之就业质量是一个多维概念，源于不同学科的理论基础不同，考察就业的侧重点不同，就业质量评价体系呈现明显差异（人口和就业统计司课题组等，2020）。但从各学科的共性出发，在特定就业环境下，就业质量的高低可以看作双向满意度问题。从静态匹配关系来看，自由市场中的劳动能力和工作岗位需求都是确定的，劳动换岗可以提升劳动力满意度，岗位换人可以提升劳动力对工作岗位的胜任水平，理性假设下这两种行为都是市场经济的常态，其行为目标也都是提高就业质量。

从劳动供给角度看，就业质量表现为劳动力对所从事工作综合回报的满意程度。在求职和工作过程中，劳动力会对特定岗位的薪资待遇、工作环境、失业风险、晋升机会、文化认同等进行全面评价，并与自己的付出意愿和收益预期进行比较，如果存在明显落差，劳动力会选择等待或离职，并设法转入新的工作岗位。当全社会平均工作转换意愿趋于稳定时，便可认为当前环境下从劳动力角度衡量的就业质量达到了较高水平。

从劳动需求的角度来看，就业质量表现为劳动力对社会所提供工作岗位的胜任情况，即岗位提供者的满意程度。用人单位可通过增加薪资待遇、改善工作环境、提高稳定性、增加晋升机会、给予更多的尊重等办法提升劳动力的就业满意度，同时也会对劳动力的工作态度与劳动能力等进行综合评价，如果劳动力不足以达到工作岗位的能力要求，用人单位会通过降薪表达不满，或者选择更换人选。当全社会平均劳动替换意愿趋于稳定时，便可认为当前环境下从需求方角度衡量的就业质量达到了较高水平。需要说明的是，这里的劳动力替换与传统的就业数量研究不同，需求方可能通过增减薪资待遇的方式无法找到可以替换的足以胜任某一岗位的劳动力，此时不改变原有状态就是最好的就业质量，而要继续提高就业质量就必须设法提高劳动力素质。

三　劳动力素质提升与产业优化升级的动态匹配

就业静态匹配的质量改进效应是有限的，甚至大多数情况下是被动的，只有把劳动力素质提升与工作岗位改进（宏观上表现为产业优化升级）结合起来，形成劳动力供需双方的协调互促，在动态匹配中提升双方满意度，才能提高就业质量。本书关于劳动力素质提升与产业优化升级协调路径探讨的出发点正在于此。尽管产业结构调整中涉及技术进步、劳动力需求增减、劳动力素质变化、就业结构调整等，使得产业结构调整对就业影响的作用机理显得很复杂（赵利和卢杰，2016），但从动态岗位匹配的角度考察则能帮助本研究理顺逻辑和简化思路。

一方面，劳动力素质提升可以满足更高质量的工作要求，同时为产业优化升级或岗位改进提供支持。更满意的工作回报首先取决于劳动力的工作能力，而工作能力又是对思想道德、文化水平、身体状况等综合素质的反映，更高的劳动力素质有助于劳动力动态匹配更高回报的工作岗位，同时推动产业演进。迫于生存与发展的压力，与动物自觉学习捕猎行为类似，人通过思考和学习提升个人素养是一种与生俱来的自然行动，但学习的自觉程度和产生的实际效果存在差异。因而，国家的人口政策和教育政策对促进劳动力素质跟随产业当前发展和未来升级的需要稳步提升十分重要，有些学者（俞鼎起和俞涵，2017）甚至将提高劳动力素质视作决定经济增长的根本要素。事实上，在绝大多数国家和地区，强制义务教育都显著地提高了就业质量。通常来讲，提升人口素质的政策应当以引导性机会创造为主，并将选择权留给劳动力，以避免集体非理性造成更大麻烦。

另一方面，用人单位通过技术创新以推动产业优化升级，满足更高素质劳动力的求职需求，同时给在职劳动力带来自我提升的压力。在竞争性市场上，企业存在生存和发展压力，其应对之策是降低生产成本提高产业运行效率，或进入新的产业领域实现多样化经营。这两条路径都离不开创新，而创新除了需要资本的投入外，还需要人的推动，特别是高素质劳动力。但由于劳动力的流动性以及创新成果的可复制性，企业对于创新人才的培育、引进和使用，存在一定的顾虑，因而需要国家政策的引导和支持。邹璇和钟航（2017）的研究表明，考察期内我国当前劳动力素质与生产技术的协调发展度较低，但是自主创新能力、教育经费支出和对外开放程度能促进协调发展度的提升。

综合来看，由技术进步带动产业优化升级是一个非连续的过程，通过人力资本培育满足产业优化升级对劳动力素质的需求，需要从动静结合的角度构建相关制度和政策，具体包括两种情况：一是产业发展滞后于社会需求时，应当通过超前性人才培养引导创新和推动产业升级；二是产业升级在某些领域取得突破时，需通过适应性人才培养以满足新产业或新岗位的用人需求。

第二节　关于产业优化升级的理论分析

产业结构是指产业内部各要素之间以及各产业之间因相互连接而共同呈现的一种状态，既表现为一种数量上的比例关系，也表现为一种质量上的层次关系，还表现为一种效率上的协同关系。与之相对应，那些产业演进过程中与经济发展和民众福利改进相适应的数量、质量和效率变化，即可被称为产业优化升级。

一　基于人类消费升级需求的产业优化升级

产业结构的自然演进首先表现为三次产业相对比重的调整，其演变方式和速度受特定经济体对自然约束摆脱能力的影响，即人类对自然资源的开发能力或对大自然的改造能力。产业结构演变一定程度上与消费者需求的变化方向相一致，反映了对不同消费需求层次的满足程度，更高层级的消费需求得到满足意味着产业结构达到了一个新高度。

消费需求具有多样性和层次性特征，各学科的研究也从不同角度对其进行了确认和解读，其中以马斯洛的需求层次理论最为典型。消费需求的层次性意味着，与生存关系最为密切的温饱需求是最基础也是最迫切的需求，随着消费需求的升级，其迫切性逐步降低。这一特征预示着人类产业演变必然呈现依赖自然、融于自然和摆脱自然的基本趋势。最早出现的是采集、狩猎、畜牧业、种植业等直接源于自然界（第一产业或广义农业）的产业形态；随后逐步形成了对自然物进行加工的产业（第二产业或广义工业）；脱离自然界的产业（第三产业或广义服务业）则出现最晚。

根据配第·克拉克定律，伴随着时间的推移，人均国民收入水平不断提高，劳动力在三次产业中的分配比例呈现逐级递增的规律。库兹涅茨进一步指出这种逐级递增规律可以被认定为产业结构演化的一般性规律，因而劳动力在三次产业中的不同分配比例状态也可被认为是不同的产业结构高度。

二　基于产业内部协同成长的产业优化升级

产业不是一个抽象概念，而是由诸多部分构成的有机体，具体行业或产品的比例结构、产业链上各个环节之间的衔接、产业在区域间的布局等都会影响资源配置的合理性。产业结构合理化意味着产业与所处环境的协调性以及产业内部结构的协调性。

产业与环境的协调性主要涉及产业的区域布局问题。通常认为，产业集中度越高，产业活动距离原料产地和销售市场越近，产业成本半径越小，产业布局越合理。另外，产业区域布局合理意味着特定产品区域供求基本平衡，局部短缺或重复建设问题不明显。

产业内部结构协调性涉及因素较为复杂，考察视角不同对应的评判标准也有所区别。从产业链的各环节来看，产业内部结构协调性好意味着上、中、下游之间的比例结构趋于合理，比如原材料供给与生产需求基本平衡；从产业门类来看，产业内部协调性好指产业部门间没有明显的畸形结构，比如生产资料和生活资料两大部类之间比例基本协调。

三　基于要素利用效率改进的产业优化升级

在特定三次产业结构、行业结构或产品结构下，产品的生产方式特别是劳动创造力会影响要素使用效率，从而对资源节约、环境保护、人民身心健康等产生影响。

产业优化升级意味着以更小的成本获得更好的产业运行成果，通常可从三个方面来衡量。一是生产成本低，同样的产品生产，因技术水平高，能源和原材料消耗明显较少；二是环境破坏小，同样的行业，由于采用更合理的生产方式，对生态环境的外部影响更小；三是产业竞争力强，以技术创新不断改进传统产业并刺激新产业出现，产业国际竞争力更强。

第三节　基本思路与研究方法

关于劳动力素质提升和产业优化升级的关系研究可以按照两种思路展开。一是把产业优化升级和劳动力素质提升分别视作独立的研究对象，分析其中一个对另一个的适应问题，包括劳动力素质提升对产业优化升级的适应和产业布局改善对劳动力素质提升的适应。二是把产业优化升级和劳动力素质提升视作一个整体，探讨二者的相互匹配问题，包括静态匹配和动态匹配。由于产业优化升级和劳动力素质提升都是长期性问题，涉及因素较多，后一种思路更适合进行理论探讨，在实证分析时会因为因素关系错综复杂而难以有效推进。因此，本书尝试首先以劳动力素质作为分析起点，然后分别考察劳动力素质与不同产业优化升级分变量的协同性，最后再回归到劳动力素质的总体思路。

一 对产业优化升级的内涵分解

基于对现代产业体系的认识,本书将产业优化升级分解为相互关联而又相对独立的四个层次:产业高端化、产业融合化、产业智能化和产业绿色化(见图3-2),并从劳动力素质与每个层次的渐进式协同展开研究。

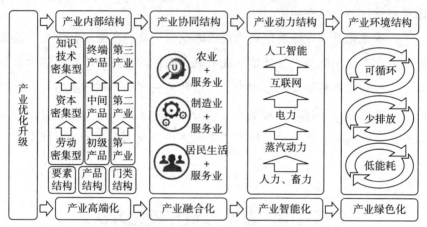

图 3-2 产业优化升级内涵分解

资料来源:作者自绘。

第一层级:产业高端化推动产业内部结构优化升级。产业高端化存在一定的内在规律性,表现为产业自身的要素结构、产品结构和门类结构的变化。所谓要素结构指的是产业发展中各要素之间的比例关系。从要素结构来看,产业高端化通常表现为从劳动密集型产业向资本密集型、技术密集型和知识密集型的转化。产品结构表现为产业链各环节产品的比例关系。从产品结构来看,产业高端化通常表现为从初级产品向中间产品、终端产品的转化。门类结构指的是三次产业结构或更细致的行业结构。从门类结构来看,产业高端化表现为从第一产业到第二产业再到第三产业依次演进的过程。

第二层级：产业融合化推动产业协同结构优化升级。伴随产业高端化的演进，不同产业的边界会逐渐模糊，产业之间对资源的单纯争夺转向合作开发和共同利用，由此形成了一种刻画产业竞争力的新维度，即产业协同结构。产业协同结构是产业内部互动性的体现，反映服务业快速成长基础上的产业融合发展水平，尤其是产业门类之间、产业要素之间的彼此支撑状况，具体表现为农业与服务业、制造业与服务业的融合程度以及服务业与居民生活的融合程度。

第三层级：产业智能化推动产业动力结构优化升级。推动产业优化升级的动力变化实质上反映了人的体力逐步释放和脑力不断强化的过程，产业动力从农业社会以人力和畜力为主，逐渐向第一次工业革命以蒸汽动力为主要标志，第二次工业革命以电力为主要动力，第三次工业革命以互联网为主的转变。如今新一轮产业革命正在新一代信息技术（人工智能）驱动下悄然酝酿。一个国家智能产业发展越快，整个产业智能化程度越高，产业发展的动力就越强劲。

第四层级：产业绿色化推动产业环境结构优化升级。产业绿色化是生态文明建设的重要内容，是可持续发展经济学的奋斗目标。产业环境结构反映的是产业与大自然的互动关系，包括产业发展是否采用更科学的方式降低能源消耗，生产过程中的污染物排放是否在外部环境的可承载范围之内，产业发展所使用的能源是否能再生或循环利用，产品本身是否存在回收再利用的可能等。

二　整体研究思路及框架结构

基于对产业优化升级的内涵分解，本书关于劳动力素质提升与产业优化升级协同路径的研究可分解为劳动力素质提升与产业高端化、产业融合化、产业智能化与产业绿色化各自关系的研究，并依据这一研究思路将整个研究报告按照"总—分—总"的结构分成三个板块10个章节（见图3-3）。第一板块包括第1~3章，分别探讨课题研究的现实意义、理论意义和思路设计；第二板块包括第4~9章，分别分析劳动力素质本身的理论与现状，劳动力素质提升与产业高端化、产业融合化、产业智能化、产业绿色化的互动关系，劳动力素质、创新能力与产业优化升级的关系；第三板块为第 10 章，在借鉴国际经验的基础上提出推动劳动力素质提升与产业优化升级协同的路径与政策建议。

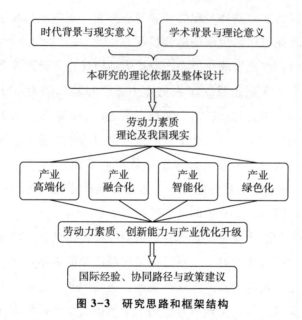

图 3-3 研究思路和框架结构

三 研究方法

在哲学意义上，本书坚持辩证唯物主义和历史唯物主义的基本态度，以马克思主义政治经济学为理论指导，充分借鉴吸收西方自然哲学、经验哲学、人本哲学中科学合理的成分，以维护和提升劳动力根本利益为起点和目标。

在思维原理上，本书重点采用了逻辑分析方法，无论是归纳还是演绎，都尽量将规范分析法和实证分析法相结合，并从动静结合的视角理解制度的演变和经济实践的变化。

在技术方法上，本书根据各部分研究需要采用多样化研究方法。其中，文献分析法是所有章节的基础方法，并充分运用数学工具构建协调指数或计量经济模型进行实证分析，还涉及心理分析方法、统计方法、个案研究方法和比较分析法等。

此外，本书还引入管理学的研究方法，通过对微型企业内部行为的观察，探寻更加侧重人的社会运行规律。

第四章　劳动力素质理论及我国劳动力素质分级测评

与劳动力数量相比，劳动力质量与产业结构之间的关联度更为紧密。探讨我国劳动力素质提升与产业优化升级之间的协同关系，有必要先对劳动力素质相关理论进行系统梳理，并在科学的理论指导下客观分析和全面了解我国劳动力素质的变化历程和现状特征，识别影响我国劳动力素质提升的关键问题。

第一节　关于劳动力素质的理论探讨

对劳动力素质的理论分析是劳动力市场理论的重要研究领域之一，科学构建劳动力素质理论体系实质上就是要回答三个基本问题：内涵是什么？影响因素有哪些？如何进行合理测评？

一　劳动力素质的内涵及相关概念比较

劳动力素质不仅体现了一国劳动力的整体生产能力，还在很大程度上展示了该国在特定历史时期的社会经济、科学技术和文化水平。科学界定劳动力素质是评价一国劳动力素质状况的基础，既要清晰挖掘其基本内涵，还要对劳动力素质、人口素质、人力资本等相关概念之间的关系进行有效甄别。

（一）劳动力素质的基本内涵解析

素质是与数量相对应的概念，是从质的方面对事物的测评。劳动力素质亦可称为劳动力质量，指的是劳动力作为一种生产要素在经济活动中所表现出来的能力和水平。尽管不同学者对劳动力素质的界定有所不同，但究其内涵并无太大差异，大致可从以下几个角度理解劳动力素质的内涵。

其一，劳动力素质是与劳动力数量相对应的概念。与土地、资本等其他生产要素类似，劳动力在参与经济活动时同样存在数量和质量的区分。魏峰和江永红（2013）将劳动力在数量方面的识别称为劳动力资源，认为劳动力资源是能够推动经济和社会发展、具有劳动能力的人口总和，而劳动力在生产过程中所表现出来的内在特性和质量称为劳动力素质。

其二，劳动力素质是一个合成概念，它由不同方面构成。由于社会分工不同，经济活动对于劳动力素质的要求也存在差异。综合王志华和董存田（2012）、李华和许晶（2012）、邹璇（2017）等人的研究，大致可将劳动力素质划分为四个部分。一是身体素质，反映劳动力身高、体重、力量、速度、柔韧性、爆发力等方面的状况，也从侧面反映劳动力的营养水平；二是科学文化素质，反映劳动力知识拥有量；三是技能素质，反映劳动力在经济活动中的技术操作能力；四是思想道德素质，反映劳动力的品行及社会融入程度。

其三，劳动力素质是一个动态概念，会跟随经济社会发展而变动。不同的经济发展程度、不同的产业运行模式、不同的社会文化，对劳动力素质会产生不同的影响。陈华峰（2013）指出，作为反映劳动力质量的概念，劳动力素质的内涵是随社会进步不断演化的，是推动社会历史进步的重要力量。

其四，劳动力素质既受先天遗传因素的影响，也与后天训练密切相关。劳动力素质中的一小部分是与生俱来的，主要影响劳动力的身体素质和智力水平，而劳动力素质中的大部分来自后天学习和训练。教育和培训是提升劳动力素质的关键方式。

其五，劳动力素质具有明显的正外部性，影响着整个国家的经济竞争力。劳动力素质不仅决定着劳动力个人参与社会经济活动的广度和深度，影响着其自身的收入水平以及家庭成员的生活质量，还在很大程度上决定了一个国家的创新能力，从而成为该国经济竞争力乃至综合国力的重要衡量指标。

综合以上分析，本书将劳动力素质界定为：劳动力在经济活动中所展现出来的道德修养、身体状况、文化程度和技能水平的总和。劳动力素质是劳动力劳动能力的综合体现，直接影响劳动力个人的就业质量和整个社会的创新能力。

（二）劳动力素质与人口素质、人力资本的比较

由于劳动力是社会总人口中的一部分，劳动力素质也就属于人口素质的研究范畴，两者都是以"人"作为研究对象考察其素质问题，因此在评价方法、评价维度、评价指标等方面可以相互借鉴，对于人口素质研究的一般性结论也适用于对劳动力素质的分析，例如人口素质水平与经济发展水平呈正相关关系等。当然，由于对人群做了特别的划分，二者的实际内涵在具体情境下存在一些不同，尤其当我们研究人口素质的目的在于寻找其对经济社会发展的作用时，作为社会总人口中的劳动力便成为最具能动性的部分，因而也就成为考察的重点群体。舒尔茨在其著作《人口质量经济学》中从经济学角度对人口质量进行了探讨，提出了人力资本的概念及其理论。如此一来，人口素质、劳动力素质和人力资本就成为相关领域研究中的高频词，为了避免在后续研究中产生不必要的理解偏差，本书在此对三个概念的使用做了几点约定。

其一，就其基本内涵来讲，三者是一致的。人口素质、劳动力素质和人力资本都是以人作为考察对象，更加关注人在质量而非数量方面的差异。因而，在做一般性研究时，三者并不存在也无必要做特别区分。

其二，就其内涵侧重点来讲，三者略有差异。人口素质是从全局并且更多是从社会视角分析人口质量，更加强调人口素质的全面性；劳动力素质和人力资本则更加强调人作为生产要素的经济属性，更加突出人口素质在知识和技能方面的差异。因而，当我们的讨论与人的经济行为密切相关，尤其与产业质量高度关联时，应尽量避免使用人口素质而采用其他两个概念。

其三，就人群的范畴来讲，三者存在明显差异。人口素质的考察范围覆盖全体人口；劳动力素质考察的是进入劳动力市场的人口；人力资本对人群的范畴界定并不明确，强调人力资本投资时可以覆盖全体人口，而探讨人力资本的作用时通常只覆盖参与经济活动的人口，此时它与劳动力素质基本等同。结合第二点约定，在单纯探讨就业相关问题时，应使用劳动力素质或明确说明的人力资本。

其四，单纯就劳动力素质和人力资本两个概念的约定说明。就字面意思和形成过程来看，劳动力素质是一个更传统更朴素的概念，而人力资本是一个更加新潮也更能体现经济学专业性的概念。这就使得人力资本概念似乎拥有了后来居上的明显优势，人力资本理论全面进入经济增长、收入分配领域的研究，即便在涉及人口迁移和流动、计划生育与人口质量、婚姻与家庭等问题的许多边缘性和交叉性学科领域，人力资本也被视为重要的解释因素纳入各领域的研究范畴，并将人力资本纳入国民经济核算。当然，国内外学术界只是不约而同地以人力资本指代劳动力素质，并非对二者的刻意区分，在绝大多数学者眼里，劳动力素质与人力资本两个概念是等同的，在研究中常将两者混用，多运用人力资本测度方法测度劳动力素质。比如赵雨薇（2019）认为，人力资本是指凝结在劳动力身上的资本，是劳动力素质的体现。因此，本书倾向于默认大多数人的认识，在不会明显造成误解的情况下不做特别区分。但需要说明的是，关于人力资本的统计测算方法显示，学术界对人力资本的界定更具备"价值"属性，与劳动力素质的"能力"属性存在一定的差别，在做纯概念探讨的研究时，不应将两者混同。前者的载体还包括没有达到法定就业年龄的儿童，因其还没有实现就业，所以不能被算作劳动力。人力资本既可以用于衡量一个国家劳动力的平均水平，也可以用来衡量一个国家总体人力资本的存量水平。

二　劳动力素质的影响因素

影响劳动力素质的因素是多方面的。一个国家的经济发展水平是影响劳动力素质最基础的因素，且其同时影响劳动力先天和后天素质，直接决定了该国劳动力素质的可能区间。在这一区间内，教育投入和教育公平是决定劳动力素质的关键因素，且其主要作用于劳动力后天素质的提高。在特定教育投入水平下，家庭因素对劳动力素质也会产生显著影响。此外，社会发展水平也是影响劳动力素质的重要因素，决定了劳动力素质的区间弹性。

（一）经济发展水平决定劳动力素质的可能区间

经济发展通常表现为居民收入水平提高、国家财政收入增加、产业结构升级、资本积累增加、需求和消费结构改善、国际经济交往频繁、经济制度安排改进等诸多方面。各国历史经验表明，经济发展会对人口整体素质的改善起到正向推动作用。一是居民收入水平的提高可以使劳动力接受更多教育和培训，从而增强其科学文化素质和技能素质。二是经济发展带来医疗水平的提高，可以减少疾病发病率，提高劳动力身体素质。三是经济发展使得各种学术研究和探索得以进行，提高劳动力思想素质。四是经济发展伴随的产业优化升级对劳动力素质提出新的要求，间接刺激了劳动力素质提升。比如程林等（2020）的研究发现，信息与通信技术是一种技能偏向型技术，企业生产过程中采用信息技术越多，对高技能劳动力需求也就越大，进而导致高技能劳动力相对需求增加、低技能劳动力相对需求减少。五是经济发展伴随着技术创新与技术进步的持续实现，这既是劳动力素质提升的结果，同时能够产生外溢效应与倒逼机制，促使劳动力不断提升个人科学文化素质、技能素质。

赵利和姜均武（2011）采用协整、误差修正模型、Granger 因果检验等
方法，对我国技术进步和劳动力素质之间的关系进行了分析，表明技术
进步对劳动力人均受教育年数起到了积极的促进作用，是劳动力素质提
升的重要推力。

（二）社会发展水平影响劳动力素质的区间弹性

人类社会全面发展包含着政治、文化等社会事业及人类自身的发
展，作为社会总人口一部分的劳动力与社会发展之间存在着相互制
约、相互促进的关系。社会发展为劳动力素质提升创造了必要的物质
基础、精神基础、文化基础、技术基础和环境基础。耿修林（2009）
认为，社会事业发展的各个维度几乎对人口素质的所有方面都起着正
向影响，社会发展水平能够对人口素质提升起到全面促进作用。基于
此，要实现提升劳动力素质的目标，政府需从不同领域不断提升社会
管理水平，改善其与经济发展不相适应的状况，在兼顾经济发展与社
会发展的同时，科学地制定社会规划，加快建设和完善社会发展体
系。具体包括：继续加强公共卫生体系建设，最大限度地推行全民教
育和终身教育，大力发展各项社会公益事业及公共文化基础设施建
设，健全社会保障体系，通过向居民提供更多更好的公共产品，使其
享有更好的医疗卫生条件、文化教育条件和社会保险保障，有效改善
劳动力素质弹性空间。

（三）教育投入与教育公平是劳动力后天素质提升的关键

社会教育、学校教育和家庭教育共同构成了完整的国家教育系统，
成为影响劳动力后天素质最为关键的因素。尽管存在个体差异，但从宏
观角度来看，劳动力接受教育的方式、接受教育的程度等决定了一个国
家劳动力的整体素质状况。

一是教育投入总量。各国教育有理念差别、制度差异，但就其发展
水平而言，主要是教育投入差异。劳动力素质水平的高低主要受教育、
培训及其经费投入的影响，教育和培训能开发智力和积累操作技能，这

也是多数学者以平均受教育程度作为劳动力素质代理变量的直接原因。程林和包耀东（2019）指出，教育经费投入比重与劳动力文化素质水平呈正相关，且影响显著，教育经费投入对教育水平有较大的提升作用，并促进劳动力文化素质水平的提高。

二是教育公平程度。教育是重要的公共产品，群体间受教育程度的差距会反向影响整体受教育的效果，换句话讲，教育公平决定着劳动力接受教育的相对差异，进而影响着整个国家的教育水平和人口综合素质。一方面，教育水平与个人消费品分配高度相关，受教育程度低的劳动力往往收入较低，不仅在营养摄取方面相对不足，还在知识获取和技能提升方面存在困难，从而陷入恶性循环之中。另一方面，教育公平影响劳动力流动，在市场经济条件下，受教育水平高的劳动力主要流动方向是向上的，而在落后地区升学几乎是向上流动的唯一途径，失去升学机会一定程度上意味着失去了向上流动的机会。

（四）家庭是劳动力个体素质的重要影响因素

家庭是以婚姻、血缘或收养关系所组成的初级社会群体，是劳动力成长过程中的微观环境。家庭的经济状况、文化氛围、成员间关系、教育方式等都对劳动力个体成长发挥着显著作用。并且家庭是劳动力幼年时期最初生活经验、社会知识和行为规范的主要获得渠道。家庭对劳动力素质的影响体现在以下方面。

一是家庭背景差异（包括社会阶层、文化程度、经济实力、职业类型、社会资源等）决定了劳动力受教育程度、教育获得和教育结果等方面的差异。家庭背景与教育成就之间存在着一种紧密而持续的联系，家庭背景对在校学生的影响比学校教育质量的影响更大，人们的教育获得与其父辈的社会阶层特征和教育水平有着极为显著的关联。英国的曼彻斯特调查也得出相同结论，即影响学业成绩的主要因素是家庭环境，家庭因素的重要性二倍于社区和学校两项因素的总和。

二是家庭结构是否完整对子女身心发展尤其是成年后的思想道德素

质存在显著影响。苏娜（2001）的调查发现，家庭结构与青少年犯罪之间存在一定相关性，在没有犯罪记录的青少年群体中，拥有完整家庭的数量占 88%，拥有残缺家庭的数量占 12%；而在有犯罪记录的青少年群体中，拥有完整家庭的数量占 75%，拥有残缺家庭的数量占 25%。与之相比，家庭关系对子女个性的形成及心理、道德等方面的发展影响更加显著。家庭成员之间缺乏和谐关系，会造成青少年对家庭成员的疏远，容易导致青少年心理失调、行为失范或形成反社会的攻击性人格。

三是家庭生活方式的现代化与文明化有利于现代人才的培养。家庭生活体现了物质生活和精神生活的统一，家庭消费性活动一方面满足了个人的成长需要，另一方面也会影响个人的体质、思想、品行等方面的素质。改革开放以来，随着人们生活水平的提高，家庭生活方式也发生了显著变化，从封闭、保守、落后的传统生活方式，转变为开放、文明、健康的现代生活方式。生活方式的转变从根本上改变了社会个体成长的基础和土壤，使现代人才的培养成为可能，同时也推动了人的现代化进程。

三　劳动力素质测评方法及选择

考虑劳动力质量研究的复杂性，对劳动力素质的测评是开展对劳动力素质话题深入研究的重要前提，除了测评方法本身的科学性以外，还涉及不同素质分项的准确界定和指标的合理选取，以及各类劳动力素质之间的有效整合问题。基于前文的内涵约定和因素分析，可充分借鉴不同学者对人力资本、人口素质与劳动力素质测评的思路和方法，在比较的基础上进行更具操作性的取舍，形成一套关于中国劳动力素质测评的更科学、更现实的方法。

（一）现有劳动力素质测评方法

学术界对劳动力素质的测评工作发端于 20 世纪中期，与人力资本理论的兴起基本同步。进入 20 世纪末期，人力资本测评开始进入官方视野，联合国国民账户体系以附属表的形式就人口资源和人力资本开展了实物量形式的核算。对人力资本价值量开展估算工作的国际机构主要是世界银行。1995 年，世界银行颁布了一项衡量国家或地区财富的新标准，将人们的生产能力（如教育、营养）所代表的价值称为人力资本（人力资源），与自然资本、创造的资产、社会资本一起，作为国家财富的组成部分纳入财富计算范畴。2011 年，中国国家统计局研究制定了《人才贡献率及人力资本贡献率测算方案》，作为一级政府机构开始全面测算人力资本的贡献率。综合各国官方机构和学者的探索，目前大致形成了以下六种关于劳动力素质的测评方法。

一是劳动力素质指数构建评价法。劳动力素质指数构建可借鉴人口素质指数构建方法。目前具有代表性的模型主要有 PQLI（生命素质指数）、ASHA、HDI（人类发展指数）三种形式。其中，PQLI 是由莫里斯（M. D. Morris）于 1975 年提出，指标体系由婴儿死亡率、平均预期寿命和 15 岁以上人口识字率构成；ASHA 是美国社会健康协会提出的，指标体系由就业率、平均预期寿命、人均国民生产总值增长率、识字率、人口出生率、婴儿死亡率构成；HDI 是由联合国开发计划署提出的，主要指标为预期寿命、教育水平和人均 GDP 的对数。在上述三种指数评价方法中，构建评价指标体系是其核心，PQLI 的指标较为单一，ASHA 和 HDI 的核心目的在于反映经济社会的发展而非单纯反映人口素质状况，因而都存在特定的适用领域，并非所有人口素质评价均适用。

二是基于 AHP 法的劳动力素质评价指标体系。AHP（Analytic Hierarchy Process）又称层次分析法，是在 20 世纪 70 年代由美国匹兹堡大学 Saaty 教授正式提出的。这种方法是一种系统化、层次化的分析方法，是在人们的主观判断基础上，较好地结合了定性分析和定量分析，因此在处理复杂问题上有较强的实用性和有效性。AHP 法将复杂的问题分解成几个组成因素，通过两两比较，确定各层次中因素的相对重要性，再综合决策者的判断，确定决策方案的相对重要性，作出最终的选择和判断。该方法将劳动力素质视作一个包含思想素质、身体素质、科学文化素质、技能素质等的综合性指标，用以判断劳动力与社会化大生产相适应的程度，是采用较多的劳动力素质测评方法。

三是基于受教育程度的劳动力素质结构分析法。王志华和董存田（2012）按表现形式将劳动分为简单劳动、技能劳动和知识劳动，把仅能从事简单劳动的劳动力定义为体能型劳动力，把能从事技能劳动的劳动力称为技能型劳动力，把能从事知识劳动的劳动力称为知识型劳动力。为方便分析，研究者通常仅以劳动力受教育程度来表征劳动力素质，并认为初中及以下教育水平的劳动力为体能型劳动力，高中、中专以及大专教育水平的劳动力为技能型劳动力，而本科及以上教育水平的劳动力为知识型劳动力。有了这样的分类，就可以用这三类劳动力各自所占比重来分析劳动力的素质结构。

四是成本法。该方法将一个国家特定年龄（男性 26 岁、女性 20 岁）以上的人口视为其人力资本，从成本回顾角度将每个成年人在"长成"过程中的累计投入成本视为其单个人力资本替代指标，并通过将所有成年人投入成本加总的方法来获得该国的人力资本总体水平。侯风云等（2005）、焦斌龙和焦志明（2010）、钱雪亚（2012）等均采用此法测度了我国相应时期的人力资本总体水平。成本法最早是为了估量战争、瘟疫等灾难导致人口大量减损时造成的国力损失，故而该法在衡量与人口数量相关的国力水平变化时具有一定的合理性。

五是收入法。该方法将一个国家（或个人）的人力资本视为其财富创造（挣取收入）的能力，并采用预期收入作为人力资本的替代指标。朱平芳和徐大丰（2007）、李海峥等（2013）均采用此法测度了相应时期的人力资本水平。收入法测度的人力资本水平在解释增长动因和地区差异方面比成本法更具理论合理性。然而，通过现期收入对主体未来总收入进行推算存在很大的不确定性和数据换算误差，且运用到地区间差异比较时，人们因为无法直接观察到单位人力资本的数据，所以需要进行物质资本和产出数据的换算。这些不仅降低了收入法测度的准确性，还使测算过程过于复杂。

六是教育存量法。教育存量法是基于国民素质的一种方法，用反映受教育程度状况、工作经验状况、健康状况等方面的某项指标来间接地表征劳动力素质，应用较多的是教育成就类指标。教育直接增加了劳动力的知识和技能，具体表现为教育赋予劳动力更高的生产能力（受教育程度较高的劳动力与相同的其他生产要素相结合能生产出更多的产品）和资源配置能力（受教育程度更高的劳动力发现机会、抓住机会使既定资源得到最有效配置的能力）。基于教育成果估算劳动力素质，主要有三类指标：一是平均受教育年限；二是总受教育年数；三是成人识字率、入学率、教育健康综合相对数等形式的教育存量替代指标（赖明勇等，2005；杨建芳等，2006）。教育存量法本质上是用教育成果的某一特征水平作为劳动力素质的代理指标，由于其直观简单，数据容易获得，这类方法运用得最为广泛，尤其在跨国比较研究中。

（二）现有测评方法的比较与选择

近年来，学术界对劳动力素质、人口素质、人力资本进行了大量测评研究。劳动力素质测评方面，李华和许晶（2012）提出了包含思想素质、身体素质、科学文化素质、技术能力素质的劳动力素质指标体系，并运用 AHP 法确定各个指标权重，进而构建劳动力素质的综合评价指数。程林和包耀东（2019）认为劳动力的教育文化素质提升和技能素质提升对经济发展起主要促进作用，并选取平均受教育程度来衡量劳动力的教育文化素质；选取劳动生产率来衡量区域劳动力素质。程林等（2020）采用就业人员受教育程度作为衡量劳动力素质的指标，并按照受教育程度将劳动力素质分为高、中、低三个层次，分别用大专及以上学历就业人员数量、高中学历就业人员数量、初中学历就业人员数量的占比来测度。

人口素质测评方面，马淑鸾（1986）利用 PQLI 指数测度了我国人口素质存量；陈再华（1992）利用模糊数学方法来处理各因素指标，建立了人口素质综合评测模型；夏海勇（1992）选择了9个指标并借助系统聚类分析等方法，计算了人口素质综合指数；李涌平和扬华（2001）应用人类发展指数的定义，结合人口预测的方法，对研究区域的未来人口素质进行了预测；张志强（2001）运用主成分分析法，对我国各地区人口素质水平进行了排序和比较；唐万梅（2005）利用因子分析方法对我国西部各地区人口素质水平进行定量分析和排序；肖周燕（2006）将层次分析法应用于人口素质评测分析中，提高了人口素质评测的准确性；廖桂蓉和葛俊龙（2007）运用主成分分析法对四川省人口素质水平进行了统计分析；耿修林（2011）设计了人口素质的评价体系，然后运用多元分析方法，对1990~2008年我国人口素质的变动情况进行了定量分析；杨师箐和周炎炎（2016）依据独立性、代表性和可测性原则，采取层次分析法逐级选取测评人口素质的指标，以专家意见法和因子分析法分别对要素层和指标层进行赋权，构建人口素质测评的指标体系。

人力资本测评方面，王治宇和马海涛（2007）在对现有人力资本评价方法进行比较分析的基础上，利用层次分析法构建了综合评价人力资本水平指标体系；孟望生和王询（2014）以成本法为基础构建了永续盘存测度模型，对中国1996~2011年的省级人力资本存量进行了测度；李海峥等（2013）通过改进国际上广泛使用的人力资本综合度量方法——Jorgenson-Fraumeni收入法，结合扩展的人力资本Mincer模型，构建了适合中国数据的省级人力资本估算方法；刘智勇等（2018）认为人力资本会向高级人力资本逐渐演进，并借鉴测度产业结构变动的思想与方法来度量人力资本结构高级化水平。

综合各类测评方法，本书将劳动力素质划分为四个大类，并用于构建四项一级指标，分别是身体素质、科学文化素质、技能素质和思想道德素质。各一级指标下划分为若干项二级指标，主要考虑指标本身的代表性以及对应指标对产业优化升级的影响程度进行筛选。

第二节　我国劳动力身体素质变化趋势
及现状特征分析

身体素质用于表征人口的健康状况，而健康的体魄是人进入劳动力市场参与经济活动的基础。学术界对身体素质的关注主要集中在体育和卫生领域，涉及人群更多是婴幼儿、在校学生、老年人和运动员；少数从经济社会发展方面研究身体素质的文献的主要视角在特定行业、特定区域、特定人群或特定健康要素，比如职业安全、职工心理健康、健康代际传递、过度劳动、流动人口健康、健康产业发展等，专门针对劳动力群体身体健康的研究成果极少。由于数据方面的限制，本节选择全体人口身体素质作为分析视角，并结合特定就业人群情况，以便更全面地考察劳动力身体素质与产业质量的关联。

一　人口身体素质指标分析与筛选

一般意义上的身体素质包括生理和心理两方面[①]。前者可从人体器官的完整性和正常运行角度进行测评，主要针对疾病的抵御能力；后者可从精神状态或心理稳定性角度进行测评，主要针对外部压力的抵御化解能力，两者都会通过不同途径影响劳动力的工作效率。

人的身体素质是其他所有素质的自然条件和基础（张罋和马宁，2011），只有建立在健康身体之上的综合素质才具有存在的价值。其一，人口身体素质与劳动力供给数量的关系更为密切。与人口其他素质相比，人均预期寿命的高低、疾病发生率的高低、残疾人口比重等都影响着可能参与到经济活动中的潜在劳动力数量，同等数量的人口中非劳动力占比越高，健康劳动力反向投入压力就越大。其二，产业结构的

---

① 针对社会关系方面的健康问题可被纳入思想道德素质进行考查。

自然演进对劳动力身体素质的依赖程度有减弱趋势。尽管劳动力身体素质在任何时代任何产业发展中的基础地位都不容动摇，但随着产业结构的自然演进，经济活动对劳动力文化、科技、技能等方面的要求在持续增大，对劳动力身体素质的依赖程度则出现缓慢减弱的趋势。其三，产业升级过程中存在劳动力身体素质内部结构的依赖度转换。产业升级对劳动力身体素质依赖程度的减弱主要体现在生理性因素方面，这与三次产业对劳动力体力的要求依次降低直接相关；但各国工业化和城市化的实践显示，伴随产业升级出现的人口聚集和竞争加剧，社会对人口心理健康的要求在逐日递增。

　　系统梳理相关研究成果，针对人口身体素质的衡量指标可分为三类（见表4-1）：一是表征型指标，直接反映身体健康状况；二是反馈型指标，反映人口身体受损状况；三是守护型指标，通过对身体健康的保护能力侧面反映人口身体素质。

表4-1　人口身体素质备选测度指标类型

指标类型	具体指标	指标说明
表征型指标 Ha	Ha1：人均预期寿命 Ha2：居民健康素养水平 Ha3：成人抗逆力指数 Ha4：人口竞争协作倾向指数 Ha5：成人情商指数	此类指标直接反映人口身体素质水平，相关指标值越高表明人口身体健康水平越高
反馈型指标 Hb	Hb1：甲乙类法定报告传染病发病/死亡率 Hb2：新增职业病病例 Hb3：15~65岁居民慢性病患病率 Hb4：15~65岁居民自杀率 Hb5：丧失劳动能力人口占总人口的比重 Hb6：残疾人口比重 Hb7：焦虑障碍患病率 Hb8：抑郁症患病率 Hb9：孕产妇死亡率	此类指标从反面反映人口身体素质水平，相关指标值越低表明人口身体健康水平越高

指标类型	具体指标	指标说明
守护型指标 Hc	Hc1：每万人财政医疗卫生经费支出 Hc2：人均卫生总费用 Hc3：每万人卫生技术人员数 Hc4：每万人卫生机构数 Hc5：每万人拥有执业心理咨询师数 Hc6：严重精神障碍管理率 Hc7：城乡居民医疗保险支出 Hc8：职工基本医疗保险收入 Hc9：职工基本医疗保险支出 Hc10：特定人群心理干预帮扶人次	此类指标反映当居民健康受损时能够得到的医疗服务水平，相关指标值越高意味着对居民健康的服务与恢复越好

资料来源：笔者根据相关资料整理。

上述三类指标能够从不同角度反映一国的人口身体素质，并在一定程度上间接衡量一国人口质量促进经济发展的潜力。由于各国的经济发展阶段不同，地理环境、文化习俗和社会制度等方面也存在差异，针对各自国家内部不同素质劳动力与产业协同性的比较或许比单纯人口身体素质的国别比较更具有实际意义。为了更加便捷且有效地进行人口身体素质测评，需要对诸多备选指标进行比较分析，并按照指标的代表性和数据可得性进行指标筛选。

（一）人口身体素质表征型指标的分析及筛选

生存是人口身体素质改善的前提，生命延长是人口身体素质改善的结果，身体机能的优劣最直观地表现为人口寿命的长短。人均预期寿命（Ha1）在数据获取、纵向历史比较及横向跨区域比较等方面都具有明显优势，但人口预期寿命仅属于结果表征，考虑到人类对于保持身体健康信息的掌握和理解的过程主动性，世界卫生组织认为居民健康素养水平（Ha2）对于人群健康状况的预测能力更强。相比较而言，人口身体素质的其他表征型指标更为抽象，表征效果更强调身体素质某方面的特定属性，在数据获取和表征覆盖方面存在一定劣势，更适宜于进行专项研究。因此，本研究选取人均预期寿命（Ha1）和居民健康素养水平

（Ha2）作为反映评价人口身体素质的表征型指标（见表4-2）。

表4-2 劳动力身体素质表征型指标筛选结果

指标	指标解释	指标特征
Ha1：人均预期寿命	人均预期寿命是指假若当前的分年龄死亡率保持不变，同一时期出生的人预期能继续生存的平均年数，是最常用的预期寿命指标，它表明了新出生人口平均预期可存活的年数，是度量人口健康状况的一个重要指标	结果表征，效果直观，数据获取容易，便于横向和纵向比较
Ha2：居民健康素养水平	健康素养是指个人获取和理解基本健康信息和服务，并运用这些信息和服务做出正确决策，以维护和促进自身健康的能力	过程表征，能够体现主动性，预测能力更强，但需构建指标内涵标准

（二）人口身体素质反馈型指标的分析及筛选

疾病和身心缺陷是人口身体健康遭受损害的表现，居民的发病情况等可作为身体素质的反向指标。由于生病会直接影响劳动力的参与率和工作效果。考虑到数据的统计和获取性，本书采用甲乙类法定报告传染病发病率/死亡率（Hb1）、新增职业病病例（Hb2）和15～65岁居民慢性病患病率（Hb3）作为人口身体素质反馈型指标。此外，极端的身心病变可能会导致人们对于生活丧失信心，是人口身体素质深度受创的体现。因此，本节补充15～65岁居民自杀率（Hb4）作为人口身体素质反馈型指标之一（见表4-3）。

表4-3 人口身体素质反馈型指标筛选结果

指标	指标解释	指标特征
Hb1：甲乙类法定报告传染病发病/死亡率	甲乙类传染病是传染性强且严重危害感染者健康甚至危及生命的传染病。感染甲乙类传染病意味着劳动力身体受到损伤，严重情况下会危及生命，对其劳动能力造成严重的负面影响。对甲乙类传染病抗感染能力及感染后恢复能力等是劳动力身体素质重要体现	通常有政府部门专门的统计调查数据，其对身体因参与劳动造成的受损情况反映直接有效，便于宏观国别比较

指标	指标解释	指标特征
Hb2：新增职业病病例	新增职业病病例指的是一定时期内国家或地区依法报告的新增职业病确诊病例，这一指标下降意味着劳动力身体受到职业病损害的减少	通常有政府或行业部门专门的统计调查数据，其对身体因参与劳动造成的受损情况反映直接有效，便于同行业跨区比较
Hb3：15～65岁居民慢性病患病率	慢性病是指不构成传染、具有长期积累形成疾病形态损害的疾病的总称，包括心脑血管病、肿瘤、糖尿病等	通常有政府部门专门的统计调查数据，其对身体因各种原因造成的受损情况反映直接有效，便于宏观国别比较
Hb4：15～65岁居民自杀率	导致自杀的原因包括心理因素、精神障碍及身体疾患等，可能会导致劳动者的矛盾心态、认知的偏差、冲动行为、关系失调等	通常有政府部门专门统计的调查数据，其对身体因各种原因造成的极端受损情况反映直接有效，便于宏观国别比较

（三）人口身体素质守护型指标的分析及筛选

人口身体健康遭遇各种疾病威胁和损害时，能否及时且有效地获得治疗关系到人口身体恢复的时间和状态，治病的花费和治愈率对居民生活质量和工作效率存在显著影响。居民可获得的医疗条件（医护人员数和医疗设施设备）的最大制约因素是公共医疗经费支出，地区之间和居民个体之间也存在医疗支付差异。因此，本节采用每万人财政医疗卫生经费支出（Hc1）和人均卫生总费用（Hc2）作为人口身体素质守护型指标（见表4-4）。

表4-4   人口身体素质守护型指标筛选结果

指标	指标解释	指标特征
Hc1：每万人财政医疗卫生经费支出	每万人财政医疗卫生经费支出反映政府财政对于医疗卫生健康事业的支持力度和国家对于人民卫生健康问题的重视，其持续增长的结果是医疗卫生健康事业的不断发展，人民健康水平的	数据可得性好，对其他守护型指标的兼容性高，公共部门行为持续性评价效率高，纵向比较效果好

续表

指标	指标解释	指标特征
Hc1：每万人财政医疗卫生经费支出	持续提高。该指标与每万人卫生机构数、每万人卫生技术人员数等指标具有同向变动趋势	
Hc2：人均卫生总费用	人均卫生总费用反映了居民享受到医疗卫生保障的总体水平，其持续增加是保障及提升居民健康水平的必要条件	数据可得性好，对其他守护型指标的兼容性高，比较评价需考虑国家（地区）差异

二 表征型指标的变动趋势与特征分析

据《中国卫生健康统计年鉴（2021）》数据显示，新中国成立前，我国人口平均预期寿命仅为 35.00 岁。随着国内整体安全环境显著改善，经济建设逐步走向正轨，居民营养和卫生状况也不断改观，人口平均预期寿命持续增加。特别是改革开放以来，我国人口平均预期寿命保持了持续增长态势，从 1981 年"三普"时的 67.77 岁增加至 2020 年"七普"时的 77.30 岁（见图 4-1）。

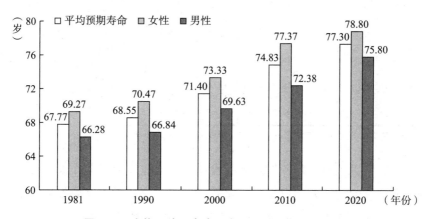

图 4-1 改革开放以来我国人均预期寿命变动情况

资料来源：根据全国第三次至第七次人口普查数据整理绘制。

　　跨国比较来看，我国人口平均预期寿命也处于较高水平。根据世界卫生组织发布的《2020 年全球各国人均预期寿命》，截至 2020 年中国人口平均预期寿命为 77.3 岁（见表 4-5）。

表 4-5　2020 年全球主要国家平均预期寿命

单位：岁

国家	平均预期寿命	女性预期寿命	男性预期寿命
日本	83.7	86.8	80.5
澳大利亚	82.8	84.8	80.9
法国	82.4	85.4	7.4
韩国	82.3	85.5	78.8
加拿大	82.2	84.1	80.2
英国	81.2	83.0	79.4
德国	81.0	83.4	78.7
美国	79.3	81.6	76.9
中国	77.3	78.8	75.8
阿根廷	76.3	79.9	72.7
巴西	75.0	78.7	71.4
俄罗斯	70.5	76.3	64.7
印度	68.3	69.9	66.9
南非	62.9	66.2	59.3

资料来源：世界卫生组织发布的《2020 年全球各国人均预期寿命》。

　　伴随我国人口平均预期寿命的增加，我国居民健康素养水平持续提升。尤其是党的十八大以来，国家先后发布《全民健康素养促进行动规划（2014-2020 年）》《"健康中国 2030" 规划纲要》《"十三五" 卫生与健康规划》《"十三五" 全国健康促进与教育工作规划》，多措并举推动居民健康素养水平的提升。国家卫健委公开数据显示，2012 年我国居民健康素养水平为 8.80%，2020 年提升至 23.15%（见图 4-2）。具体来看，2020 年，我国城市居民健康素养水平为 28.08%，农村居民健康素养水平为 20.02%；东部、中部、西部地区居民健康素养水平分别为 29.06%、21.01% 和 16.72%；居民基本知识和理念素养水平为 37.15%，健康生活方式与行为素养水平为 26.44%，基本技能素养水平为 23.12%；安全与急救素养水平为 55.23%、科学健康观素养水平为 50.48%、健康信息素养水平为 35.93%、传染病防治素养水平为 26.77%、慢性病防治素养水平为 26.73% 和基本医疗素养水平为 23.44%，居民健康素养水平得到全面提升。

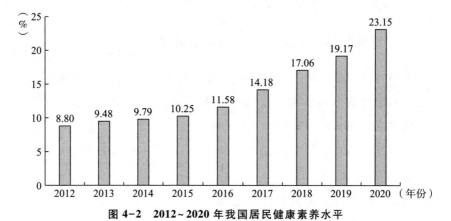

图 4-2　2012~2020 年我国居民健康素养水平
资料来源：根据国家卫健委公开数据整理绘制。

由上述数据可以看出，我国人口表征型身体素养已大幅提升，2020 年出生人口平均预期寿命比世界平均水平的 73 岁高出 4 岁，甚至略高于中高等收入国家平均水平的 76 岁。然而，根据世界银行数据，相较于同期高收入国家平均值的 80 岁，我国人口身体素质在表征型指标方面仍有一定差距（见图 4-3）。

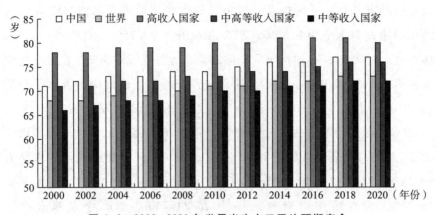

图 4-3 2000~2020 年世界出生人口平均预期寿命

资料来源：根据世界银行网站数据整理绘制。

三 反馈型指标的变动趋势与特征分析

人口身体素质反馈型指标根据其属性可分为三类：一是全覆盖类的传染病和慢性病发病情况，前者与国家公共卫生事业发达程度密切相关，后者影响因素较为复杂；二是与就业相关的劳动人口职业病发病情况，能够反映各行各业的劳动保护水平；三是重度反馈的成人死亡情况，影响因素比较多元。

（一）传染病改善显著，慢性病形势不容乐观

新中国成立以来，随着卫生健康事业的稳步发展，各类传染病总体得到有效控制，甲乙类法定报告传染病发病率和死亡率在 20 世纪 80 年代中期均降至较低水平（见图 4-4）。2020 年，我国甲乙类法定报告传染病发病率、死亡率分别下降至 190.36/10 万人和 1.87/10 万人均处于较低水平。

与传染病的显著改善相比，我国慢性病控制情况整体不尽乐观。慢性病不仅死亡率高，同时对患者生活质量影响大。当前，我国劳动年龄人口慢性病患病率有上升趋势，成为威胁劳动力身体素质的重要因素。根据国家卫生服务调查数据显示，在经历了将近 20 年的小幅下降之后，

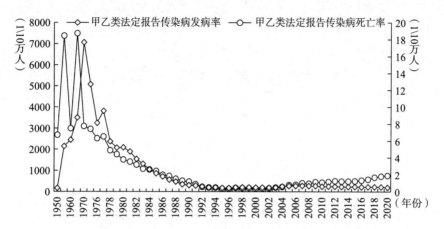

图 4-4　1950~2020 年我国甲乙类法定报告传染病发病率和死亡率

资料来源:《中国卫生健康统计年鉴 2021》。

注:左轴为甲乙类法定报告传染病发病率;右轴为甲乙类法定报告传染病死亡率。

我国 15~64 岁居民慢性病患病率再次呈现上升趋势（见图 4-5）。2018年,我国 15~64 岁居民慢性病患病率为 210.86‰,每千人中患慢性病的居民较 2013 年上升了 52.44 人,反映出慢性病对劳动力身体健康的威胁依然严峻。

（二）职业病发病数据先降后升又降,整体形势依旧严峻

职业病是指企业、事业单位和个体经济组织等用人单位的劳动力在职业活动中,因接触粉尘、放射性物质和其他有毒、有害因素而引起的疾病。根据 2013 年《职业病分类和目录》,我国法定职业病分为 10 类 132 种。根据国家卫生部门发布的统计数据,1988~2021年,我国职业病新增报告病例数大致呈现先降后升又降的趋势（见图4-6）。

图 4-6 数据显示,1988 年,我国职业病新增报告病例 28357 例,随后波动下降至 2004 年的 4423 例,2005 年后又拐头回升,2016 年达到峰值 31789 例,此后再次呈现下降趋势。职业病新增报告病例数下降得益于我国职业病防治措施的实施,截至 2020 年底,全国共有职业健

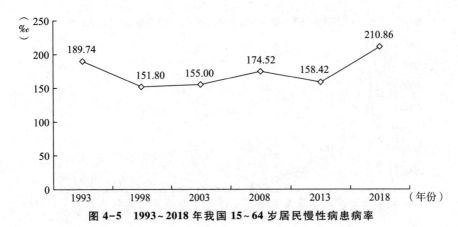

图 4-5　1993~2018 年我国 15~64 岁居民慢性病患病率

资料来源：历年《中国卫生健康统计年鉴》①。

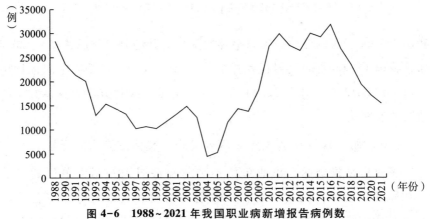

图 4-6　1988~2021 年我国职业病新增报告病例数

资料来源：根据历年《全国劳动卫生职业病发病情况》《我国卫生健康事业发展统计公报》等整理。

注：因 1989 年数据缺失，图中未画出。

康检查机构 4520 个，其中职业病诊断机构 589 个②。但是，2021 年全

① 《中国卫生统计年鉴》是一部反映中国卫生事业发展情况和居民健康情况的资料性年刊。从 2013 年开始，《中国卫生统计年鉴》更名为《中国卫生和计划生育统计年鉴》，2018 年起又更名为《中国卫生健康统计年鉴》。本书统一使用《中国卫生健康统计年鉴》一名，未做区分，特此说明。

② 2020 年我国卫生健康事业发展统计公报 [EB/OL].人民政协网（2021-7-15）[2025-2-18] https//www.rmzxw.com/cn/c/2021-07-15/2905477.shtml.

国各类职业病新增病例仍达 15407 例，表明我国劳动力职业病发病形势依然严峻，特别是占比接近 90% 的职业性尘肺病呈现年轻化趋势，必须引起高度重视。不仅如此，随着我国经济转型升级，新技术、新材料、新工艺的广泛应用和新业态的产生，新的职业危害因素不断出现，与职业相关的肌肉骨骼系统疾病和心理健康等职业健康问题已引起广大劳动力和社会各界的广泛关注。

（三）成年人死亡率和劳动人口自杀率低于世界平均水平

随着我国卫生健康事业的快速发展，我国人口死亡率迅速下降，当前成年男性死亡率、成年女性死亡率均低于世界平均水平。世界银行统计数据显示，2020 年我国成年男性死亡率为 91‰，低于世界成年男性、高收入国家成年男性、中高等收入国家成年男性、中等收入国家成年男性同期死亡率（见图 4-7）；我国成年女性死亡率为 59‰，低于世界成年女性、高收入国家女性、中高等收入国家女性，中等收入国家成年女性同期死亡率。

2003~2021 年《中国卫生统计年鉴》数据显示，我国 15~65 岁城市居民自杀率由 13.43/10 万人下降至 3.88/10 万人，15~65 岁农村居民自杀率由 17.91/10 万人下降至 5.60/10 万人（见图 4-8）。从自杀原因来看，我国自杀诱因以家庭或婚恋纠纷、人际关系不和以及精神障碍、躯体疾患为主，其中男性因疾病因素自杀比例高于女性。

四　守护型指标的变动趋势与特征分析

我国人口身体素质的提升得益于我国卫生事业的不断发展。卫生总费用占 GDP 的比重由 1980 年的 3.15% 上升至 2020 年的 7.12%（见图 4-9）。随着健康中国战略的实施，以人民为中心的"全方位、全周期"的中国特色基本医疗卫生制度将继续推动我国人口身体素质的进一步提升。

守护型指标并不直接表现人口身体素质的高低，但能从侧面反映一个国家对人口身体健康的重视程度，不仅是造成前两类指标变化的原因

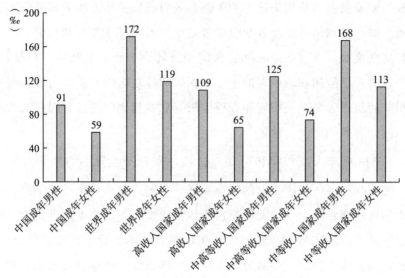

图4-7 2020年全球成年男性女性死亡率情况

资料来源：根据世界银行网站数据整理绘制。

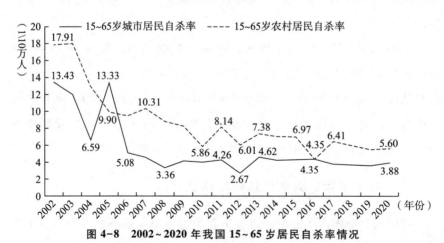

图4-8 2002~2020年我国15~65岁居民自杀率情况

资料来源：2003~2021年《中国卫生健康统计年鉴》。

之一，也有助于预测未来人口身体素质趋势。改革开放以来，我国人口身体素质提升与卫生总费用及其占比稳步提升密切相关，但也要看到，我国的政府卫生支出与卫生总费用的比重与发达国家仍然有不小差距，且稳定性有待改善。

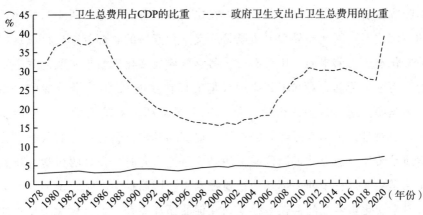

图 4-9　1978~2020 年我国卫生总费用及政府卫生支出情况

资料来源：历年《中国卫生健康统计年鉴》。

第三节　我国劳动力科学文化素质变化趋势及现状特征分析

科学文化素质用于描述劳动力的文化水平、科技能力、创新能力等，是人力资本的重要构成内容。当前学术界在该领域的研究描述多评价少，重文化轻科学，部分成果将反映科学素质的评价指标纳入技能素质评价范围，存在对科学素质与技能素质界定不清的问题。本节在对科学文化素质和技能素质区分界定的基础上，进一步分析我国劳动力科学文化素质的特征。由于数据方面的限制，本节采用人口科学文化素质作为分析视角，并结合特定就业人群情况，以便更全面地考察劳动力科学文化素质变化情况。

一　人口科学文化素质指标分析与筛选

科学文化素质包括文化素质和科学素质两个相关但又不尽相同的方

面，文化素质是劳动力通过受教育方式实现积累的，考察劳动力对知识的吸收程度；科学素质则是劳动力在接受各级各类教育对所学科学知识的应用情况。因此，科学素质既是广义文化素质的一部分，也是以良好的文化素质为前提的。比较而言，科学素质比文化素质与实践的联系更近，更强调劳动力对知识的应用（但非操作技能），与产业升级的关系也更紧密。通常认为，科学文化知识主要来源于劳动力的生产生活实践，是对过去劳动实践经验的总结、提炼和升华，具备一定的科学文化素质是劳动力适应特定岗位需求的必要条件，同时，良好的科学文化素质又是生产过程中开拓创新的重要推动力。因而科学文化知识和劳动力的科学文化素养之间存在一种互动互促的循环关系。人口科学文化素质的衡量指标同样可分为表征型指标、反馈型指标和守护型指标三类，具体如表 4-6 所示。

表 4-6　人口科学文化素质备选测度指标类型

指标类型	具体指标	指标说明
表征型指标 Ea	Ea1：劳动年龄人口平均受教育年限 Ea2：成人识字率 Ea3：中等教育普及率 Ea4：初中毕业生升学率 Ea5：高中阶段毛入学率 Ea6：高等教育毛入学率 Ea7：每十万人在校大学生人数 Ea8：研究生在校人数 Ea9：普通本专科学历获得人数 Ea10：成人本专科学历获得人数 Ea11：研究生学历获得人数 Ea12：从业者中大专及以上学历占比 Ea13：劳动生产率 Ea14：每十万人专利申请与授权量 Ea15：每十万人发明专利授权量 Ea16：高新技术产品认定数 Ea17：科技进步贡献率	此类指标直接反映人口科学文化素质水平，相关指标值越高表明人口科学文化水平越高

指标类型	具体指标	指标说明
反馈型指标 Eb	Eb1：文盲率	此类指标从反面反映人口科学文化素质水平，相关指标值越低表明人口科学文化水平越高
守护型指标 Ec	Ec1：普通高等学校数 Ec2：研究生培养机构数 Ec3：成人高等学校数 Ec4：普通高校师生比 Ec5：每万人公共图书馆藏书量 Ec6：每万人财政教育经费支出 Ec7：每百户家庭电脑拥有量 Ec8：科技活动人员或 R&D 人员占从业者比重 Ec9：高新技术产业从业人员比重 Ec10：每万人拥有各类专业技术人员数 Ec11：R&D 人员中全时人员占比或研究生学历占比 Ec12：全国 R&D 经费内部支出 Ec13：全国 R&D 经费支出及占比 Ec14：全国 R&D 经费增速 Ec15：每百万人财政教育经费支出	此类指标反映为居民提供的教育与科研投入情况，相关指标值越高意味着居民享受的教育与科研资源越多，越能带动居民科学文化素质水平的提升

资料来源：笔者根据相关资料整理。

　　由于科学文化素质对于产业优化升级存在明显的长板效应，文盲率（Eb1）等反馈型指标往往在经济发展到一定程度后对科学文化素质的影响变得很小，并且结构性科学文化素养短缺的可测性较弱，因而本节仅选择表征型指标（Ea）和守护型指标（Ec）作为劳动力科学文化素质的测评指标。

（一）人口科学文化素质表征型指标的分析及筛选

　　教育是决定劳动力科学文化素质最直接最重要的因素，平均受教育年限和受高层次教育的人口数对于产业质量具有直接影响。另外，专职从事科学研究和技术研发的人员数量等对于产业创新十分关键，科技研发成果则是劳动力科技素质的表现。因此，本节选取劳动年龄人口平均受教育年限（Ea1）、高等教育毛入学率（Ea6）、从业者中大专及以上学历占比（Ea12）和每十万人专利申请与授权数（Ea14）作为评价人口科技文化素质的核心指标（见表4-7）。

表 4-7　人口科学文化素质表征型指标筛选结果

指标筛选	指标解释	指标特征
Ea1：劳动年龄人口平均受教育年限	指15~64周岁人口接受教育的平均时间，能够直接反映劳动力的受教育程度，平均受教育年限越长，劳动力的受教育程度越高	平均值指标可直观展示整体水平，数据获取容易，便于横向比较
Ea6：高等教育毛入学率	指大专及以上在校生数占相应学龄人口总数的比例，表征高等教育的相对规模和接受高等教育的机会，是衡量高等教育及国民教育整体发展水平的重要指标	属于质量层次表征指标，能够用于说明教育的质量和层次
Ea12：从业者中大专及以上学历占比	指获得大专（高职）学历、大学本科学历、研究生学历的从业者占全部从业者的比重，从业者中大专及以上学历占比的提高意味着从业者整体受教育程度的提高以及从业者学历结构的改善	专门用于劳动力群体的质量层次表征，与产业质量的关系更紧密
Ea14：每十万人专利申请与授权数	直接反映了科技活动的成果，其持续增加是劳动力科学文化素质持续提升的表现与目的	属于成果表征，而且属于高质量成果表征

（二）人口科学文化素质守护型指标的分析及筛选

针对教育和科学研究领域的投入能够为人口接受教育提供更好的条件或更多的机会，当下的教育投入体现为对未来人口科学文化素质的守护，从数据覆盖面上可以考虑从整体性投入和针对科技活动的投入两种情况考虑指标设计。本节选取 R&D 人员占从业者比重（Ec8）、R&D 人员中全时人员占比或研究生学历占比（Ec11）、全国 R&D 经费支出及占比（Ec13）和每百万人财政教育经费支出（Ec15）作为反映评价人口科技文化素质的核心指标（见表4-8）。

表 4-8　人口科学文化素质表征型指标筛选结果

指标筛选	指标解释	指标特征
Ec8：R&D 人员占从业者比重①	指从业者中 R&D 人员的占比，这一比例越高意味着劳动力中从事科技相关活动的比例越高，能够直接反映出劳动力 R&D 活动的参与率及科技素养	这两组指标都是针对文化知识的应用素养，并直接针对产业科技活动，这方面的人员投入会提高产业未来用人的科技素养要求，属于产业或企业的内部守护
Ec11：R&D 人员中全时人员占比（%）或研究生学历占比	本组指标反映 R&D 人员的结构性特征，全时人员及研究生学历人员占比的提升均能直接反映出 R&D 人员结构的优化	
Ec13：全国 R&D 经费支出（亿元）及占比	全国 R&D 经费支出指研究与试验发展经费支出，代表着在研究与试验发展方面的投入水平，其占 GDP 的比重，反映出经济资源向这一领域配置的结构	这两组指标是从教育和科技投入方面对于人口科技文化素养的守护，数据简洁直观，便于国际比较
Ec15：每百万人财政教育经费支出	反映国家财政对于教育事业的支持力度	

二　表征型指标的变动趋势与特征分析

新中国成立以来，党和政府高度重视人民受教育问题。随着科教兴国战略的实施，我国人口平均受教育年限稳步提升。根据第七次全国人口普查数据，我国 15 岁及以上人口的平均受教育年限由 2010 年的 9.08 年提高至 9.91 年。世界银行数据显示，2018 年我国 15 岁以上人口识字率达到 96.84%，高于世界平均水平的 86.68%（见图 4-10）。

在平均受教育年限稳步提升的同时，我国劳动力学历结构也在持续改善。未上过学的从业人员占比由 1990 年的 17.80% 下降到 2020 年的 2.40%，小学文化从业人员的占比由 1990 年的 35.80% 下降到 2020 年

---

① R&D 活动是科技活动的一种，2007 年以前统计范围为科技活动，2008 年起均统计的 R&D 活动，为避免理解混乱，本书统一为 R&D 活动。

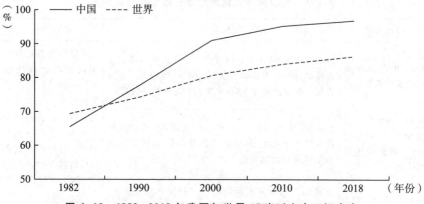

图 4-10 1982~2018 年我国与世界 15 岁以上人口识字率

资料来源：根据世界银行网站数据整理绘制。

的 16.30%，高中文化从业人员的占比由 1990 年的 9.53% 上升到 17.50%，大专及以上学历从业人员的占比由 1990 年的 2.05% 上升到 2020 年的 22.20%（见图 4-11）。

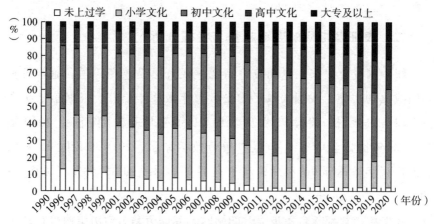

图 4-11 1990~2020 年不同受教育程度从业人员占比

数据来源：根据历年《中国人口统计年鉴》《中国劳动统计年鉴》整理绘制。

我国各级各类教育普遍得到显著改善，其中最受关注的是高等教育的跨越式发展。《中国教育统计年鉴》数据显示，1949 年我国高等教育毛入学率为 0.26%，直到 1990 年，这一指标仍处于较低水平。随着国家提出"科教兴国""人才强国"等战略,及先后启动的"211 工程"和"985 工程",高等教育发展进入快车道。2021 年,我国高等教育毛入学率达到 57.80%,相比 1990 年的 3.45%提高 54.35 个百分点①。根据世界银行公布的数据,2020 年我国高等院校入学率为 58.00%,与中高等收入国家基本持平,高于世界平均水平,但与高收入国家仍然存在不小差距(见图 4-12)。

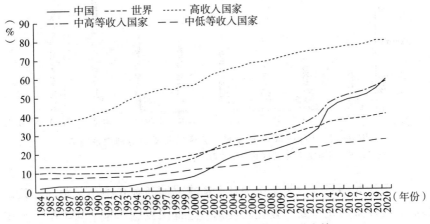

图 4-12 1984~2020 年世界高等教育入学率情况

数据来源:根据世界银行网站整理绘制。

高等教育的跨越式发展为我国劳动力市场输入了源源不断的高等人才,科技人才队伍的不断壮大与科技投入的持续增加,促进了科技成果总量的迅速增加。《中国科技统计年鉴》数据显示,1986 年,我国国内专利申请与授权数量分别为 13680 件、2671 件,国内外三种专利申请与授权数量分别为 18509 件、3024 件。经过多年的持续发展,2020 年,我国国内专利申请与授权数量分别达到 5016030 件、3520901 件,国内外三种专利申请与授权数量分别达到 5194154 件、3639268 件。根据世界银行发布的数据,2018 年我国发表的科技期刊

---

① 教育部:2021 年我国高等教育毛入学率达 57.8% [EB/OL].中国教育在线(2022-3-1)[2025-2-28] https://news.eol.cn/meeting/202203/t20220301_ 2212038.shtml.

文章总数为 528263 篇，占世界发表科技期刊文章总量的 20.67%。2020 年我国居民提交专利申请量 1344817 件，占世界申请量的 58.35%（见图 4-13），居世界首位。

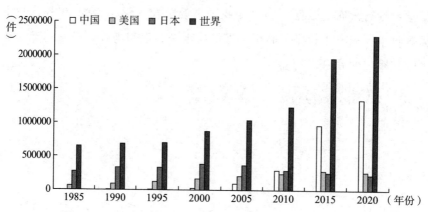

图 4-13　1985~2020 年世界及各国居民提交专利申请数量

资料来源：根据世界银行网站数据整理绘制。

当前，我国科技成果供给与社会需求之间还存在不小差距，尤其是核心科技成果转化率及产业化程度仍明显低于发达国家平均水平。具体表现在三个方面：一是我国核心科技成果成熟度还不高，这在很大程度上影响了核心科技成果的转化率，导致相关科技成果无法满足产业升级的需求；二是我国企业整体自主创新能力有待提升，虽然近些年各地创新企业集聚程度呈现快速提升趋势，但由于研究方向比较分散，无法形成创新合力；三是我国成果转化激励机制尚需进一步健全，科技成果使用权、处置权管理机制仍然欠缺，部分科技成果转化激励政策不能落实到位，特别是成果转化收益不能有效落实给创新推动者和实施者，对科研人员的积极性造成不利影响。

三　守护型指标的变动趋势与特征分析

守护型指标能更好地反映人口科技文化素质的长远变动趋势，具体表现在科技人才储备和科技领域经费投入两个方面。

新中国成立之初，我国科技人员不足，科技实力相对落后。1956年，党中央提出"向现代科学进军"的号召，相关政策持续发力，R&D人员规模稳步提升，由1990年的213.78万人增加至2020年的755.3万人，R&D人员占全部从业人员的比重由1990年的0.33%提升至2020年的1.01%（见图4-14）。《中国科技人才发展报告（2020）》显示，2020年，我国科学技术人员超过1亿人，全社会R&D人员全时当量达到523.45万人年，连续多年居世界第一，年均增速超7%。

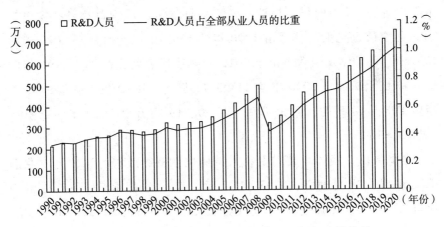

图4-14 1990~2020年我国科技活动（R&D）人员统计

数据来源：历年《中国科技统计年鉴》。

注：1990~2007年为科技活动人员，2008年后为R&D人员。

在科技人才总量持续提升的同时，我国科技人才队伍结构持续优化。学历结构上，高学历科技人才占比持续提升。根据《中国科技统计年鉴》，2019年我国R&D人员中本科及以上学历人员占比达到63.60%（2015年为50.50%），博士学历人员占比达到8.50%，企业R&D人员全时当量所占比重达到76.40%，成为研发人员集聚主体。从年龄结构来看，更多青年科技人才脱颖而出。科技部公开数据显示，2019年国家自然科学奖获奖成果完成人的平均年龄为44.60岁，超过60%的完成人为年龄不足45岁的青年才俊，有7项成果的第一完成人年龄不到45

岁，团队平均年龄不足 45 岁的项目有 26 项，占比 56.50%，最年轻的团队平均年龄只有 35 岁。① 从领军人才的情况看，2019 年，中国科学院新增选院士 64 名，平均年龄为 55.70 岁，60 岁（含）以下的占比达 87.50%，总体特征比较相似。②

除了科技人才队伍规模的扩大和结构优化，我国科技事业的蓬勃发展还得益于研发经费规模和投入强度实现了历史性突破。近年来，我国政府不断加大科技投入力度，国家财政科技支出与 R&D 经费支出不断增加。《中国科技统计年鉴》数据显示，国家财政科技支出于 2019 年突破万亿大关，并由 1990 年的 139.10 亿元增加至 2020 年的 10095 亿元；R&D 经费支出于 2012 年突破万亿大关，并由 1990 年的 125.43 亿元增加至 2020 年的 24393.11 亿元；R&D 投入强度即 R&D 经费支出占 GDP 的比重由 1990 年的 0.71% 提升至 2020 年的 2.40%（见图 4-15）。

与此同时，我国科技经费投入结构也在持续改善。2020 年，我国 R&D 经费支出总额为 24393.11 亿元，其中企业 R&D 经费支出为 18357.20 亿元，占比达到 75.25%。国家财政科技拨款 10095.00 亿元，占国家公共财政支出的 4.11%。从 R&D 活动类型看，2020 年，我国 R&D 经费支出中，基础研究经费支出 1467.00 亿元，应用研究经费支出 2757.24 亿元，试验发展经费支出 20168.88 亿元，分别占比 6.01%、11.30% 和 82.68%（见图 4-16）。当前我国基础研究经费支出规模及占比最小，但增长速度最快，反映出我国科技经费投入结构正在快速改善。

---

① 青年人才已成基础研究领域的生力军 [EB/OL]. (2020-01-10) [2025-2-28] HT-TPS://WWW.MOST.GOV.CN/ZTZL/GJKXJSJLDH/JLDH2019/JLDH2019JLTD/202001/T2 0200103_150919.HTML.

② 吴月辉：中科院 2019 年院士增选名单公布 新增院士 64 名 [EB/OL].人民日报（2019-11-22）[2025-2-28] HTTPS://WWW.PEOPLEAPP.COM/COLUMN/30036808890-50 0001858142.

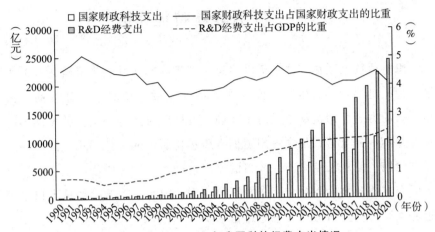

图 4-15　1990~2020 年我国科技经费支出情况

资料来源：根据历年《中国科技统计年鉴》绘制。

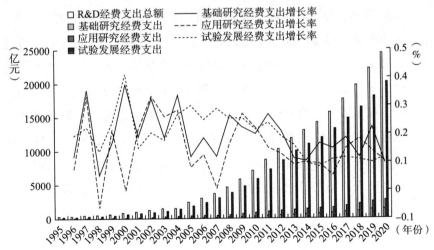

图 4-16　1995~2020 年我国 R&D 经费支出构成情况

资料来源：《中国科技统计年鉴 2021》。

第四节　我国劳动力思想道德素质变动趋势及现状特征分析

　　思想道德素质用于描述劳动力思想意识状态按社会规范所达到的水平，包括世界观、人生观、价值观等不同领域。相对于其他方面的素质，劳动力的思想道德素质对个体职业发展或宏观经济运行的短期影响可能并不十分显著，加之思想道德素质量化研究的天然困难，因而很容易被忽视，但从长期来看，人口的思想道德素质对一国经济效率和社会生活存在着深刻的影响。由于数据可获得性限制，本节继续从人口思想道德素质角度分析劳动力思想道德素质。

一　人口思想道德素质指标分析与筛选

　　人口思想道德素质是各类教育特别是家庭教育和思政教育的结果，社会志愿服务、经济信用、违法犯罪、社会服务机构等都是人口思想道德素质的重要表现。尽管思想道德素质并不直接决定人口的具体工作能力，但思想道德素质水平与产业发展质量之间存在互动关系。一方面，人口思想道德素质提升有助于减少产业发展过程中因劳动力频繁更换工作、泄露机密信息、非法投机、破坏环境等人为导致的风险；另一方面，经济增长和产业质量提高意味着可用于社会事业发展的资源更多更优，有助于人口思想道德素质的提升。综合相关领域的研究成果，人口思想道德素质衡量指标可分为表征型指标、反馈型指标和守护型指标三类（见表4-9）。

表 4-9 劳动力思想道德素质备选测度指标

指标	具体指标	指标说明
表征型指标 Ma	Ma1：党员占劳动年龄人口比重 Ma2：注册志愿者人数 Ma3：志愿服务时间总数 Ma4：志愿项目总数 Ma5：注册非营利组织数 Ma6：社会捐赠总数	此类指标直接反映人口思想道德素质水平，相关指标值越高表明人口思想道德水平越高
反馈型指标 Mb	Mb1：人口犯罪率 Mb2：一审案件收案数 Mb3：刑事一审案件收案数 Mb4：民事一审案件收案数 Mb5：一审案件刑事案件收案占比 Mb6：18~59 岁罪犯占比 Mb7：商业银行信用卡不良率/商业银行不良贷款率 Mb8：个人住房贷款不良率 Mb9：日均交通违法案件数 Mb10：公职人员违纪违法案件总数	此类指标从反面反映人口思想道德素质水平，相关指标值越低表明人口思想道德水平越高
守护型指标 Mc	Mc1：（各类学校）思政教师占教师比重 Mc2：提供住宿的社会服务机构数 Mc3：社会服务机构个数 Mc4：公共财政对公益事业支出比重	此类指标反映了人口接受思政教育和社会服务的情况，指标值越高意味着人口享受思政教育和社会服务的机会越多

资料来源：笔者根据相关资料整理。

由于在上一节科学文化素质测评分析中已经详细展示了教育的投入和发展状况，因此本节主要突出社会服务素养和法律素养方面的内容。

（一）人口思想道德素质表征型指标的分析及筛选

精神活动是人类区别于其他生命体的重要标志之一，不求回报地帮助他人是许多人的精神追求，参加志愿者活动是回馈社会的主要方式。因此，本书选取注册志愿者人数（Ma2）和志愿服务时间总数（Ma3）作为评价人口思想道德素质的表征型指标（见表 4-10）。

表 4-10　人口思想道德素质表征型指标筛选结果

指标	指标解释	指标特征
Ma2：注册志愿者人数	注册志愿者是经志愿服务网注册的义务工作者，成为无偿地为社会进步贡献力量的人。人口注册成为志愿者反映出其对公益事业的热情及无私奉献的精神，是思想道德素质较高的表现，注册志愿者人数越多意味着人口思想道德素质越高	平均值指标，可直观展示整体水平，数据获取容易，便于横向比较
Ma3：志愿服务时间总数	志愿服务时间总数反映了志愿者的实际社会投入和实际参与志愿服务的情况，这一数值越大意味着其思想道德素质越高。由于劳动年龄人口在注册志愿者中占比很高，这一数值越大也反映出劳动力素质越高	属于质量层次表征指标，能够用于说明教育的质量和层次

（二）人口思想道德素质反馈型指标的分析及筛选

互助是思想道德素质的高级展示，而尊重则是社会对思想道德素质的基本要求，换句话讲，对他人的权利侵犯是威胁社会安定的重要因素，社会各类案件发生的数量尤其是犯罪情况是较为常见的评价人口思想道德素质的指标。因此，本节选取一审案件刑事案件收案占比（Mb5）、18~59 岁罪犯占比（Mb6）和商业银行信用卡不良率/商业银行不良贷款率（Mb7）作为评价人口思想道德素质的反馈型指标（见表 4-11）。

表 4-11　人口思想道德素质反馈型指标筛选结果

指标	指标解释	指标特征
Mb5：一审案件刑事案件收案占比	个体走上违法犯罪的道路，已然突破道德底线，刑事案件数量的多少反映犯罪情况，刑事案件越多往往犯罪率越高，犯罪率的高低能够反映人口思想道德素质的高低	属于宏观反映犯罪率的常用指标，纵向比较能够较好地反映社会安全改进状况
Mb6：18～59 岁罪犯占比	处于劳动年龄的罪犯占全部罪犯的比重在一定程度上反映了劳动力的思想道德素质水平，但是由于这是一个相对值，需要结合总体犯罪率、青少年及退休年龄人口犯罪情况等综合考量	针对劳动年龄人口的特定反馈指标，适合用于进行人口经济问题分析

指标	指标解释	指标特征
Mb7：商业银行信用卡不良率/商业银行不良贷款率	信用水平与思想道德素质水平具有同向变动关系，银行信用卡业务是商业银行个人信贷业务的重要构成，其不良率能够反映出个人信用水平的高低，而商业银行不良贷款率则能从相对宏观角度反映社会成员的整体信用状况	属于跨领域指标，有利于把经济问题和社会问题结合起来分析

（三）人口思想道德素质守护型指标的分析及筛选

人口思想道德素质的守护型指标包括三种类型，教育守护、服务守护和投入守护。与教育和投入更广泛的守护意义相比，服务守护特别是针对从个人自发的良好品行上升至社会主动的优秀品德，能够更加有效地衡量社会整体公益事业的发展水平。因此，结合数据的连续性，本节选择社会服务机构个数（Mc3）作为评价人口思想道德素质的守护型指标（见表4-12）。

表 4-12　人口思想道德素质守护型指标筛选结果

指标筛选	指标解释	指标特征
Mc3：社会服务机构个数	社会服务等社会公益事业的发展与社会道德素养的提升是紧密相关的，社会服务是社会公益事业的重要组成部分，社会服务机构个数是社会公益事业发展的重要指标	属于专项守护型指标，有助于针对抽象问题进行具体化研究，数据具有规模效应，纵向比较意义更突出

二　表征型指标的变动趋势与特征分析

我国公民思想道德素质与社会主义精神文明建设是同步提升的。十二届六中全会通过的《中共中央关于社会主义精神文明建设指导方针的决议》和十四届六中全会通过《中共中央关于加强社会主义精神文明建设若干重要问题的决议》分别将培育有理想、有道德、有文化、有纪律的社会主义公民作为社会主义精神文明建设的根本任务和指导思想之一，并明确要提高整个中华民族的思想道德素质和科学文化素质。2001年，党中央印发《公民道德建设实施纲要》，系统阐述了公民道德建设的指导思想和方针原则、主要内容和基本途径。党的十八大以来，党中央高度重视培育和践行社会主义核心价值观，全国劳动力思想道德素质不断提升，推动志愿服务常态化、制度化开展。

1981年，联合国志愿人员组织在北京设立项目办公室，国外志愿服务理念逐渐传进中国。经过三四十年的努力，我国志愿服务事业取得长足发展，志愿服务已经成为我国慈善事业、公益事业的重要组成部分。2016年，我国将支持和发展志愿服务组织纳入全面建成小康社会、全面深化改革、全面推进依法治国、全面从严治党大局。根据中国志愿服务网数据，截至2022年7月，我国注册志愿者人数达到2.23亿人，志愿队伍达到128万个，志愿项目总数达到936万个，志愿服务时间超过391678万小时，记录时间人数达到67500万人，志愿服务发展常态化。志愿服务的发展是践行我国社会主义核心价值观的必然要求与具体途径，是我国社会主义道德建设的重要成果，其蓬勃发展反映出我国人口思想道德素质的提升。《中国志愿服务发展报告（2017）》显示，我国注册志愿者中，14~59岁志愿者占比高达90.68%，即我国注册志愿者多为劳动年龄人口。注册志愿者的职业分布广泛，有教师、公务员、工人、农民、个体经营者等。因此，我国志愿服务的快速发展一定程度上反映了我国劳动力思想道德素质的显著提升。

三 反馈型指标的变动趋势与特征分析

犯罪率是人口思想道德素质的重要反馈指标，其走势可以反映出人口思想道德素质的发展情况。2017年，中国是全球命案发案率最低的国家之一，严重暴力犯罪案件比2012年下降51.80%，人民群众对社会治安满意度上升到95.55%①。我国刑事一审案件收案数占全部一

---

① 中国"安全感"带给世界的启示［EB/OL］.（2018-02-05）［2025-2-28］搜狐网 https://www.sohu.com/a/221061478_119778.

审案件收案数的比重由 1978 年的 33%下降到 2020 年的 8%左右，这意味着我国犯罪率的持续下降，但一审案件收案数明显增加（见图4-17）。此外，根据全国法院司法统计公报，2017～2020 年，我国18～60 岁的人口犯罪案件占全社会犯罪案件的比率持续下降，由95.40%下降至 94.40%。这也在一定程度上反映出我国劳动力思想道德素质的提升。

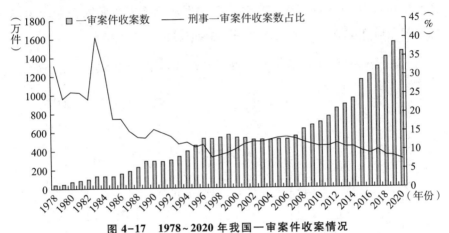

图 4-17　1978～2020 年我国一审案件收案情况

资料来源：根据国家统计局网站数据整理。

从经济领域来考察，商业银行针对个人发放的信用卡本质上是供个人用于消费使用的纯信用贷款，其受众主要为劳动年龄人口，因此其不良率能够有效反映劳动力信用水平。本节整理了 5 家大型商业银行及10 家上市股份制商业银行的信用卡不良数据，发现 2007 年以来这些银行的个人信用卡不良率有小幅上升趋势，直接结论是个人信用水平有所下降。近年来金融领域违法、违约事件频发，一方面是经济下行压力、融资贵、融资难等客观原因所致；另一方面则与公众金融知识不足、履约守信意识不强等主观因素密切相关。

四　守护型指标的变动趋势与特征分析

新中国成立以来，我国社会服务等民政事业稳步发展。特别是改革开放以来，在国家政策支持引领下，我国社会服务全面发展，涵盖养老服务、精神疾病服务、儿童福利和救助保护服务、残疾人服务、社会救助等。图4-18显示，截至2020年底，全国注册登记提供住宿的各类民政社会服务机构共计4.10万个（接近1978年的5倍），机构内床位515.40万张，年末抚养人员235.60万人。此外，尽管社会福利企业数呈现先升后降趋势，但社会捐赠总额却在持续增加，由2004年的35.10亿元增加至2020年的1057.10亿元。这也从侧面表明我国在劳动力思想道德素质守护方面已经达到了一个新的高度。

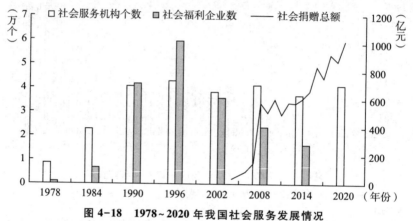

图4-18　1978~2020年我国社会服务发展情况

资料来源：根据历年《中国民政统计年鉴》整理绘制。

注：受数据可获得性的限制，2020年社会福利企业数和1978~2003年社会捐赠总额未绘制。

第五节　我国劳动力技能素质变动趋势及现状特征分析

技能素质可用于描述劳动力运用个人掌握的技术及经验解决工作中实际问题的能力，是劳动力胜任岗位工作的直接表现。当前学术界更关注全部人口的技能素质，对劳动力技能素质的评价相对不足。同时，对于劳动力技能素质评价的指标体系尚不完善，目前主要使用 R&D 活动的相关指标，即存在对科学素质与技能素质界定不清的问题。

一 劳动力技能素质指标分析与筛选

技能素质直接决定了劳动力在工作过程中解决问题的能力，产业结构演变与产业升级就是在劳动力的持续实践中实现的。关于技能素质与产业发展之间的关系，有以下几个方面。其一，劳动力具备良好的技能素质是产业运行的基础。产业运行依托劳动力在具体就业岗位上的工作实现，因此劳动力与就业岗位的匹配程度及劳动力的岗位胜任能力决定着产业运行的顺利与否，"人适其岗"的具体表现就是劳动力掌握胜任就业岗位的基本技能。其二，产业结构调整要求劳动力技能素质结构做出适应性调整。产业结构演变向劳动力技能素质结构提出调整需求，如果劳动力技能素质结构不能适应产业结构演变的需求，将对产业结构演变产生抑制作用。其三，产业升级依赖于劳动力技能水平的持续提升。劳动力技能素质并不仅仅是被动地适应产业结构调整，劳动力教育水平、技术创新等的主动性调整是促进产业结构演变的重要力量。与此同时，劳动力技能水平的不断提升有利于提高劳动生产率，促进生产主体调整成本结构，有效促进产业优化升级。

职业技能教育是劳动力获得相应职业技能的基本途径；职业技能培训则是劳动力职业技能提升的重要方式；职业技能鉴定是对劳动力职业技能水平的认定。因此，这三项指标可以共同构成劳动力技能素质评价的指标体系。从职业技能教育、职业技能培训以及职业技能鉴定三个方面出发，系统梳理相关研究成果及统计数据，可将衡量劳动力技能素质的指标分为两类：一是表征型指标，直接反映劳动力技能水平状况；二是守护型指标，通过对技能的相关投入从侧面反映劳动力技能素质（见表4-13）。

表 4-13　劳动力技能素质备选测度指标类型

指标	具体指标	指标说明
表征型指标 Sa	Sa1：中等职业院校在校生人数 Sa2：中等职业院校毕业人数 Sa3：中等职业院校获得职业资格证书毕业生数 Sa4：高等职业院校在校生人数 Sa5：高等职业院校毕业生人数 Sa6：高等职业院校毕业生占职业院校毕业生比重 Sa7：成人本、专科在校生人数 Sa8：成人本、专科毕业生人数 Sa9：成人本科毕业生占成人本、专科毕业生比重 Sa10：职业技术培训结业生人数 Sa11：职业技术培训在校生人数 Sa12：技工院校招生人数 Sa13：技工院校毕业生人数 Sa14：技工院校社会人员培训人次 Sa15：技工院校培训社会人员结业人数 Sa16：全国就业训练中心培训人数 Sa17：全国民办职业培训机构培训人数 Sa18：职业鉴定考核人数 Sa19：获取职业证书人数 Sa20：获取高级职业证书人数比重	此类指标直接反映劳动力技能素质水平，相关指标值越高表明技能水平越高
守护型指标 Sc	Sc1：高等职业院校数量 Sc2：中等职业学校数量 Sc3：高等职业学校专任教师数 Sc4：中等职业学校数量 Sc5：中等职业学校教职工人数 Sc6：技工院校数量 Sc7：技工院校教职工人数 Sc8：成人高等院校数量 Sc9：全国就业训练中心数量 Sc10：全国就业训练中心经费总额 Sc11：职业技术培训机构数量 Sc12：职业技术培训专任教师数量（在职、兼职） Sc13：职业技术培训校内在职专任教师占比 Sc14：全国职业技能鉴定机构数量	此类指标反映了为提升劳动力技能水平的投入情况，相关指标值越高意味着劳动力享受的与技能提升相关的教育、培训资源越多，越能带动劳动力技能素质水平的提升

资料来源：作者整理。

从相关研究情况来看，职业教育承担培养多样化人才、传承技术技能、促进就业创业的职责，是劳动力技能素质获取的重要途径。与其他劳动力素质指标选择思路一致，为了更加便捷且有效地进行劳动力技能素质测评，需要对诸多备选指标进行比较分析，按照指标代表性和数据可得性双重原则进行指标筛选。

（一）劳动力技能素质表征型指标的分析及筛选

劳动力可以通过接受一定的职业教育或职业培训掌握相应的职业技能，获得相应的职业证书，前者以正规学校教育为主，后者更多体现为在职者的技能训练和提升。其中，职业教育分为中等职业教育和高等职业教育，而高等职业教育能同时体现劳动力职业技能的规模和质量。本节选取高等职业院校毕业生人数（Sa5）、高等职业院校毕业生占职业院校毕业生比重（Sa6）、职业技术培训结业生人数（Sa10）、获取职业证书人数（Sa19）及获得高级职业证书人数比重（Sa20）作为衡量劳动力技能素质的指标（见表4-14）。

表4-14　劳动力技能素质守护型指标筛选结果

指标	指标解释	指标特征
Sa5：高等职业院校毕业生人数	职业教育发展水平能够反映劳动力技能教育的基本情况及劳动力技能水平基础情况，随着我国高等教育的持续发展，职业教育也呈现高等化发展趋势，高等职业教育数据更具有代表性	规模性和质量性指标，表征劳动力职业技能的基本指标
Sa6：高等职业院校毕业生占职业院校毕业生比重	高等职业院校毕业生占职业学校毕业生的比重能够反映职业教育的结构性特征，其比重上升能够有效反映我国职业教育高等化趋势	结构性指标，表征不同层次劳动力职业技能的比例关系
Sa10：职业技术培训结业生人数	职业技术培训是劳动力提升技能素质的重要途径，职业技术培训的规模能够直接反映劳动力技能素质水平，职业技术培训结业生人数直接反映劳动力接受职业技术培训的规模	规模性指标，表征劳动力在职参加职业培训情况

指标	指标解释	指标特征
Sa19：获取职业证书人数	职业技能鉴定是对劳动力技能水平的评价，获取职业证书的劳动力越多表明劳动力整体技能素质水平越高	规模性指标，表征接受过正规职业培训的劳动力数量
Sa20：获取高级职业证书人数比重	获取高级职业证书人数比重指的是在每年度进行的职业技能鉴定中获得高级证书人员占全部获得职业资格证书人员的比重，这一占比越高表明高技能劳动力占比越高。	结构性指标，表征接受过高级别职业培训的劳动力数量

（二）劳动力技能素质守护型指标的分析及筛选

劳动力职业技能守护型指标的核心是职业培训的实力，包括投入、机构、师资、设备等，各类指标之间具有一定替代性。因而，本节选取职业技术培训校内在职专任教师占比（Sc13）作为评价指标，并在必要的时候用其他指标进行辅助分析（见表4-15）。

表4-15　劳动力技能素质守护型指标筛选结果

指标	指标解释	指标特征
Sc13：职业技术培训校内在职专任教师占比	职业技术培训师资队伍建设是提升职业技术培训质量的关键因素，尤其是专任教师队伍建设情况	指标相对稳定，数据获取性好，适宜于劳动力素质的潜力分析

二　表征型指标的变动趋势与特征分析

为应对产业转型背景下技能型人才短缺的问题，自2003年，党中央、国务院先后印发多个关于技能人才队伍建设的政策文件。2006年，中共中央办公厅、国务院办公厅印发《关于进一步加强高技能人才工作的意见》；2011年，中央组织部、人力资源社会保障部印发《高技能人才队伍建设中长期规划（2010-2020年）》；2018年人力资源社会保障部印发《技能人才队伍建设实施方案（2018-2020年）》；2019年，国务院办公厅印发的《职业技能提升行动方案（2019-2021年）》，从培训重点人群、激发培训主体积极性、落实政府补贴等方面，为大规模职业技能培训计划指明了方向。多方协同推动之下，我国技能人才队伍不断壮大。与此同时，我国高技能人才成长的政策环境明显改善，高技能人才培养评价体系逐步完善，技能人才队伍结构趋向优化，高技能人才占技能人才总量的比例不断提高。

从职业教育整体情况来看，1987年我国中等职业院校毕业生、在校生人数分别为40.30万人、212.80万人，2020年这两项指标分别为383.50万人、1267.80万人；1987年全国高等职业院校毕业生、在校生人数分别为2.20万人、7.70万人，2020年这两项指标分别达到286.10万人、1162.70万人。纵向比较可以看出，我国职业教育高等化特征已经十分明显，1987年高等职业院校毕业生占职业院校毕业生的比重为5.25%，随后由于中等职业教育的快速发展，这一比重波动下滑至1997年的0.71%；进入21世纪，高等职业教育相较于中等职业教育发展速度加快，2020年高等职业院校毕业生占职业院校毕业生的比重攀升至42.73%（见图4-19）。职业教育的规模化、高等化发展已经成为我国技能人才队伍及高技能人才队伍发展壮大的关键动力。

我国职业教育快速发展的同时，职业技能培训也稳步发展。从培训规模来看，呈现先升后降趋势。1987年，我国职业技术培训结业生人数、注册生人数分别为762.8万人、690.4万人，1999年分别达到10156.8万人、8876.5万人，随后呈现下降趋势，2020年我国职业培训结业生人数、注册生人数分别为3331.2万人、3229.8万人（见图4-20）。

此外，我国职业技能鉴定工作取得积极进展，劳动力技能素质提升不断迈向正规化。根据《中国劳动统计年鉴》，1996年我国有职业技能鉴定机构5862所，当年通过职业资格认定的劳动力人数为214.69万人；2020年这两项分别为8025所（见图4-21）、865.97万人。与此同

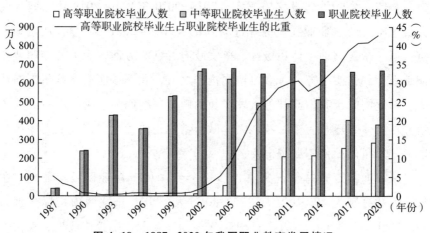

图 4-19　1987~2020 年我国职业教育发展情况

资料来源：根据历年《中国教育统计年鉴》整理绘制。

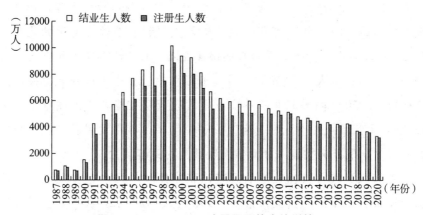

图 4-20　1987~2020 我国职业技术培训情况

数据来源：根据历年《中国教育统计年鉴》整理绘制。

时，我国职业技能鉴定的等级结构①持续优化，每年获得证书的人员中，初级证书、高级证书获得者占比波动上升，中级证书获得者占比波动下降。1996 年，我国获评初、中、高三个等级职业资格证书的劳动力占比分别为 33.87%、50.99%、12.64%，2019 年分别为 36.95%、

---

① 我国职业资格证书分为五个等级：初级、中级、高级、技师和高级技师。

39.67%、20.08%（见图4-22）。

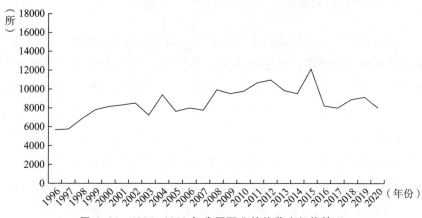

图4-21　1996~2020年我国职业技能鉴定机构情况

数据来源：根据历年《中国劳动统计年鉴》整理绘制。

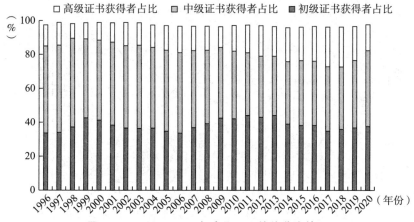

图4-22　1996~2020年我国职业技能鉴定情况

数据来源：根据历年《中国劳动统计年鉴》整理绘制。

　　尽管我国技能人才队伍建设进展显著，但与产业优化升级的现实需求相比，我国技能人才结构仍不尽合理，特别是高技能领军人才相对匮乏的问题还很突出。分区域来看，区域间技能人才队伍建设存在较大差距，北京、上海、深圳、广州、苏州、宁波等城市技能人才队伍建设具备一定优势，其他地区则存在较大提升空间。

三 守护型指标的变动趋势与特征分析

发展职业教育、加强职业技能培训是提高劳动力技能水平、就业创业能力和职业发展能力的主要途径。1987 年，我国职业技术培训机构有 3.43 万所，1999 年达到 53.42 万所。2003 年以后我国职业技术培训年均教学班点数量为 58.39 万个。与此同时，职业技术培训机构内部师资力量持续加强，校内在职专任教师从以外部聘请为主转向内部组建为主。1987 年，我国职业技术培训机构在职专任教师仅为 5.20 万人，2020 年达到 34.20 万人，校内在职专任教师占全部专任教师的比重由 1987 年的 20% 左右波动上升至 2020 年的 59.85%（见图 4-23）。

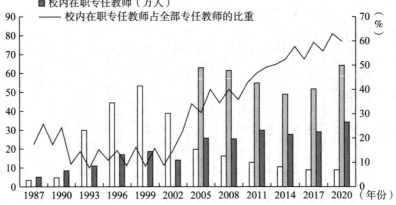

图 4-23　1987~2020 年我国职业技术培训机构发展情况

数据来源：根据历年《中国教育统计年鉴》整理绘制。

注：因数据可获得性限制，本节只统计 2003 年之后的教学班点数量。

在职业技能培训工作组织方面，各地以专业技术人才和高技能人才为重点，以提升劳动力职业素质为目标，开展不同渠道、不同类型、不同层次的职业技能培训工作。一是鼓励企业加强在职职工技能培训。通过在岗培训、脱产培训、业务研修、技能竞赛等形式提升产业工人技能水平，支持企业建立技能大师工作室、自办培训机构、与职业院校联合办学等方式培养高技能人才。二是开展普惠制培训工作。根据劳动力市场需求和劳动力就业或再就业需要，充分利用全社会力量开展培训，提高劳动力就业能力、创业能力和适应职业变化能力。三是加大农村劳动力培训力度，不断完善基础培训体系和培训平台建设，促进农村劳动力转移就业。

我国劳动力职业技能鉴定评价机制呈现多元化趋势。发放职业资格证书的鉴定机构主要包括行业职业技能鉴定机构、地方职业技能鉴定机构以及中央企业试点职业技能鉴定机构三类。其中，地方职业技能鉴定机构占比最高，其次是行业职业技能鉴定机构，中央企业试点职业技能鉴定机构占比最少。长期以来我国职业技能鉴定以政府为主，社会组织和企业参与职业技能鉴定的深度和广度不够，导致职业技能鉴定与企业需求脱节问题突出。近年来，我国持续推进职业技能鉴定改革，先后数次修订《国家职业资格目录》，鼓励各地区、社会组织、企业等多方力量参与职业技能评价，逐步形成了多元化的职业技能人才评价体系，对劳动力技能素质提升起到良好的激励作用。

第六节　我国劳动力综合素质测评及结果分析

本章前几节从身体素质、科学文化素质、思想道德素质、技能素质四个维度对我国劳动力素质的演变趋势及现状特征进行了分析，从中可以看出，随着社会经济的发展，我国劳动力素质各项指标在不断提高，但是经济发展转化为劳动力素质的提升仍有较大的空间。本节尝试对我国劳动力素质进行综合评价，首先构建劳动力素质综合评价指标体系，并运用 2019 年 31 个省份数据对各个指标进行赋权，在此基础上计算劳动力素质综合评分，并对省域间劳动力素质差异进行分析，以期发现提升我国劳动力整体素质的条件和途径。

一 劳动力素质综合评价模型构建

(一) 劳动力素质综合评价指标体系构建

劳动力素质是多种因素共同作用的结果,尽可能全面地研究影响劳动力素质的因素,并研究每种因素作用的强弱等,对提出劳动力素质提升的具体对策具有重要意义。因此,本节基于科学性、系统性、稳定性、可比性、可操作性和可量化性的原则,通过全面梳理已有研究成果及政策文件,采取频度统计法进行指标初选,进一步根据相关统计年鉴的统计指标,综合考虑指标质量与指标可得性,构建了包含劳动力身体素质、劳动力科学文化素质、劳动力思想道德素质及劳动力技能素质 4 个一级指标,包含人口死亡率、人均预期寿命等 27 个二级指标的劳动力素质综合评价指标体系,具体如表 4-16 所示。

表 4-16 劳动力素质综合评价指标体系

一级指标	二级指标	指标性质
劳动力身体素质	人口死亡率	负向指标
	人均预期寿命	正向指标
	新增职业病病例数	负向指标
	甲、乙类传染病发病率	负向指标
	人均卫生总费用	正向指标
劳动力科学文化素质	就业人员中未上过学的人员占比	负向指标
	就业人员中大专及以上学历占比	正向指标
	每万人财政教育经费	正向指标
	每万人 R&D 人员数	正向指标
	R&D 人员中全时人员占比	正向指标
	R&D 人员中研究生学历占比	正向指标
	R&D 人员全时当量	正向指标
	各地区科技投入强度	正向指标
	国内三种专利申请数量	正向指标
	国内三种专利授权数量	正向指标

续表

一级指标	二级指标	指标性质
劳动力思想道德素质	社会服务机构总数	正向指标
	志愿服务人次	正向指标
	志愿服务时间总数	正向指标
	商业银行不良贷款率	负向指标
劳动力技能素质	高等职业院校毕业生人数	正向指标
	高等职业院校毕业生占职业院校毕业生比重	正向指标
	成人本专科毕业生数	正向指标
	成人本科毕业生占比	正向指标
	职业技术培训结业生人数	正向指标
	职业技术培训时长	正向指标
	获取职业技能证书人数	正向指标
	获取高级技能证书人数占比	正向指标

注：受数据可得性和时间一致性的限制，本节在前文各指标筛选结果的基础上进行了部分删减和补充，部分指标名称有变动。

（二）数据选择与处理

1. 数据选择及来源

由于不同地区、不同指标数据公布的时间存在差异，为尽可能保证数据的完整性和可比性，本节选取 2019 年 31 个省份的相关数据进行分析。其中，因各个省份公布数据的口径存在差异，为保证数据的可比性，人口死亡率指标使用第六次人口普查公布的人口死亡率数据；商业银行不良贷款率采用 EPS 数据库公布的 2018 年数据。其余数据分别来自《中国统计年鉴》《中国劳动统计年鉴》《中国教育统计年鉴》《中国人口和就业统计年鉴》及中国民政部网站、EPS 数据库等。

2. 数据处理

第一步，选定我国 31 个省份作为分析对象，依据 27 个评价指标，收集相关数据，形成原始数据矩阵 X：

$$X = (x_{ij}) = \begin{bmatrix} X_{11} & X_{12} & \cdots & X_{1n} \\ X_{21} & X_{22} & \cdots & X_{2n} \\ \vdots & \vdots & \cdots & \vdots \\ X_{m1} & X_{m2} & \cdots & X_{mn} \end{bmatrix} = (X_1, X_2, \cdots, Xn) \tag{4.1}$$

其中，x_{ij} 表示第 i 个评价对象的第 j 项评价指标值，$i \in [1, m]$，$j \in [1, n]$。

第二步，采用极值法对原始数据进行无量纲化处理。由于各项指标单位不同，所以采用极值法对数据进行无量纲化处理，公式如下。

正向指标：

$$y_{ij} = \frac{x_{ij} - min(x_{1j}, x_{2j}, \cdots, x_{mj})}{max(x_{1j}, x_{2j}, \cdots, x_{mj}) - min(x_{1j}, x_{2j}, \cdots, x_{mj})} \tag{4.2}$$

负向指标：

$$y_{ij} = \frac{max(x_{1j}, x_{2j}, \cdots, x_{mj}) - x_{ij}}{max(x_{1j}, x_{2j}, \cdots, x_{mj}) - min(x_{1j}, x_{2j}, \cdots, x_{mj})} \tag{4.3}$$

其中，x_{ij} 为原始指标数据，y_{ij} 表示各项指标标准化后的数值。

(三) 评价方法选择与实施

在对样本数据进行处理以后，需要对各个指标进行赋权，并计算31 个省份的劳动力素质综合得分。指标权重的确定方法有德尔菲法、专家评分法、层次分析法、熵权法等。上述方法在现有研究中均有使用，其中，德尔菲法、专家评分法、层次分析法主观性较强，优点是能够处理可量化的感性指标。熵权法则是一种客观赋权法，利用信息熵来判断数据的离散程度，由此推断各评价指标的变异程度和信息承载量，即通过指标变异性的大小来确定权重。熵权法能够避免由于评分者的主观差异综合评价结果受影响等问题，尽可能地减少人为因素的干预。因此，本节选用熵权法对劳动力素质的各个评价指标进行赋权。

在确定了采用熵权法对评价指标进行赋权以后，再运用标准化后的各个指标数据计算第 i 个对象第 j 项指标的权重 p_{ij}：

$$p_{ij} = \frac{y_{ij}}{\sum_{i=1}^{n} y_{ij}} \tag{4.4}$$

进一步计算第 j 项指标的信息熵 e_j：

$$e_j = -\ln\frac{1}{n}\sum_{i=1}^{n} p_{ij}\ln p_{ij} \tag{4.5}$$

最后计算各项指标的权重 w_{ij}：

$$w_{ij} = \frac{1-e_j}{\sum_{j=1}^{n}(1-e_j)} \tag{4.6}$$

确定各指标权重以后，运用标准化后的数据计算各省（区、市）的劳动力素质综合得分。公式如下：

$$U = \sum_{j=1}^{n} w_{ij}y_{ij} \tag{4.7}$$

二　劳动力素质综合评价结果分析

（一）指标权重的确定

本节利用熵权法对我国 31 个省份的 27 项指标进行处理与计算，从而得到各指标的权重，具体如表 4-17 所示。从 4 个评价维度来看，劳动力身体素质指标总权重为 9.17%，劳动力科学文化素质指标总权重为 33.07%，劳动力思想道德素质指标总权重为 31.07%，劳动力技能素质指标总权重为 26.68%。根据这一结果，可以得出以下结论：研究中常常忽略的思想道德素质是影响劳动力综合素质的重要方面；财政投入对劳动力素质影响较大。

表 4-17　劳动力素质指标权重

一级指标	二级指标	权重系数（%）
劳动力身体素质	人口死亡率	1.95
	人均预期寿命	0.93
	新增职业病病例数	0.84
	甲、乙类传染病发病率	0.82
	人均卫生总费用	4.63
劳动力科学文化素质	就业人员中未上过学的人员占比	0.45
	就业人员中大专及以上学历占比	3.04
	每万人财政教育经费	4.21
	每万人 R&D 人员数	4.03
	R&D 人员中全时人员占比	1.15
	R&D 人员中研究生学历占比	2.24
	R&D 人员全时当量	4.86
	各地区科技投入强度	2.24
	国内三种专利申请数量	5.31
	国内三种专利授权数量	5.54
劳动力思想道德素质	社会服务机构总数	3.23
	志愿服务人次	14.09
	志愿服务时间总数	12.51
	商业银行不良贷款率	1.24
劳动力技能素质	高等职业院校毕业生人数	2.60
	高等职业院校毕业生占职业院校毕业生比重	1.05
	成人本专科毕业生数	3.39
	成人本科毕业生占比	0.77
	职业技术培训结业生人数	6.33
	职业技术培训时长	8.28
	获取职业技能证书人数	2.80
	获取高级技能证书人数占比	1.46

（二）综合评价结果

根据公式（4.7）计算得出 2019 年我国 31 个省份劳动力素质综合得分，具体见表 4-18。从评分结果来看，省域间劳动力素质差异较大，其中北京的综合得分为 0.635808，而甘肃综合得分仅为 0.100669。分地区来看，东部地区除海南综合得分较低以外，其他省份综合得分均较高，尤其是北京、江苏、广东、浙江、上海、山东、天津综合得分名列前茅；西部地区，除陕西、四川、重庆综合得分处于中等水平外，其余省份综合得分均较低。

表 4-18 分省份劳动力素质综合得分

地区	省份	综合得分
东部地区	北京	0.635808
	天津	0.239950
	河北	0.184246
	上海	0.325884
	江苏	0.494318
	浙江	0.388148
	福建	0.185328
	山东	0.247823
	广东	0.427572
	海南	0.114644
中部地区	山西	0.136652
	安徽	0.167633
	江西	0.160906
	河南	0.207765
	湖北	0.181408
	湖南	0.182014

续表

地区	省份	综合得分
西部地区	内蒙古	0.120046
	广西	0.123233
	重庆	0.182879
	四川	0.192891
	贵州	0.135867
	云南	0.169320
	西藏	0.150336
	陕西	0.194077
	甘肃	0.100669
	青海	0.101412
	宁夏	0.105026
	新疆	0.133834
东北地区	辽宁	0.142099
	吉林	0.144408
	黑龙江	0.129112

(三) 分维度比较分析

在对各省份劳动力素质综合得分结果进行分析的基础上，本节分别计算出各省份劳动力身体素质、科学文化素质、思想道德素质、技能素质的得分，结果如表4-19所示。从身体素质来看，北京、上海、天津、浙江、广东的劳动力身体素质较突出；劳动力素质综合评分靠后的新疆、西藏、宁夏的劳动力身体素质得分较高，而劳动力素质综合得分较高的山东的劳动力身体素质得分较低。从科学文化素质来看，广东、北京、江苏、浙江、上海、天津、山东得分较高。从思想道德素质来看，北京、广东、江苏、浙江等省份得分较高。从技能素质来看，江苏、浙江、广东、山东、云南得分较高。

表 4-19　31 个省份劳动力素质四大维度素质得分

省份	身体素质	科学文化素质	思想道德素质	技能素质
北京	0.077	0.199	0.284	0.066
天津	0.050	0.098	0.005	0.076
河北	0.029	0.048	0.025	0.072
山西	0.023	0.041	0.014	0.049
内蒙古	0.034	0.037	0.006	0.034
辽宁	0.026	0.055	0.008	0.044
吉林	0.031	0.053	0.012	0.039
黑龙江	0.025	0.049	0.009	0.036
上海	0.068	0.137	0.017	0.094
江苏	0.034	0.171	0.042	0.237
浙江	0.045	0.152	0.040	0.140
安徽	0.028	0.063	0.014	0.052
福建	0.029	0.072	0.020	0.054
江西	0.028	0.051	0.013	0.059
山东	0.021	0.085	0.027	0.104
河南	0.024	0.056	0.037	0.080
湖北	0.025	0.065	0.030	0.052
湖南	0.019	0.057	0.023	0.073
广东	0.041	0.214	0.052	0.110
广西	0.027	0.033	0.016	0.037
海南	0.032	0.040	0.010	0.022
重庆	0.021	0.059	0.035	0.057
四川	0.021	0.062	0.021	0.080
贵州	0.018	0.030	0.021	0.058
云南	0.024	0.031	0.009	0.095
西藏	0.039	0.062	0.012	0.027
陕西	0.033	0.069	0.023	0.060

省份	身体素质	科学文化素质	思想道德素质	技能素质
甘肃	0.023	0.040	0.007	0.021
青海	0.031	0.040	0.007	0.013
宁夏	0.036	0.037	0.004	0.018
新疆	0.037	0.042	0.013	0.031

三   劳动力素质差异的解释及政策启示

31 个省份劳动力素质的综合评价结果表明省域间劳动力素质存在较大差异，导致这些差异的原因既有可能来自区域间发展水平的差异，也有可能与区域间交流活动相关，但结合不同国家经济发展的历史经验，同样要重视对劳动力要素配置效率本身的影响。为促进我国劳动力素质的整体提升，不仅要关注省域间劳动力素质的水平差异，同时应该关注其结构差异。从结构性差异着手，因地制宜，根据强优势、补短板的原则，制定差异化的劳动力素质提升政策。

首先，经济发展水平差距会带来教育、医疗等影响劳动力素质的公共领域投入存在差异。经济发展水平决定了可以投向经济社会发展的各类资源的总量，经济体量越大，能够向教育、医疗卫生、科技等领域投入的资源越多，从而带动教育事业、医疗卫生事业、科技研发事业更好地发展，提升劳动力受教育水平、健康水平并支持其更好地从事科研工作。从这个角度来讲，劳动力素质既是影响经济发展的因素，又受制于经济发展的水平。由于劳动力素质提升是一个持续积累的过程，因而需要国家持续加强教育、医疗卫生、科技等领域的资源投入，特别是针对欠发达的中西部地区的投入，即使是在劳动力素质水平存在显著优势的经济发达地区，仍需加大投入以进一步提升劳动力素质。

其次，虹吸效应导致人才向经济发达区域的流动。虹吸效应是城市化过程中与辐射效应相对的一种力量，它会导致城市周边优质经济要素的短缺。改革开放初期，人口流动规模有限，城市发展对周边地区的影响以辐射效应为主。随着人口流动的加速，大城市的虹吸效应不断强化，大量优秀人才向一、二线城市聚集，带动人才流入区域劳动力素质的提升，同时也限制了人才流出区域劳动力素质的提升，从而拉大了区域间劳动力素质的差距。为更好地平衡地区发展，国家层面应当多措并举加大对劳动力素质水平偏低区域的资源支持力度，包括加大转移支付力度、完善社会保障全国统筹机制、省份对口帮扶政策、产业发展支持政策等。

最后，产业结构与劳动力素质匹配的结果。产业结构调整与产业优化升级必然对劳动力素质结构提出新的需求，而区域间产业结构的差异、产业水平的差异、发展速度的差异均会导致劳动力素质结构的差异及水平的差距。在发展过程中这种差异得以强化，差距被拉大。为此，国家有必要实施差异化的劳动力素质提升策略。各个省份应当基于自身的劳动力素质结构，在促进劳动力素质整体提升的基础上，突出优势、改善弱势。一方面，省级层面要在持续加大教育、医疗卫生、科技等领域投入的基础上，根据区域经济社会发展特色，制定符合省域特色的人才发展规划；另一方面，各地要努力提高劳动力资源配置效率，从人才聘用、使用、激励、评价等多个角度追求人尽其才的效果。

第五章 劳动力素质与产业
高端化研究

产业高端化亦称产业高度化或高级化，主要考察基于经济发展中各类相关因素综合影响而呈现的产业结构自然演化趋势，包括产业门类、产业要素、产业产品等各自构成部分的比例关系变化特征。与产业优化升级的其他三个层级相比，产业高端化与劳动力数量和质量的整体关联度更明显，国家的人口政策、劳动力流动状况、教育活动甚至社会文化特征都与产业高端化存在相关性。因而探讨劳动力素质与产业高端化的协同关系需注意分析的全面性，笔者认为从就业结构入手是一个相对合理和现实的分析视角。

第一节 理论分析及逻辑关系梳理

人类消费结构的层次性是产业高端化演进的原始动力，其使得任何国家的产业优化升级呈现共性的趋势。经典的配第-克拉克定理、罗斯托的经济成长阶段理论、库兹涅茨的现代经济增长理论、钱纳里的标准产业结构理论等从不同角度对产业高端化演进进行了阐述。当然，各国自然禀赋和人口条件的不同也会导致其产业高端化的具体路径存在一定的差异。

一　产业高端化的内涵

产业经济活动通常会沿着农业、工业、服务业的顺序渐次演进，特定产品也会按照初级产品、中间产品、终端产品的顺序变化。在生产要素方面，最初更多依赖土地和劳动，之后资本和技术等要素的作用会逐渐提高。这些产业自然演变过程中呈现的结构特征就是经济学者眼中的产业高端化。

（一）　静态视角下的产业高端化

从比较静态的角度，产业高端化指特定地区高端产业的占比情况。由于很难给高端产业制定一个明确的标准，因此静态视角的产业高端化仅在区域间横向比较或粗略考察产业发展状况时使用。但对高端产业的静态分析仍然具有重要意义。

其一，高端产业通常可以提供满足高端需求的产品或服务。根据社会心理学家亚伯拉罕·马斯洛的需求层次理论，人的消费满足是有先后顺序的，只有在基本生存需求得到充分满足之后，才会考虑更高层级的需求。与之相对应，高端产业往往用于满足人们在衣食住行需求基础上"被尊重和自我实现"的高层次需求，因而大多数高端产业都集中在第二、三产业。可见，越是高端的产业对应的需求层次越高，即便在特定产业内部，高端产业也更多用于满足特定层级内的相对高端需求。

其二，高端产业是技术含量相对较高的产业。从生产方式看，高端产业通常采用了特定时代最新的科学技术，提升了传统生产方式的效率或开拓了一个新的生产领域。多数学者眼中的高端产业具有显著的技术密集特征，如高新技术产业、现代服务业、文化产业等（李平，2007）。在现实中，高端产业往往还表现出更高的科技研发投入。王子丹等（2018）将符合以下两个条件的产业认定为高端产业：一是产业中 R&D 经费占主营业务收入的比重不低于 0.9%；二是 R&D 人员占用工人数的比例不低于 3.7%。

其三，高端产业大多是具有更好市场前景的产业。较高的技术水平通常也意味着相对较低的生产成本，即便部分高端产业在初创期生产成本较高，但这些产业一旦进入发展的相对成熟期，其生产能耗将大幅度降低，因而在同类产品中更具竞争力。不仅如此，大多数高端产业具有产业关联性高和附加值高的特点，因而能够创造出更高的市场需求和更广阔的发展空间，并带动整个国民经济的持续健康发展。在欧阳平凯和赵顺龙（2009）看来，高端产业往往在国民产业体系中占据主导地位，对低端产业以及与之关联的产业具有明显的驱动作用，能够引领相关产业提质增效。

基于以上认识，静态考察产业高端化就是从比较的视角分析高端产业在整个产业体系中的占比情况。唐茂华（2010）认为高端产业应至少具备以下几个特征：一是生产技术的前沿性；二是产品本身的高附加值性；三是生产过程的节能环保性；四是市场的高需求性。

（二）动态视角下的产业高端化

静态横向比较有助于寻找差距和明确产业优化升级的路径，但考虑到发展阶段、产业基础和社会制度的差异，寻找产业优化升级的路径还需要进行动态分析。产业高端化是以低端产业为比较对象，向以高科技、高智力、高附加值为特点的高端产业持续迈进的动态过程（袁永和邱丹逸，2019；黄斌和鲁旭，2014；欧阳平凯和赵顺龙，2009）。产业高端化可被看作是对产业竞争力提升过程的反映，而产业竞争力提升过程也是依靠科技进步和创新实现产业高技术含量、产品高附加值和市场高占有率的过程（熊季霞等，2012；屠文娟和王雅敏，2013；袁永和邱丹逸，2019）。本章从产业构成和产业价值链两个角度进一步深刻理解产业动态高端化。

一是从微观到中观的价值链视角。迈克尔·波特最早在考察企业竞争优势时提出了价值链的概念，意指企业内部的产品设计、生产、营销、运输等多项事务的集合（Davis 和 Herr，2014）。借用企业价值链分析的方法并上升到中观层面考察产业链就形成了产业价值链，这也是国外学者动态分析产业高端化的主要思路。相比于企业价值链理论，产业价值链分析更加强调链条间上下游的组织关系，突出产业价值链形成的多环节性以及不同环节创造价值的差异性。多数情况下，高附加值的环节也是全球价值链的高端环节。基于这一认识，吴海瑾（2009）将产业高端化界定为产业在价值链低端不断向价值链高端转型的趋势和能力。这一思路为产业高端化奠定了坚实的微观基础。一方面，企业竞争力提升需要从加工、组装环节向研发设计、物流营销等环节转变；另一方面，产业高端化也需要产业从低附加值的组装、加工环节向高附加值的研发设计、流程优化和品牌营销等环节攀升（刘英基，2013）。如此看来，产业高端化发展本质上是主体能力和实力提升的过程，通过企业能力和实力的提升，推动产业链由低技术水平向高技术水平、由低附加值向高附加值、由价值链低端向价值链高端不断演化（黄斌和鲁旭，2014）。尤其对于那些本就属于高技术的产业来讲，其高端化的过程不仅指产业链环节向高端转移，更是在创新带动下产业链的整体价值提升（袁永和邱丹逸，2019）。

二是从宏观到中观的产业构成视角。众多关于产业结构变迁的理论都源自对经济增长问题的宏观研究。从整个国民经济的产业构成角度，产业高端化可以被理解为传统产业转化成高端产业的动态过程，表现为第二、三产业占国内生产总值的比重增加，第一产业占比的减少。由于第二、三产业对自然力的依赖度较低，对资本和技术的依赖度较高，因此在产业高端化的过程中，更多依赖劳动和自然条件的传统产业占比逐渐下降，同时更多依赖创新和高层次生产要素的高新技术产业占比不断上升。曾晓宏（2016）在研究西部地区产业发展时提出，西部地区产业高端化主要针对资源型产业，应通过生产性资本投资实现从开采到炼化到精细再到技术密集型的产业高端化。张添和余伯阳（2018）认为高端化发展的核心任务是产品高端化，实现路径则是构建以技术创新为核心的产业创新生态系统。

二 产业高端化的测评

综合各方面的研究，产业高端化的测评大致可以沿着三种思路展开：一是基于发达国家的产业演进规律，总结出一套产业结构标准模型，然后计算出被考察经济体的相应指标并与标准模型进行比较，判断其产业结构所处的高度；二是通过计算某经济体内高技术产业的占比或科学技术在产业发展中的贡献率，直接衡量其产业结构的高度；三是通过计算 Moore 指数、产业结构熵数、产业结构变动速度 K 值等，用以判断某经济体产业结构调整的速度和程度等，间接判断该经济体的产业高端化水平。

（一）基于国际比较的贴近度分析法

静态产业结构高度化多用于进行国际或区域比较，具体的做法是以第二、三产业产值的比重作为产业结构高度化的衡量指标，粗略计算不同国家产业结构的高度差。另外一种较为细致的思路是贴近度分析。贴近度是模糊数学中用于表征两个模糊集之间贴近程度的概念，有不同的表征指标，Hamming 贴近度是其中应用比较广泛的一种。Hamming 贴近度是通过计算被考察经济体产业结构与基于国际经验的标准产业结构的相近程度来量化产业高端化程度。Hamming 贴近度计算公式为：

$$T_h = 1 - \frac{1}{3} \sum_{i=1}^{3} |S_i^d - S_i^r| \qquad (5.1)$$

在式（5.1）中，T_h 表示被考察经济体的产业高端化程度；S_i^d 代表研究对象的各个产业产值的比重；S_i^r 代表参照的标准结构。从式中可以看出，Hamming 贴近度就是通过计算研究对象的各个产业产值比重与标准结构的产业产值比重的离差，从产业演化的角度来表征研究对象的各产业与标准产业的相近程度。

（二）基于科技贡献率的产业高端化评价法

科技创新与产业高端化之间存在着十分密切的互动关系，鉴于此，不少学者直接用产业中的科技贡献率来表征和评价产业高端化水平。不同领域测算科技进步作用的方法大致有增长速度方程法、具体生产函数法、直接统计科技项目效益法、指标法、净增长因素分析法、层次分析法、系统动力学法等。目前，国际通行的科技进步对经济增长贡献率的测算主要采用柯布-道格拉斯模型。按照原国家计委和国家统计局《关于开展经济增长中科技进步作用测算工作的通知》，科技进步贡献率 C 的测算公式如下：

$$C = [(Y - \alpha K - \beta L)/Y] \times 100\% \qquad (5.2)$$

其中，Y 为产出年平均增长速度；L 为劳动力年平均增长速度；K 为资本年平均增长速度；α 为资本产出弹性系数；β 为劳动力产出弹性系数。该公式的测算思路是：假设产出增长是资本和技术进步共同作用的结果，从产出增长中扣除劳动力和资本增长因素后，得到的就是科技进步对产出增长的贡献作用（近似于索洛余值）。任保全和王亮亮（2014）对战略性新兴产业高端化的研究就使用了全要素生产率变化率及其分解指标。该指标在横向比较时存在一定不足，但是进行纵向比较时，能够从相对宏观的角度反映科技、劳动力和资本投入与产出增长的关系。

以上测算科技进步对产业增长贡献的方法在实际应用时需要较多统计数据的支持，在部分数据可获得性不强时，也有学者采用高技术产业占比来表征产业高端化水平。与上文测算科技进步贡献率的方法一样，该方法也存在横向比较上的不足，且测算数据并不十分精确，属于粗略计算，但该方法简便易于操作，测算数据直观，可调整的空间较大，在纵向比较方面有着其独特的优势。黄斌和鲁旭（2014）的研究将 R&D 投入、高技术产业外资控制制度、高技术产业专利授权数、品牌产品比重等指标作为产业高端化的主要衡量指标。熊季霞等（2012）以科技创业园、大学科技园、软件园、创业服务中心、国家和省级重点实验室、国家和省级工程技术研究中心、国家和省级科技公共服务平台、创新企业、高新技术企业、民营科技企业数的个数、高新技术产业实现产值、高新技术产业产值占比来衡量产业高端化。袁永和邱丹逸（2019）构建的指标体系包括两层指标，其中第一层指标中的产业创新包括 R&D 人员折合全时当量、R&D 人员投入强度、R&D 经费内部支出、R&D 经费投入强度、企业办研发机构密度、新产品开发投入强度、有效发明专利数、人均有效发明专利数、技术改造经费支出、技术引进消化吸收率等。

（三）产业高端化的其他间接测评方法

除以上两种常用的测算产业高端化的方法外，还可以通过 Moore 指数来测算产业结构转化度、通过产业结构变动速度 K 值测算产业结构调整幅度、通过测算产业结构熵数来测算产业结构多元化程度等。

1. Moore 指数

Moore 指数运用了空间向量的测定法，使用向量的空间夹角对产业结构的转换度进行定量表示。将 Moore 指数应用到产业结构上来，实际产业分为 n 个部门，构成一组 n 维向量，把两个时期两组向量间的夹角作为表示产业结构变化程度的指标。其计算公式为：

$$M_t = \sum_{i=1}^{n} (W_{i,t} \times W_{i,t+1}) / (\sum_{i=1}^{n} W_{i,t}^2)^{\frac{1}{2}} \times (\sum_{i=1}^{n} W_{i,t+1}^2)^{\frac{1}{2}} \qquad (5.3)$$

$W_{i,t}$ 表示 t 时间第 i 类产业所占比重，$W_{i,t+1}$ 表示 $t+1$ 期第 i 类产业所占比重。M_t 表示 Moore 指数变化值。两个产业间相似程度越高，Moore 指数变化值越大，产业结构转化度越低。反之，两个产业间的相似程度越低，Moore 指数变化值越小，则说明产业结构转化度较高。

2. 产业结构熵数

熵数值最初出现在热力学研究中，其反映的是物体所处状态的均匀程度，也可以定量说明自发过程的趋势大小。之后熵数值被引入信息学研究，在信息论中认为系统中因素的活跃程度越大，其熵数值也越大。之后熵数值作为一种定量分析方法被广泛应用于各个学科中，产业结构中的熵数是信息论中熵数值概念的引申和应用，其计算公式为：

$$e_t = \sum_{i=1}^{n} \left[W_{i,t} \mathrm{Ln}\left(\frac{1}{W_{i,t}}\right) \right] \tag{5.4}$$

t 表示时期，i 表征产业的种类，种类数用 n 表示，$W_{i,t}$ 表示 i 产业在 t 时期占整个产业产值的比重，e_t 为产业结构的熵数值。产业结构的熵数值越大，表明产业结构在区域内的表现越多元，各个产业之间的发展程度较为协调，没有出现太明显的发展不均衡。反之，则说明产业部门发展程度相差较大，出现了明显的发展不均衡，产业结构区域单一化，产业结构是相对不合理的。

三 产业高端化与劳动力素质之间的关系研究

产业迈向高端化的过程和劳动力素质提升的过程是互相推动的。一方面，劳动力素质提升有助于科技进步和技术创新，加快产业高端化的进程；另一方面，更高端的产业结构需要更多高素质的劳动力要素作为支撑，从而通过正向需求的增加和反向压力的增大刺激劳动力素质提升。产业高端化水平与劳动力素质之间的协调程度可以通过两者的匹配差来衡量，其判断标准是，处于不同高度的产业对不同素质层次的劳动力需求与实际的劳动力供给基本一致，不存在明显的劳动力过剩或短缺现象。这类似于部分学者在研究就业质量时所采用的标准，事实上，产业结构调整势必带来就业结构的变化，高质量就业的一个突出特征是劳动力供给与产业劳动需求的高匹配性。从理论上讲，影响一国就业结构的因素是多元的，且经济因素发挥着决定性作用。

（一）产业结构的高度限制了各层级就业的容量

特定的产业结构决定了就业的基本数量结构（包括高质量就业岗位的数量），更多的劳动密集型产业提供了更多的就业岗位，而更多的资本或技术密集型产业意味着需要更少的就业岗位，在劳动力和就业岗位精准匹配的情况下，产业结构高度决定了就业质量的峰值。这种情况下，如果没有产业结构的调整，就业质量只能在峰值以下的区间变动，或者说要进一步提高就业质量，只能改变劳动力结构或提升劳动力素质。因此，特定产业结构高度下，产业结构与就业结构的协同程度对于就业质量影响至深。从协同的视角，张抗私和周晓蒙（2014）指出，为实现国家宏观经济发展长期有效的增长，需要劳动力结构合理变动以适应产业结构的变化。

产业高端化意味着高科技制造业、现代服务业等高端产业的比重上升，而高端产业需要大量的高素质、高技能、创新型人才作为支撑。因此，产业高端化对劳动力的知识和技能水平提出更高的要求（杨莹莹，2015）。就业结构与产业结构协同需要不断提升劳动力素质。多数研究显示，技术进步将增加社会对技能劳动力的需求，导致就业结构整体偏向于技术型结构。单良和张涛（2018）运用标准差椭圆和协调系数模型测量发现，1998~2015年我国产业结构与就业结构协调系数总体呈现先降后升的变动趋势，说明我国产业结构与就业结构向健康化、协调化发展。周健（2020）通过结构偏离度测量发现，我国的第三产业就业结构滞后于经济增长水平，导致这一状况的根本原因是第三产业就业结构跟随产业结构调整进行变动的速度缓慢。

（二）产业高端化演进对就业结构的影响

产业高端化通常意味着更多的高质量就业岗位供给，尤其是先进科学技术带动下的产业优化升级一定程度上提高了生产效率，优化了劳动力分布，增大了生产和服务部门技术含量，提高了劳动复杂程度，增加了社会对于高素质劳动力所适应的岗位的新需求，推动了劳动力素质的提升。随着产业发展带来的就业结构变化，新工作方式、就业新形态进一步促进劳动力素质提升。李彬（2009）认为，产业高端化是从劳动密集型产业为主向知识密集和技术密集型产业为主转变的过程，而后者需要以高技能人力资本作为支撑。因此，在产业高端化过程中，就业结构中技术人员的占比会上升。李敏等（2020）也指出，在产业高端化过程中，劳动力会从低层次向高层次转移，产业结构与就业结构转移趋势具有一致性。

值得注意的是，技术进步对就业既有替代效应又有补偿效应。张抗私和盈帅（2011）指出，从短期来看，第二产业高端化将会导致失业率增加，因为随着技术的进步，具有资本密集型特点的第二产业将更多使用机器，导致结构性失业的增加；从长期来看，技术进步的产业会提供更多的技术岗位，增加高技能岗位的需求。

（三）高端产业的区域集中度决定着高素质劳动力的流动方向

特定产业高度下的就业结构优化还意味着劳动力要素的重新配置，自然状态下表现为第一产业从业人员向第二、三产业转移，或劳动力从低附加值行业向高附加值行业转移。假设人的就业选择是理性的，那么劳动力流动会改善整体就业质量。就业质量的改善取决于劳动力素质是否能跟随产业结构的高端化而持续稳步提高，高素质人才比重是否能与高端产业比重相协调。

从集中化的视角来看，全球出现了就业向服务业集中的趋势。隆云滔等（2020）根据国际劳工组织的统计数据发现，2000~2018年全球服务业就业份额从40%增加到56%，工业就业份额基本保持不变。就业结构的这种变动趋势与高端产业日益向服务业以及与服务业融合关系更密切的工业转移密切相关。郑爱兵（2018）指出，产业升级促进了劳动力向第三产业转移；产业升级提高了高技能劳动的相对需求，同时逼迫其他产业转出劳动，增加低技能服务业的相对供给。

从空间差异的角度来看，高端产业往往在产业基础更好的区域聚集，这也是高端人才跨区流动的主要因素之一。夏四友（2020）的实证分析发现，西部地区产业结构和就业结构的协调性要显著低于中部和东部地区。华德亚和汤龙（2019）指出，我国东、中、西部地区重要经济带的产业结构与就业结构的协调系数呈现显著的梯度趋势，东部地区协调性最高，中部地区次之，西部地区最低。冀强和巴森达西（2020）研究发现，京津冀地区及东部地区已进入新型工业化阶段，就业结构与产业结构向第三产业集中，而中部和西部地区多数省份还处于工业化后期，高技能型劳动力在人力资本结构中占比相对较低，阻碍了产业的发展。吴振华（2020）指出，城市化通过人力资本集聚推动产业高端化发展，而人力资本集聚对产业高端化影响最大的地区为中部地区。

（四）就业结构对产业高端化的影响研究

产业结构与就业结构存在相互影响和相互制约的关系（徐向龙，2009）。特定的就业结构既影响产业结构的高端化进程，也影响其所能达到的高度。就其作用机理来看，劳动力作为产业发展最重要的生产要素，劳动力质量是产业正常运行的支撑，而由高素质劳动力承载的技术创新更是产业高端化的驱动力，深刻影响着产业的核心竞争力。李天成和孟繁邨（2020）指出，随着科学技术的发展，生产过程中脑力劳动的比重增加，技术人员、管理人员的比重增加，劳动力的文化素质对就业结构和产业结构的影响都日益突显。不仅如此，劳动力就业结构的变动还会导致劳动力收入水平和收入结构的改变，由此带来的消费水平和消费结构变动将会促使产业结构向高端化升级。齐鹰飞和王伟同（2014）指出，如果劳动力结构升级达不到产业高端化的要求，就会反过来抑制产业结构的发展，导致产业空心化。

第二节　我国产业高端化发展现状

改革开放以来，我国工业化和城市化稳步推进，三次产业结构持续优化，各种生产要素在经济发展中的作用显著增强，尤其科技进步对产业升级的作用日益凸显，产业高端化发展屡创佳绩。但也要看到，我国产业国际竞争力与发达国家还存在不小差距，经济高质量发展的任务依旧艰巨，产业体量大、质量低的问题仍然突出。客观分析我国产业高端化发展的现状及其特征对于进一步促进我国产业优化升级具有重要意义。

一　我国三次产业结构演进的基本趋势

　　受益于改革开放政策的持续实施，我国产业结构不断朝着高端化方向演进，工业化成就举世瞩目，服务业规模快速提升。1952~2020 年，我国三次产业结构总体呈现第一产业比重不断下降，第三产业比重不断提升的趋势（见图 5-1）。剔除个别年份的非正常影响，三次产业结构演变大致可分为三个阶段。第一阶段（1952~1978）期间，第一产业增加值比重波动下降，第三产业增加值比重小幅下降，第二产业增加值比重波动提升并超过第一产业和第三产业比重；第二阶段（1979~2009）期间，第二产业增加值比重略有波动，第一产业增加值比重继续下降，第三产业增加值比重开始提升并超过第一产业增加值比重；进入第三阶段（2010 至今），第一产业和第二产业增加值比重波动下降，第三产业增加值比重加速提升并超过第二产业增加值比重。

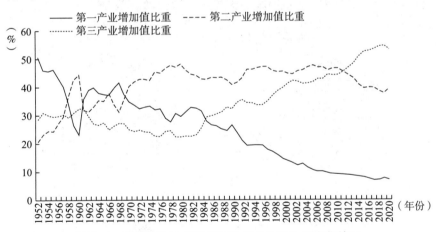

图 5-1　1952~2020 年我国三次产业产值比重变化情况

数据来源：根据《中国统计年鉴 2021》整理绘制。

　　总体来看，我国三次产业结构演变趋势符合产业结构演进的一般规律，产业高端化水平稳步提升，目前已经形成了"三二一"产业比重格局，进一步了解我国三次产业结构还需从不同视角做深入分析。干春晖等（2011）使用泰尔指数测算产业结构合理化水平，计算公式如下：

$$TL = \sum_{i=1}^{n} \left(\frac{Y_i}{Y} \right) \ln \left(\frac{Y_i}{L_i} \Big/ \frac{Y}{L} \right) \tag{5.5}$$

在公式（5.5）中，TL 表示泰尔指数，Y 表示产值，L 表示就业人数，i（$i=1$，2，3）表示三次产业。泰尔指数越接近于 0，表明经济越处于均衡状态，产业结构合理化程度越高；泰尔指数越远离 0，表明产业结构越偏离均衡状态，产业结构越不合理。用泰尔指数评价产业结构合理化的思路实质上就是从三次产业结构的视角表征产业结构高度与就业结构的协调性，本章第三节将采用此思路在高质量就业视角下对我国劳动力素质与产业高端化的协调度进行实证分析。

在整体考察我国产业结构演进趋势的同时，还应当注意，我国地域广阔，地区资源禀赋、产业分布和经济发展水平都存在显著差异，图 5-2 和图 5-3 分别为 2001 年和 2019 年我国不同地区产业结构情况，通过比较可以发现我国不同地区三次产业结构变动的差异。

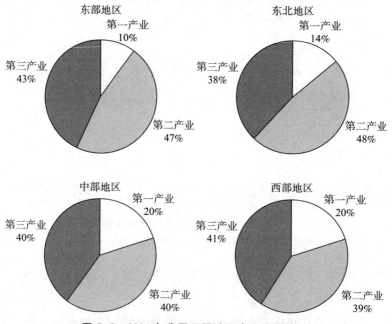

图 5-2　2001 年我国不同地区产业结构情况

数据来源：《中国统计年鉴 2021》。

比较两幅图可以看出，2001~2019 年，我国四大区域三次产业结构均保持了与全国三次产业结构近似的调整趋势，但受区域资源和产业布局差异等多重因素影响，不同地区三次产业调整的速度和幅度并不相同。其中，东部地区第二、第三产业领先优势有扩大趋势，尤其第三产业占比领先程度持续放大；东北地区和西部地区第三产业发展势头很好，但工业增速相对缓慢，第一产业比重仍然较高。

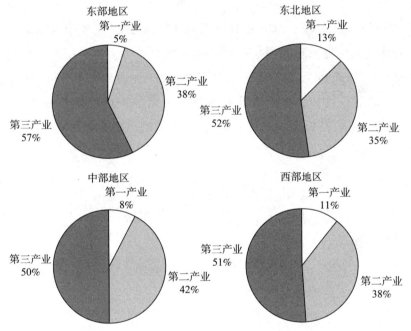

图 5-3　2019 年我国不同地区产业结构情况

数据来源：《中国统计年鉴 2021》。

二　我国产业产品结构演进情况及特征分析

除了三次产业结构，产业高端化的第二重含义就是产业产品结构，产业产品结构可被用于衡量产业链各环节产品的比例关系。从产业产品结构而言，产业优化升级通常表现为从初级产品向中间产品、终端产品的转化。从全球价值链的垂直分工来看，我国多以子公司和代工厂的身份加入国际分工体系，并且在金融投资、技术引进、研发设计等领域进口依赖度高，服务贸易长期处于逆差。我国大量企业在重大生产装备、核心零部件、关键材料等方面依赖进口，部分领域"卡脖子"问题突出（徐建伟，2022）。

在相关领域研究中，不少学者借用高技术产业占比来衡量产业高端化水平，实质上就是从产业产品结构的角度来测量产业高端化水平。图 5-4 为 2006~2020 年我国高技术产业主营业务收入占第二产业的比重，可以发现我国高技术产业主营业务收入占第二产业的比重呈波动上升趋势。2006 年，我国高技术产业占第二产业的比重为35%；之后，高技术产业主营业务收入占第二产业的比重波动上升，2016 年达到最高值52%，之后虽然略有波动，但是基本保持在45%以上，2020 年为49%。

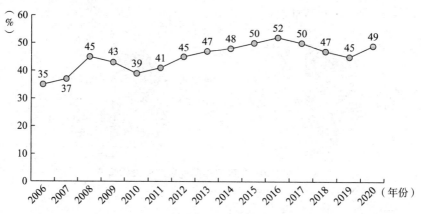

图 5-4 2006~2020 年我国高技术产业主营业务收入占第二产业的比重

数据来源：根据科技部、国家统计局数据整理绘制。

三 我国产业要素结构演进情况及特征分析

产业要素结构指产业演进过程中推动产业发展的各类要素之间的

比例关系。从世界各国实践经验来看，产业优化升级通常表现为从劳动密集型产业向资本密集型、技术密集型和知识密集型的渐次转化，而劳动密集型产业的比重往往作为一种简化的产业高端化指标。从目前研究情况来看，国内外学术界对劳动密集型企业的认定标准尚未达成一致。徐万刚（2021）将制造业劳动力密度定义为某类制造业的单位固定资产吸纳劳动力的人数与当年平均值的比值，当单位固定资产匹配的劳动力大于平均劳动力需求时，表明该制造业为劳动密集型制造业。总体来看，我国劳动密集型制造业与部分技术密集型制造业从上海、广州等东部沿海地区向中部、西部地区转移，但 2011~2016 年江苏、浙江等地的部分制造业出现了较强的空间集聚（曹卫东和章屹祯，2021）。

三次产业就业带动效应能否在一定程度上反映产业要素属性也是探讨产业要素结构的重要研究内容。图 5-5 和图 5-6 分别为 1978 年和 2020 年我国三次产业产值与就业人员比重。1978 年，我国第一产业就业人员比重较大，但是第一产业产值并不高，产值主要集中在第二产业。2020 年，我国产业结构和就业结构不断优化，第一产业就业人员比重显著下降，产业结构和就业结构逐步趋向平衡。

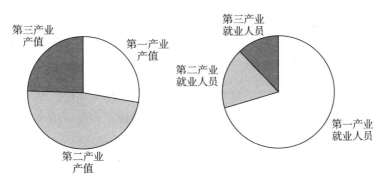

图 5-5 1978 年我国三次产业产值与就业人员比重

资料来源：根据历年《中国统计年鉴》整理绘制。

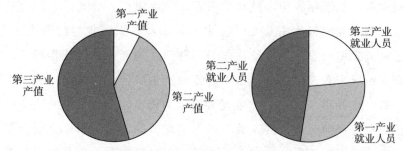

图 5-6 2020 年我国三次产业产值与就业人员比重

资料来源：根据历年《中国统计年鉴》整理绘制。

第三节 劳动力素质与产业高端化的协调度测算及分析

产业高端化是对产业自然演进过程的一般性描述，是一个综合反映产业优化升级普遍规律的基础概念，与劳动力数量、质量和结构都有重要联系。因此，较难剔除其他因素而对劳动力素质与产业高端化的关系进行专项研究，将劳动力素质融入整体劳动力状况，从就业的视角探讨二者的关系是较为合适的方法，并可以通过就业结构或就业质量的变化侧面反映劳动力素质与产业高端化的关系。

一 研究思路与方法

数学上的相似系数用于衡量两组变量之间的相似程度，学术界经常运用这一指标来测度两个实体或成员间的协调状况。联合国工业发展组织提出的产业结构相似系数就是对相似系数的典型运用，测评产业结构与就业结构的协调发展程度同样可借鉴这一方法，其指标计算方法如下：

$$H_{se} = \frac{\sum_{i=1}^{n}(S_i E_i)}{\sqrt{\sum_{i=1}^{n}S_i^2 \sum_{i=1}^{n}E_i^2}} \tag{5.6}$$

在公式（5.6）中，S_i 为 i 产业的产业结构，通常用该产业产值占总产值的比重表示；E_i 为 i 产业的就业结构，一般用该产业就业人数占总就业人数的比重表示；H_{se} 表示产业结构与就业结构的协调系数，合理取值介于 0 到 1 之间。H_{se} 越接近于 0，说明一国或地区产业结构与就业结构协调性越差，产业结构与就业结构越不平衡；相反，H_{se} 越接近于 1，表明产业结构与就业结构越具有良好的协调性，就业结构与产业结构越均衡。

上述指标能够近似地反映产业结构与就业结构的静态协调状况，为进一步突出产业高端化的特征，本节根据三次产业划分和配第－克拉克定律，从产值角度和要素流动角度对上述指标进行改造。随着产业结构的演化，劳动力会沿着一、二、三产业流动，产值也会随之在三次产业之间进行调整。这就使得从产业结构演进层次来看，第三产业对产业高度的表现度最高，第二产业次之，第一产业最低。因此，本节分别对第一产业、第二产业、第三产业赋予 1、2、3 的系数得到新的指标：

$$L = l_1 + 2l_2 + 3l_3 \tag{5.7}$$

按照与公式（5.6）相同的方法设计产业结构升级下的协调系数 2：

$$H_{se2} = \frac{\sum_{i=1}^{n}(S_i E_i)}{\sqrt{\sum_{i=1}^{n} S_i^2 \sum_{i=1}^{n} i E_i^2}} \tag{5.8}$$

该指标同时考虑了产业结构和就业结构的高端化与协调性，所有参数含义与公式（5.6）相同，H_{se2} 是一个介于 0 和 1 之间的系数，产业结构与就业结构越协调，H_{se2} 越接近于 1，反之 H_{se2} 越接近于 0。

二　全国产业结构与就业结构协调度分析

（一）原始数据的选取

本节选取 2001~2020 年相关数据作为测评的基础数据，从数据本身来看，我国产业结构和就业结构发生了较大变化（见表5-1）。其中，第一产业产值和就业人员比重都呈现下降趋势，产值占比从2001年的13.98%下降到2020年的7.65%，就业人员占比从2001年的50.00%下降到2020年的23.60%；第二产业产值占比从2001年的44.79%缓慢上升至2006年的47.56%，之后下降到2020年的37.82%，就业人员占比从2001年的22.30%上升至2013年的30.33%，之后虽然出现了一些波动，但整体下降到2020年的28.70%；第三产业总体呈现上升趋势，产值占比从2001年的41.22%波动上升至2020年的54.53%，就业结构从2001年的27.70%上升至2020年的47.70%。

表 5-1 2001~2020 年我国产业结构与就业结构占比情况

单位:%

年份	产业结构			就业结构		
	第一产业	第二产业	第三产业	第一产业	第二产业	第三产业
2001	13.98	44.79	41.22	50.00	22.30	27.70
2002	13.30	44.45	42.25	50.00	21.40	28.60
2003	12.35	45.62	42.03	49.10	21.60	29.30
2004	12.92	45.90	41.18	46.90	22.50	30.60
2005	11.64	47.02	41.34	44.80	23.80	31.40
2006	10.63	47.56	41.82	42.60	25.20	32.20
2007	10.25	46.88	42.87	40.80	26.80	32.40
2008	10.17	46.97	42.86	39.60	27.20	33.20
2009	9.64	45.96	44.41	38.10	27.80	34.10
2010	9.33	46.50	44.18	36.70	28.70	34.60
2011	9.18	46.53	44.29	34.74	29.58	35.68
2012	9.11	45.42	45.46	33.49	30.46	36.05
2013	8.94	44.18	46.88	31.24	30.33	38.43
2014	8.64	43.09	48.27	29.30	30.20	40.50

续表

年份	产业结构			就业结构		
	第一产业	第二产业	第三产业	第一产业	第二产业	第三产业
2015	8.39	40.84	50.77	28.06	29.67	42.27
2016	8.06	39.58	52.36	27.42	29.24	43.34
2017	7.46	39.85	52.68	26.68	28.61	44.70
2018	7.04	39.69	53.27	25.75	28.18	46.07
2019	7.14	38.59	54.27	24.72	28.14	47.13
2020	7.65	37.82	54.53	23.60	28.70	47.70

资料来源：根据历年《中国统计年鉴》整理。

（二）协调指数测算结果与特征分析

通过将原始数据代入公式（5.6）和公式（5.8），最终得到2001~2020年我国产业结构与就业结构的协调系数1和协调系数2情况（见图5-7）。

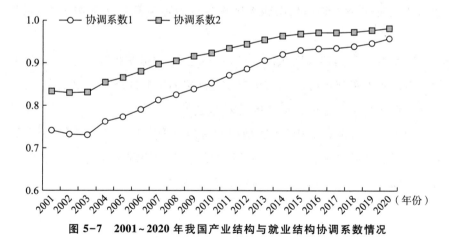

图5-7 2001~2020年我国产业结构与就业结构协调系数情况

首先，两条协调系数曲线都呈现波动上升趋势。两条曲线均从0.7以上增长至0.9以上，这说明2001~2020年，我国产业结构自然升级的过程中同时伴随着就业结构的不断改善。由于产业高端化对劳动力素质的要求会提高,因此一定程度上可以认为2001年以来我国劳动力素质整体状况是向好的,各类劳动力在三次产业中的配置是逐步改善的。

其次,曲线在个别年份存在小幅波动。无论从协调系数的绝对数值还是相对变化情况来看,我国整体产业结构与就业结构的协调性较好且持续改善。但需要注意的是,仍有个别年份的协调系数出现了小幅波动,这主要是由产业结构调整的相对滞后引起的,也可能与就业结构的其他影响因素有关。

三 我国产业结构与就业结构区域协调系数分析

(一) 区域协调系数变化趋势分析

按照惯例,本节将我国划分为东部地区、中部地区、西部地区和东北地区四个区域展开研究,① 采用与全国视角同样的方法,将原始数据代入对应公式测得我国四大区域各自的协调系数 (见图5-8和图5-9)。

图5-8为我国四大区域产业结构与就业结构协调系数1情况。从结果来看,我国东部地区产业结构与就业结构的协调性最好,之后是东北地区,再次是中部地区,最差的是西部地区。

图5-9为2001~2019年我国四大区域产业结构与就业结构协调系数2情况。从结果来看,我国各地区在综合考虑协调性与高端化之后差异有所缩小,但是整体趋势与协调系数1基本保持一致。

---

① 东部地区包括北京、天津、河北、上海、江苏、浙江、福建、山东、广东、海南十个省份,中部地区包括山西、安徽、江西、河南、湖北、湖南六个省份,西部地区包括内蒙古、广西、重庆、四川、贵州、云南、西藏、陕西、甘肃、青海、宁夏、新疆十二个省份,东北地区包括辽宁、吉林和黑龙江三个省份。

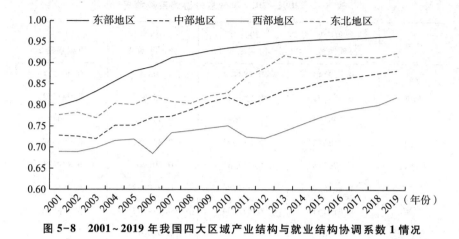

图 5-8　2001~2019 年我国四大区域产业结构与就业结构协调系数 1 情况

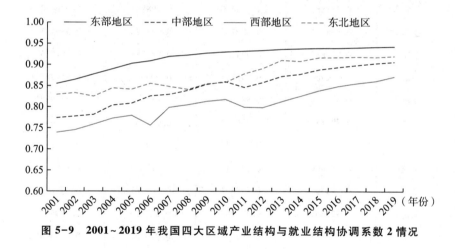

图 5-9　2001~2019 年我国四大区域产业结构与就业结构协调系数 2 情况

（二）省际协调指数测算结果分析

从表 5-2 的分析结果来看，2019 年我国各省份的产业协调系数均大于 2001 年（西藏因 2019 年缺失数据未测算），而且整体来看，2019 年我国一半以上省份的协调系数大于 0.9，就业结构和产业结构达到了较好的协调程度。

表 5-2 2001~2019 年分省份协调系数情况

省份	2001 年协调系数 1	2001 年协调系数 2	2019 年协调系数 1	2019 年协调系数 2
北京	0.979743	0.988404	0.998992	0.999534
天津	0.961892	0.983525	0.995602	0.997752
河北	0.795373	0.862083	0.903480	0.949737
山西	0.718273	0.834004	0.822757	0.908697
内蒙古	0.779258	0.842781	0.802963	0.889995
辽宁	0.837550	0.905736	0.920332	0.965566
吉林	0.816151	0.873234	0.914771	0.958996
黑龙江	0.696009	0.779942	0.979018	0.986257
上海	0.983865	0.993416	0.998971	0.999490
江苏	0.815811	0.892765	0.978970	0.989495
浙江	0.859852	0.924556	0.982881	0.987535
安徽	0.742982	0.799854	0.906332	0.957887
福建	0.808149	0.883064	0.954472	0.972837
江西	0.826151	0.876157	0.939834	0.973057
山东	0.718366	0.805945	0.909210	0.959711
河南	0.683466	0.727844	0.872299	0.938357
湖北	0.799793	0.870821	0.883081	0.942285
湖南	0.720359	0.778189	0.838855	0.920501
广东	0.806061	0.897931	0.970652	0.988346
广西	0.756616	0.798741	0.793785	0.877616
海南	0.880518	0.894354	0.943927	0.972943
重庆	0.683041	0.784062	0.927584	0.966263
四川	0.754812	0.808127	0.883626	0.944102
贵州	0.685358	0.720621	0.714913	0.817828
云南	0.560932	0.584161	0.785906	0.879560
西藏	0.675279	0.690318	/	/

续表

省份	2001 年 协调系数 1	2001 年 协调系数 2	2019 年 协调系数 1	2019 年 协调系数 2
陕西	0.655728	0.763638	0.779492	0.866067
甘肃	0.682016	0.759205	0.697574	0.814089
青海	0.641277	0.743246	0.896456	0.944171
宁夏	0.673906	0.769689	0.799124	0.888434
新疆	0.720467	0.801161	0.876698	0.929612

四 就业视角下的劳动力素质与产业高端化协同提升的一般性结论

首先，在不考虑其他因素影响的情况下，劳动力素质与产业高端化之间在理论上存在双向互动关系。作为生产要素的劳动力其质量上升意味着劳动生产率的提高，有利于推动产业高端化发展；劳动力素质提升也是加速技术创新的关键力量，能够间接通过技术要素带动产业高端化演进。与此同时，高端产业又为高素质劳动力就业创造了更多的岗位。因而，在没有外部因素干扰的情况下，劳动力素质与产业高端化之间会相互促进。

其次，劳动力素质与产业高端化的协调程度与其所在地区的经济发展水平呈现正相关关系。经济发达地区的市场机制往往较完备，市场环境更有利于劳动力潜能的发挥，高端产业对高素质劳动力的吸引力较强；经济相对落后的地区通常缺乏高素质劳动力发挥作用的环境和条件，往往存在高素质劳动力的流失。

再次，产业高端化的动力既有可能来源于现有劳动力潜力的释放，也有可能来自劳动力素质的提升。消费结构升级是产业高端化演进的必要条件，决定的是产业优化升级的理论方向，技术变革是产业优化升级的充分条件，而技术变革离不开高素质劳动力的支撑，即便如制度经济学家所说，没有技术变革的制度创新同样会加速经济发展，但制度创新的背后同样需要高素质劳动力的配合。因而，产业优化升级的持久动力源自劳动力素质的提升，即使在没有明显劳动力素质提升的情况下，其他因素带动的产业优化升级也会伴随现有劳动力潜能的释放。

最后，在特定产业结构下，劳动力资源的利用效率与其数量和质量都有关系。通过静态视角的横向比较可以发现，劳动力数量是劳动力素质效能发挥的限制条件，如果存在大量劳动力剩余，产业结构与就业结构的协调度是不稳定的，更多的资源会被优先用于低水平的劳动就业。这在一定程度上限制了劳动力素质的提升速度，同时也限制了高素质劳动力创造潜能的发挥。只有在劳动力供给和产业需求数量基本平衡的情况下，劳动力素质与产业结构才能表现出更稳定的同步关系。

第四节 人口流动视角下的劳动力素质与产业高端化研究

从就业视角对劳动力素质与产业高端化关系的一般性探讨表明，劳动力素质提升能否成为产业高端化的强劲动力，与经济发展水平、制度环境、市场环境、劳动力市场供求状态等多重因素都有关系，尽管其作用机制不尽相同，但从要素利用效率的角度来看，其关键是尽量把不同素质的劳动力配置在与其素质要求相对应的岗位上。换句话讲，劳动力流动的成本和便捷性在其中发挥着不可忽视的作用。本节尝试从人口流动的视角对劳动力素质和产业高端化的关系做进一步探讨。

一 关于人口流动与产业演变关系的理论分析

经济学关于人口流动的研究由来已久，从人口迁移动因和就业视角探讨的文献都很丰富，典型的如配第-克拉克定理，就是用以描述产业结构随经济发展进行调整的规律以及劳动力流动的趋势，并且对劳动力流动的原因进行了解释。随着20世纪50年代二元经济理论的兴起，经济学家们开始关注发展中国家同时存在的现代工业部门和传统农业部门，人口从乡村流向城市成为主要的考察对象。1973 年，Dixit 开创性地指出，已有的二元经济理论存在忽略服务业的缺陷。而事实上，不仅发达国家，不少发展中经济体的服务业所占比重都超过了其他产业，服务业在产业优化升级中的重要性是毋庸置疑的。

农村劳动力流动补充了城市劳动力的不足，降低了城市劳动成本，提高了城市劳动生产率，而跨地区的人口流动由于不同地区劳动力供给和需求之间的差异引起了工资水平之间的差异（陈甬军和国庆，2013）。人口流动能够改变流入地的工资状况，从而产生直接的经济促进效应和间接的经济抑制效应（孙继国等，2021）。城市规模与劳动生产率之间存在非线性关系（王智勇，2020），我国区域人口集聚水平与区域劳动生产率存在较强的相互促进影响（吴昊和赵阳，2019），降低人口流动壁垒有利于劳动力资源配置效率的提高（王丽莉和乔雪，2019）。

二　变量设定、模型构建与数据选取

为了验证人口流动对产业高端化的影响，本节建立如下基准回归模型：

$$hign_{i,t} = \alpha + \beta cityrate_{i,t} + \gamma X_{i,t} + \mu_i + \varepsilon_{i,t} \tag{5.9}$$

其中，i 代表省份，t 代表年份；$hign$ 代表产业高端化水平；$cityrate$ 代表城镇化率；$X_{i,t}$ 代表其他控制变量；μ_i 表示个体固定效应，代表不随时间改变的个体异质性特征；$\varepsilon_{i,t}$ 是随机干扰项；α 表示截距项；β、γ 表示对应变量的回归系数。如果回归系数 β 大于 0，则说明城镇化率对产业高端化水平具有正向的推动作用。

数据来源于《中国统计年鉴》，其中产业高端化水平借鉴王巧和尹小波（2019）提出的劳动力水平的升级系数，分别对第一、第二、第三产业赋予 1、2、3 的系数得到新的指标：

$$L = l_1 + 2l_2 + 3l_3 \tag{5.10}$$

表 5-3 为主要变量的描述性统计结果，各个变量的统计结果基本符合预期。

表 5-3　相关变量的描述性统计

Variable	变量名称	Obs	Mean	Std. Dev.	Min	Max
hign	产业高端化水平	155	2.435303	0.109901	2.227205	2.835701
onerate	第一产业占比	155	0.092702	0.051983	0.002677	0.250998
tworate	第二产业占比	155	0.3792958	0.0705272	0.1583376	0.4959134
threerate	第三产业占比	155	0.5280033	0.0763146	0.4273068	0.8386819
cityrate	城镇化率	155	0.6139587	0.1161851	0.3157000	0.8930000
gdp	地区生产总值	155	29288.17	23734.93	1151.41	110760.9
cityshouru	城市居民收入	155	37605.9	10408.2	25693.5	76437.3
ruralshouru	农村居民收入	155	15319.6	5442.8	7456.9	34911.3
caizheng	财政支出	155	6039.37	3153.60	1254.54	17430.79

三　基准回归结果分析

在进行回归分析时，本节通过逐步加入控制变量来观察城镇化率对产业高端化水平的影响，结果均显示城镇化率对产业高端化水平具有显著的正向影响，而且通过增加控制变量，这种影响基本稳定在 0.683 以上（见表 5-4），这说明农村人口向城镇流动能够显著提高产业高端化水平，城镇化率每提高 1 个百分点，产业高端化水平就至少提高 0.683 个百分点。

本节使用固定效应模型发现结果拒绝不存在个体效应的假设，所以在混合回归与固定效应模型之间选择固定效应模型；再对模型进行时间效应的检验，发现不存在时间效应；再对模型进行 Hausman 检验，结果表明接受原假设，发现随机效应更有效率，所以使用随机效应模型进行估计。表 5-5 的第二列汇报了固定效应模型的回归结果，第三列汇报了随机效应模型的回归结果。从回归结果来看，无论使用固定效应模型还是随机效应模型，城镇化率都显著提高了产业高端化水平。

表5-4　基准回归结果

变量	(1)	(2)	(3)	(4)
cityrate	0.670***	0.683***	0.822***	0.823***
	(0.0540)	(0.0575)	(0.0628)	(0.0625)
gdp		-1.80e-07	8.62e-08	-9.93e-07
		(2.82e-07)	(2.73e-07)	(7.45e-07)
*cxcj*①			0.0925***	0.0881***
			(0.0209)	(0.0210)
caizheng				8.46e-06
				(5.44e-06)
Constant	2.024***	2.021***	1.694***	1.685***
	(0.0337)	(0.0340)	(0.0807)	(0.0805)
Observations	155	155	155	155
R-squared	0.502	0.503	0.560	0.567

注：*** 表示 $p<0.01$，** 表示 $p<0.05$，* 表示 $p<0.1$，括号内为标准误，全书相同，不再赘述。

表5-5　固定效应与随机效应的估计结果

变量	固定效应	随机效应
cityrate	0.804***	0.836***
	(0.1380)	(0.0995)
gdp	-2.02e-07	-2.27e-07
	(4.93e-07)	(4.58e-07)
cxcj	0.160***	0.150***
	(0.0281)	(0.0235)

① *cxcj* 为城乡差距，用城乡收入比表示，即城市居民收入（*cityshouru*）与农村居民收入（*ruralshouru*）的比值。

续表

变量	固定效应	随机效应
caizheng	1.07e-05 ***	9.11e-06 ***
	(3.73e-06)	(3.25e-06)
Constant	1.477 ***	1.494 ***
	(0.1360)	(0.1060)
Observations	155	155
R-squared	0.611	–
Number of province code	31	31

表 5-6 使用随机效应模型检验了我国不同地区城镇化率对产业高端化水平的异质性影响。从回归结果来看，中部地区和东部地区城镇化率对产业高端化水平的正向影响更加显著；西部地区和东北地区城镇化率对产业高端化水平正向影响的显著性稍差。从影响系数来看东部地区城镇化率对产业高端化水平的影响系数为 1.294；中部地区城镇化率对产业高端化水平的影响系数为 0.708；西部地区城镇化率对产业高端化水平的影响系数只有 0.321；东北地区城镇化率对产业高端化水平的影响系数最大，但显著性较差。

表 5-6　分地区情况

变量	东部地区	中部地区	西部地区	东北地区
cityrate	1.294 ***	0.708 ***	0.321 **	4.255 **
	(0.1350)	(0.0941)	(0.1330)	(1.690)
gdp	-3.23e-07	-1.06e-06	-2.52e-06	1.91e-05
	(3.90e-07)	(1.24e-06)	(1.89e-06)	(1.43e-05)
cxcj	0.024	0.211 ***	0.0736 **	-0.456
	(0.0465)	(0.0272)	(0.0353)	(0.3670)
caizheng	1.24e-06	1.67e-05 *	2.06e-05 **	-0.000276 ***
	(2.94e-06)	(8.65e-06)	(9.42e-06)	(9.83e-05)

变量	东部地区	中部地区	西部地区	东北地区
Constant	1. 543 ***	1. 413 ***	1. 958 ***	1. 582 ***
	(0. 1750)	(0. 1020)	(0. 1600)	(0. 6030)
Observations	50	30	60	15
Number of province code	10	6	12	3

四　针对农民工群体流动性特征及就业质量的进一步分析

人口流动能够显著促进产业高端化水平，消除阻碍人口流动的障碍，有助于提高就业质量，从而促进产业结构和就业结构的协同。由于我国东部、中部、西部、东北地区产业结构与就业结构协调系数存在明显的梯度分布，城乡二元经济结构特征仍然比较明显，劳动力的跨地区和城乡间流动在未来很长一段时期仍将是我国产业优化升级过程中的常态化现象，积极关注数亿农民工群体的流动性特征和就业质量，对于更加持续稳妥地推动产业高端化意义重大。

（一）农民工就业质量的变化趋势及特征分析

农民工作为我国特有的城乡二元体制的产物，改革开放四十年来为经济发展和社会进步做出了突出贡献，极大地推动了我国工业化、城镇化和现代化发展的进程。长期以来，由于从事的多为低层次、以体力劳动为主的职业，农民工普遍处于工资收入低、工作时间长、劳动权益得不到保障的就业状态中。随着经济发展水平的提高，农民工对生活水平和职业期望值不断提升，更加重视就业质量，他们希望能够真正融入城市，在就业、社会保障和培训等方面获得与城镇人口相同的待遇，外出农民工的就业矛盾也正在从数量型向质量型转变。

借鉴 Erhel 和 Guergoat-Larivière （2015） 客观就业质量指数的做法，结合流动人口动态监测数据的特点，本节主要从劳动报酬、工作时间、社会保障和劳动关系四个维度考察农民工就业质量。劳动报酬用"月工资收入"表示;工作时间是指"周工作时间";社会保障以"是否参加养老保险"表示,包括在本地的养老保险和老家的养老保险;劳动关系用"是否签订劳动合同"来表示。同时,本节参照 Leschke 和 Watt (2014)构建多维就业质量指数的方法,对就业质量的四个维度指标进行标准化处理,标准化后单个维度的客观指标=(真实值-最小值)/(最大值-最小值),即:

$$x_{ij}^{nor} = (x_{ij} - min_j)/(max_j - min_j) \tag{5.11}$$

其中,i 表示农民工个体;x_{ij}^{nor} 是标准化之后单个维度的客观指标;$j=1,2,\cdots,4$,分别表示四个维度的测量指标,依次为月工资收入、是否参加养老保险、周工作时间、是否签订劳动合同;max_j 表示指标 j 的最大值,min_j 表示指标 j 的最小值。在四个指标当中,周工作时间与就业质量负向相关,其余三个指标与就业质量正向相关。所以在进行指标加权的过程中,需要用"1-标准化后的周工作时间"来与就业质量的变化方向保持一致,即用 $x_{i3}^{nor'} = 1 - x_{i3}^{nor}$ 对周工作时间进行替代变换。

本书基于 2010~2017 年中国流动人口动态监测调查数据(CMDS),采用等权平均法从月工资收入、周工作时间、是否参加养老保险和是否签订劳动合同四个维度计算外出农民工就业质量指数。计算结果表明,外出农民工就业质量指数从 2010 年的 28.86 上升至 2016 年的 37.41,整体就业质量不断提升。但是由于城乡二元制度的制约和地区经济发展不平衡状况的存在,与城镇职工相比,外出农民工普遍存在工资水平低、劳动强度大、社会保障与职业发展空间不足等问题,在户籍制度、居住政策和社会保障方面仍未能获得与城镇户籍人口均等的待遇与服务,外出农民工整体就业质量仍存在较大的提升空间。具体有以下几个特征。

1. 雇员就业身份外出农民工的就业质量高于雇主和自营劳动者就业身份的外出农民工

根据就业身份的差异可以将外出农民工主要划分为雇员、雇主、

自营劳动者和其他四类不同群体。如图 5-10 所示，在 2010 年的抽样
样本中，雇员身份的外出农民工所占比重最高，达到 56.68%；其次
为自营劳动者外出农民工，所占比重为 37.34%；雇主身份的比例最
小，为 2.03%。2016 年基本保持相似的结构，其中雇员和自营劳动
者身份的外出农民工的比重小幅下降，而雇主身份的外出农民工比重
上升至 8.59%。

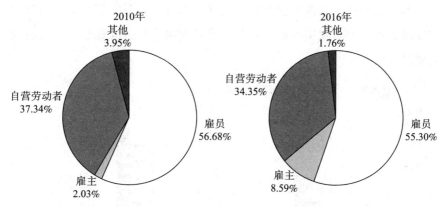

图 5-10　2010 年和 2016 年不同就业身份外出农民工分布情况

资料来源：中国流动人口动态监测调查数据。

　　四类不同就业身份外出农民工的就业质量指数如图 5-11 所示，四
类就业身份外出农民工的就业质量指数从 2010 年至 2016 年均表现出上
升的趋势，其中雇员身份的外出农民工的就业质量指数从 33.86 上升至
42.55，提升 25.66%；雇主身份的外出农民工从 24.28 上升至 33.41，
提升 37.60%；自营劳动者身份的外出农民工则从 22.10 升至 30.50，提
升 38.00%。尽管自营劳动者和雇主身份的外出农民工就业质量提升的
幅度高于雇员身份的外出农民工，但是无论在 2010 年还是在 2016 年，
自营劳动者和雇主身份的外出农民工的就业质量均低于雇员身份的外出
农民工。雇主身份和自营劳动者的外出农民工的平均工资虽然高于雇员
身份的外出农民工，但是外出农民工中的自营劳动者和雇主的平均工作
时间要远高于雇员。以 2016 年为例，自营劳动者的工作时间达到每周

61.24 小时，雇主的工作时间为 58.85 小时，而雇员的工作时间约为 51.89 小时，无论是雇佣他人协助自己，还是自己雇佣自己进行生产或者提供服务，雇主和自营劳动者都投入了比雇员更多的劳动时间。此外，雇主和自营劳动者身份的外出农民工的社会保障水平也低于雇员身份的外出农民工。以 2016 年养老保险参保率为例，雇员身份的外出农民工参保率为 30.40%，而雇主身份的外出农民工参保率和自营劳动者身份的外出农民工参保率仅为 9.92% 和 4.58%。可见，较长的劳动时间和较低的社会保障水平导致了自营劳动者和雇主身份的外出农民工的就业质量较差。

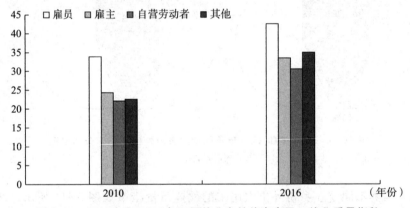

图 5-11   2010 年和 2016 年不同就业身份外出农民工就业质量指数

2. 女性外出农民工就业质量在 2010 年高于男性，男性外出农民工就业质量在 2016 年则略高于女性

通过对不同性别外出农民工就业质量指数进行计算发现，2010 年男性外出农民工就业质量指数为 28.47，女性为 29.43，女性外出农民工就业质量指数高于男性；2016 年男性外出农民工就业质量指数上升至 37.43，提升 31.47%，女性为 37.37，提升 26.98%，男性外出农民工就业质量指数略高于女性（见图 5-12）。2010~2016 年，男性和女性外出农民工就业质量的性别差异呈现缩小趋势。由于受到人力资本、社

会资本差异、职业隔离和性别歧视等因素的影响，不同性别农民工存在着较大的工资差异，女性外出农民工的平均月工资收入一般低于男性。但是从就业质量的角度来看，男性与女性外出农民工的性别差异较小。2010年，虽然男性外出农民工的月工资收入高于女性，但是在社会保障方面，男性外出农民工参加养老、医疗、失业、工伤保险和生育保险的比例均低于女性，此外在周工作时间和是否签订劳动合同方面没有明显的性别差异，导致女性外出农民工的就业质量高于男性。2016年，随着男性外出农民工参加"五险"的比例不断提高，男性外出农民工与女性外出农民工的差异不断缩小，甚至男性外出农民工的就业质量指数略高于女性。

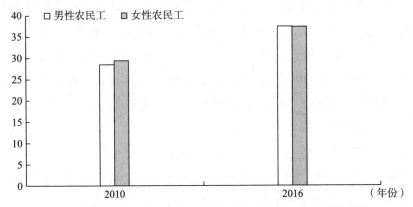

图5-12 2010年和2016年不同性别外出农民工就业质量指数

3. 制造业外出农民工就业质量明显高于其他行业，批发零售业外出农民工就业质量最低

从行业分布来看，2010年外出农民工从业比重最高的五个行业分别是批发零售业（24.57%），制造业（21.70%），住宿餐饮业（14.29%），居民服务、修理和其他服务业（11.37%），建筑业（8.72%），占总体样本的80.65%；2016年外出农民工的行业分布与2010年基本一致，就业最集中的五个行业分别为批发零售业（24.68%），制造业（17.89%），居民服务、修理和其他服务业

（15.95%），住宿餐饮业（15.34%），建筑业（8.52%），占总体样本的82.38%。通过比较在以上五个行业从业的外出农民工的就业质量发现，2010年就业质量指数较高的行业为制造业（39.71），居民服务、修理和其他服务业（27.13），住宿餐饮业（24.79），建筑业（24.33），批发零售业（23.38）；2016年就业质量指数较高的行业为制造业（45.2），居民服务、修理和其他服务业（36.80），建筑业（34.86），住宿餐饮业（32.88），批发零售业（32.80）。可见，2010~2016年各行业就业质量均有所提升，在制造业就业的外出农民工就业质量远高于其他几个行业，批发零售业的就业质量最低。进一步从衡量就业质量高低的四个维度来看，尽管制造业就业的外出农民工的平均月工资收入在五个行业中不是最高的，周工作时间也不是最短的，但是制造业外出农民工的社会保险参保率和劳动合同签订率远高于其他行业。以2016年为例，制造业外出农民工的养老保险和医疗保险参保率分别为39.60%和29.40%，而建筑业分别为9.25%和8.07%，批发零售业分别为9.79%和8.69%，住宿餐饮业分别为9.10%和7.75%，居民服务、修理和其他服务业分别为12.2%和10.10%。在是否签订劳动合同方面，2016年制造业外出农民工的劳动合同（包括固定期限和无固定期限）签订率为71%，远高于其他四个行业（建筑业38%，批发零售业50%，住宿餐饮业48%，居民服务、修理和其他服务业47%）。在批发零售业就业的外出农民工则由于工作时间较长整体就业质量处于较低的水平。

4. 从事管理与技术职业的外出农民工就业质量高于其他职业

从职业类型来看，2010年和2016年外出农民工就业主要集中于管理与技术工作、商业工作、服务型工作和生产运输工作四类职业中。2016年的样本中从事服务型工作的比例达到37.26%，生产运输工作为26.39%，商业工作为25.47%，管理与技术工作为7.43%，无固定职业和其他类型为3.45%。不同的职业中，从事管理与技术工作的外出农民工就业质量指数最高（2010 年为 36.68，2016 年为 51.79），其次是生产运输工作、服务型工作和商业工作。可见，四类职业中从事商业工作的外出农民工就业质量水平最低，且不同职业类型的外出农民工就业质量差异较大。值得注意的是，从事商业工作的外出农民工在 2010 年和 2016 年的平均月工资收入为 3314 元和 4593 元，均高于其他三类职业。但是从衡量就业质量的其他三个维度来看，从事商业工作的外出农民工在 2010 年和 2016 年的平均周工作时间为 69.54 个和 61.54 个小时，从事管理与技术工作的外出农民工则为 57.72 个和 47.98 个小时，从事服务型工作的外出农民工为 65.01 个和 54.98 个小时，从事生产运输工作的外出农民工为 59.53 个和 53.89 个小时。从事商业工作的外出农民工在基本社会保障参保率与劳动合同签订率方面也远远低于其他三类职业。可以看出，从事商业工作的外出农民工尽管劳动报酬较高，但在工作时间、社会保障和劳动关系这三个方面都处于较低水平，导致从事这种职业的外出农民工就业质量较差。

5. 有家庭成员随迁的外出农民工就业质量低于独自流动的外出农民工，家庭成员随迁对女性外出农民工就业质量的影响大于男性

近年来，外出农民工在务工过程中的迁移模式发生了明显变化，有家庭成员随迁的外出农民工比例越来越高。与独立流动的迁移模式相比，有家庭成员随迁的外出农民工在作出决策时具有明显的家庭属性特征，这种迁移模式也对外出农民工的工作生活和劳动行为偏好产生了影响。因此，不同迁移模式的外出农民工就业质量具有较大差异。在CMDS 数据中，外出农民工的迁移模式包括独自流动、跟配偶一起流动、与父母/岳父母/公婆一起流动、跟子女一起流动以及跟兄弟姐妹一起流动五种类型。本节根据是否有家庭成员随迁，将外出农民工分为独自流动和有家庭成员随迁两种类别。通过计算两种不同迁移模式外出农民工的就业质量指数发现，2016 年无论男性还是女性，有家庭成员随迁的外出农民工就业质量指数低于独自流动的外出农民工。其

中，独自流动的男性外出农民工就业质量指数均值为 40.61，有家庭成员随迁的男性外出农民工就业质量指数均值为 35.71；独自流动的女性外出农民工就业质量指数均值高于男性，为 41.64，而有家庭成员随迁的女性外出农民工就业质量指数均值低于男性，为 35.41。可以看出，有家庭成员随迁对男性和女性外出农民工的就业质量均有负面影响，而且这种负面影响是具有性别差异的，其对女性农民工就业质量的影响更大。

6. 迁移时间为 1~2 年的外出农民工就业质量更高

对于外出农民工而言，在外出务工过程中迁移时间的长短也会对就业质量产生影响。迁移时间越长，越有助于农民工积累非农工作经验，提高就业稳定性，提升劳动技能水平，从而获得更高的工资收入，实现更高质量的就业。但吕炜和杨沫（2016）的研究发现，迁移时间的延长不会缩小低收入职业农民工与城镇职工的工资差距，而且农民工也无法通过延长迁移时间来实现从低收入职业向高收入职业的跨越，农民工存在着较为明显的职业固化现象。通过对 2016 年不同迁移时间外出农民工就业质量指数进行计算发现（见图 5-13），无论男性还是女性，同一时期内随着迁移时间延长，外出农民工就业质量呈现先升后降的倒"U"形趋势。当迁移时间为 1~2 年时，外出农民工就业质量指数最高，达到 38.3。随着迁移时间的延长，外出农民工的就业质量指数不断下降，当迁移时间为 30 年以上时，外出农民工就业质量指数下降为 34.1。此外，从迁移时间效应的性别差异来看，当迁移时间为 3~4 年时，男性外出农民工的就业质量略低于女性，其他迁移时间段的男性外出农民工就业质量均高于女性（迁移时间为 5~9 年时，男性外出农民工与女性外出农民工就业质量指数相等）。值得注意的是，随着迁移时间的延长，女性外出农民工就业质量与男性外出农民工的差距不断拉大，这可能跟女性外出农民工的工作类型有关。女性外出农民工在工作中工作经验的积累和"干中学"发挥的提升效应并不突出，反而随着年龄的增长对就业质量带来的负面影响更明显。

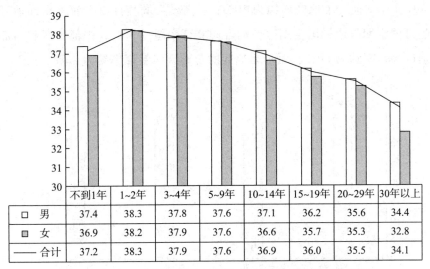

	不到1年	1~2年	3~4年	5~9年	10~14年	15~19年	20~29年	30年以上
□ 男	37.4	38.3	37.8	37.6	37.1	36.2	35.6	34.4
▨ 女	36.9	38.2	37.9	37.6	36.6	35.7	35.3	32.8
— 合计	37.2	38.3	37.9	37.6	36.9	36.0	35.5	34.1

图 5-13　2016 年不同迁移时间外出农民工的就业质量指数

7. 在东部地区就业的外出农民工最多，平均就业质量最高，东北地区就业的外出农民工最少，平均就业质量最低

依据国家统计局的分类标准，本节将样本中的 31 个省份分成东部地区、中部地区、西部地区和东北地区。2016 年 CMDS 的数据显示，外出农民工中将近一半分布在东部地区，超过三成的外出农民工分布在西部地区，不到两成的外出农民工分布在中部地区，东北地区的外出农民工分布最少。从分地区的外出农民工就业质量指数的均值来看，东部地区就业质量指数最高，达到 40.27，西部地区次之为 36.47，中部地区为 34.97，东北地区的就业质量指数最低，仅为 29.79（见图 5-14）。从衡量就业质量的四个维度来看，东部地区外出农民工的平均月工资收入达到 4240 元，中部地区平均月工资收入为 3683 元，东北地区的平均月工资收入为 3536 元，西部地区外出农民工的平均月工资收入最低，仅为 3485 元。在工作时间方面，中部地区外出农民工的周工作时间将近 60 个小时，东部地区外出农民工的周工作时间也较长，达到 56 个小时，东北地区和西部地区的外出农民工的周工作时间为 53~54 个小时。养老保险的参保率情况也存在地区差异，东部地区的外出农民工参保率近

30%，而其他三个地区均约为 10%；在劳动合同签订率方面，东部地区签订固定期限或无固定期限劳动合同签订率超过 60%，中部地区和西部地区签订率约为 50%，而东北地区的劳动合同签订率约为 40%。

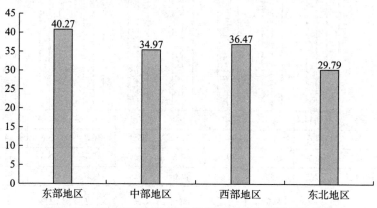

图 5-14　2016 年不同地区外出农民工就业质量指数比较

8. 在东部地区的三个经济带中，就业于珠三角地区的外出农民工平均就业质量最高

东部地区外出农民工的规模最大，就业质量指数也最高，但东部地区不同经济带也有差异。从 2016 年数据看，京津冀地区和长三角地区的外出农民工的分布比例均达到 16% 以上，珠三角地区的外出农民工的分布比例近 7%。从就业质量指数均值看，珠三角地区的外出农民工就业质量指数最高，为 41.90；京津冀地区外出农民工就业质量指数为 39.36；长三角地区的外出农民工就业质量指数为 38.80（图 5-15）。其中，长三角地区外出农民工平均月工资收入最高，珠三角地区外出农民工参加养老保险的比例和签订劳动合同的比例最高。从平均月工资收入来看，长三角地区外出农民工月工资收入最高，为 4431 元；京津冀地区外出农民工月工资收入近 4200 元；珠三角地区外出农民工月工资收入最低，为 4074 元。从周工作时间来看，三个经济带外出农民工的每周平均工作时间比较接近，均在 55~56 个小时。从外出农民工参加养老保险的比例来看，三个经济带差异比较大，珠三

角地区的比例最高，达到 40%；长三角地区为 28%；京津冀地区为 22%。从劳动合同的签订情况来看，珠三角地区的外出农民工签订的比例最高，达到 75%；长三角地区和京津冀地区的外出农民工劳动合同签订的比例为 65% 左右。

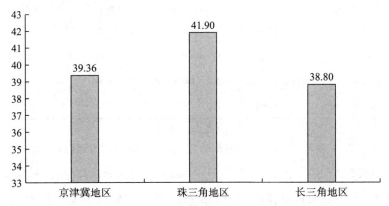

图 5-15　2016 年农民工在东部地区三个经济带的就业质量指数

（二）农民工就业质量的微观影响因素分析

为进一步理解农民工流动就业变化特征，本节沿用前文农民工就业质量微观影响因素的多维实证模型，用是否签订固定或长期劳动合同衡量劳动关系；用是否参加养老保险表示社会保障，包括在本地的养老保险和在迁出地的养老保险；同时运用 OLS 和分位数回归方法分别分析个体特征、家庭状态、流动经历对农民工就业质量的影响。本节继续利用 2016 年流动人口动态监测数据（CMDS），选择的目标对象是流动人口中符合"乡—城"流动特征的农民工，通过数据处理，研究样本数据总量为 138168 人。

1. 变量的描述性统计

由于劳动报酬、工作时间、劳动关系和社会保障四个构成指标对就业质量的改善均较为重要，所以这里采用国内外学者广泛使用的等权平均法加权计算农民工就业质量指数。就业质量指数越高，表明农民工就业质量越好。农民工就业质量的描述性统计结果详见表5-7。

表 5-7 农民工就业质量的描述性统计

变量	说明	均值	标准差
劳动报酬	月工资收入（元）	4068.35	3582.60
工作时间	周工作时间（小时）	54.57	17.03
社会保障	参加养老保险＝1；无＝0	0.57	0.50
劳动关系	签订固定或长期劳动合同＝1；无＝0	0.64	0.48
就业质量	取值为 0~100	39.19	20.89

从表5-7中可以看出，2016年农民工就业质量指数均值为39.19。在劳动报酬方面，农民工平均月工资收入为4068.35元，标准差为3582.60元，表明该群体内部劳动报酬水平存在较大分化。虽然近年来农民工月工资收入稳定增长，但是群体差异较大，雇员身份的农民工平均工资要低于雇主和自营劳动者身份的农民工；在工作时间方面，农民工平均周工作时间为54.57个小时，比法定周工作时间44个小时多了10个多小时，而且标准差为17.03个小时，意味着农民工群体普遍存在着工作时间长的特点；在社会保障和劳动关系方面，农民工养老保险平均参与率为57%，64%的农民工签订了固定或长期劳动合同，劳动合同签订率超过一半。

本节主要从个体特征、家庭状态和流动经历三个方面考察农民工就业质量的影响因素。个体特征选取人力资本、年龄、性别、民族和政治面貌五个变量，其中人力资本用被调查者的受教育程度来衡量，并将农民工受教育程度处理为定序变量（0＝小学及以下，1＝初中，2＝高中/中专，3＝大专，4＝大学本科及以上）。受教育程度均值为1.49，即绝大多数农民工的学历都处于初中和高中水平。性别、民族、政治面貌均设定为二元虚拟变量。样本中农民工年龄的平均值为35.41岁，其中男

性占比为57%，汉族占比为92%，党员比例为4%。家庭状态包括家庭
成员及子女随迁状态和婚姻状态两个变量。处于已婚状态的农民工占
80%，其中70%的农民工在外出务工过程中有家庭成员随迁，这也印证
了近年来农民工在流动过程中家庭化迁移模式越来越明显。流动经历则
包括流动范围、迁移时间和流动次数三个变量。农民工的平均迁移时间
为5.58年，流动次数为1.37次，流动范围的均值为2.34，意味着大部
分农民工的空间迁移范围为跨市和跨省流动。解释变量的描述性统计结
果如表5-8所示。

表 5-8　解释变量的选取及描述

变量		定义	均值	标准差
个体特征	年　龄	年龄（岁）	35.41	9.63
	性　别	男性=1；女性=0	0.57	0.49
	受教育程度	小学及以下=0，初中=1，高中/中专=2，大专=3，大学本科及以上=4	1.49	1.06
	民　族	汉族=1；其他少数民族=0	0.92	0.26
	政治面貌	党员=1；非党员=0	0.04	0.02
家庭状态	婚姻状况	已婚=1；未婚、离婚、丧偶或同居=0	0.80	0.40
	家庭成员随迁	有家庭成员随迁=1；独自流动=0	0.70	0.46
流动经历	流动时间	本次流动起始年份	5.58	5.42
	流动次数	截至2016年农民工总流动次数	1.37	1.08
	流动范围	市内跨县=1，省内跨市=2，跨省=3，跨境=4	2.34	0.74

2. 实证结果与分析

（1）农民工就业质量影响因素的OLS回归结果

本节首先采用异方差稳健估计OLS方法分析各因素对农民工就业
质量的影响。在表5-9中，模型1是个体特征对就业质量的影响，模型
2引入家庭状态的变量，模型3加入流动经历的变量，模型4~7是农民

表 5-9　农民工就业质量影响因素的 OLS 回归结果

变量	模型 1 就业质量	模型 2 就业质量	模型 3 就业质量	模型 4 劳动报酬	模型 5 工作时间	模型 6 社会保障	模型 7 劳动关系
个体特征变量							
年龄	0.358***	0.564***	0.551***	134.600***	0.099	0.020***	0.013***
年龄的平方	-0.003***	-0.005***	-0.005***	-1.789***	-0.002**	-0.000***	-0.000***
性别（男=1）	-0.328***	-0.480*	-0.440	1.124***	1.130***	-0.002	-0.012
受教育程度	5.243***	5.628***	5.596***	241.500***	-3.515***	0.088***	0.108***
民族（汉族=1）	-0.943***	-1.118**	-1.160**	283.700***	3.212***	0.005	0.016
政治面貌（党员=1）	4.240***	3.030***	3.059***	107.000	-0.510	0.060**	0.046**
家庭状态变量							
家庭成员随迁（有家庭成员随迁=1）		2.095***	2.204***	146.900***	-2.029***	0.015**	0.039***
婚姻状况（已婚=1）		-1.168***	-1.193***	-85.970	1.324***	0.026**	-0.004
流动经历变量							
流动时间			0.033	-1.901	0.129***	0.002	0.006***
流动范围			0.266***	237.000***	-0.434***	-0.036***	0.042***
流动次数			-0.304***	-1.333	0.422***	-0.001	-0.013***
常数项	23.250***	17.710***	17.990***	-2029.000***	57.730***	0.023	0.114*

续表

变量	模型 1 就业质量	模型 2 就业质量	模型 3 就业质量	模型 4 劳动报酬	模型 5 工作时间	模型 6 社会保障	模型 7 劳动关系
样本量	109553	24352	24304	25244	25327	24929	14388
R^2	0.052	0.061	0.062	0.302	0.046	0.035	0.067

工就业质量四个分项指标的估计结果。从数据来看，模型 1~3 的 R^2 值在 0.052~0.062，随着家庭状态和流动经历变量的加入，R^2 值逐渐提高，表明 OLS 模型的整体拟合程度较高，所选择的自变量对因变量有着较好的解释力。

在个体特征中，年龄和受教育程度对农民工就业质量及分项指标均有显著影响。受教育程度对劳动报酬、社会保障和劳动关系具有正向影响，受教育程度每上升一个等级，农民工劳动报酬提高 241.500 元，社会保障和劳动关系分别提升 0.088 个百分点和 0.108 个百分点。受教育程度对工作时间这一反向指标具有显著负向影响，学历层级上升一个等级，周平均工作时间可以减少约 3.515 小时，农民工整体就业质量指数提高 5.596。可见，受教育程度作为一种重要的因素，会对农民工就业质量产生显著影响。年龄与农民工就业质量的关系表现为倒"U"形，即随着年龄的提高，农民工就业质量先上升后下降，这主要是由农民工的工作类型和工作性质决定的。农民工从事的多为建筑业和制造业中的高强度体力劳动，找工作以获得工资收入为主要目标，随着年龄的提高，劳动技能水平和熟练程度不断提高，工资收入提升也较快。而到达一定年龄后，随着劳动能力的弱化，农民工面临着收入下降、就业困难和养老医疗等诸多问题，就业质量不断下降。性别变量在劳动报酬和工作时间模型中通过了显著性检验，对社会保障和劳动关系的影响不显著。表明与女性农民工相比，男性农民工工资水平更高，工作时间也更长，其主要原因一方面在于男性农民工要承担更多的家庭责任，工资性收入是农民工家庭的主要经济来源，因而男性农民工需要比女性农民工工作更长时间，争取获得更多的收入；另一方面是由于在从事体力型劳动时，男性农民工的工资待遇一般要高于女性农民工，工作时间也比女性农民工更长。此外在个体因素中政治面貌和民族均对就业质量有显著影响，党员身份与少数民族农民工的就业质量要高于非党员和汉族农民工。

从家庭状态来看，子女、配偶和父母等家庭成员的随迁将会显著提高农民工的就业质量，与独自流动的农民工相比，有家庭成员随迁的农民工就业质量要比独自流动的农民工高 2.204 左右，劳动报酬提高 146.900 元，工作时间减少 2 小时左右，社会保障和劳动关系分别提高 0.015 和 0.039。这意味着随着农民工在外出务工过程中以家庭为单位的迁移模式越来越明显，家庭成员的随迁提高了农民工工作稳定性和家庭的完整性，从而促进了就业质量的提升。婚姻状况对农民工就业质量有显著负向影响，以未婚的农民工为参照，已婚农民工的就业质量比未婚低 1.193 左右。在就业质量的分项指标中，婚姻状况对工作时间和社会保障有显著影响。已婚农民工的周工作时间比未婚农民工周工作时间长 1.324 小时，养老保险缴纳比率高约 0.026。已婚农民工由于家庭负担较重，多需要从事一些工作时间较长但相对稳定的工作来维持家庭生活。

从流动经历来看，在控制个体特征和家庭状态变量后，流动范围和流动次数对农民工就业质量有显著影响。流动范围扩大会促进就业质量的提高，还会带来劳动报酬的提高、工作时间的减少和劳动关系稳定性的增强。这与李中建等（2017）的研究发现较为接近，证实了当务工距离超出县域范围时，务工距离的增加将会提高农民工就业质量。流动次数的增加则会显著降低农民工就业质量，增加农民工工作时间，弱化劳动关系的稳定性，而对劳动报酬和社会保障没有显著影响。这表明流动次数对就业质量指数的负效应主要体现在劳动关系方面，频繁的流动和工作转换制约了农民工就业质量的提升。

（2）农民工就业质量影响因素的分位数回归结果

利用 OLS 回归对农民工就业质量总指数及分项指标的影响因素进行分析，从总体上反映出个体特征、家庭状态和流动经历对农民工就业质量均值的影响。但 OLS 回归关注的是平均效应，无法反映不同就业质量下各影响因素的差异。随着农民工就业质量的变化，影响就业质量的因素可能存在差异。分位数回归的方法是对 OLS 回归的深化扩展，通过因变量的条件分位数对自变量进行回归，可以得到不同分位数下的回归模型，能够更加全面地揭示农民工就业质量的条件分布情况，并在某种程度上克服异方差问题，实现对极端值更为稳健的参数估计（Koenker 和 Bassett，1978）。这里选择分位数回归模型进一步考察个体特征、家庭状态和流动经历对农民工就业质量的影响（见表5-10）。

表 5-10　不同分位数下农民工就业质量影响因素的回归结果

变量	模型 8 Q10	模型 9 Q25	模型 10 Q50	模型 11 Q75	模型 12 Q90
个体特征变量					
年龄	0.135 *	0.456 ***	0.725 ***	0.233	0.190 ***
年龄的平方	-0.001	-0.003	-0.007 ***	-0.003	-0.002 ***
性别（男 =1）	-0.009	-0.197	-0.795 ***	-0.158	-0.197 **
受教育程度	2.067 ***	5.642 ***	6.902 ***	5.145 ***	1.546 ***
民族（汉族 =1）	-1.049 ***	-1.588 ***	-0.408	-1.567 **	-0.287
政治面貌（党员 =1）	1.440	12.05 ***	5.438 ***	-0.108	0.111
家庭状态变量					
婚姻状况（已婚 =1）	-0.842 ***	-1.321 **	-0.347	-0.716 **	-0.343 ***
家庭成员随迁（有家庭成员随迁 =1）	0.619 ***	1.139 ***	1.167 ***	4.494 ***	1.375 ***
流动经历变量					
流动时间	-0.016	-0.022	0.082 **	0.108 **	0.026 *
流动范围	-0.262 *	-0.432 ***	0.009	1.428 ***	0.513 ***
流动次数	-0.108 ***	-0.082	-0.256 ***	-0.695 ***	-0.202 ***
常 数 项	5.426 ***	1.456	15.270 ***	40.320 ***	56.850 ***
样本量	24304	24304	24304	24304	24304

个体特征中，年龄、性别、受教育程度等因素在各个分位点上的影响方向与 OLS 回归一致。其中，年龄的平方在 50% 和 90% 的分位点上回归系数显著为负，说明年龄对农民工就业质量影响的倒 "U" 形生命周期特征在中等分位点和高分位点更为突出。性别因素也表现出相似的

特点，在 50% 和 90% 分位点上，男性农民工的就业质量低于女性农民工，在低分位点就业质量的性别差异并不显著。主要是由于在中间就业质量分位点和高就业质量分位点处的职业类型对身体素质和劳动强度的要求较低，而对劳动技能的要求较高，因此女性农民工受到的就业歧视较小。受教育程度在所有分位点均对农民工就业质量有显著影响，回归系数随着分位点的上升逐渐变大，在 50% 的分位点上达到最高，随后呈现下降趋势。说明受教育程度对就业质量的影响在不同分位点处呈现倒"U"形特征，在中间分位点教育对农民工就业质量的边际贡献率最高，但其贡献率随就业质量的提高而下降。这也意味着在就业质量较低的劳动力市场，对农民工受教育程度要求较低，中高层次劳动力市场对农民工受教育程度要求较高。但在就业质量最高的劳动力市场，教育对农民工就业质量的影响最小，表明在中高分位点，受教育程度对农民工就业质量的边际提升效应递减。民族在 10%、25% 和 75% 的分位点上对农民工就业质量有显著影响，说明汉族农民工在低分位点和中高分位点上的就业质量要差于少数民族。政治面貌则对中低分位点农民工就业质量有显著影响，在 25% 和 50% 的分位点上，党员农民工比非党员的就业质量更高。

在家庭状态中，婚姻状况对中间分位点的影响不显著，对低分位点和高分位点农民工就业质量有负向影响。可能的原因是，在低层次劳动力市场上，已婚农民工为了满足家庭生存需要承担了较大的经济压力，而在高分位点处已婚农民工承担了更多的家庭发展压力，导致更低的就业质量。家庭成员随迁在所有分位点均对农民工就业质量有显著正向促进作用，进一步证实了 OLS 回归的研究结论。随着就业质量的提高，家庭成员随迁对就业质量的提升效果也更明显，在 75% 的分位点上影响最大。说明在高分位点就业质量阶段，随着农民工经济能力和工资待遇的不断提高，家庭完整性和家庭成员的陪伴更有助于提高就业质量。

在流动经历中，流动时间在中高分位点上，对农民工就业质量有显著正向促进作用，表明在较高的就业质量阶段，流动时间越长，农民工的劳动熟练程度和技能水平越高，促进了就业质量的提升。流动范围对就业质量的影响存在"马太效应"。在 10% 和 25% 的低分位点上，流动范围的扩大会显著降低农民工就业质量；在 75% 和 90% 的高分位点上，流动范围的扩大则会显著提高农民工就业质量。原因是在低层次劳动力市场上，农民工跨市、跨省流动到大中城市中，从事的多为城镇职工不愿意从事的体力劳动，流动范围的扩大会降低就业质量；与之相反，在较高层次的劳动力市场上，农民工的大范围流动会获得更多的就业机会，从而提高其就业质量。流动次数在所有分位点上均对就业质量有负向影响，在 75% 的分位点上回归系数最大，表明对于就业质量层次较高的农民工来说，减少流动次数可以更好地改善就业质量。

（三）改善农民工就业质量的政策启示

前文利用 2016 年流动人口动态监测数据，围绕农民工就业质量及其分项指标的影响因素分析显示：年龄、受教育程度、婚姻状况、家庭成员随迁、流动范围和流动次数是影响农民工就业质量的显著性因素。从个体特征来看，受教育程度越高，农民工就业质量越高。受教育程度在中间分位点对农民工就业质量的边际贡献率最高，但其贡献率随就业质量的提高而下降。年龄对农民工就业质量的影响呈倒"U"形生命周期特征，在中高分位点上这一特征更明显。从家庭状态来看，家庭成员随迁会显著提高农民工的就业质量，且对中高分位点农民工就业质量的提升效应更为明显；婚姻状况则对低分位点和高分位点农民工就业质量有负向影响。从流动经历来看，流动次数的增加会显著降低农民工的就业质量。流动范围对就业质量的影响存在"马太效应"。流动范围的扩大会降低低分位点农民工就业质量，提高高分位点农民工的就业质量。基于上述研究结论，结合中国人口流动和产业优化升级趋势，提升农民工就业质量需在以下两方面有所作为。

一方面，流动性会在诸多方面造成农民工就业的群体分化，但人力资本水平对农民工群体就业质量的正向效应是持续和稳定的，因而提高农民工受教育程度应当成为促进流动人口就业与产业优化升级协同的长期政策方向。其一，由于年龄与农民工就业质量之间存在着倒"U"形生命周期特征，政府部门应继续开展对农民工的职业技能培训，引导农民工树立"技能宝贵"的终身学习理念，鼓励农民工学习新知识、掌握新技能，积极适应信息技术进步和产业优化升级对劳动力素质提出的新要求。其二，引导企业树立正确的效益观和用人观，规范用工制度，严格贯彻落实相关政策法规，对城镇户籍员工和农民工一视同仁，确保外出农民工在企业内部可以享有平等权益，加强对外出农民工的职业技能培训，通过技术技能培训推动农民工专用人力资本投资和积累，提高劳动生产率，实现企业与劳动力的双赢。其三，引导外出农民工努力提高自身素质水平，主动加强职业技能培训，树立劳动光荣、技能宝贵的正确劳动价值观，强化职业精神和职业素养，摆脱只能从事体力劳动和技术简单的重复性工作，且在劳动力市场长期处于弱势地位的状况。

另一方面，从流动性就业到就业质量改善之间存在多种作用机制，其中提升就业稳定性和加强就业权益保护最为重要。其一，随着农民工外出务工的模式从个体迁移向举家迁移的转变，家庭逐渐成为农民工迁移决策的基本单位，为了有效提高农民工的就业质量，应关注农民工家庭整体需求，构建面向家庭的农民工公共服务体系，增加面向农民工子女、配偶、父母等家庭成员的教育、医疗和住房等方面的公共服务供给，解决外出农民工的后顾之忧，增强其劳动供给意愿。其二，加强和改善对农民工的公共服务和社会管理，推进户籍制度改革，破除农民工流动的制度障碍，减少就业歧视，让外出农民工能够享受到与城镇户籍人口相同的就业服务、教育机会、医疗卫生和社会保障等，实现稳定就业。其三，工会要积极吸纳外出农民工入会，加大工会职业介绍和就业援助力度，帮助更多外出农民工实现稳定就业，推动完善工资平等协商机制、支付保障机制和正常增长机制，加强对外出农民工职业安全和职业卫生的保障水平，在外出农民工中大力弘扬劳模精神、劳动精神和工匠精神，宣传和引导外出农民工培养精益求精、一丝不苟、追求卓越的职业道德和职业素养。[①]

---

① 关于工会在提升劳动力素质方面的进一步讨论参见第六章第四节内容。

第六章　劳动力素质与产业融合化研究

随着科学技术的发展与进步，服务业在国民经济中的比重越来越大，产业服务化的趋势不断加强，推动了不同产业的融合发展。伴随服务业与其他产业的融合发展，服务不仅是一种最终产品，还是一种中间投入品和黏合剂，与参与社会生产的各产业部门发生密切的联系与互动。由产业服务化所引发的产业融合化对劳动力素质也提出了新的要求，拥有较高综合素养的劳动力逐渐成为经济活动中的关键资源。劳动力素质能否更好地匹配产业服务化和融合化的需求，进而实现劳动力供求的动态平衡，深刻影响着产业间要素互动和成果共享的效率。

第一节　理论分析及逻辑关系梳理

随着技术的进步和生产社会化程度的不断提高，国家或地区的产业结构会呈现服务化趋势，产业服务化带动产业融合化成为现代经济发达程度的重要标志。一些经济学家甚至认为人类的经济发展已从以工业为主导的工业经济进入到以服务业为主导的服务经济。在这种情况下，梳理清楚劳动力与产业服务化和融合化的内在逻辑关系成为一项必要的也是重要的工作。

一 从产业高端化到服务化的经典理论解释

根据马克思主义社会分工理论，产业服务化是生产方式变革导致服务活动在社会分工体系中的作用和地位不断提高的结果，是产业高端化的伴随现象或最终结果。服务活动是随着商品经济的发展，从消费者或生产者的自我服务转变并发展为向社会和他人服务开始的。随着生产力的发展，手工业从农业中分离出来，大量农村人口开始涌进城市，城市经济得到迅速发展。手工业和商业的兴起直接推动了社会交往方式和社会行为观念的变革，原先体现社会交往关系的活动逐渐被交换关系取代，进而对商品流通渠道、商业规模和商品流通速度提出了更高要求，公民之间的财产关系也因此变得更加复杂，律师、保险等提供专业性知识服务的组织和人员开始在部分地区集中出现。由于工业革命尚在酝酿之中，机器大工业尚未出现，服务业的规模还比较有限，此时大部分服务活动仍属于自我雇佣性质，并没有通过市场交换的方式使其价值得到体现。第二次世界大战后，特别是 20 世纪 60~80 年代，服务业在发达国家获得了迅猛发展，其在国民经济中的地位扶摇直上，很快超过了第一、第二产业，成为支撑经济增长和吸收就业的主要力量。服务业的快速发展为一些经典产业演进理论提供了现实证据，同时也提出了不同于产业高端化的新问题。

一是配第-克拉克定理。该定理指出，随着人均国民收入水平的不断提高，劳动力首先从第一产业向第二产业转移，当人均国民收入水平进一步提高时，劳动力便向第三产业转移，劳动力在三次产业间所占比重也随之增加，广义服务业最终成为国民经济中占比最高的产业。这一思想最早由威廉·配第（William Petty）提出，他认为工业收益比农业多得多，而商业收益又比工业多得多，不同国家人均国民收入不同的关键就在于各国农业、工业和商业的就业率各不相同。20世纪 40 年代，柯林·克拉克（Colin Clark）在《经济进步的条件》

一书中收集整理了 20 多个国家各部门劳动力投入和总产出的时间数据，发现一个国家从事三次产业的劳动力比重会随着人均国民收入的变动而变动。从事第一产业的劳动力比重明显下降，从事第二产业的劳动力比重与经济增长同步，但通常在接近 40% 时便稳定下来，而从事第三产业的劳动力比重会不断增长。克拉克的研究是对配第发现的进一步验证，故此理论被称为配第-克拉克定理。这一定理从一般意义上揭示了产业内部组成结构中存在的服务化趋势和规律。

二是罗斯托的经济发展阶段理论。罗斯托（Walt Whitman Rostow）在其著作《经济成长的过程》《经济增长的阶段——非共产党宣言》《政治和成长阶段》中提出了经济发展六个阶段的理论，用消费结构和生产方式的变化共同分析了产业服务化的演进特征。在"传统社会阶段"，生产的扩张主要靠人口和土地的增加，人们的生产活动集中于农业部门，而且通常都是封闭或者孤立的经济，生产活动中采用的技术和看待物质世界的方式都是以往的技术和方式。"起飞准备条件阶段"的本质特征是投资率提高到经常地、大量地和明显地超过人口增长的水平，在经济上逐步表现出社会商业化的趋势。"向成熟推进阶段"是一个社会已经把现代技术有效地应用于它的大部分资源的时期，此时的基本社会政治和文化结构是稳定的，变化的主要动因是由技术进步推动的主导产业的变化。在"高额群众消费阶段"，工业高度发达，经济的主导产业转向耐用消费品的生产，社会对高额耐用消费品的使用普遍化，人口高度城市化、劳动力高度"白领化"。最后一个阶段为"追求生活质量阶段"，表现为以服务业为代表的提高居民生活质量的有关产业成为主导产业，居民追求时尚与个性，消费呈现多样性和多变性，除了物质产量，社会成就还包括劳务形式、环境状况、自我实现的程度等生活质量指标。

三是库兹涅茨的现代经济增长与结构变动理论。库兹涅茨（Simon Kuznets）长期致力于各国经济统计资料的收集、整理、比较和分析，并以此解释各国经济增长的特点等。库兹涅茨认为，现代经济增长突出地表现为人均产值的持续增长、人口的加速增长以及生产结构和社会结构的巨大变化。这里的结构变化包括工业化、城市化和需求结构变化。所以，现代经济增长实际上就是经济结构全面变化的过程。为此，库兹涅茨提出了一个部门结构模型（如表6-1所示），很清楚地表明了劳动力向第二、三产业转移的趋势。

表6-1　库兹涅茨模型三大产业就业及增加值比重

项目	人均GDP				
	70美元	150美元	300美元	500美元	1000美元
第一产业就业比重	80.3	63.7	46.0	31.4	17.7
第一产业增加值比重	48.4	36.8	26.4	18.7	11.7
第二产业就业比重	9.2	17.0	26.9	36.2	45.3
第二产业增加值比重	20.6	26.3	33.0	40.9	48.4
第三产业就业比重	10.5	19.3	27.1	32.4	37.0
第三产业增加值比重	21.0	36.9	40.6	40.4	39.9

四是钱纳里的"标准产业结构"理论。20世纪60年代以来，对产业结构演变的研究更加深入和广泛。Chenery（1987）提出了所谓的"标准产业结构模式"，即如果综合考虑经济发展水平、经济规模、资源禀赋和贸易结构，则产业结构变动具有相当的一致性。在《工业化和经济增长的比较研究》一书中，钱纳里通过对各种不同类型国家人均GDP水平和经济发展水平相互关系的统计分析，提出了产业结构变化的三阶段六个时期动态发展模型（见表6-2），直观地刻画了产业结构三个阶段各自的收入水平和产品特征的对应关系。

表6-2　钱纳里的工业化发展阶段划分

经济发展时期	经济发展阶段		收入水平（美元/人）（以1970年美元计）
1	初级产品生产阶段		140~280
2	工业化阶段	初级阶段	280~560
3		中级阶段	560~1120
4		高级阶段	1120~2100
5	发达经济阶段	初级阶段	2100~3360
6		高级阶段	3360~5040

资料来源：根据钱纳里等《工业化和经济增长的比较研究》一书内容整理。下同。

此外，为了分析结构变化与经济发展之间的关系，钱纳里还利用101个国家1950~1970年的统计资料确定了经济发展与结构变化的平均模式，构造出一个著名的"世界发展模式"，得出一个经济发展的标准产业模型（见表6-3），为分析和评价不同国家或地区在经济发展过程中产业结构组合是否"正常"提供了参照规范，也为不同国家根据各自目标制定产业结构转换政策提供了理论依据。

表6-3　钱纳里的标准产业模型

单位：美元、%

人均GDP	农业市场占有率	工业市场占有率	服务业市场占有率	公共服务市场占有率
100以下	52.2	12.5	30.0	5.3
100	45.2	14.9	33.8	6.1
200	32.7	21.5	38.5	7.2
300	26.6	25.1	40.3	7.9
400	22.8	27.6	41.1	8.5
500	20.2	29.4	41.5	8.9
800	15.6	33.1	41.6	9.8
1000	13.8	34.7	41.3	10.2
1000以上	12.7	37.9	38.6	10.9

五是富克斯的服务经济理论。自 20 世纪 50 年代以来，全球经济经历着一场结构性的变革。1968 年，富克斯（Victor R. Fuchs）发表《服务经济》（*The Service Economy*），不仅提出了服务经济的概念，还进行了大量开创性的经验研究。富克斯认为，工业人员转向服务行业的现象虽然是平静地进行的，但对社会和经济都产生了革命性的影响。富克斯发现，1947~1967 年美国就业的增长主要来自服务业，尤其是银行、医院、零售、教育等行业和部门，同时期制造业和建筑业的就业增长很缓慢，农业和矿业则在下降。富克斯认为服务业就业增长的原因有三点：第一，社会和经济对服务业的最终需求增长较快；第二，社会和经济对服务业的中间需求相对增长；第三，服务业人均产值增长较慢。富克斯通过对其掌握的统计资料进行分析后发现，即使考虑统计误差因素，前两个原因对服务业就业增长的影响较小，不是主要原因，就业变化的主要原因是服务部门生产率的增长要比其他部门慢得多。富克斯的分析意味着服务业就业比重不断上升的原因在供给方面，从而突破了克拉克及其以后学者的一贯观点。值得注意的是，运输、通信和公用事业并未进入富克斯所界定的服务业范围，而被列在工业部门中，这些行业的生产率均高于整体经济水平，这有可能是其得出服务业所有分支行业的生产率水平均较低观点的原因。

二 产业融合：劳动力素质与产业服务化的协同机制分析

产业服务化不仅表现为服务业在整个国民经济中的比重不断提高，还表现为服务业与农业、服务业与制造业的相互渗透与融合。产业融合是技术融合引起产业边界模糊，导致不同产业发生聚合和创新的过程。随着越来越多的制造业企业将主营业务从制造转向服务，服务收益在销售额和利润中的比例也越来越高。制造业的服务化模糊了制造业与服务业的边界，导致产业基础发生了变化，为产业服务化提供了新的动力。这种产业融合趋势的加速，也必将要求劳动力素质提升至新的水平以与之相匹配。一方面随着产业服务化趋势，特别是产业融合趋势，越来越明显，对劳动力的知识水平和文化素养等提出了更高的要求，劳动力已不再是传统意义上从事简单体力劳动和开动机器的生产工人，高素质劳动力作为掌握现代科学知识和技术的知识群体和高技能群体成为生产的关键资源。另一方面，劳动力素质也是影响产业服务化的关键因素，高素质的劳动力为产业服务化提供了坚实的人力资源基础。

新增长理论认为，劳动力与知识相结合形成了人力资本，人力资本的积累是经济持续增长的动力（Romer，1986；Lucas，1988），同时也促进了产业结构升级。Lucas（1998）指出，工业革命以来，随着人力资本回报率的不断增加，不同产业部门的利润率出现了较大差异，人力资本积累加速了劳动力在产业部门间的重新配置，大量劳动力从农业部门向制造业和服务业等更高级的产业部门转移。Caselli 和 Coleman（2001）构建了一个产业结构转型的研究框架，提出教育和培训成本的不断降低使大量农业劳动力可以通过人力资本积累转移到非农产业部门中。还有学者（Herrendorf 等，2013）从技术进步的视角出发，认为人力资本的积累导致不同部门间技术进步的差异，从而推动了产业结构转型升级。Herrendorf 和 Schoellman（2017）进一步从人力资本积累导致的工资差异出发，考察了劳动力从农业部门向非农业部门流动的问题。

国内学者的研究也验证了人力资本积累是促进我国产业优化升级的重要因素。黄文正（2011）基于 VAR 模型，运用协整、格兰杰因果分析和脉冲响应分析考察了人力资本积累与产业结构升级的关系，研究发现人力资本积累可以推动产业结构升级，产业结构升级随着人力资本积累的变化而演变。张国强等（2011）基于省际面板数据，从国家和区域层面考察了人力资本及其结构对产业结构升级的影响，研究发现人力资本对我国东部地区的产业结构升级有显著促进作用，但对我国整体及中部和西部地区产业结构的促进效应不够明显。何小钢等（2020）采用双重差分法对"高校扩招"政策形成的人力资本对城市产业升级的影响进行了评估，发现高质量人力资本扩张可以通过提升收入水平和创新水平促进产业结构升级；人力资本扩张的产业结构升级效应在东部城市和市场化程度较高的城市更为突出。李敏等（2020）通过构建人力资本高级化指数和产业结构升级系数，利用省级面板数据从全国层面和东、中、西部地区层面检验了人力资本结构高级化对产业结构升级的影响，研究发现在全国层面人力资本高级化显著促进了产业结构升级；在区域层面，人力资本高级化对中部地区的产业结构升级无显著促进效应，对东部地区的促进效应高于西部地区。

部分学者对产业优化升级与人力资本的关系进行了研究。靳卫东（2010）从产业结构转化与人力资本的动态匹配视角出发，认为人力资本与产业结构不匹配将制约产业结构升级，阻碍经济增长。还有学者运用灰色关联分析法测算了人力资本存量与产业结构演进的耦合度和关联度。刘新智和沈方（2021）探索了人力资本积累与产业结构升级的耦合互动机理，通过构建人力资本积累与产业结构升级复合系统的指标体系，运用耦合协调度模型对长江经济带人力资本积累与产业结构升级的耦合协调程度进行评价，研究发现长江经济带下游人力资本积累与产业结构升级已基本实现中级协调阶段向良好协调阶段的过渡，长江经济带中游已从濒临失调阶段转换到勉强协调阶段，而长江经济带上游则一直处于濒临失调阶段。

通过对已有文献进行梳理发现，尽管国内外学者研究人力资本、产业优化升级的文献较为丰富，但是更侧重研究人力资本对产业优化升级的作用或产业结构调整对人力资本作用的单向影响，较少研究两者之间存在的双向互动关系。

此外，产业优化升级是劳动力资源、资产设备、中间要素以及技术和知识等要素在产业部门之间配置不断优化的过程，是生产力不断发展的结果。产业服务化不是简单地意味着服务业在整个国民经济中的比重不断上升，而是表现为产业关联性、产业协调能力的不断提高，是从工业经济时代的产业分工转变为服务经济时代的产业融合。这种融合主要表现为服务业不断融入制造业过程中，产品价值更多地体现在服务上，服务在制造业中的价值贡献日益显著。特别是随着知识密集型服务业的快速发展，制造业企业与知识密集型服务企业互动合作越来越紧密，产业融合趋势不断加强。以往文献在研究人力资本与产业优化升级的关系时，主要是运用服务业产值比重或第三产业与第二产业产值之比来度量产业优化升级状况，忽视了产业服务化过程中产业融合的重要特征。在产业优化升级过程中，随着不同产业间融合趋势的加强，越来越多的生产性服务业、知识密集型服务业通过提供更专业、更有效率的中间服务提高交易效率，降低交易成本，促进分工的进一步深化和生产专业化程度的不断提高。知识的高度密集和高素质的劳动力投入成为产业优化升级最重要的要素投入特征。可见，从产业融合视角出发，探索劳动力素质提升与产业服务化的协同机制与路径，对于深化认识劳动力素质与产业优化升级之间的互动关系，制定与劳动力素质相匹配的产业发展政策，进而实现经济社会高质量发展具有一定的理论与现实意义。

三　劳动力素质与产业融合化的协同机制：基于工作任务法的分析框架

在传统的生产函数分析框架下，劳动力和资本是最主要的生产要素。但是在这一框架下，生产函数中劳动力投入和资本投入的相互关系却难以衡量。技术进步将导致居民对新商品和新服务需求的增加，进而催生出新的职业和岗位，特别是计算机和信息技术的快速发展改变了劳动力的工作任务和对劳动力的技能需求。为了更好地阐释劳动力市场发生的变迁，越来越多的研究开始从工作任务的视角出发，关注不同属性的工作任务是如何影响劳动力需求与配置的。

（一）工作任务法的分析框架

在工作任务法的分析框架下，生产的基本单位是工作任务，生产过程是一系列工作任务的集合。Autor 和 Handel（2013）提出如下研究模型：

$$Y = \left\{ \int_0^1 y(i)^{[(\eta-1)/\eta]} di \right\}^{[(\eta-1)/\eta]} \tag{6.1}$$

其中 Y 表示最终产品或服务；$y(i)$ 是工作任务 i 所提供的生产或服务；η 是不同工作任务之间的替代弹性。公式（6.1）表示最终产品或服务是由一系列连续的工作任务结合在一起完成的。

根据劳动力是否可以被机器替代，Autor 和 Handel（2013）将工作任务划分为常规和非常规两类。常规工作任务主要是那些在清晰的指令下能够被机器设备执行的重复性和可程序化的认知与操作任务。非常规工作任务则是需要一定的问题解决能力和复杂沟通技能，不易被程序化和替代的任务。后续的研究进一步将工作任务划分为需要认知能力（Cognitive）的工作任务和需要操作能力（Manual）的工作任务。认知型工作任务往往需要建立在知识积累的基础上；操作型工作任务更多地需要体力上的投入和付出。从这两个维度出发，学者进一步将工作任务划分为以下五种类型：常规认知型任务、非常规分析型任务、非常规互动型任务、常规操作型任务、非常规操作型任务。常规认知型任务主要指重复性的、非体力的工作任务，如数据录入、重复性的客户服务（收银员）等。非常规分析型任务指具有抽象思考属性的任务，如医疗诊断、投资决策等。非常规互动型任务指需要处理人际关系的工作任务，如销售、人事管理等。常规操作型任务主要指需要速度、重复运动和体力的工作任务，如分拣、包装等。非常规操作型任务指需要适应变化的工作环境的任务，如驾驶员、快递员、外卖员等。依据工作任务的复杂性和对技能的需求，这些任务被划分为高技能岗位（非常规分析型任务、非常规互动型任务）、中等技能岗位（常规认知型任务、常规操作型任务）和低技能岗位（非常规操作型任务）。

（二）产业融合化的各国实践

技术进步是引发生产力发展并推动生产关系变革的物质条件，是推动经济发展的强大动力，也是产业优化升级的内在驱动力。在产业优化升级过程中，新兴产业逐渐成为主导产业，并通过发挥产业关联、技术扩散等效应带动传统产业转型升级，从而使产业结构向更高水平升级。

在这一过程中，各产业之间以及产业内各构成部分之间并不是一种绝对的替代或割裂关系，而是存在着复杂而密切的内在联系，产业优化升级呈现为复杂的系统演化过程。伴随着信息技术、数字技术的快速发展和商业模式的不断创新，产业间的跨界融合趋势越来越明显。生产性服务业具有专业性强、创新活跃、产业融合度高、带动作用强等方面的特点，是推动产业结构调整、引领产业向价值链高端延伸的重要力量。基于制造业和服务业日益普遍的跨界融合现象，以及生产性服务业对制造业转型升级的重要支撑作用，世界各国都把推动先进制造业和现代服务业的融合发展作为一项重要政策推进。

美国早在 20 世纪 90 年代就提出"现代制造"理念，其先进制造业伙伴计划 2.0 致力于为制造业所需"中间服务"提供解决方案，包括专业技术、供应链伙伴、融资渠道等。英国成立了"复杂产品系统创新中心"，试图通过向制造业注入更多服务元素，推动制造业服务化发展。欧盟促进制造业和服务业融合的政策具有明显的连续性，从提出"延伸性产品"概念的"欧盟第五框架计划"到"欧盟第七框架计划"，均聚焦不断出现的新需求，通过制造业服务化来应对日益模糊的产业边界。德国"工业 4.0"计划提出了"互联网+制造业"的理念，试图将信息物理融合系统与制造业发展深度融合，实现制造业智能化转型；通过企业内部的灵活生产和不同企业之间的横向集成，实现生产商、消费端和物流系统更高水平的互联，重塑德国制造业竞争优势。

近年来，我国出台了一系列措施推动制造业和服务业融合发展。2017 年，国家发展改革委印发《服务业创新发展大纲（2017—2025 年）》，明确提出要推动服务向制造拓展，搭建服务制造融合平台，强化服务业对现代农业和先进制造业的全产业链支撑作用。2019 年，《关于推动先进制造业和现代服务业深度融合发展的实施意见》提出培育融合发展新业态新模式，探索重点行业重点领域融合发展新路径。2020 年，《关于进一步促进服务型制造发展的指导意见》再次明确，要积极利用工业互联网等新一代信息技术赋能新制造、催生新服务，加快培育发展服务型制造新业态新模式，促进制造业提质增效和转型升级。《中华人民共和国国民经济和社会发展第十四个五年规划和 2035 年远景目标纲要》提出，坚持把发展经济着力点放在实体经济上，加快推进制造强国、质量强国建设，促进先进制造业和现代服务业深度融合。

（三）劳动力素质提升与产业融合化的协同机制

产业融合化表现为在技术进步推动下产业边界的收缩或消失（Greenstein 和 Khanna，1997）。从产业融合路径看，主要包括以市场需求为主线的融合路径、以知识扩散为主线的融合路径和以科学技术交叉渗透为主线的融合路径（单元媛和赵玉林，2012），具体表现为高新技术的渗透融合、产业间的延伸融合和产业内部的重组融合三种形式。

生产性服务业作为现代服务业的重要组成部分，是指直接或间接为工业生产过程提供中间服务的服务性产业，是直接面向生产者的服务性产业，是产业融合发展的关键环节。在消费需求和产业融合的驱动下，以生产性服务业为纽带，第三产业中的服务业加速向第二产业的生产前期的研究、生产中期的设计和生产后期的信息反馈过程展开全方位的渗透，金融、法律、管理、培训、研发、设计、客户服务、技术创新、贮存、运输、批发、广告等生产性服务在第二产业中的比重和作用日趋加大，相互之间融合成为不分彼此的新型产业体系。在这一过程中，制造业要素投入从实物要素投入逐步向服务要素投入转变。制造业要素投入结构的变化将会对生产制造和服务提供过程中企业的工作任务造成影响，使得社会对高技能岗位（非常规分析型任务、非常规互动型任务）的需求不断增加，推动劳动力技能水平和整体素质的提升；劳动力素质的提升又进一步为产业融合发展提供了坚实的人力资本基础。具体的协同路径如图 6-1 所示。

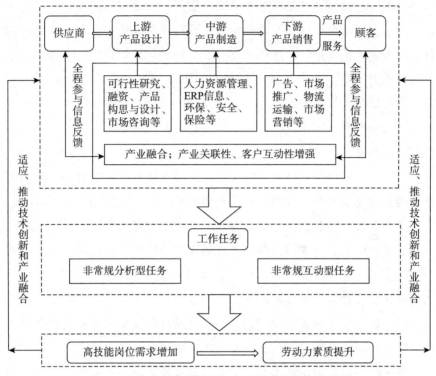

图 6-1　劳动力素质提升与产业融合化的协同机制

从劳动力需求的角度来看，产业融合发展提升了非常规分析型任务和非常规互动型任务的比例，进而对劳动力素质提出更高要求。随着专业化分工的深入，生产的关联程度不断提高，推动了人力资源部门和知识生产部门的发展。知识要素和高素质人力资源进入生产过程，使生产过程变得越来越专业，越来越多地提供中间服务的知识密集型服务部门从实物生产部门中分离或独立出来，成为提供社会化服务的服务部门。当制造业以生产型为主，其生产过程中的工作任务主要以常规认知型任务和常规操作型任务为主，需要的是大量能够在流水线上从事简单加工、装配任务的低技能劳动力。随着制造业服务化转型的推进和深化，制造业价值链上各环节都会增加生产性服务要素投入，工作任务对高素质劳动力的需求增加。

　　上游生产性服务包括可行性研究、融资、产品构思与设计、市场咨询等。融资是企业生存和发展的前提；可行性研究能使企业更好地把握顾客的需求，推动产品的适销对路；产品构思与设计能进一步增强企业的创新能力，对企业产品的创新起到了关键作用。在中游产品制造环节，有些服务与产品生产结合，如原材料采购、设备租赁、保养与维修、质量控制等，采用这些服务将极大地帮助企业提高生产效率和产品品质；有些服务与产品生产并行出现，如人力资源管理、ERP 信息、环保、安全、保险等，这些生产性服务贯穿于企业日常运转中，推动了企业的正常化、规范化经营，也为企业价值链提升创造了良好的环境。下游生产性服务业包括广告、市场推广、物流运输、市场营销等服务，这些服务的投入，在支持产品满足市场需求的同时，有利于提高企业产品知名度、增强产品竞争力，提高顾客满意度等。在产业融合背景下，无论是在制造业企业内部还是提供生产性服务的企业中，都增加了非常规分析型任务和非常规互动型任务，只有通过匹配具有更高技能水平的高素质劳动力才能满足工作任务变化所带来的人力资本需求。

　　从劳动力供给的角度来看，知识和高素质劳动力投入是产业融合的重要特征。与传统制造业和传统生活性服务业需要大量设备和资金等有形资产投入不同，知识密集型生产性服务业主要是知识、智力、研发等无形资产的投入起决定作用。此外，在服务业与制造业融合背景下，知识密集型生产性服务的提供者与服务对象之间的联系更为紧密，互动性更强。知识密集型生产性服务在很大程度上依赖于某一领域的专业性知识，并且不同的专业知识对应不同的部门，这是知识密集型生产性服务业区别于其他服务行业的显著特征。由于客户不具备也难以掌握这种高度专业的知识，这就需要服务提供者加强与客户的沟通，以更好地实现与客户之间知识的传播。一方面，通过互动知识密集型服务业可以吸收客户的知识不断扩大自己的知识储量，提升了创新能力；另一方面，通过有效的互动，客户可以直接参与到新服务的创新过程中，丰富了他们的专业知识，提高了他们的决策和行动能力。可见，只有具备较高专业水平和实践经验的劳动力才能更好地胜任产业融合带来的工作任务的变化，从而满足客户不断增长的需求。高素质劳动力既是专业知识的拥有者，也是服务功能的最终实现者，是提升产业竞争力、推动产业融合发展的重要基础。

第二节　我国产业融合化现状与特征

一　服务业整体比重不断提升带动产业融合化

根据世界银行的数据，我国经济规模占世界经济的比重从 1978 年的 2.3% 提升至 2020 年的 17%。伴随着经济的持续快速增长，我国的产业服务化趋势不断加强，服务业在国民经济中的地位也日益提升。根据国家统计局数据，1978~2020 年，第一产业和第二产业增加值占国内生产总值的比重均呈现波动下降的趋势；第三产业增加值占国内生产总值的比重则呈现迅速上升的趋势。特别是从 2011 年以来，第一产业、第二产业增加值占 GDP 的比重呈现持续下降的趋势，第三产业增加值占 GDP 的比重不断提升，产业服务化趋势日益明显。

第三产业增加值占 GDP 的比重不断提升的同时，三次产业的就业结构也在发生变化，第三产业就业人员占比不断提高。新中国成立之初，服务业部门构成简单，内容及形式比较单一，1952 年服务业就业人员占比仅为 9.1%。随着工业化进程的不断推进，第一产业就业人员占比不断下降，第二产业、第三产业就业人员比重逐步上升，第三产业就业人员比重逐渐超过了第一产业和第二产业，成为吸纳就业人口的第一大产业。经过 70 多年的发展，我国服务业门类更加齐全，各部门发展趋于均衡。

在工业经济时代，产业关联程度主要取决于社会分工程度的深化。随着分工程度的不断加深，生产路径变长，中间产品的交易规模变大，经济系统的组织与控制的复杂程度也随之增加，可能导致经济系统的运行效率下降。信息技术的快速发展使产业环境发生了根本性的改变，生产的中间环节作为网络的节点，形成了分布式结构，具有很强的自我组织能力，使得产业关联有了新的内涵。首先是信息、服务等无形产品的产业间交易规模不断扩大，而有形产品交易规模的扩大也主要是由信息、服务等无形产品交易规模的扩大引起的；其次是信息技术的发展使生产与消费的联系更加紧密，大幅度降低了中间投入的物耗成本，实现了低成本的扩张，消除了在工业经济条件下的时空距离造成的成本；最后是服务业作为网络控制性活动使得以信息生产、处理、储存和传递为基础的产业关联程度不断深化。随着新一代信息技术、人工智能、大数据等技术的不断突破和广泛应用，服务内容、业态和商业模式加速创新，推动服务数字化、网络化、智能化融合发展，现代服务业与先进制造业、现代服务业与现代农业深度融合，远程医疗、在线教育、共享平台、协同办公、跨境电商等服务广泛应用，数字服务和数字贸易成为各国竞相发展的重点，产业融合正在成为现代化产业体系发展的新趋势。

二 我国农业与服务业融合特征与趋势分析

从国内外的发展实践经验来看，农村一二三产业融合发展是指各类农业产业组织以农业为基本依托，通过产业联动、产业集聚、技术渗透、体制创新等方式，打破农产品生产、加工、销售相互割裂的状态，将资本、技术以及资源要素进行跨界集约化配置，使农业生产、农产品加工和销售、餐饮、休闲以及其他服务业有机地融合在一起，最终形成农业产业链延伸、产业功能拓展、产业新形态形成、农民就业岗位增加、各环节融会贯通、各主体和谐共生的良好产业业态。2022 年 2 月 11 日，国务院印发《"十四五"推进农业农村现代化规划》提出，要加快农村一二三产业融合发展，要以农业农村资源为依托，以农民为主体，培育壮大现代种养业、乡村特色产业、农产品加工流通业、乡村休闲旅游业、乡村新型服务业、乡村信息产业等，形成特色鲜明、类型丰富、协同发展的乡村产业体系。

随着我国城镇化和工业化的快速推进，农业农村基础设施不断完善，信息技术快速应用，全国各地开始形成农业与二三产业融合发展的趋势。近年来，生物技术、人工智能、信息技术等新技术在农业农村领域的应用以及居民消费需求的不断升级，加速了农村一二三产业的融合。产业融合通过技术创新和模式创新催生众多的新产业、新业态，既包括生物农业、智慧农业、可视农业、阳台农业、植物工厂等新技术渗透型的新产业、新业态，也包括休闲农业、会展农业、景观农业、创意农业、农业电商、乡村民宿等产业链拓展型的新产业、新业态，还包括订单农业、信任农业、认养农业、农业众筹、社区支持农业、定制农业、共享农庄等模式创新型的新业态。截至 2019 年，我国有农产品加工企业 7.9 万家，规模以上农产品加工企业主营业务收入 14.9 万亿元；乡村休闲旅游营业收入 8000 多亿元，接待游客达 30 亿人次；农业生产性服务业营业收入超过 2000 亿元，农产品网络零售额达到 1.3 万亿元[①]。2020 年我国休闲农业、农林牧渔专业及辅助性活动、农村电商等营业收入已经超过 3 万亿元（魏后凯，2022）。

三　我国制造业与服务业融合特征与趋势分析

在现代产业组织体系下，随着社会生产力水平的不断提高，特别是数字技术的快速发展和商业模式的不断创新，制造业的生产过程开始融合更多的服务业态，推动了生产方式向柔性、智能化、精细化转变，助力制造业由生产型向生产服务型转变，引导制造业企业延伸服务链条、促进服务增值。

---

① 农业农村部新闻办公室. 农村产业融合引领乡村产业高质量发展. 中华人民共和国农业农村部网站，（2019-07-03）［2025-3-10］. http：//www. moa. gov. cn/xw/zwdt/201907/t20190703_6320111. htm.

先进制造业与现代服务业融合既可以表现为制造业向服务业的渗透，也可能是服务业向制造业的渗透。制造业服务化表现为由单纯的制造业务向研发、设计和市场营销、售后服务、数据服务等领域延伸。服务业向制造业的渗透融合，即服务业制造化，一方面表现为服务业作为制造业的中间投入以咨询、设计、金融、物流和供应链、研发、云计算、系统整体解决方案等多种形式融入制造业，深度提升制造业的竞争力和创新能力；另一方面服务业制造化表现为一些服务企业在提供服务的基础上，借助数字技术，进一步向生产制造环节延伸，如电商、研发设计、文化旅游等服务企业充分发挥自身在大数据、技术、渠道、创意等方面的竞争优势，通过委托制造、品牌授权等方式向制造环节拓展。推动制造业和服务业融合发展以提振制造业国际竞争力逐渐在我国成为社会共识。

四　我国服务业与数字技术的融合特征与趋势分析

在我国服务业比重不断扩大和新一代信息技术快速发展的背景下，服务业数字化转型发展趋势明显。数字技术不仅可以为服务业企业提供需求撮合、转型咨询、解决方案等服务，还推进了服务业线上与线下、商品与服务的融合发展。服务业与数字技术的融合表现在两个方面。

一是数字技术与生活性服务业的融合。随着互联网、大数据、云计算等技术的快速发展，餐饮娱乐行业的"云商场""云展会""云餐厅""云逛街"等线上运营模式越来越普遍，"云旅游""云演艺""云直播"以及"互联网+医疗健康"等新业态快速发展。《2021 年生活服务业数字化发展报告》的数据显示，目前我国生活服务业已具备向数字化转型的良好基础，网络购物及网络支付的用户规模分别达到 8.12 亿及 8.72 亿；酒店业的数字化率达到 35.20%，餐饮业的数字化率约为 15.10%。特别是在新冠疫情期间，数字化生活服务不仅保障了疫情期间人们的日常生活、学习和工作，而且展现出强大的发展韧性，成为促进"六稳"和支撑中小微企业生存和发展的重要力量。

二是数字技术与生产性服务业的融合。Greenfield（1966）从服务对象是否面向最终消费者来揭示生产性服务业的内涵，指出生产性服务业是用于其他商业公司和其他生产企业而不是最终消费者的服务业。Coffey 和 Bailly（1991）则指出生产性服务业能提供一种满足生产中间需求的服务，其服务是将投入产品融入生产过程中或其他服务上，并在生产过程中提高生产效率和产品价值，广泛促成上游与下游的活动。可见，生产性服务业是提供中间需求性质服务或产品的部门，服务对象是生产企业而不是最终的消费者。研发、信息、物流、金融等领域的生产性服务业是促进工业技术进步、产业结构转型升级的关键环节，在畅通和优化经济循环、推动创新方面具有重要作用，是推动产业向价值链高端攀升的重要力量，也是全球产业竞争的战略制高点。近年来，在5G、大数据、云计算、人工智能等技术的支撑下，数据资源及数字技术成为新的生产要素贯穿于社会经济发展的全流程中，并与劳动、资本、土地等其他生产要素进行融合、重组、迭代和优化，驱动生产性服务业的数字化转型。

第三节　劳动力素质与产业融合化的
耦合度测算及分析

从劳动力素质与产业融合化的关系来看，二者之间不是简单的单向因果关系。一方面，产业融合化程度的提升增加了需要具有抽象思考能力的非常规分析型任务和需要具有处理人际关系能力的非常规互动型任务的需求，只有通过匹配具有更高技能水平的高素质劳动力才能满足产业融合背景下工作任务的变化所带来的人力资本需求。另一方面，只有具备较高专业水平和较丰富实践经验的劳动力才能更好地胜任产业融合背景下的工作任务。可见，劳动力素质与产业融合化是相互促进、协同耦合的关系。本节从时间和空间两个维度，探析劳动力素质与产业融合化的互动耦合关系与时空演变特征。

一 劳动力素质的指标选择、测评方法和数据处理

依据本章第一节劳动力素质与产业融合化的协同机制，产业融合推动了制造业中间投入从实物要素投入逐步向服务要素投入的转变，而制造业要素投入结构的变化将会对生产制造和服务提供过程中企业的工作任务带来影响，导致企业高技能岗位（非常规分析型任务、非常规互动型任务）的需求不断增加，进而对劳动力素质提出更高要求。本节主要从文化素质和技能素质这两个维度构建劳动力素质指标体系，包括就业人员中大专及以上学历人员的占比、每万人 R&D 人员数和获取高级技能证书人数占比三个指标。

本节采用熵权法确定各指标的权重，利用信息熵来判断数据的离散程度，由此推断各评价指标的变异程度和信息承载量。与德尔菲法、专家评分法、层次分析法等主观确定权重的方法相比，熵权法是一种客观赋权法。熵权法根据指标变异性的大小来确定权重，避免了由于评价者的主观差异造成的综合评价结果受影响的问题。客观赋权法的优点是能够减少人为因素的干预，缺点是难以处理无法量化的感性指标。考虑到相关指标数据均可量化，本节选取熵权法进行测度，具体步骤如下。

第一步，选定 m 个分析对象，依据 n 个评价指标，收集相关数据，形成原始数据矩阵 X：

$$X = (x_{ij}) = \begin{bmatrix} X_{11} & X_{12} & \cdots & X_{1n} \\ X_{21} & X_{22} & \cdots & X_{2n} \\ \vdots & \vdots & \cdots & \vdots \\ X_{m1} & X_{m2} & \cdots & X_{mn} \end{bmatrix} = (X_1, X_2, \cdots, X_n) \qquad (6.2)$$

其中 x_{ij} 表示第 i 个评价对象的第 j 项评价指标值，$i \in [1, m]$，$j \in [1, n]$。

第二步，采用极值法对原始数据进行无量纲化处理。

正向指标：

$$y_{ij} = \frac{x_{ij} - \min(x_{1j}, x_{2j}, \cdots, x_{mj})}{\max(x_{1j}, x_{2j}, \cdots, x_{mj}) - \min(x_{1j}, x_{2j}, \cdots, x_{mj})} \tag{6.3}$$

负向指标：

$$y_{ij} = \frac{\max(x_{1j}, x_{2j}, \cdots, x_{mj}) - x_{ij}}{\max(x_{1j}, x_{2j}, \cdots, x_{mj}) - \min(x_{1j}, x_{2j}, \cdots, x_{mj})} \tag{6.4}$$

其中，x_{ij} 为原始指标数据，y_{ij} 表示各项指标标准化后的数值。

第三步，采用熵权法确定指标权重。计算第 i 个对象第 j 项指标的权重 p_{ij}。

$$p_{ij} = \frac{y_{ij}}{\sum\limits_{i=1}^{m} y_{ij}} \tag{6.5}$$

进一步计算第 j 项指标的信息熵 e_j。

$$e_j = -\ln\frac{1}{m}\sum_{i=1}^{m} p_{ij}\ln p_{ij} \tag{6.6}$$

最后计算各项指标的权重 w_j。

$$w_j = \frac{1 - e_j}{n - \sum\limits_{j=1}^{n} e_j} \tag{6.7}$$

劳动力素质各指标的原始数据主要来源于《中国统计年鉴》《中国劳动统计年鉴》《中国教育统计年鉴》以及各省份统计年鉴，具体指标体系见表6-4。

表 6-4　劳动力素质评价指标体系及权重

子系统	评价指标	权重	属性
文化素质	就业人员中大专及以上学历人员的占比	0.18	正向
技能素质	每万人 R&D 人员数	0.41	正向
	获取高级技能证书人数占比	0.41	正向

按上述方法测得我国 30 个省份劳动力素质指数（见表 6-5）。

表 6-5　2020 年我国 30 个省份劳动力素质指数

序号	省份	劳动力素质指数	序号	省份	劳动力素质指数
1	北京	0.610	16	辽宁	0.133
2	上海	0.555	17	宁夏	0.127
3	江苏	0.446	18	山西	0.124
4	浙江	0.428	19	四川	0.121
5	天津	0.349	20	贵州	0.116
6	广东	0.258	21	内蒙古	0.113
7	江西	0.253	22	吉林	0.108
8	山东	0.247	23	黑龙江	0.101
9	福建	0.195	24	河北	0.100
10	重庆	0.180	25	青海	0.081
11	湖南	0.170	26	海南	0.081
12	湖北	0.153	27	新疆	0.080
13	安徽	0.152	28	甘肃	0.064
14	陕西	0.141	29	云南	0.063
15	河南	0.138	30	广西	0.060

二　产业融合化的指标选择、测评方法和数据处理

本节借鉴唐晓华等（2015）的研究，从投入信息化、产出服务化、流程低碳化、创新集成化、融资多元化、组织网络化六个维度构建产业

融合化 ISCNFI 分析框架（见表 6-6）。

表 6-6　产业融合化 ISCNFI 分析框架

准则层	测度指标
投入信息化	软件和信息技术服务业比重
	信息产业固定资产投资比重
	互联网普及率
	移动电话普及率
	信息产业就业比重
产出服务化	服务业增加值占 GDP 比重
	服务业法人单位比重
	交通运输服务业就业占比
	社会消费品零售总额比重
流程低碳化	环境污染治理投资比重
	固体废物综合利用率
	单位 GDP 电耗
组织网络化	网络密度
	网络发展潜力
	技术共享程度
融资多元化	资产收益率
	外商投资比重
	保险深度
创新集成化	新产品研发与销售比重
	高学历研发人才比重
	产学研合作深度

投入信息化（Information）主要从软件和信息技术服务业比重、信息产业固定资产投资比重、互联网普及率、移动电话普及率、信息产业就业比重五个方面衡量产业融合投入信息化程度，即区域主导产业与信息产业的融合程度。

产出服务化（Servicizing）从服务业增加值占 GDP 比重、服务业法人单位比重、交通运输服务业就业占比、社会消费品零售总额比重四个方面评价产业融合产出服务化程度。

流程低碳化（Low-Carbonization）反映了主导产业与节能环保产业的融合程度，主要从环境污染治理投资比重、固体废物综合利用率和单位 GDP 电耗三个方面对产业融合流程低碳化程度进行测度。

组织网络化（Organizational Networking）主要从网络密度、网络发展潜力和技术共享程度三个方面测度产业融合组织网络化程度。

融资多元化（Diversified Financing）体现了主导产业的融资能力，主要从资产收益率、外商投资比重、保险深度三个方面测度产业融资多元化程度。

创新集成化（Innovation Integration）从新产品研发与销售比重、高学历研发人才比重和产学研合作深度三个方面测度产业融合创新集成化程度。

本节选用 2007~2017 年我国 30 个省份的面板数据进行分析。原始数据主要来源于《中国统计年鉴》《中国科技统计年鉴》《中国工业经济统计年鉴》《中国高技术产业统计年鉴》《中国电子信息业统计年鉴》《中国第三产业统计年鉴》《中国金融统计年鉴》，以及各省份统计年鉴和统计公报。基于以上数据，本节在产业融合化 ISCNFI 分析框架的基础上，运用主成分分析方法测度了产业融合化指数。本节通过主成分分析计算各指标权重，再将标准化后的数据与权重相乘，进而计算出 30 个省份的投入信息化指数、产出服务化指数、流程低碳化指数、组织网络化指数、融资多元化指数和创新集成化指数。在确定以上六个维度的指标值后，本节继续使用主成分分析方法确定了这六个维度的特征指数对产业融合化指数的贡献度，用标准化后的六大特征指数的得分乘以权重，计算出各省份产业融合化指数。具体计算公式为：

$$Convergence_i = \alpha_1 inf_i + \alpha_2 serv_i + \alpha_3 carb_i + \alpha_4 net_i + \alpha_5 fina_i + \alpha_6 inno_i \qquad (6.8)$$

其中 *Convergence* 代表我国第 i 个省份的产业融合化程度；$\alpha_1 \sim \alpha_6$ 分别为投入信息化指数（*inf*）、产出服务化指数（*serv*）、流程低碳化指数（*carb*）、组织网络化指数（*net*）、融资多元化指数（*fina*）和创新集成化指数（*inno*）的权重。

2017 年我国 30 个省份产业融合化指数如表 6-7 所示。北京、上海的产业融合指数分别为 0.642 和 0.616，其次是广东（0.384）、重庆（0.334）、江苏（0.328）、浙江（0.304）和天津（0.303），这些地区的产业融合化程度相对较高。

表 6-7　2017 年我国 30 个省份产业融合化指数

序号	省份	产业融合化指数	序号	省份	产业融合化指数
1	北京	0.642	16	山西	0.214
2	上海	0.616	17	陕西	0.210
3	广东	0.384	18	安徽	0.203
4	重庆	0.334	19	甘肃	0.198
5	江苏	0.328	20	河南	0.197
6	浙江	0.304	21	内蒙古	0.188
7	天津	0.303	22	湖北	0.182
8	辽宁	0.271	23	河北	0.181
9	福建	0.253	24	宁夏	0.171
10	黑龙江	0.240	25	新疆	0.161
11	山东	0.233	26	江西	0.157
12	湖南	0.228	27	青海	0.156
13	吉林	0.224	28	云南	0.133
14	四川	0.220	29	贵州	0.127
15	海南	0.214	30	广西	0.126

三　劳动力素质与产业融合化的耦合协调度测算

"耦合"这一概念源自物理学，常用来表示不同系统间的相互作用，例如电感耦合、力热耦合、流固耦合等。随着这一概念被越来越多地应用于社会科学领域，大量研究利用耦合度对两个或两个以上社会经济系统的相互作用和影响进行评价，并进一步形成了耦合协调分析方法，用以测度经济、社会、环境等系统间是否匹配适当、是否形成了良性循环的关系。耦合度反映了不同系统间彼此依赖、相互作用的强度。耦合度越高，表明系统间发展方向越有序；耦合度越低，表明系统间的发展方向越缺乏有序性，彼此间的关系越缺乏稳定性。协调度则反映了各系统在相互作用关系中的良性互动发展过程，体现了不同系统之间整体协调的状态，即各系统之间是存在着高水平的相互促进，还是低水平的相互制约。

在耦合协调度模型中，耦合度一般用于评价多个系统或要素之间的相互影响或相互作用程度，主要是对两子系统（U_1 和 U_2）之间由无序向有序状态的转变过程进行考察，从而反映两个子系统内部变量之间的相互作用关系。劳动力素质与产业融合化耦合度计算公式为：

$$C = 2 \times \left[\frac{U_1 U_2}{(U_1 + U_2)^2} \right]^{\frac{1}{2}} \tag{6.9}$$

耦合度 C 的取值范围为 $[0, 1]$，C 值越小，表示两个子系统彼此影响度越低，越趋于无序发展状态。当耦合度 C 取值为 0 时，表明劳动力素质与产业融合化不存在耦合关系，两个子系统处于无关状态。C 值越大，表示劳动力素质与产业融合化彼此影响越深，并向有序方向发展。当耦合度 C 取值为 1 时，表明两个子系统存在有序结构，能够有效地产生协同效果。

一般情况下，耦合度数值大小难以准确反映系统或要素之间的协调发展水平。有可能存在劳动力素质较低与产业融合化程度不高，但是耦合度却较高的情况。因此，需要进一步在耦合度模型基础上引入协调度模型，以更为准确地衡量劳动力素质与产业融合化之间的耦合协调水平，计算公式如下：

$$T = \alpha U_1 + \beta U_2 \tag{6.10}$$

$$D = \sqrt{C \times T} \tag{6.11}$$

在公式（6.10）中，T 为耦合发展指数，α 和 β 分别代表对应权重值。根据研究需要，由于劳动力素质与产业融合化两个系统相辅相成、同等重要，因此本节设定 $\alpha = \beta = 0.5$。在公式（6.11）中，D 为劳动力素质与产业融合化的耦合协调度指数，反映了劳动力素质与产业融合化的耦合协调水平。D 的取值范围为 [0，1]，取值越接近1，表明劳动力素质与产业融合化的耦合协调水平越高。

根据劳动力素质与产业融合化耦合协调度指数，可以将劳动力素质与产业融合化的耦合协调类型划分为无序发展、过渡发展、协调发展三个大阶段，又进一步分为极度失调、严重失调、中度失调、轻度失调、濒临失调、勉强协调、初级协调、中级协调、良好协调和优质协调10个细分阶段（见表6-8）。

表 6-8　劳动力素质与产业融合化耦合协调类型及阶段划分

耦合协调层次	耦合协调等级	耦合协调度取值区间
无序发展	极度失调（Ⅰ）	$0 \leqslant D < 0.1$
	严重失调（Ⅱ）	$0.1 \leqslant D < 0.2$
	中度失调（Ⅲ）	$0.2 \leqslant D < 0.3$
过渡发展	轻度失调（Ⅳ）	$0.3 \leqslant D < 0.4$
	濒临失调（Ⅴ）	$0.4 \leqslant D < 0.5$
	勉强协调（Ⅵ）	$0.5 \leqslant D < 0.6$
	初级协调（Ⅶ）	$0.6 \leqslant D < 0.7$
协调发展	中级协调（Ⅷ）	$0.7 \leqslant D < 0.8$
	良好协调（Ⅸ）	$0.8 \leqslant D < 0.9$
	优质协调（Ⅹ）	$0.9 \leqslant D \leqslant 1$

资料来源：作者根据相关资料整理。

为更好地考察劳动力素质与产业融合化协调发展水平的区域差异，

本节将 30 个省份按照国家统计局标准划分为东部地区、中部地区、西部地区和东北地区四个区域，同时选取 2009 年、2012 年、2015 年、2017 年四个时间节点对不同地区劳动力素质与产业融合化的耦合协调发展阶段进行判断（见表 6-9）。

通过对我国 30 个省份劳动力素质与产业融合化耦合协调度指数进行测算发现以下结论。

第一，北京、上海的耦合协调水平在考察期内一直处于领先位置。特别是北京的耦合协调度指数在观察期内一直高于 0.700，处于中级协调发展阶段，劳动力素质与产业融合化率先实现了由过渡发展阶段进入到协调发展阶段。上海的劳动力素质与产业融合化的耦合协调度指数从 2009 年开始不断提升，2016 年达到了 0.701，进入了协调发展阶段，尽管 2017 年又降至 0.699，整体上仍保持了较高的耦合协调程度。

第二，江苏和浙江两个省份的耦合协调度指数分别在 2012 年和 2015 年超过了 0.600，进入劳动力素质与产业融合化的初级协调阶段。2009 年~2017 年，这两个省份的耦合协调度指数波动提升，劳动力素质与产业融合化的匹配和协同程度不断提高，实现了从濒临失调到初级协调的转变，呈现从"失调—协调"的演进态势。

第三，贵州、海南、甘肃、青海、宁夏、新疆、内蒙古、广西、江西、云南等地区劳动力素质与产业融合化的耦合协调程度较低。虽然在考察期内这些地区的耦合协调度均有所提升，但是 2017 年这些省份的耦合协调度指数均低于 0.400，受到整体经济发展水平的影响，劳动力素质与产业融合化耦合协调发展水平相对落后，仍处于轻度失调的阶段，尚未形成互相促进、协同发展的良性发展格局。

第四，分区域来看，东部地区省份劳动力素质与产业融合化耦合协调度指数明显更高。相较而言，中部地区、西部地区以及东北地区省份耦合协调度指数整体偏低。值得注意的是，在西部地区，2009~2017 年，重庆、四川、陕西三个省份的劳动力素质与产业融合化耦合协调程度明显提升，均实现了从无序发展阶段向过渡发展阶段的转变和跨越。

表6-9　我国30个省份劳动力素质与产业融合化耦合协调指数及类型

区域	省份	耦合协调指数									类型			
		2009年	2010年	2011年	2012年	2013年	2014年	2015年	2016年	2017年	2009年	2012年	2015年	2017年
东部地区	北京	0.712	0.722	0.743	0.765	0.762	0.760	0.766	0.758	0.762	Ⅷ	Ⅷ	Ⅷ	Ⅷ
	天津	0.481	0.521	0.536	0.554	0.570	0.570	0.566	0.561	0.564	Ⅴ	Ⅵ	Ⅵ	Ⅵ
	上海	0.610	0.624	0.631	0.655	0.674	0.686	0.697	0.701	0.699	Ⅶ	Ⅶ	Ⅶ	Ⅶ
	河北	0.336	0.366	0.388	0.391	0.402	0.398	0.428	0.424	0.426	Ⅳ	Ⅳ	Ⅴ	Ⅴ
	山东	0.412	0.463	0.505	0.508	0.510	0.558	0.535	0.581	0.557	Ⅴ	Ⅵ	Ⅵ	Ⅵ
	江苏	0.490	0.557	0.572	0.647	0.643	0.655	0.639	0.674	0.656	Ⅴ	Ⅶ	Ⅶ	Ⅶ
	福建	0.424	0.458	0.467	0.486	0.486	0.478	0.494	0.505	0.500	Ⅴ	Ⅴ	Ⅴ	Ⅵ
	浙江	0.439	0.475	0.502	0.519	0.593	0.588	0.613	0.601	0.607	Ⅴ	Ⅵ	Ⅶ	Ⅶ
	广东	0.547	0.579	0.596	0.602	0.622	0.618	0.639	0.647	0.643	Ⅵ	Ⅶ	Ⅶ	Ⅶ
	海南	0.260	0.271	0.297	0.314	0.354	0.325	0.331	0.336	0.333	Ⅲ	Ⅳ	Ⅳ	Ⅳ
中部地区	山西	0.370	0.397	0.388	0.413	0.404	0.418	0.448	0.466	0.457	Ⅳ	Ⅳ	Ⅴ	Ⅴ
	安徽	0.319	0.360	0.364	0.379	0.397	0.408	0.440	0.457	0.448	Ⅳ	Ⅳ	Ⅴ	Ⅴ
	江西	0.295	0.315	0.309	0.306	0.360	0.368	0.356	0.358	0.357	Ⅲ	Ⅳ	Ⅳ	Ⅳ
	河南	0.317	0.364	0.375	0.393	0.422	0.447	0.447	0.446	0.446	Ⅳ	Ⅳ	Ⅴ	Ⅴ
	湖北	0.433	0.433	0.435	0.497	0.459	0.497	0.494	0.458	0.476	Ⅴ	Ⅴ	Ⅴ	Ⅴ
	湖南	0.351	0.401	0.392	0.416	0.408	0.396	0.404	0.415	0.409	Ⅳ	Ⅴ	Ⅴ	Ⅴ

续表

区域	省份	耦合协调度指数									类型			
		2009年	2010年	2011年	2012年	2013年	2014年	2015年	2016年	2017年	2009年	2012年	2015年	2017年
西部地区	重庆	0.334	0.387	0.396	0.414	0.429	0.440	0.425	0.432	0.429	IV	V	V	V
	四川	0.366	0.366	0.382	0.379	0.414	0.443	0.459	0.494	0.476	IV	IV	V	V
	贵州	0.191	0.234	0.263	0.266	0.269	0.286	0.278	0.301	0.289	II	III	III	III
	云南	0.267	0.326	0.373	0.364	0.370	0.366	0.402	0.394	0.398	III	IV	V	IV
	陕西	0.377	0.420	0.431	0.454	0.460	0.461	0.466	0.472	0.469	IV	IV	V	V
	甘肃	0.245	0.279	0.288	0.311	0.305	0.306	0.317	0.334	0.325	III	IV	IV	IV
	青海	0.261	0.283	0.324	0.321	0.336	0.364	0.351	0.340	0.346	III	IV	IV	IV
	宁夏	0.293	0.298	0.314	0.343	0.343	0.358	0.348	0.380	0.364	III	IV	IV	IV
	新疆	0.293	0.292	0.302	0.331	0.334	0.326	0.348	0.351	0.349	III	IV	IV	IV
	内蒙古	0.277	0.308	0.343	0.359	0.367	0.388	0.365	0.368	0.367	III	IV	IV	IV
	广西	0.280	0.315	0.318	0.331	0.318	0.318	0.330	0.317	0.323	III	IV	IV	IV
东北地区	辽宁	0.395	0.401	0.412	0.405	0.415	0.419	0.443	0.453	0.448	IV	V	V	V
	吉林	0.349	0.367	0.369	0.394	0.405	0.407	0.402	0.397	0.399	IV	V	V	V
	黑龙江	0.372	0.404	0.408	0.418	0.421	0.438	0.434	0.440	0.437	IV	V	V	V

第五，从整体上看，我国劳动力素质与产业融合化的协同发展程度在持续向好。2017 年，所有地区均处于过渡发展阶段以上，处于中级协调阶段的地区有 1 个，处于初级协调阶段的地区有 4 个，处于勉强协调阶段的地区有 3 个。2009~2017 年，我国大部分省份劳动力素质与产业融合化的耦合协调发展阶段实现了从无序发展阶段向过渡发展阶段的转变，并开始向更高层次迈进，劳动力素质滞后于产业融合化、产业融合化滞后于劳动力素质的地区显著减少。

第四节 产业融合背景下工会影响劳动力素质的专题研究

在产业融合化发展逐步成为构建现代化产业体系新趋势的大背景下，先进制造业和现代服务业深度融合成为产业优化升级的重要方向。高度的知识密集性和高素质的劳动力投入成为最重要的要素投入特征，劳动力素质特别是劳动力技能水平与产业结构越匹配，越能保持经济的长期稳定增长和产业的持续升级。随着制造业服务化转型的深化，制造业中间投入从实物要素逐步向服务要素转变，制造业要素投入结构的变化又会对生产制造和服务提供过程中企业的工作任务带来影响，重复性的体力工作将会不断被智能机器所替代，人机交互以及机器之间的对话将会越来越普遍，从事一线生产工作的产业工人将从机器的操作者转变为规划者、协调者、评估者和决策者。可见，产业融合化将对产业工人的技能素质提出更高要求。加快构建现代化产业体系，不仅要在关键技术上实现突破和创新，而且要提高产业工人的技术技能水平，塑造一支知识型、技能型、创新型的高素质产业工人队伍，培育更多大国工匠，充分发挥其在技术应用、工艺创新、产品研制、设备调试等方面的中坚作用，推动更多科技成果转化为现实生产力，实现产业链升级和价值链重构。

工会作为劳资矛盾和工人运动的产物，在不同的生产资料所有制下的性质和功能有所不同。西方工会理论认为工会具有"垄断面孔"和"代言人/应答人效应"的双重作用（Freeman 和 Medoff，1984），并指出工会的主要任务是维护工人合法权益、组织集体谈判和罢工。中国工会作为党联系职工群众的群团组织，特有的政治性、群众性和先进性决定了其在政治、经济、社会稳定等方面兼具多重功能与职责。进入新时代，随着我国社会主要矛盾的变化，职工队伍的内部结构、技能素质、权益维护等方面也发生了变化。工会在维护职工各项合法权益、推动构建和谐劳动关系的同时，如何更好地发挥其建设和教育职能为推动经济社会高质量发展贡献力量越来越受到关注。

自 2017 年以来，我国开始实施产业工人队伍建设改革，推动改革不适应产业工人队伍建设要求的体制机制。工会利用自身扎根群众的组织优势，积极发挥工会的建设与教育职能，通过开展劳动和技能竞赛、推出形式多样的培训项目、设立劳模与技能人才创新工作室等方式为产业工人提高技能水平创造了良好条件。2021 年，新修订的《中华人民共和国工会法》进一步将推动产业工人队伍建设改革明确为工会组织的法定职责。那么，工会在劳动力素质提升中到底扮演了何种角色？加入工会是否能提高产业工人的技能水平？本节以从事一线生产制造工作的产业工人作为研究对象，在工会提升劳动力素质的理论机制分析基础上，利用大连市产业工人的微观调查数据对工会的技能提升效应进行了实证检验。

一 工会提升劳动力素质的理论机制分析

近年来，随着我国劳动力市场化改革的推进和劳动关系的日趋复杂，越来越多的研究开始关注工会的作用和影响。大量学者对工会的工资效应进行了研究，通过对工资影响机制和效应进行实证分析发现，中国工会存在显著的工资溢价。从影响机制来看，孙兆阳和刘玉锦（2019）的研究发现工会对工资分布具有扭曲效应和压缩效应。余玲铮等（2020）认为工会通过集体合同和申诉调解两种途径来发挥代言人的作用机制，使企业内工资分布趋同，减少了工资的不平等状况。毛学峰等（2016）发现工会的工资效应具有性别差异，工会可以显著提高女性工资，尤其在私营企业中更为明显。李龙和宋月萍（2017）发现工会参与可以显著提高农民工工资。但是，Lu等（2010）的研究发现工会对工资收入并没有显著影响。还有些实证研究发现，加入工会可以显著提高农民工就业质量（邓睿，2020），降低新生代农民工的过度劳动水平。

总的来看，受国外研究的影响，目前国内关于工会效应的研究多是从工会的维护职能出发，探索工会是否存在工资溢价以及工会在改善员工福利待遇等方面的积极影响。已有研究较少关注工会的教育职能，尤其鲜有涉及工会对产业工人技能提升影响的研究。产业工人技能形成是一个持续的过程，是通过理论学习、实际操作以及实践经历获得工作能力的过程，包括技能知识的学习和技能经验的累积两个环节（王星，2021），其中后者有赖于生产实践过程中经验的逐渐积累（王星和徐佳虹，2020）。产业工人技能的形成体制可以划分为自由主义技能形成体制、分割主义技能形成体制、国家主义技能形成体制以及集体主义技能形成体制四种类型。在集体主义技能形成体制下，工会介入程度较高，企业雇主与劳动力之间关系更融洽，双方在技能培育上能够达成可信承诺关系，有利于推动产业工人累积性创新能力的培育和形成。

社会主义市场经济条件下，工会具有特殊的性质和地位。《中国工会章程》中明确规定：工会是中国共产党领导的职工自愿结合的工人阶级群众组织，是中国共产党联系职工群众的桥梁和纽带，是国家政权的重要社会支柱，是会员和职工利益的代表。中国工会作为社会群团组织，是国家政治体系不可缺少的组成部分，同时也是社会主义现代化建设的重要力量，在提升产业工人技能水平方面发挥着重要作用。

2016 年，中华全国总工会发布实施了《关于充分发挥工会在建设知识型、技术型、创新型技术工人队伍中作用的意见》（以下简称《意见》）。对应《意见》精神，可将工会对产业工人技能提升的影响路径概括为三个方面：一是通过各级工会开展的劳动和技能竞赛提高产业工人技能水平，很多地方将职工职业技能大赛向中小微企业、非公企业延伸，不断扩大竞赛覆盖范围；二是利用工会的职工教育和技能培训资源开展产业工人技能培训，为产业工人提供实操案例、模拟实训、工匠讲坛等各类职业技能培训课程，提高产业工人技能素质，一些地方工会也会采用自主经营和联合经营的模式，分门别类对各行业产业工人进行培训；三是通过开展各类群众性技术创新活动、设立劳模与工匠创新工作室、开展师带徒活动等方式为产业工人开展技术攻关、技术创新提供更多资源支持，促进了生产过程中知识的传播特别是隐性知识的传授和技能传承。

基于以上分析，本节提出如下研究假设：

假设 1：加入工会可以提升产业工人技能水平；

假设 2：工会通过开展技能培训促进了产业工人技能水平的提升。

二 调查数据说明、模型设定及变量解释

（一）调查数据说明

本节的数据来源于课题组在大连市开展的问卷调查（见附录 1）。调查于 2022 年 3 月在大连市开展，通过大连市总工会进行抽样发放问卷，共回收有效问卷 9469 份。根据中华全国总工会对产业工人范畴的界定，本节以农林牧渔，采矿业，制造业，电力、热力、燃气及水生产和供应业，建筑业，交通运输、仓储及邮政业，信息传输、软件和信息技术服务业，租赁和商务服务业，科学研究和技术服务业 9 个行业中从事集体生产劳动、以工资收入为主要生活来源的工人作为研究对象，剔除了工作单位类别为"事业单位"或"机关"的样本，

并剔除了职业类别为"灵活就业者"的样本，共有产业工人有效样本 3067 人。

（二）模型设定

本节研究旨在考察工会对产业工人技能水平的影响，产业工人技能水平是有序多分类变量，为此建立如下有序 Logit 模型：

$$P(Y_j \leq i) = \frac{\exp(u_i + X_j\alpha)}{1 + \exp(u_i + X_j\alpha)} \tag{6.12}$$

其中，Y_j 表示产业工人技能水平，X 是影响产业工人技能水平的自变量，其中核心的自变量是工会，α 是回归系数，u_i 是技能 i 的截距。依据现行职业技能等级划分，本节将产业工人职业技术等级划分为 6 类，分别为无技术等级、初级工、中级工、高级工、技师和高级技师，则式（6.12）可转化为：

$$P(Y_j = i) = P(k_{i-1} < X_j\alpha + u_i \leq k_i)$$
$$= \frac{1}{1 + \exp(-k_i + X_j\alpha)} - \frac{1}{1 + \exp(-k_{i-1} + X_j\alpha)} \tag{6.13}$$

k_i 是未被观测或潜在变量的分界点，如果工会的系数 α 显著，则进一步考察工会与对产业工人技能水平的作用机制。研究采用中介效应检验方法，进一步分析中介变量对工会与产业工人技能水平关系的影响。中介效应模型设定如下：

$$Y = \beta_1 + cX + \varepsilon_1 \tag{6.14}$$

$$M = \beta_2 + aX + \varepsilon_2 \tag{6.15}$$

$$Y = \beta_3 + c'X + bM + \varepsilon_3 \tag{6.16}$$

M 是中介变量，$\beta_1 \sim \beta_3$ 表示截距，$\varepsilon_1 \sim \varepsilon_3$ 表示模型的误差项，a、b、c、c' 分别表示对应变量的系数。第一步，利用式（6.14）检验工会对产业工人技能水平 Y 的影响，如果系数 c 显著，意味着工会与产业工人技能水平之间存在线性关系。第二步，利用式（6.15）考察工会对中介变量 M 的影响，如果系数 a 显著，意味着工会与中介变量之间存在线性关系。第三步，按照式（6.16）继续检验中介变量 M 在工会与产业工人技能水平关系中起到的作用。如果系数 b 显著，意味着中介变量 M 有助于预测因变量 Y。在此基础上，若系数 c' 的绝对值小于 c，说明中介变量 M 具有部分中介作用；如果 a 或者 b 不显著（或者两者都不显著），说明不存在中介作用；如系数 b 显著而系数 c' 不显著，说明中介变量 M 具有完全中介作用。

（三）变量说明

本节以职业技能等级作为产业工人技能水平的代理变量，根据问卷调查中"目前您取得的最高专业技术等级"的选项设置，将选项"无技术等级"设置为 1，选项"初级工""中级工""高级工""技师""高级技师"分别设置为 2~6。无技术等级的产业工人占比为 59.54%，初级工比例为 13.37%，中级工比例为 15.62%，高级工为 7.76%，技师和高级技师比例均低于 2%。

这里的核心解释变量工会是二值虚拟变量，若产业工人是工会会员，取值为 1，否则为 0。在本次调查中，加入工会的产业工人比例为 86.21%。工会作为提高职工素质的"大学校"，开展的各类职业技能培训是提高产业工人技能水平的主要途径。因此，本节将产业工人是否参加过工会组织的技能培训作为中介变量，若参加过培训，取值为 1，否则为 0，从表 6-10 的数据可以看出，参加过工会组织的技能培训的产业工人的比例为 80.73%。

控制变量包括产业工人的性别、受教育程度、婚姻状况、政治面貌、职业类型、产业分类等个人特征。具体来看，本次调查中产业工人年龄介于 19~61 岁之间，平均年龄为 35.91 岁。男性产业工人占比为 53.08%；本科及以上学历的产业工人比例为 57.78%；已婚有配偶的比例为 68.08%，中共党员的比例为 26.57%；从职业类型来看，非技术工人的比例为 20.28%，技术工人或熟练工人的比例为 10.63%，办公室一般工作人员的比例为 37.53%，管理者/经理的比例为 17.48%；产业类型中第二产业工人的比例达到 58.59%，第三产业工人比例为 36.13%。

表 6-10　部分变量描述性统计

变量		频数（次）	比例（%）	样本（人）
职业技能等级	无技术等级	1826	59.54	3067
	初级工	410	13.37	3067
	中级工	479	15.62	3067
	高级工	238	7.76	3067
	技师	59	1.92	3067
	高级技师	55	1.79	3067
是否加入工会	加入工会	2644	86.21	3067
	没有加入工会	423	13.79	3067
是否参加过工会组织的技能培训	参加过培训	2476	80.73	3067
	没参加过培训	591	19.27	3067
性别	男性	1628	53.08	3067
	女性	1439	46.92	3067
受教育程度	小学及以下	26	0.85	3067
	初中	334	10.89	3067
	高中	131	4.27	3067
	中专或技校	209	6.81	3067
	大专	595	19.4	3067
	本科及以上	1772	57.78	3067
婚姻状况	未婚	876	28.56	3067
	已婚有配偶	2088	68.08	3067
	离异	93	3.03	3067
	丧偶	10	0.33	3067

续表

变量		频数（次）	比例（%）	样本（人）
政治面貌	中共党员	815	26.57	3067
	共青团员	827	26.96	3067
	民主党派成员	11	0.36	3067
	未加入任何党派	1414	46.1	3067
职业类型	非技术工人	622	20.28	3067
	技术工人或熟练工人	326	10.63	3067
	办公室一般工作人员	1151	37.53	3067
	服务行业人员	246	8.02	3067
	管理者/经理	536	17.48	3067
	自雇或创业	4	0.13	3067
	农民、渔民	34	1.11	3067
	其他	148	4.83	3067
产业分类	第一产业工人	162	5.28	3067
	第二产业工人	1797	58.59	3067
	第三产业工人	1108	36.13	3067

表 6-11 给出了加入工会的产业工人和没有加入工会的产业工人的职业技能等级数据。根据数据可以看出，与没有加入工会的产业工人相比，加入工会的产业工人中无技术等级的比例更低，加入工会的产业工人中初级工、中级工、高级工、技师、高级技师的比例也高于没有加入工会的产业工人；进一步比较参加职业培训的情况，加入工会的产业工人参加过工会组织的技能培训的比例为 82.87%，比没有加入工会的产业工人高了 15.49 个百分点。工会与产业工人技能水平提升是否存在稳健可靠的关系，需要更加严谨的计量估计。本节将在控制产业工人特征变量后，利用计量模型对工会的技能提升效应进行更进一步的检验。

表 6-11 工会对产业工人技能水平提升的典型化事实

单位：次;%

变量		没有加入工会		加入工会	
		频数	比例	频数	比例
职业技能等级	无技术等级	299	70.69	1527	57.75
	初级工	43	10.17	367	13.88
	中级工	53	12.53	426	16.11
	高级工	19	4.49	219	8.28
	技师	4	0.95	55	2.08
	高级技师	5	1.18	50	1.89
是否参加过工会组织的技能培训	参加过培训	285	67.38	2191	82.87
	没参加过培训	138	32.62	453	17.13

三 工会对劳动力素质影响的实证检验

本节在理论分析的基础上提出了两个假设，并设计了一个有序 Logit 模型，下面将利用实际调查数据对模型进行实证检验，以便考察工会对劳动力素质究竟产生了怎样的影响。

（一）基准模型

本节同时运用 OLS 和有序 Logit 模型检验工会对产业工人技能水平的影响。表 6-12 报告了基准模型回归结果。模型 1 和模型 2 分别为 OLS 回归模型和有序 Logit 模型，模型 3 是标准化系数后的有序 Logit 模型。

表 6-12 工会对产业工人技能水平的影响

变量		模型 1	模型 2	模型 3
工会	加入工会	0.084 (1.60)	0.262** (2.20)	0.090** (2.20)

续表

变量		模型 1	模型 2	模型 3
性别	男性	0.327*** (7.74)	0.667*** (7.96)	0.333*** (7.96)
年龄	/	0.030*** (8.60)	0.052*** (8.15)	0.439*** (8.15)
受教育程度	初中	0.113 (0.67)	0.194 (0.31)	0.061 (0.31)
	高中	0.202 (1.07)	0.548 (0.84)	0.111 (0.84)
	中专或技校	0.516*** (2.79)	1.108* (1.72)	0.279* (1.72)
	大专	0.584*** (3.26)	1.257** (1.96)	0.497** (1.96)
	本科及以上	0.721*** (3.96)	1.581** (2.45)	0.781** (2.45)
婚姻状况	已婚有配偶	0.072 (1.50)	0.237** (2.42)	0.110** (2.42)
政治面貌	中共党员	0.245*** (4.78)	0.404*** (4.59)	0.178*** (4.59)
职业类型	技术工人或熟练工人	0.992*** (11.14)	1.767*** (11.24)	0.545*** (11.24)
	办公室一般工作人员	−0.083 (−1.36)	−0.042 (−0.30)	−0.020 (−0.30)
	服务行业人员	0.224** (2.34)	0.537*** (2.78)	0.146*** (2.78)
	管理者/经理	0.431*** (5.19)	0.738*** (4.77)	0.280*** (4.77)
	自雇或创业	−0.303 (−0.68)	−0.555 (−0.42)	−0.020 (−0.42)
	农民、渔民	−0.087 (−0.65)	−0.762 (−1.11)	−0.080 (−1.11)
	其他	0.272*** (2.85)	0.683*** (3.89)	0.146*** (3.89)

续表

变量		模型 1	模型 2	模型 3
产业分类	第二产业工人	0.395 *** (3.90)	0.678 *** (2.83)	0.334 *** (2.83)
	第三产业工人	0.065 (0.61)	0.106 (0.43)	0.051 (0.43)
阈值点 1			5.217 *** (7.62)	0.426 *** (10.04)
阈值点 2			5.960 *** (8.69)	1.169 *** (26.35)
阈值点 3			7.243 *** (10.44)	2.452 *** (38.39)
阈值点 4			8.614 *** (12.30)	3.823 *** (36.66)
阈值点 5			9.406 *** (13.34)	4.615 *** (31.71)
常数项		−0.602 *** (−2.64)		
样本数		3067	3067	3067
R^2/Pseudo R^2		0.2286	0.1018	0.1018

注：***、**、* 分别表示 1%、5% 和 10% 的显著性水平，括号中表示 Z 值，本节同，不再赘述。

在 OLS 模型中，加入工会对产业工人技能水平的影响不显著。在有序 Logit 模型中，工会在 5% 的统计水平下对产业工人技能水平具有显著正向促进影响。因此，本节将通过有序 Logit 模型的结果来分析工会对产业工人技能水平的影响，并利用模型 3 中的标准化系数比较其影响程度的大小。通过计算有序 Logit 模型的平均边际效应发现，与没有加入工会的产业工人相比，产业工人加入工会的比率每提升 1%，无技术等级的产业工人将显著减少 5.04%，初级工的可能性上升 0.81%，中级工的可能性上升 1.90%，技师和高级技师的可能性分别上升 0.4% 左右。这一结论初步印证了上文的统计事实，即加入工会有助于提升产业工人技能水平，工会存在技能提升效应，假设 1 得到验证。

在控制变量中，性别、婚姻状况、政治面貌的估计系数显著为正，表明在其他条件不变的情况下，男性产业工人、已婚有配偶产业工人和党员身份产业工人对技能水平提升具有显著正影响。产业工人的年龄对技能水平提升具有显著影响，意味着年龄越大，产业工人的技能等级越高，与现实情况相符。这主要是由于技术工人的培养周期普遍要长于其他行业，很多工种需要 3~5 年才能入门。而且目前我国技术工人的技能等级晋升时间较长，青年技术工人从进厂到成为初级工一般需要 2 年左右时间，成为中级工需要约 7 年时间，成为高级工需要约 14 年时间，跨入技师、高级技师行列，则大致需要 20 年的时间。此外，产业工人受教育程度越高，其对技能水平的影响越大。特别是随着近年来制造业转型速度不断加快，生产自动化和智能化水平不断提高，重复性的体力工作将会不断被智能机器所替代，生产对产业工人知识、技能和创新水平提出更高要求。产业工人受教育程度的提高将对技能水平提升带来积极影响。

(二) 中介效应检验

为探究技能培训在工会影响产业工人技能水平中的中介效应，验证"加入工会—技能培训—技能提升"的理论机制，本节将技能培训作为中介变量，探讨工会对产业工人技能水平影响的传导机制。

表 6-13 报告了技能培训在工会影响产业工人技能水平中的中介效应检验结果。由模型 4 可知，产业工人加入工会与技能培训显著正相关，即加入工会显著提高了产业工人参加职业技能培训的可能性。模型 5 是模型 4 的系数标准化，回归结果发现，与没有加入工会的产业工人相比，加入工会的产业工人参加职业培训提高 0.108 个标准差。模型 6 是加入技能培训后的有序 Logit 模型，模型 7 是模型 6 的系数标准化。可以看出，加入工会对产业工人技能水平的影响依然显著为正，但系数有所下降，标准化下的影响系数从模型 3 的 0.090 下降至模型 7 的 0.072，且显著性水平从 5%变为 10%；同时，参加过培训对产业工人技

能水平提升有较强的促进作用，与未参加过技能培训的产业工人相比，参加技能培训的产业工人技能水平提升 0.245 个标准差。这意味着技能培训在工会与产业工人技能水平之间发挥着部分中介作用，即工会通过开展技能培训提高了产业工人参加技能培训的可能性，进而提升了产业工人技能水平的理论机制成立，假设 2 得到验证。

表 6-13　技能培训在工会影响产业工人技能水平中的中介效应检验结果

变量		技能培训	技能培训	技能水平	技能水平
		模型 4	模型 5	模型 6	模型 7
工会	加入工会	0.633***	0.108***	0.208*	0.072*
		(5.11)	(5.11)	(1.74)	(1.74)
技能培训	参加过培训			0.621***	0.245***
				(5.10)	(5.10)
性别	男性	0.177*	0.044*	0.647***	0.323***
		(1.65)	(1.65)	(7.69)	(7.69)
年龄	/	0.013*	0.054*	0.051***	0.433***
		(1.65)	(1.65)	(8.06)	(8.06)
受教育程度	初中	0.081	0.012	0.207	0.065
		(0.19)	(0.19)	(0.33)	(0.33)
	高中	0.357	0.036	0.524	0.106
		(0.77)	(0.77)	(0.81)	(0.81)
	中专或技校	0.745*	0.093*	1.070*	0.270*
		(1.65)	(1.65)	(1.68)	(1.68)
	大专	0.684	0.133	1.210*	0.479*
		(1.54)	(1.54)	(1.91)	(1.91)
	本科及以上	1.274***	0.310***	1.493**	0.738**
		(2.84)	(2.84)	(2.33)	(2.33)
婚姻状况	已婚有配偶	-0.174	-0.040	0.255***	0.119***
		(-1.40)	(-1.40)	(2.61)	(2.61)

续表

变量		技能培训	技能培训	技能水平	技能水平
		模型 4	模型 5	模型 6	模型 7
政治面貌	中共党员	0.571 ***	0.124 ***	0.373 ***	0.165 ***
		(3.92)	(3.92)	(4.23)	(4.23)
职业类型	技术工人或熟练工人	0.444 **	0.068 **	1.729 ***	0.533 ***
		(2.33)	(2.33)	(11.05)	(11.05)
	办公室一般工作人员	0.047	0.011	−0.059	−0.028
		(0.31)	(0.31)	(−0.43)	(−0.43)
	服务行业人员	0.736 ***	0.099 ***	0.475 **	0.129 **
		(2.98)	(2.98)	(2.46)	(2.46)
	管理者/经理	1.238 ***	0.232 ***	0.661 ***	0.251 ***
		(5.39)	(5.39)	(4.28)	(4.28)
	自雇或创业	−0.165	−0.165	−0.567	−0.020
		(−0.15)	(−0.15)	(−0.43)	(−0.43)
	农民、渔民	−0.184	−0.010	−0.781	−0.082
		(−0.42)	(−0.42)	(−1.14)	(−1.14)
	其他	0.398	0.042	0.648 ***	0.139 ***
		(1.52)	(1.52)	(3.65)	(3.65)
产业分类	第二产业工人	−0.764 ***	−0.189 ***	0.728 ***	0.358 ***
		(−2.76)	(−2.76)	(2.99)	(2.99)
	第三产业工人	−0.175	−0.041	0.118	0.057
		(−0.60)	(−0.60)	(0.47)	(0.47)
阈值点 1				5.596 ***	0.440 ***
				(8.18)	(10.30)
阈值点 2				6.346 ***	1.189 ***
				(9.25)	(26.32)
阈值点 3				7.635 ***	2.479 ***
				(10.99)	(38.26)

续表

变量	技能培训	技能培训	技能水平	技能水平
	模型 4	模型 5	模型 6	模型 7
阈值点 4			9.007***	3.851***
			(12.84)	(36.43)
阈值点 5			9.797***	4.640***
			(13.88)	(31.73)
常数项	−0.263	−0.263		
	(−0.47)	(−0.47)		
样本数	3067	3067	3067	3067
Pseudo R^2	0.109	0.109	0.106	0.106

（三）稳健性检验

为了进一步验证前文结论的可靠性，本节以第二产业的产业工人为样本，对工会的技能提升效应进行稳健性检验。在表 6-14 中，模型 8 中未加入技能培训，可以看出，加入工会对第二产业工人的技能水平具有显著正向影响；模型 9 显示，加入工会对第二产业工人的技能培训具有显著正向影响；模型 10 中加入了技能培训，结果显示，加入工会对第二产业工人技能水平的影响不再显著，而技能培训在 1% 的统计水平下对产业工人技能水平产生显著的促进作用。这意味着技能培训在工会对第二产业工人的技能提升效应中具有完全中介作用，进一步证实了本节的实证结果是较为稳健的。

表 6-14　稳健性检验结果

变量		技能水平	技能培训	技能水平
		模型 8	模型 9	模型 10
工会	加入工会	0.265*	0.481***	0.212
		(1.76)	(3.14)	(1.40)

续表

变量		技能水平	技能培训	技能水平
		模型 8	模型 9	模型 10
技能培训	参加过培训			0.630 *** （4.01）
个体特征		是	是	是
职业特征		是	是	是
阈值点 1		4.983 *** （6.31）		5.315 *** （6.92）
阈值点 2		5.741 *** （7.23）		6.082 *** （7.87）
阈值点 3		7.145 *** （8.85）		7.495 *** （9.52）
阈值点 4		8.575 *** （10.50）		8.926 *** （11.19）
阈值点 5		9.414 *** （11.50）		9.760 *** （12.20）
常数项			−0.842 （−0.95）	
样本数		1797	1795	1797
Pseudo R^2		0.150	0.122	0.154

注：篇幅所限，控制变量的估计结果未列出。

四　主要结论与研究启示

本节在文献回顾和理论分析的基础上，系统地考察了工会对产业工人技能水平的影响，试图分析技能培训是否在工会影响产业工人技能水平中起到中介作用，并借助大连市职工状况调查数据，使用有序 Logit 模型、中介效应模型对这一问题进行了实证检验。结果显示：加入工会显著促进了产业工人技能水平的提升。在工会的技能提升效应中，技能培训起到中介变量的作用，即加入工会提高了产业工人参与技能培训的可能性，进而提升了产业工人技能水平。在第二产业中，加入工会对产业工人技能水平的积极效应更强，技能培训在工会对产业工人的技能提升效应中具有完全中介作用。

产业结构的调整决定了产业工人培养和发展的目标方向，产业工人的素质和技能水平在很大程度上决定了产业结构调整的成败。在产业融合化成为现代化产业体系发展的新趋势下，我国由制造大国向制造强国转变、从中国制造向中国创造跨越必须有一支高素质制造业产业工人队伍作为支撑。基于上述研究结论，本节认为工会在产业工人队伍建设改革中，一方面应积极推动产业工人加入工会，特别是将制造业民营中小企业的产业工人最大限度纳入工会；另一方面应更好地发挥工会的"大学校"作用，根据制造业转型升级要求，结合企业现实需求，为产业工人提供前沿性的、有针对性的职业技能培训。发挥好工会职工学校和技能实训基地的作用，用好"技能强国"平台功能，强化新知识、新技术、新工艺、新方法等培训内容，整合不同行业的工艺技术场景和职业教育培训资源，为产业工人提供有针对性、实效性的实操案例、模拟实训、工匠讲坛等各类职业技能培训的课程，实现劳动力按需自主选择培训项目，提高产业工人技能培训的便利度和可及性。

第七章　劳动力素质与产业智能化研究

　　推动产业高端化和融合化演变的动力可能来自不同方面，但基于劳动力素质提升的技术进步无疑是其核心动力。技术进步，包括新产品和新生产技术的引入以及有助于降低资本成本的技术变化，在推动经济增长的同时，也给劳动力市场带来了不确定性。一方面技术进步具有破坏效应，技术进步带来的颠覆性创新和生产过程的改进可能导致部分工人失业；另一方面技术进步具有创造效应，技术进步导致社会对新商品和新服务需求的增加，从而催生全新的职业和岗位，甚至是全新的部门和行业。从技术变革的角度看，推动产业优化升级的动力变化实质上反映的是人的体力逐步被释放和脑力不断强化的过程，继畜力、蒸汽动力、电力引领产业定居化、工厂化和自动化之后，互联网和信息技术推动下的产业智能化正在全球范围内加速扩张。产业智能化既包括体现高智能生产方式的高端产业的集聚发展，也包括传统产业通过智能化改造提质增效。产业智能化需要掌握现代科技的高素质人才的支撑。智能化是机器代替、补充和延伸脑力活动的过程。劳动力素质结构会影响智能化企业雇佣不同技能劳动力的数量，改变资本和劳动生产率，对产业结构产生深刻影响。因而，探讨劳动力素质与产业智能化的协同关系应当更多关注劳动力的科学文化与专业技能素质。

第一节　理论分析及逻辑关系梳理

　　智能化是利用计算机进行人脑模拟并作出分析与决策（McCarthy，1989；Andrew 和 David，1991）。产业智能化是人工智能驱动下的智能经济模式。由于人工智能技术处于现代科技的前沿领域，技术演变方向本身的不确定性以及由人工智能引发的伦理争议等问题在某种程度上束缚着产业智能化的步伐。因而学术界需要清晰界定其内涵，明确衡量产业智能化的指标及方法，深入探讨人工智能技术广泛应用可能带来的各种后果。对于本书来说，还需要梳理清楚劳动力素质提升与产业智能化之间的逻辑关系。

一　产业智能化的内涵

　　产业智能化是产业高端化和融合化过程中更加突出体现与智能化技术应用相关联的部分，是从产业优化升级动力的角度考察科技要素与产业结构演变关系的特定领域。静态产业智能化可用于衡量特定时点上产业与智能技术融合的程度或水平，动态产业智能化可用于分析运用各种智能化技术推动产业不断提质增效的过程。李廉水等（2019）指出，制造业智能化不仅要具有产品智能化、装备智能化、生产方式智能化、管理智能化、服务智能化等企业层面特征，还要具有人工智能技术、工业物联网技术等构建的新型制造体系等产业层面特征以及具有能够重点突破共性技术、标准体系建设等基础性环节的全方位智能制造的宏观层面特征。全面把握产业智能化可从以下几个方面入手。

　　首先，产业智能化的基础条件是新一轮信息技术革命。20 世纪中期，计算机的发明提升了特定工作岗位的效率。20 世纪中后期，互联网的快速普及提升了不同岗位的衔接效率，但各类工作岗位的独立性仍然是清晰的。当新一轮信息技术革命在机器的自感知、自学习、自决策、自执行等领域取得重大突破，原先独立的工作岗位分工逐渐具备了成为一个有机体内部结构分工的条件。

其次，产业智能化最突出的表现是产业运行对机器依赖程度的提升。从产业链环节来看，广义的智能化体现在劳动生产的全过程中，涵盖了生产过程、流通过程、交换过程以及消费过程的各个阶段，尤其在企业采购、物流、生产、管理、技术创新和服务等环节。龚炳铮（2012）认为，智能化是以智能理论为基础，通过数据挖掘、信息管理、物联网等途径，最终实现控制、管理和决策过程的智能化。从产业内部结构来看，一方面，传统产业中原先由人完成的工作任务逐步被机器所替代，产业成本快速下降，产业运行效率得到了大幅提升；另一方面，更多由机器所主导的新产业形态不断涌现，人脸识别、自动驾驶、共享平台、生物计算等正在成为资本竞相追逐的领域。

再次，产业智能化的本质特征是对人脑潜能的深度挖掘和释放。从"把计算机称为电脑""把高级自动化技术称为人工智能"等可以看出，技术创新的一个重要方向就是让机器逐步拥有原先只有人类才具备的能力。早期的产业革命主要替代的是人的体力，使更多的人进入了脑力劳动岗位。随着智能化时代的到来，人脑在学习和决策方面的初级功能也开始被智能机器人替代，加之机器在运算速度和排除情绪干扰方面具有明显优势，这些领域的运行效率同步得到了提升，人可以将更多精力用于智能技术的研发和创新。于是，人脑和人工智能形成了一种相互需要同时又彼此驱动的加速循环，使得更多"沉睡中"的人脑潜能被深度挖掘和释放出来。

最后，产业智能化的现实效果取决于人如何运用技术而非技术本身。从来没有任何一项技术进步能够像人工智能那样广受争议，其根本原因与人工智能越来越多地触及基因、情感、思维等敏感领域相关，从而引发了人们对于技术道德问题更多的思考。但无论人工智能发展至何种程度，技术本身的中性特征不会改变，技术进步最终服务于人的全面解放的程度，取决于人类如何运用技术而非技术本身。

基于以上四个方面的分析，与产业高端化从产业门类界定其内涵不同，产业智能化更适宜于从产业链环节来考察，其中，生产环节的智能化是其他各个环节智能化的基础。因而，不少学者（宣旸和张万里，2021；孙雪等，2022）将狭义的产业智能化等同于生产过程的智能化。通过对相关文献进行比较分析发现，狭义的产业智能化的内涵可以从劳动力能力替代、劳动力能力延伸以及智能技术使用三个角度加以把握。一是智能技术使用视角。多数学者（耿子恒等，2021；万晓榆等，2020）认为，智能化是以大数据和算法为基础，以机器替代个体劳动力（尤其是脑力），将人工智能技术应用于生产、制造的具体环节，从而提高企业自动化、带动企业生产率的过程。二是劳动力能力替代视角。Laptev（2019）指出，智能化最主要的特征是对劳动力的替代效应和互补效应，包括减少低技能劳动力，雇佣更多高技能劳动力，缩短劳动时间，提高企业生产率。三是劳动力能力延伸视角。吕荣杰和郝力晓（2018）将智能化视为人的智力资本的延伸，并指出智能化是利用计算机模拟人类行为科学的统称，是计算机模仿人类进行自主学习和判断并替代人类参与生产的过程。综合来看，产业智能化是以认知为中心，利用机器学习、计算机视觉、深度学习、机器人等一系列技术增强、延伸和替代人的智力的过程（Liu 等，2020）。

二 产业智能化的测算

在明确产业智能化内涵的基础上，进一步研究需要对产业智能化进行科学测量，其前提是先要梳理清楚关于智能化的测量指标，然后基于不同的指标选择确定合适的测量方法。

（一）智能化的衡量及测量指标

基于对已有文献的分析，需要区分智能化的衡量指标和测量指标。其中，智能化的衡量指标是指能够用于衡量智能化水平的较高一级的概念范畴；智能化的测量指标是衡量指标的细化，具体是指具有可操作性的测量条目。综合来看，已有研究（郭凯明，2019；杨飞和范从来，2020；张万里和宣旸，2020）主要从工业机器人相关指标、信息化水平相关指标、企业生产规模与创新相关指标、投入与产出相关指标四个角度对智能化水平加以衡量。在智能化衡量指标的基础上，不同学者在研究中采用不同的细化指标对智能化进行可操作性的测量。表 7-1 对已有研究中有关智能化衡量及测量指标进行了汇总。

表 7-1　智能化衡量及测量指标汇总表

指标分类	衡量指标	测量指标
工业机器人相关指标	工业机器人的进口贸易额 工业机器人投入 工业机器人进口数据 AI 技术和机器人技术 工业机器人及计算机制造水平	机器人进口和出口总额占生产总值的百分比
信息化水平相关指标	制造业信息化水平 电子信息化水平 互联网信息化水平 智能仪器设备使用程度 信息传输能力	互联网使用人数占总人口的比例 信息系统集成业务、电子商务平台服务和运营维护服务收入占生产总值的份额 信息技术咨询、数据服务和运营服务收入与地区生产总值之比 电子及通信设备制造业当年主营业务收入或行业就业人数
企业生产规模与创新相关指标	计算机与软件业生产规模 智能化企业创新水平 高新技术企业占比	智能化企业的专利总数 智能制造企业主营业务收入占全国智能制造企业主营业务收入的比重 国家专利申请授权量与 R&D 人员全时当量的比值
投入与产出相关指标	智能化研发经费以及设备投入 智能化开发人员投入/科研经费投入 互联网基础投入 高技术人才投入 智能设备市场效率 智能设备市场利润	研发经费及开发人员的相关经费投入 信息、计算机、软行业固定投资水平 高技术制造业 R&D 经费 上市公司机器设备投入 高技术制造业从业人员数

资料来源：作者根据已有研究整理。

第一，工业机器人相关指标。已有研究中采用的工业机器人相关指标主要包括工业机器人的进口贸易额、工业机器人投入、工业机器人进口数据、AI 技术和机器人技术、工业机器人及计算机制造水平。例如，孙早和侯玉琳（2021）在假设各省份工业机器人行业应用率相同的前提下，通过各省份行业份额（工业销售产值占比）计算得到各省份工业机器人安装量权重，从而得出各省份的工业机器人投入数据。在此衡量指标的基础上，已有研究多将机器人进口和出口总额占生产总值的百分比作为具体的测量指标。

第二，信息化水平相关指标。已有研究中采用的信息化水平相关指标主要包括制造业信息化水平、电子信息化水平、互联网信息化水平、智能仪器设备使用程度和信息传输能力。例如，杨飞和范从来（2020）将制造业信息化水平、信息传输能力作为衡量智能化水平的指标。在此基础上，为进一步对以上指标进行测量，研究者将其具体化为互联网使用人数占总人口的比例，信息系统集成业务、电子商务平台服务和运营维护服务收入占生产总值的份额，信息技术咨询、数据服务和运营服务收入与地区生产总值之比，电子及通信设备制造业当年主营业务收入或行业就业人数等可操作的测量指标。

第三，企业生产规模与创新相关指标。已有研究（何江等，2023；汪前元等，2022）中采用的企业生产规模与创新相关指标主要包括计算机与软件业生产规模、智能化企业创新水平以及高新技术企业占比。为实现可操作化测量，祝树金等（2022）进一步将上述衡量指标具体化，分别为智能化企业的专利总数、智能制造企业主营业务收入占全国智能制造企业主营业务收入的比重、国家专利申请授权量与 R&D 人员全时当量的比值。

第四，投入与产出相关指标。已有研究（惠树鹏和单锦荣，2022；李梦娜和周云波，2022）采用的投入与产出相关指标主要包括智能化研发经费以及设备投入、智能化开发人员投入/科研经费投入、互联网基础投入、高技术人才投入、智能设备市场效率以及智能设备市场利润。

陈凤仙（2022）将上述指标细化为研发经费及开发人员的相关经费投入，信息、计算机、软行业固定投资水平，高技术制造业 R&D 经费，上市公司机器设备投入，高技术制造业从业人员数等测量指标。

（二）产业智能化水平的测算方法

产业智能化是人工智能与各个产业融合的过程，对加速产业升级和促进产业分工合作具有重要的引领作用。2017 年，国务院印发《新一代人工智能发展规划》，从国家战略层面提出了构建中国人工智能体系的目标和路径。目前，国内外对智能化测度尚未形成统一的衡量标准和指标体系，产业智能化水平测度仍需要立足人工智能技术产业化实践做更深入的探讨。

1. 人工智能技术成熟度的测算

一些相关实证研究（孙雪等，2022；唐晓华和李静雯，2021）采用人工智能专利数量或工业机器人数量等单一指标测算人工智能，包括运用海关总署公布的工业机器人进出口数据或国际机器人联合会（IFR）提供的全国各行业工业机器人进出口数据。也有研究（李旭辉等，2020）采用人工智能技术成熟度指数这样的复合指标来刻画人工智能的发展。李旭辉等（2020）拓展了传统钻石理论模型，构建了包含生产要素、生产需求和产业竞争力、相关产业及支持产业、技术创新能力、机遇与政府六个维度在内的人工智能产业发展动态评价指标体系。耿子恒等（2021）构建了人工智能技术成熟度指标体系，该体系包括信息基础设施建设水平、产业准备度和人工智能技术产品能力三个维度，涉及信息基础设施投资、产业应用人工智能技术的设备准备度、人才准备度、传输能力准备度、接收能力准备度、计算能力准备度、人工智能基础研究成果转化水平、人工智能技术产品输出能力 8 个细化指标。

2. 产业智能化指数的测算

我国产业智能化水平测度研究尚处于早期阶段。范合君和吴婷

（2022）构建了包括 10 个指标的新型数字基础设施指标，通过主成分分析法确定权重并测算。也有研究（Borland 和 Coelli，2017；韩民春和赵泽彬，2022）直接选取信息传输、计算机服务和软件业全社会固定资产投资作为产业智能化的代理变量。唐晓华和李静雯（2021）运用人工智能企业数量测度产业智能化程度。叶琴等（2022）从 2003～2020 年长三角人工智能企业数量变化趋势及企业位置信息建立了人工智能企业空间数据库，运用核密度法、空间自相关分析等研判人工智能产业空间分布与集聚扩散规律。人工智能技术相关的专利识别也是学界关注的焦点，郑江淮和冉征（2021）直接用智能化行业的产值比重或人工智能相关技术的专利表示产业智能化水平。还有一些研究借鉴樊纲等（2011）构建市场化指数的方法，构建了更加全面复合的智能化评价指标体系。张万里等（2021）运用主成分分析法计算各省份产业智能化指数（IAI），包含软件使用、智能仪器设备使用、机器人使用、数据处理和信息平台维护、信息采集、智能化企业创新等。刘军和陈嘉钦（2021）从基础投入、生产应用、市场效益这三个层面来测度产业智能化水平。

三　劳动力素质与产业智能化的关系

（一）基于传统劳动力素质认知的关系分析

通过系统整理和分析相关研究成果，本节认为劳动力素质与产业智能化的关系大致包括以下几个方面。

首先，一般意义上的劳动力素质与产业智能化之间呈现双向互动关系。一方面，产业智能化对劳动力素质结构提出新的要求。产业智能化的外在表现是"机器替代人"，这就导致企业中现有的低技能和重复性劳动力被取代，同时为顺应产业智能化趋势，企业对高素质劳动力的需求会提升，对劳动力素质结构也提出新的要求。另一方面，劳动力素质结构会反过来影响产业智能化的水平和进程。由于智能化的推进需要高素质劳动力作为支撑，因而高素质劳动力不足会影响智能化技术的应用，只有合理的劳动力素质结构才能增强智能化对产业优化升级的促进作用。

其次，产业智能化对劳动力各项素质中技能素质的要求更加突出。产业智能化出现了机器对简单劳动或低技能劳动的广泛替代，导致产业对劳动力总体技能水平要求的普遍提升，这一趋势在工业智能化领域更为突出。

最后，随着产业智能化水平的不断提升，工作场所中人工智能对劳动力的影响不仅体现在技术上的替代，还包括人际关系的改变以及对个体心理产生的影响。与工业智能化对劳动力技能素养的更高要求相比，这一趋势在服务业智能化中更为显著。

（二）基于扩展的劳动力素质认知的关系分析

基于前文分析，本节将劳动力素质扩展为综合体现劳动力个体技能、心理状况和人际关系的不同方面，将其简单概括为三个资本——人力资本①、社会资本和心理资本。其中，人力资本指个体所拥有的知识、技能和能力（DeFillippi 和 Arthur，1994；Arthur 等，1995）；社会资本是指劳动力在企业中可利用的人际网络资源；心理资本表现为劳动力的心理状态，包括自信、希望、乐观和坚韧性四个方面（仲理峰，2007）。产业智能化与扩展的劳动力素质同样具有相互作用的关系，但前者对后者的要求或影响更为明显。

第一，产业智能化要求劳动力具有与之相适应的人力资本。机器的引入将对企业现有劳动力的知识与技能结构产生重要影响。一方面，智能化发展对低技能劳动力具有强大的"冲击效应"（张万里等，2021；Autor 和 Dorn，2003）。另一方面，智能化发展对高技能劳动力具有"创造效应"（张万里和宣旸，2020）。伴随着企业智能化技术的应用，具有

---

① 本章中人力资本有别于第二章中提到的广义的人力资本的概念，特指个体所拥有的知识、技能和能力。

更丰富的与数字化、智能化相关知识储备以及更高数字化技能水平的劳动力将成为支撑产业智能化发展的必要条件（Hémous 和 Olsen，2014），从而激励劳动力提升自身人力资本，掌握相关知识、提升技能水平。

第二，产业智能化发展改变了劳动力的人际网络关系。随着企业生产智能化的应用，为适应生产方式的转变，企业会在人员规模、劳动力配置等方面做出相应调整，例如以机器取代低技能劳动力、对现有劳动力重新分派工作任务等（Raj 和 Seamans，2019），可能会导致企业劳动力数量的减少、人际网络关系的改变。此外，智能化的生产方式会在很大程度上提高企业生产率（王振，2018；苏海涛和王秀丽，2018），缩短企业生产周期，使得劳动力流动的速率加快。劳动力流动又会导致工作中人际网络关系（同事之间、上下级之间等）的变化。低质量的人际网络关系会让个体产生更多的职业不安全感（Colakoglu，2011），降低个体的劳动效率，阻碍产业智能化的普及和发展。相反，高质量的人际网络关系会促进个体的主动性行为（周文霞等，2015），有利于推动产业智能化发展。

第三，产业智能化所带来的工作要求与工作环境的改变会对劳动力的心理状态产生冲击。积极情绪是心理资本的直接体现。拥有积极情绪的劳动力更易产生和接受新的观念与新的实践（Carr，2004）。相反，消极情绪会在很大程度上降低劳动力的工作热情。产业智能化发展会打破劳动力原有的劳动方式和劳动习惯。当劳动力看到昔日朝夕相处的同事被智能化机器取代，其心理状态会受到较大的冲击，并产生消极情绪，进一步降低其劳动效率。因而，劳动力应正确认识产业智能化发展的趋势，主动构建自身积极的心理资本以获得更多竞争优势（Luthans 等，2005）。

总之，产业智能化发展对劳动力素质结构的不同方面均提出了更高的要求，反过来，产业智能化的推进需要以高素质劳动力作为支撑，只有合理的劳动力素质结构才能加速智能化对产业优化升级的促进作用。人力资本、社会资本与心理资本是劳动力素质结构的综合体现，以机器替代人为核心的产业智能化与劳动力素质结构具有紧密的相互作用关系（见图7-1）。

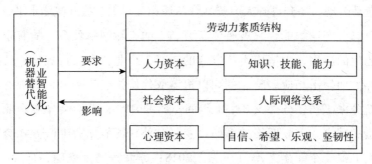

图7-1 产业智能化与扩展的劳动力素质关系示意图
资料来源：作者自绘。

第二节 我国产业智能化发展现状及特征

产业智能化是带动我国产业结构整体转型升级的重要内容，是社会经济运行从工业化时代过渡到数字经济时代的典型特征。近年来，中央政府工作报告中多次提到有关推动数字经济转型、促进产业智能化发展的内容和安排。《2019年政府工作报告》明确以"智能+"赋能产业转型发展的工作任务；《2020年政府工作报告》再次强调要发展工业互联网，推进智能制造；《2021年政府工作报告》肯定了我国在推动产业数字化、智能化改造中保持的快速发展势头，并为下一步产业结构升级带动数字化发展，打造数字经济新优势提出了新的要求。

一 我国产业智能化总体趋势及特征分析

随着工业化和信息化不断深入融合，我国产业结构呈现明显的网络化、数字化、智能化特征。截至2018年6月，我国开展网络化协同、服务型制造、个性化定制的企业比例分别达到33.7%、24.7%、7.6%；截至2018年9月，企业数字化研发设计工具普及率和关键工序数控化率分别达到 67.8% 和 48.5%。[①]

（一）个性化定制生产模式加快推广

近年来，伴随互联网技术和大数据的快速发展，生产模式逐渐由"产品导向"朝着"顾客导向"方向发展，过去的单品种大批量生产模式开始向个性化定制生产模式转变。以服装行业为例，随着生活水平的提高和个体需求的多样化，消费者对服装个性化的要求越来越高，呈现赶新潮、短周期的趋势。这就要求服装设计师、生产企业和经销商时刻关注市场潮流以及消费者的需求，迅速响应市场变化，为消费者提供个性化的服装定制服务。《服装定制通用技术规范》（以下简称《规范》）于 2018 年正式实施。该《规范》结合服装行业的特点，对服装定制的必要程序和关键环节给出建议，对服装定制相关方具有一定参考性和通用性。未来，服装规模定制发展趋势体现为定制流程模块化、定制场景虚拟化、全品类定制平台化、"互联网+"和智能制造一体化。智能制造是规模定制的基础，是服装行业向高水平要素平衡以及顺应消费升级的必要选择，通过发展服装个性化规模定制能够将产业链上各个环节以及各方资源高效协同起来。

（二）高端制造领域协同研发制造加速兴起

我国是制造业大国，也是互联网大国，制造业与互联网的有机融合有利于产生叠加效应，加快新旧发展动能和生产体系的转换。工业互联网通过构建协同研发和协同制造两大体系来解决传统跨区域、跨企业的制造业集群在研发和制造两大方面存在的问题。

协同研发是以研发计划和产品规划为牵引，构建的多企业联合研发团队，其中研发活动的组织方负责研发内容的拆解与总体进度的把控，

[①] 工业和信息化部信息化和软件服务业司．信软司撰文谈继续做好信息化和工业化深度融合这篇大文章［EB/OL］（2018-11-27）［2025-2-18］https://www.miit.gov.cn/ztzl/rdzt/tdzzyyhlwsdrhfzjkjstggyhlwpt/gzdt/art/2020/art_0c2ccee4464441f9bcc299b60c36697f.html.

其他企业在平台中围绕自身业务开展研究。在研发过程中，研发活动的组织方针对涉及上下游协同研发的内容，组建相应联合研发团队，各企业基于工业互联网平台进行同步研发工作。最终由研发活动的组织方对研发内容进行集成、验证与论证工作，实现跨地域、跨企业的协同研发。协同制造则是以订单为牵引，以产业链的链主企业为核心，组织整个产业链在商贸、计划、采购、设计、生产、物流、安装、运维等核心阶段的不同企业构建统一的供应链流程。链主企业基于订单内容与合同要求将订单拆解，以任务的形式在工业互联网上发布各节点的工作内容与交付时间。各企业在工业互联网上申领并完成相应的任务，最终实现跨地域、跨企业的协同制造。

目前，我国高端制造领域基于工业互联网的协同研发与协同制造正加速兴起。以产业用纺织品行业为例，行业内大、中型企业中，ERP软件已经有较高的普及程度，对于规范企业管理流程、提高运营效率发挥了重要作用。自动料仓、熔体直纺工艺、AGV小车、自动配胶设备等先进的智能化设备已被广泛投入生产线，大幅度提升了工作效率，显著降低了工人工作强度，减少了物流费用和能源消耗，同时节约了大量原材料。

（三）工业互联网在传统行业得到推广应用

与传统互联网解决系统之间的互联互通不同，工业互联网是将新一代信息通信技术与工业经济深度融合的新型基础设施、应用模式和工业生态。工业互联网通过对人、机、物、系统等的全面连接，构建起覆盖全产业链、全价值链的制造和服务体系，为工业乃至产业数字化、网络化、智能化发展提供了实现途径。

工业互联网在传统行业的应用与推广加速了传统产业的数字化转型，为传统制造企业降本增效、优化管理提供了现实基础，有助于传统企业通过转型实现永续发展。根据《中国互联网发展报告（2022）》，2021年我国"5G+工业互联网"在建项目超过1800个，采矿业、电子设备制造业、装备制造业等行业成效显著。

二 我国产业智能化水平测算与分析

已有研究或从工业机器人数量等单一数据衡量人工智能的发展程度（唐晓华和李静雯，2021），或构建一个人工智能技术成熟度指标体系，运用主成分分析方法或熵权法等对指数进行测算（耿子恒等，2021；徐思雨和杨悦，2022；孙早和侯玉琳，2019）。前者运用广泛且能进行国际比较，但存在单维度指标无法概述产业智能化多维现实的弊端；后者能够立体地反映产业智能化的现实和地区间的差异，但可能因指标选取、权重的确定掩盖数据的反常和矛盾之处。

（一）产业智能化水平指标体系的构建

本节基于文献学习和专家咨询的方法，构建了产业智能化水平指标体系，并选取信息化基础、产业准备度、数字产业化和产业自动化四个一级指标。信息化基础包含了互联网普及率、移动互联网用户数、互联网宽带接入用户三个二级指标；产业准备度包括每百人使用计算机数、有电子商务交易活动的企业数比重、互联网相关从业人数比重；数字产业化包括互联网相关产出、软件业务出口、数字普惠金融；产业自动化用机器人安装密度作为代理指标（见表7-2）。

表7-2 我国产业智能化水平指标体系

一级指标	二级指标	数据来源
信息化基础	互联网普及率	国家统计局
	移动互联网用户数	国家统计局
	互联网宽带接入用户	国家统计局
产业准备度	每百人使用计算机数	国家统计局
	有电子商务交易活动的企业数比重	国家统计局
	互联网相关从业人数比重	《中国劳动统计年鉴》

一级指标	二级指标	数据来源
数字产业化	互联网相关产出	国家统计局
	软件业务出口	国家统计局
	数字普惠金融	北京大学数字普惠金融指数
产业自动化	机器人安装密度	参照康茜和林光华（2021）、芦婷婷和祝志勇（2021）的方法，结合 IFR 工业机器人数据计算

（二）产业智能化水平测算结果

本节运用主成分分析方法来测算产业智能化水平。主成分分析方法是一种常用的降维方法（叶明确和杨亚娟，2016），基本步骤为：第一，将各变量进行相关系数分析；第二，进行 KMO 和 Bartlett 检验；第三，对符合条件的各变量进行标准化处理；第四，采用主成分分析确定各指标的权重，并以基础指标的协方差矩阵输入；第五，计算主成分的综合指数，并将指数调整至百分制。2011~2019 年产业智能化水平测算结果详见表 7-3。

第一，全国各省份都在积极推动产业智能化转型。2011~2019 年，全国的产业智能化水平从 10.05 提升至 35.01，产业智能化趋势明显。各省份产业智能化水平呈现齐头并进势头，这主要得益于我国经济社会长期的稳定发展，各地都在积极发展数字经济和人工智能科技，有效推动产业数字化、智能化转型。

第二，我国产业智能化水平存在明显的空间分布不均衡。从产业智能化绝对水平来看，30 个省份中，约有 2/3 的省份低于整体平均水平，两极差距较大。其中，广东、江苏、北京、浙江、上海属于第一梯队，平均水平在 35 以上，2019 年产业智能化水平均超过 50；山东、四川、湖北、福建属于第二梯队，2019 年产业智能化水平均超过 35；其余省份处于第三梯队。

第三，广东、江苏、北京、浙江和上海等地领先产业智能化转型。

表 7-3 2011~2019 年产业智能化水平测算结果

地区	2011 年	2012 年	2013 年	2014 年	2015 年	2016 年	2017 年	2018 年	2019 年	平均水平
广东	42.85	46.78	52.80	57.75	65.39	71.23	83.40	94.67	100.00	68.32
江苏	20.87	24.18	28.29	31.80	38.02	40.74	47.20	54.67	64.27	38.89
北京	31.35	35.47	38.48	43.74	46.27	47.05	49.54	55.99	61.03	45.44
浙江	21.55	24.82	27.35	29.56	34.58	37.76	42.17	46.84	54.33	35.44
上海	22.61	26.00	30.13	33.00	35.88	37.42	40.89	46.92	52.90	36.19
山东	11.34	14.34	17.99	20.28	24.72	29.95	34.52	39.39	43.74	26.25
四川	5.89	8.73	12.44	14.83	19.89	24.12	27.80	33.51	37.54	20.53
湖北	7.26	10.20	12.68	15.33	18.18	21.53	25.26	30.66	36.07	19.69
福建	13.89	17.13	19.75	21.31	24.27	25.64	28.42	32.14	35.43	24.22
河南	3.59	6.28	10.22	12.74	16.28	20.25	25.28	29.41	34.38	17.60
辽宁	19.86	21.27	23.23	23.93	24.83	25.27	28.42	30.98	33.45	25.69
河北	7.56	10.39	13.41	15.51	18.00	21.75	25.04	29.45	33.05	19.35
陕西	8.50	11.04	13.67	15.82	18.66	21.88	25.62	29.93	32.13	19.69
安徽	2.85	5.51	8.50	11.05	14.69	17.16	21.24	26.89	31.67	15.51
重庆	5.36	7.99	10.95	13.12	16.32	18.95	22.73	27.52	29.76	16.97
天津	12.80	14.81	15.61	17.28	18.85	20.48	23.20	26.37	29.40	19.87
湖南	4.13	6.89	8.98	10.90	12.87	15.73	19.68	23.95	27.86	14.55

续表

地区	2011年	2012年	2013年	2014年	2015年	2016年	2017年	2018年	2019年	平均水平
江西	1.30	3.79	6.17	8.11	11.97	13.53	17.61	22.83	27.08	12.49
吉林	6.58	8.72	11.43	14.03	15.67	17.80	20.96	24.52	26.75	16.27
广西	3.39	6.15	8.12	10.73	13.03	15.16	17.93	22.65	25.85	13.67
海南	7.40	10.16	12.88	15.73	18.02	19.36	20.80	22.93	24.92	16.91
贵州	1.91	4.16	6.96	9.01	11.58	14.27	17.18	21.00	24.66	12.30
内蒙古	6.99	9.69	12.37	13.33	14.61	16.21	19.14	22.44	24.35	15.46
黑龙江	3.90	6.29	9.32	12.07	13.44	15.27	18.13	21.16	24.23	13.76
山西	5.97	8.79	11.42	13.39	15.59	17.11	19.14	22.03	24.18	15.29
云南	2.24	4.63	7.80	9.86	12.23	14.69	16.99	20.14	23.23	12.42
新疆	6.05	9.00	11.43	12.26	14.09	14.79	16.30	19.89	22.82	14.07
青海	6.48	9.03	10.88	11.85	13.90	14.93	17.03	20.47	22.04	14.07
甘肃	2.02	4.01	6.59	8.13	10.29	12.24	15.02	18.63	21.86	10.98
宁夏	4.96	7.96	10.06	12.33	14.07	15.76	17.64	20.63	21.23	13.85
全国	10.05	12.81	15.66	17.96	20.87	23.27	26.81	31.29	35.01	21.52

2011～2019 年，我国 30 个省份的产业智能化水平均呈现快速提升的状态。从我国 2019 年省级产业智能化水平来看，广东、江苏、北京、浙江和上海产业智能化指数显著高于全国水平，分别达到 100.00、64.27、61.03、54.33 和 52.90；山东、四川、湖北、福建的产业智能化水平也高于全国水平，在 35～45 之间；河南、辽宁、河北、陕西、安徽、重庆、天津、湖南、江西、吉林和广西的产业智能化水平位于 25～35 之间；海南、贵州、内蒙古、黑龙江、山西、云南、新疆、青海、甘肃、宁夏等地，智能化水平较低，产业智能化水平均低于 25。

（三）产业智能化水平提升速度对比

从产业智能化水平提升速度来看，我国不同省份产业智能化水平差异同样明显，但呈现缩小趋势。9 年间，我国各省份产业智能化水平均有较大提升。2011 年，广东智能化指数最高，为 42.85；江西最低，仅为 1.30。2019 年，广东智能化指数达到 100；宁夏最低，为 21.23。这意味着，9 年间各地产业智能化水平的地区差异在逐渐缩小。

此外，西部地区智能化水平提升效应明显。2011～2019 年各地产业智能化水平的平均增长率来看（见图 7-2），江西产业智能化水平年均提升 53%；贵州年均增长率为 41%；云南、甘肃、安徽等省份产业智

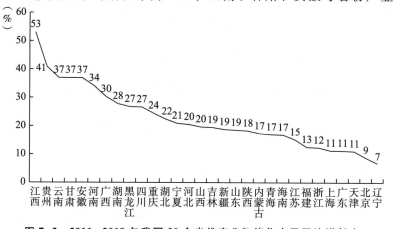

图 7-2　2011～2019 年我国 30 个省份产业智能化水平平均增长率

能化水平年均增长率为37%。

（四）产业智能化水平的分区域比较

从四大区域的产业智能化水平（见表7-4）来看，东部地区一直保持领先水平，其余三个地区呈现交替上升趋势。2011年东部地区产业智能化水平为19.22，东北地区次之达到10.11，西部地区和中部地区比较接近，但产业智能化水平均在5以下；2019年，东部地区的产业智能化水平提升至49.91，继续保持领先，中部地区的追赶速度最快，2019年提升至30.21，东北地区2019年指数为28.14，西部地区为25.95。

表7-4　2011~2019年我国分区域产业智能化水平

区域	2011年	2012年	2013年	2014年	2015年
东部地区	19.22	22.41	25.67	28.59	32.40
中部地区	4.18	6.91	9.66	11.92	14.93
东北地区	10.11	12.10	14.66	16.68	17.98
西部地区	4.89	7.49	10.12	11.93	14.42
区域	2016年	2017年	2018年	2019年	平均水平
东部地区	35.14	39.52	44.94	49.91	33.09
中部地区	17.55	21.37	25.96	30.21	15.85
东北地区	19.44	22.51	25.56	28.14	18.57
西部地区	16.64	19.40	23.35	25.95	14.91

第三节　基于工作转换的劳动力素质与产业智能化实证分析

当前世界各国对发展人工智能的重要意义已形成广泛共识，大数据、云计算、区块链、人工智能等技术日益融入经济社会发展各领域。2017年，国务院印发《新一代人工智能发展规划》，提出力争到2030年人工智能产业竞争力达到世界领先水平。2021年，《中华人民共和国

国民经济和社会发展第十四个五年规划和 2035 年远景目标纲要》提出
打造数字经济新优势的建设方针，特别强调了人工智能等新兴数字产业
在提高国家竞争力上的重要价值。同年，工业和信息化部等多部门印发
《"十四五"智能制造发展规划》以及《"十四五"机器人产业发展规
划》，产业智能化迎来全新发展机遇。根据国际机器人联合会（IFR）
相关数据，2021 年中国工业机器人市场快速增长，安装量达到 24.3 万
台，同比增长 44%；工业机器人产量达 36.6 万台，比 2015 年增长了 10
倍，稳居全球第一大工业机器人市场（王政，2022）。

　　随着人工智能应用越来越普及，学术界从就业、劳动份额、收入分
配、人力资本等不同角度出发探讨了人工智能应用对劳动力市场的影响。
人工智能以机器设备为载体，具有明显的技术进步特征，但与一般形态
的技能偏向型技术不同，工业机器人的普及对就业可能产生偏向性的影
响，导致就业和技能的极化。无论从理论层面还是实证层面，产业智能
化背景下机器设备与劳动力协同生产都会对就业产生替代与创造就业岗
位两种效应（Agrawal 等，2019；Acemoglu 和 Restrepo，2017）。

　　以往研究主要集中于人工智能对就业与技能结构、收入分配、劳动
份额等的影响，且多从劳动力需求出发探讨技能结构极化，缺乏对人工
智能应用与劳动力市场流动之间关系的探讨。工作转换是劳动力流动的
重要形式之一，对劳动力市场配置有着重要的影响。产业智能化对就业
与技能结构存在不可避免的冲击，那么其是否会对劳动力流动，尤其是
工作转换产生影响？其中的作用机制如何？是否存在异质性影响？这些
是本节着重探讨的问题。

一　理论分析与研究假设

（一）人工智能应用与工作转换

　　近年来，人工智能技术及产品在企业设计、生产、管理、销售等多
个环节中均有渗透且成熟度不断提升。数字化、自动化、智能化以及创

新驱动的背景下，劳动力的职业和技能需要做出调整，才能适应后工业化时代经济发展的需要。王永钦和董雯（2020）认为，工业机器人的岗位替代效应比早期的技术进步更强。麦肯锡全球研究院在《中国的技能转型：推动全球规模最大的劳动者队伍成为终身学习者》中指出，到2030年中国劳动力因自动化技术的影响进行职业变更的规模将多达2.2亿人，这一规模占中国劳动力队伍的比例约为30%，中国职业转换占全球的份额约为36%。

基于以上分析，本节提出假设1：人工智能应用对劳动力工作转换具有促进作用。

（二）技能培训与人工智能应用的工作转换效应

技能培训与人工智能应用的工作转换效应受到两方面因素的影响。一方面，技能培训对人工智能应用工作转换效应的影响取决于人力资本的可迁移性。培训中的技能提升可以分为一般性人力资本和特殊性人力资本，一般性人力资本的积累可以在工作转换后继续发挥作用，而特殊性人力资本在新工作中无法继续使用或者作用不明显。这意味着人力资本的可迁移性越强，工作转换造成的人力资本损耗就越小。而人力资本损耗对劳动力的生产效率会造成直接的负面影响。另一方面，工作转换在工作搜寻理论的视角下是劳动力市场资源配置效率提升的机制之一（张世伟和张君凯，2022）。工作转换作为劳动力流动的具体形式之一，本身就具有人力资本投资属性，工作搜寻需要提前支付一定的成本，如果劳动力充分掌握工作转换前后的信息，那么工作转换可以提升人力资本与工作岗位的匹配度。

基于以上分析，本节提出假设2：人工智能应用通过推动劳动力参与技能培训，提升技能水平，从而提高了劳动力工作转换的可能性。

（三）人工智能应用的工作转换效应的异质性

人工智能应用对不同的劳动力会产生不同的影响。正如常规性的体力工作或认知工作较容易被人工智能技术替代，而非常规体力或认知工作被替代的可能性较小，人工智能应用的工作转换效应也受到不同因素的影响。信号理论强调劳动力市场中存在着信息不对称性（刘冠军和尹振宇，2020），劳动力的受教育程度和拥有的技能证书有可能影响人工智能应用的工作转换效应。另外，不同的行业类型，人工智能应用的工作转换效应可能不同。工业机器人在制造业的应用范围更广、作用更突出，因此在制造业中的劳动力受人工智能应用工作转换效应影响的可能性更大。

基于以上分析，本节提出假设 3：人工智能应用对劳动力工作转换的提升作用具有异质性，受教育程度、技能证书和行业类型对人工智能工作转换效应的产生存在调节效应。

二　数据来源、模型设定与变量说明

（一）数据来源

本节使用中山大学的中国劳动力动态调查（China Labor-force Dynamic Survey，简称 CLDS）2018 年数据，该数据具有议题广泛、代表层次多样、抽样设计科学等特点。本节仅保留了处于工作状态且职业类型为雇员的劳动力样本，有效样本量为 4234 人。

（二）模型设定

为考察人工智能应用对劳动力工作转换的影响，本节建立了 Logit 模型：

$$Logit(mobility) = \mathrm{Ln}\, \frac{P_i}{1-P_i} = \alpha_0 + \alpha_1 x_1 + \cdots + \alpha_m x_m = \alpha_0 + \sum_{i=1}^{m} \alpha_i x_i$$

$$(7.1)$$

公式（7.1）中，P_i 表示劳动力 i 选择工作转换的概率，且该变量为 0-1 变量；$mobility$ 是被解释变量劳动力工作转换；x_i 是自变量，其中 x_1 为核心解释变量，即人工智能应用；α_i 是回归系数；α_0 为截距项。

按照温忠麟和叶宝娟（2014）的做法，本节将中介效应模型设定如下：

$$Logit(M) = \beta_0 + \beta_1 x_1 + \cdots + \beta_m x_m = \beta_0 + \sum_{i=1}^{m} \beta_i x_i \qquad (7.2)$$

$$Logit(mobility) = \gamma_0 + \gamma_1 x_1 + \cdots + \gamma_m x_m + \gamma_{m+1} M$$

$$= \gamma_0 + \sum_{i=1}^{m} \gamma_i x_i + \gamma_{m+1} M \qquad (7.3)$$

公式（7.2）中 M 表示中介变量；β_i 是回归系数。公式（7.3）中，γ_i 表示回归系数；β_0 和 γ_0 均为截距项。

首先，按照公式（7.1）检验人工智能应用对劳动力工作转换的总影响，如果 α_1 显著则继续检验；其次，检验人工智能应用对中介变量 M 的影响，主要看系数 β_1 是否显著；最后，将中介变量 M 加入公式（7.3）中，如系数 γ_1、γ_{m+1} 均显著且系数 γ_1 的绝对值小于 α_1，说明变量 M 具有部分中介作用；如系数 γ_{m+1} 显著而系数 γ_1 不显著，说明变量 M 具有完全中介作用。

调节效应模型设定如下：

$$Logit(mobility) = \delta_0 + \delta_1 x_1 + \cdots + \delta_m x_m + \delta_{m+1} M_2 + \delta_{m+2} M_2 x_1 \qquad (7.4)$$

在公式（7.1）的基础上，加入调节变量 M_2 及 M_2 与核心解释变量 x_1 的交互项。这时 $mobility$ 与 x_1 的关系由回归系数 δ_1 和 $\delta_{m+2} M_2$ 来刻画，如果 δ_{m+2} 不为零，则 M_2 是调节变量，δ_{m+2} 体现了调节效应的敏感度。

（三）变量说明

本节探讨了人工智能应用对工作转换的影响、机制及异质性。以"未来 2 年之内计划找新工作"作为劳动力工作转换的代理变量。

核心解释变量为人工智能应用，中国劳动力动态调查问卷中具体提问为"您所在的工作单位是否正在使用高度自动化、机器人、人工智能（如无人驾驶、机器翻译、工业机器人等等）等技术"。中介变量为培训参与，调节变量包括受教育程度、技能证书、行业类型等。

控制变量包括性别、户籍、年龄、工作经验平方项、婚姻状况、健康状况等劳动力个体特征变量，工会参与、脑力劳动使用程度、互联网使用程度、技能掌握所需时间、工作所在区域等工作与岗位特征变量，以及收入、劳动合同签订、工作时间、社会保障参与、工作满意度评价等劳动经济权益变量。表 7-5 为主要变量描述性统计。

附件 2 为人工智能应用与劳动力工作转换相关变量描述性统计，可以发现 14.36% 的劳动力未来 2 年之内计划找新工作；11.01% 的劳动力所在企业已经开始应用人工智能技术；18.15% 的劳动力参与过培训；有技能证书的劳动力达到 27.81%。从个体特征变量来看，男性占比 53.45%，农业户籍比例达 53.94%，已婚劳动力比例为 82.19%；从工作特征来看，加入工会的员工达到 37.01%，经常使用脑力劳动和互联网的员工比例分别为 35.13% 和 35.03%，超过六成的员工在工作中的技能掌握所需时间不到三个月，超过五成员工对技能使用评价为满意及以上；从就业质量和工作满意度来看，58.36% 的劳动力签订了劳动合同，近六成员工对工作满意度评价为满意及以上，46.66% 的员工对经济满意度评价为满意及以上。

表 7-5　主要变量描述性统计

变量	含义	样本数	平均值	标准差	最小值	最大值
mobility	劳动力工作转换	4234	0.144	0.351	0	1
robot	人工智能应用	4231	0.110	0.313	0	1
training	培训参与	4232	0.182	0.385	0	1
cert	技能证书	4232	0.278	0.448	0	1
gender	性别	4234	0.535	0.499	0	1
huk	户籍	4234	0.539	0.499	0	1
edu	受教育程度	4226	5.168	2.728	1	11
health	健康状况	4232	3.884	0.845	1	5
age	年龄	4205	40.950	11.760	15	79
exp	工作经验平方项	4112	197.000	365.400	0	2704
marriage	婚姻状况	4234	0.822	0.383	0	1
contract	劳动合同签订	3778	0.584	0.493	0	1
comp	收入	4234	0.045	0.050	0	1

续表

变量	含义	样本数	平均值	标准差	最小值	最大值
worktime	工作时间	4187	0.281	0.114	0	1
socialsec	社会保障参与	3926	0.359	0.394	0	1
eval_skill	技能使用评价	4066	3.563	0.744	1	5
eval_satisfkt	工作满意度评价	4213	3.587	0.724	1	5
fin_satisfkt	经济满意度评价	4233	3.346	0.984	1	5
union	工会参与	3296	0.370	0.483	0	1
headwork	脑力劳动使用程度	3777	2.798	1.087	1	4
internet	互联网使用程度	3777	2.494	1.290	1	4
t_master	技能掌握所需时间	3478	4.652	2.043	1	8
industrial structures	行业类型	4026	2.620	0.519	1	3
area	工作所在区域	4234	1.658	0.913	1	4

表 7-6 为人工智能应用与劳动力工作转换的典型化事实。从人工智能应用与劳动力工作转换的交互关系来看，有流动预期（劳动力工作转换 = 1）的劳动力所在企业应用人工智能的比例为 15.7%，培训参与的比例为 19.6%，拥有技能证书的比例 29.8%，参与工会的比例为 26.3%；而没有流动预期（劳动力工作转换 = 0）的劳动力中其比例分别为 10.2%、17.9%、27.5% 和 38.3%。

表 7-6　人工智能应用与劳动力工作转换的典型化事实

变量	劳动力工作转换 = 1		劳动力工作转换 = 0		人工智能应用 = 1		人工智能应用 = 0	
	样本数	平均值	样本数	平均值	样本数	平均值	样本数	平均值
robot	607	0.157	3624	0.102	–	–	–	–
mobility	–	–	–	–	466	0.204	3765	0.136
training	608	0.196	3624	0.179	466	0.294	3763	0.167
cert	608	0.298	3624	0.275	466	0.384	3763	0.265

续表

变量	劳动力工作转换＝1		劳动力工作转换＝0		人工智能应用＝1		人工智能应用＝0	
	样本数	平均值	样本数	平均值	样本数	平均值	样本数	平均值
edu	608	5.016	3618	5.193	466	5.479	3757	5.127
union	357	0.263	2939	0.383	381	0.533	2912	0.349

从人工智能应用与劳动力工作转换的交互关系还可以发现，已应用人工智能的企业中具有流动计划的员工占比为20.4%，没有应用人工智能的企业中具有流动计划的员工所占比例为13.6%；从培训差异上来看，已应用人工智能的企业中参与过培训的员工所占比例为29.4%，没有应用人工智能的企业中具有流动计划的员工所占比例为16.7%；从工会参与情况来看，已应用人工智能的企业中加入工会的员工所占比例为53.3%，没有应用人工智能的企业中加入工会的员工所占比例为34.9%。

三　分类检验及实证结果分析

（一）基准模型

基准回归结果显示（见表7-7），人工智能应用在1%的显著性水平下提升了劳动力工作转换，人工智能应用的比率每提升1个百分点，劳动力工作转换的可能性将显著提升0.740个百分点，假设1得到验证。因此，产业智能化带来技能需求的变化（余玲铮等，2021），会推动技能结构的改变，劳动力需要通过持续地学习以适应劳动力市场的变化，最终增加了劳动力工作转换的可能性。

表7-7　人工智能应用对劳动力工作转换的影响

变量	模型1	模型2	模型3	模型4
robot				0.740***
				(3.53)

续表

变量	模型 1	模型 2	模型 3	模型 4
gender	0.155	0.361**	0.331**	0.310*
	(1.62)	(2.33)	(1.99)	(1.85)
huk	0.095	-0.103	-0.097	-0.071
	(0.87)	(-0.62)	(-0.54)	(-0.40)
edu	-0.105***	-0.016	0.026	0.032
	(-5.04)	(-0.43)	(0.65)	(0.80)
health	-0.318***	-0.207**	0.021	0.023
	(-5.63)	(-2.46)	(0.22)	(0.23)
age	-0.063***	-0.066***	-0.064***	-0.065***
	(-10.75)	(-6.55)	(-5.74)	(-5.84)
exp	-0.002***	-0.001*	-0.001	-0.001
	(-3.72)	(-1.71)	(-1.24)	(-1.22)
marriage	-0.225*	-0.108	-0.107	-0.088
	(-1.77)	(-0.58)	(-0.55)	(-0.46)
union		-0.106	0.044	0.003
		(-0.64)	(0.23)	(0.02)
headwork		0.258***	0.262***	0.256***
		(3.48)	(3.26)	(3.13)
internet		-0.081	-0.042	-0.063
		(-0.99)	(-0.48)	(-0.71)
t_master	-0.003	0.027	0.022	
	(-0.09)		(0.66)	(0.52)
contract			0.087	0.058
			(0.45)	(0.30)
comp			-4.918**	-4.966**
			(-2.23)	(-2.34)

变量	模型 1	模型 2	模型 3	模型 4
worktime			0.315	0.125
			(0.40)	(0.16)
socialsec			-0.223	-0.223
			(-0.81)	(-0.79)
eval_skill			-0.264**	-0.262**
			(-2.18)	(-2.17)
eval_satisfkt			-0.255**	-0.282**
			(-2.15)	(-2.39)
fin_satisfkt			-0.401***	-0.398***
			(-4.78)	(-4.78)
其他控制变量	YES	YES	YES	YES
常数项	2.625***	2.388	3.596*	3.811**
	(7.47)	(1.57)	(1.95)	(2.05)
样本数	4076	2468	2249	2249
Pseudo R^2	0.1249	0.1706	0.2059	0.2127

注：***、**、*分别表示 1%、5%和 10%的显著性水平，括号中为 Z 值，下同。

从控制变量来看，年龄、收入对劳动力工作转换具有显著的负面影响；同时，脑力劳动使用程度对劳动力工作转换的影响显著为正；另外，工作中技能使用评价越高、工作满意度评价或经济满意度评价越高，越不容易发生劳动力工作转换。

（二）作用机制检验

为检验人工智能应用对劳动力工作转换的具体影响机制，本节运用中介效应检验模型探究了培训参与是否在其中起到中介作用。

首先，检验人工智能应用对培训参与的影响，将培训参与作为被解释变量，核心解释变量和控制变量均与模型 4 相同。从表 7-8 的结果来看，模型 5 表明人工智能应用显著提升了劳动力的培训参与积极性，促进了劳动力和人工智能的协同。在数字化、智能化背景下，知识和技能折旧速度很快，无论是雇主还是劳动力，为了适应不断更新的生产方式和生产技术，都要通过培训和技能学习，让劳动力掌握更灵活、更能实现协同的能力。由此，参加技能培训和干中学等方式成为提升劳动力素质的重要方式，并且人工智能的应用和发展进一步强化了技能提升的需要。

与此同时，加入工会、受教育程度越高、岗位中技能掌握所需时间越长，劳动力参与培训的可能性越大。工会通过直接提供技能培训、劳动竞赛和技能大赛等形式有效提升了劳动力的培训参与度；受教育程度越高或岗位中技能掌握所需时间越长的劳动力，对技能的需求有更强的动机。年龄越大，越不容易参与培训。一方面，年龄越大的劳动力参与培训的机会成本越大；另一方面，年龄越大意味着未来通过培训获得的技能溢价的收益期越短。因此，年轻劳动力更有动机参与培训，提升自身的技能水平。

表 7-8　人工智能应用对劳动力工作转换影响的中介效应检验结果

变量	培训参与	劳动力工作转换	变量	培训参与	劳动力工作转换
	模型 5	模型 6		模型 5	模型 6
training		0.459 ** (2.38)	*t_master*	0.146 *** (3.91)	0.015 (0.35)
robot	0.900 *** (4.70)	0.682 *** (3.24)	*contract*	0.063 (0.41)	0.054 (0.27)
gender	0.189 (1.41)	0.299 * (1.78)	*comp*	−0.068 (−0.06)	−5.143 ** (−2.40)
huk	−0.050 (−0.33)	−0.084 (−0.47)	*worktime*	−0.473 (−0.80)	0.188 (0.23)
edu	0.098 *** (2.77)	0.027 (0.67)	*socialsec*	0.046 (0.20)	−0.237 (−0.83)

续表

变量	培训参与	劳动力工作转换	变量	培训参与	劳动力工作转换
	模型 5	模型 6		模型 5	模型 6
health	-0.077 (-0.98)	0.035 (0.37)	*eval_skill*	-0.033 (-0.31)	-0.262 ** (-2.15)
age	-0.016 * (-1.72)	-0.064 *** (-5.76)	*eval_satisfkt*	0.145 (1.30)	-0.291 ** (-2.45)
exp	-0.000 (-0.54)	-0.001 (-1.19)	*fin_satisfkt*	-0.024 (-0.36)	-0.400 *** (-4.81)
marriage	0.062 (0.35)	-0.088 (-0.46)	其他控制变量	YES	YES
union	0.724 *** (4.95)	-0.048 (-0.25)	常数项	-3.119 ** (-2.28)	3.870 ** (2.10)
headwork	0.100 (1.33)	0.250 *** (3.10)	样本数	2227	2248
internet	0.216 *** (3.07)	-0.077 (-0.87)	Pseudo R^2	0.1988	0.2162

其次，将培训参与作为自变量加入基准模型中，从结果来看（见表7-8模型6），培训参与在1%的统计水平下对劳动力工作转换具有促进作用，培训参与每提升1个百分点，劳动力工作转换的可能性提升0.459个百分点。

最后，模型6中人工智能应用对劳动力工作转换的影响显著为正，劳动力通过培训参与能显著提升其工作转换的可能性，降低人工智能应用的工作转换效应，这说明培训参与对人工智能应用的工作转换效应起到中介作用，假设2得到验证。人工智能应用对劳动力工作转换的直接效应为0.682，人工智能应用通过培训参与影响劳动力工作转换的间接效应约为0.413（见图7-3）。

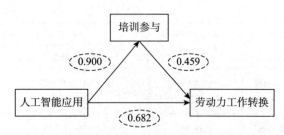

图7-3　人工智能应用对劳动力工作转换影响的中介效应

（三）调节效应检验

为了进一步验证前文结论的可靠性，本节利用调节效应模型考察受教育程度、技能证书、行业类型①在人工智能应用对劳动力工作转换影响中起到的作用（见表7-9）。

表7-9　人工智能应用对劳动力工作转换影响的调节效应检验

变量	含义	模型7	模型8	模型9
training	培训参与	0.476 ** (2.48)	0.281 (1.40)	0.452 ** (2.35)
robot	人工智能应用	1.471 *** (3.27)	1.058 *** (3.96)	0.355 (1.18)
edu	受教育程度	0.050 (1.19)	0.003 (0.08)	0.031 (0.77)
edu#robot	受教育程度与人工智能 应用交互项	-0.143 ** (-1.97)		
cert	技能证书		0.683 *** (3.34)	
cert#robot	技能证书与人工智能 应用交互项		-0.942 ** (-2.37)	
industry	制造业就业			-0.181 (-0.75)

① 具体实证检验时，行业类型中仅研究了制造业就业在人工智能应用对劳动力工作转换影响中的调节效应。

续表

变量	模型	模型 7	模型 8	模型 9
industry#robot	制造业就业与人工智能交互项			0.691 * (1.65)
gender	性别	0.310 * (1.85)	0.290 * (1.69)	0.296 * (1.76)
huk	农业户籍	-0.080 (-0.45)	-0.098 (-0.55)	-0.074 (-0.41)
health	健康状况	0.032 (0.33)	0.060 (0.62)	0.035 (0.36)
age	年龄	-0.064 *** (-5.75)	-0.065 *** (-5.77)	-0.064 *** (-5.72)
exp	工作经验平方项	-0.001 (-1.19)	-0.001 (-1.15)	-0.001 (-1.18)
marriage	婚姻状况	-0.077 (-0.40)	-0.088 (-0.45)	-0.113 (-0.59)
union	工会参与	-0.037 (-0.19)	-0.050 (-0.26)	-0.071 (-0.37)
headwork	脑力劳动使用程度	0.254 *** (3.11)	0.248 *** (3.03)	0.254 *** (3.12)
internet	互联网使用程度	-0.081 (-0.91)	-0.072 (-0.82)	-0.080 (-0.90)
t_master	技能掌握所需时间	0.013 (0.31)	0.009 (0.22)	0.017 (0.40)
contract	劳动合同签订	0.050 (0.25)	0.042 (0.21)	0.051 (0.26)
comp	收入	-4.837 ** (-2.23)	-4.666 ** (-2.10)	-5.144 ** (-2.35)
worktime	工作时间	0.115 (0.14)	0.232 (0.29)	0.136 (0.17)
socialsec	社会保障参与	-0.251 (-0.89)	-0.296 (-1.03)	-0.223 (-0.78)

续表

变量	模型	模型 7	模型 8	模型 9
eval_skill	技能使用评价	-0.259 ** (-2.10)	-0.270 ** (-2.18)	-0.262 ** (-2.14)
eval_satisfkt	工作满意度评价	-0.300 ** (-2.51)	-0.308 ** (-2.57)	-0.301 ** (-2.51)
fin_satisfkt	经济满意度评价	-0.396 *** (-4.74)	-0.393 *** (-4.70)	-0.395 *** (-4.71)
其他控制变量	职业/雇主/产业/地区	YES	YES	YES
常数项		3.706 ** (1.97)	3.822 ** (2.02)	3.827 *** (2.79)
样本数		2248	2248	2248
Pseudo R^2		0.2183	0.2237	0.2177

从模型 7 和模式 8 的结果可以发现，受教育程度和技能证书本身对于劳动力的工作转换具有促进作用，尤其是技能证书的影响是在 1% 的统计水平上显著为正的，劳动力获得的技能证书每提升 1 个百分点，对其工作转换的可能性提升 0.683 个百分点。这验证了受教育程度和技能证书是劳动力素质和技能的背书，在劳动力市场中能起到很好的"信号"效应。尤其值得关注的是，技能证书比受教育程度的"信号"效应更为显著，甚至在模型 8 中加入技能证书之后，培训参与对劳动力工作转换的促进作用变得不显著了，这可能是因为劳动力参加技能培训促进了其技能证书的获得，两者具有极高的相关性，但就劳动力工作转换动机而言，技能证书的效果更为显著。此外，受教育程度与人工智能应用交互项、技能证书与人工智能应用交互项的系数均为负，这意味着受教育程度提升和获得技能证书对于人工智能应用的工作转换效应具有抑制作用。也就是说，受教育程度越低或技能水平越低的劳动力，在面对人工智能的过程中，更容易受到劳动力技能需求的冲击，从而这个群体未来工作转换的可能性越大。

模型 9 的结果显示，制造业就业对劳动力工作转换的影响系数为负但不显著，制造业就业和人工智能应用的交互项系数为正，表明行业类型是否为制造业这个变量本身对劳动力工作转换的影响并不显著，但人工智能应用增加了制造业劳动力工作转换的可能性。数字化和自动化浪潮席卷全球的过程中，以重复性体力劳动为代表的制造业岗位，最容易遭受人工智能带来的劳动力和技能需求的冲击（闫雪凌等，2020）。

上述分析说明，在人工智能应用对劳动力工作转换产生影响的过程中，受教育程度、技能证书、制造业就业均起到调节作用。其中，受教育程度越低、没有技能证书、在制造业就业的劳动力在遭遇人工智能应用的影响时，越容易产生工作转换倾向；而受教育程度越高、技能水平越高的劳动力面对产业智能化的挑战时，更能适应劳动力市场需求的变化，假设3得到验证。

四　主要结论与研究启示

本节在文献回顾和理论分析的基础上，对人工智能应用的工作转换效应进行了实证检验。研究发现，应用人工智能的比率每提升1个百分点，劳动力工作转换的可能性将显著提升0.740个百分点。其中，培训参与起到了中介作用，即人工智能应用能够激励劳动力参与技能培训，提高劳动力技能水平，从而提高了劳动力工作转换的可能性。另外，受教育程度、技能证书和制造业就业对人工智能应用的工作转换效应起到了调节作用。受教育程度越低、技能水平越低的劳动力，在面对人工智能的影响时，越容易受到冲击，同时在制造业就业的劳动力在遭遇人工智能的挑战时，越容易产生工作转换的倾向。基于研究发现，在推动产业智能化过程中，政策作用的空间有以下几点。

其一，构建各类型人力资源服务机构，促进劳动力流动、提升劳动力资源配置效率；提高劳动力就业能力和职业规划意识，降低工作搜寻和转换成本，避免频繁的工作转换带来的人力资本损耗。

其二，构建多层次、多主体的技能发展体系，更大程度地发挥私营机构和雇主在扩大技能培训覆盖面中的积极作用，鼓励非学校类机构开发新平台和灵活培训渠道，满足人民日益增长的多元化学习需求（王星，2020）。

第四节　劳动力素质与产业智能化
专题调查研究

针对产业智能化的研究已经在不同学科广泛展开，而且各有进展和不足，为了能从更多视角了解其内涵，本专题借助于管理学上的研究范式，通过问卷调查从微观视角定量探讨产业智能化与劳动力素质的关系，其中产业智能化通过企业的智能化水平现状以及员工对企业智能化水平的主观感受进行综合衡量；劳动力素质通过人力资本、社会资本和心理资本三个变量进行测量。

一　调研对象基本情况

此次调研对象为生产制造类企业的一线员工，调研共发放问卷450份，最终回收有效问卷388份，有效回收率为86.2%。从企业类型来看，调研对象的企业类型多集中在服装制造业（18.3%）、汽车行业（17.3%）、化工行业（11.9%）、能源行业（8.5%）以及轻工业（7.5%），其余分布在医药行业以及农副产品加工业等行业。从企业性质来看，调研对象大多集中于国有及其控股企业（37.1%）、外商投资企业（29.4%）和民营/私营企业（28.6%），少量分布在集体企业（3.9%）和港澳台商投资企业（1.0%）。从企业所在地区来看，调研对象多来自西北地区（28.9%）和华北地区（25.5%），之后依次是华东地区（16.0%）、华南地区（10.8%）、华中地区（8.5%）、西南地区（7.0%）和东北地区（3.4%）。

从个体信息来看，调研对象中，男性有282人，占总人数的72.7%，女性有106人，占总人数的27.3%。在年龄分布上，调研对象多集中在

26~45 岁，其中 26~35 岁共 128 人，占总人数的 33.0%，36~45 岁共 161 人，占总人数的 41.5%。被调查者的具体年龄分布如图 7-4 所示。

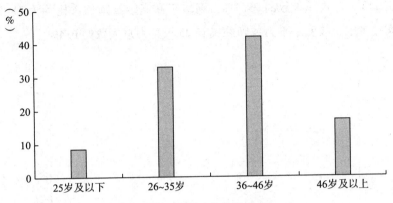

图 7-4　调查对象年龄分布

资料来源：作者根据调研数据绘制。

在学历水平上（见图 7-5），参与调查的一线员工的学历多集中在高中/大专及本科学历，共 278 人，占总人数的 71.7%。

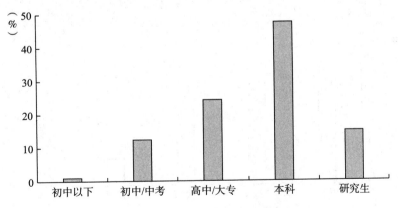

图 7-5　调查对象学历水平分布

资料来源：作者根据调研数据绘制。

在工龄上（见图 7-6），被调查者的工龄多为 10 年及以上，占总人数的比重高达 66.8%，工龄在 4~9 年之间的被调查者人数占总人数的 20.4%。

在技能水平上（见图7-7），参与调查的员工中初级工和中级工的占比较高，且两者的分布相当，其中初级工108人，占总人数的27.8%，中级工113人，占总人数的29.1%；高级工和高级技师的占比均为18.3%；被调查者中，技能水平为技师的仅有25人，占总人数的6.4%。

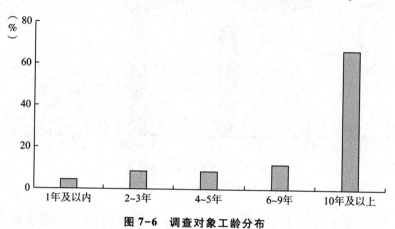

图7-6　调查对象工龄分布

资料来源：作者根据调研数据绘制。

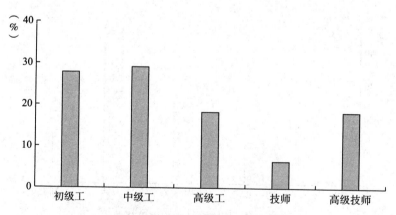

图7-7　调查对象技能水平分布

资料来源：作者根据调研数据绘制。

二　劳动力素质水平现状

本节利用人力资本、社会资本和心理资本衡量劳动力的整体素质，分别用受教育程度、工龄以及技能水平来衡量。如前所述，调研对象的学历多集中在高中/大专和本科（71.7%），有超六成被调查者的工龄在10年及以上，超一半调研对象拥有中级工及以上技能等级。进一步分析发现（见表7-10），参与调查的企业员工的受教育程度、工龄以及技能水平的平均值在2.50以上，说明调研对象的整体素质水平较高。这可能与调查方式以及当时经济社会环境下员工的就业状态有一定关系，但对于本节所要探讨的变量关系没有实质性的影响。

社会资本由具有高信度、高效度的李克特五点量表进行测量，被调查者从"1 = 非常不同意"到"5 = 非常同意"进行评价。量表共包含3道题目，例如"通过我的个人关系，我可以办到其他同级员工在本单位办不到的事情"等。数据分析结果显示，调查对象总体的社会资本平均得分为2.87，平均水平相对较低。

心理资本同样由具有高信度、高效度的李克特五点量表进行测量。量表共包含12道题目，例如"如果我发现在自己工作中陷入了困境，会想出很多办法来摆脱。"数据分析显示，调查对象总体的心理资本平均得分为3.76，表明员工整体的心理资本水平相对较高。

表 7-10　劳动力素质要素平均水平

劳动力素质要素		Mean	SD
人力资本	受教育程度	3.63	0.92
	工龄	4.28	1.19
	技能水平	2.58	1.44
社会资本		2.87	1.17
心理资本		3.76	0.77

三　企业智能化发展现状

智能化是指企业为了将烦琐的、需要人工付出的精力降到最低，而使用机器或数据系统来完成一些工作。"机器换人"是指企业因使用机器或数据系统而减少对人的使用，该指标能直观地反映企业智能化发展现状。此次调研中，员工分别对企业目前的智能化水平以及企业所存在的"机器换人"现象进行评价，共包含两个问题：其一是"您认为您所在企业目前的智能化水平如何？"被调查者从"1＝智能化水平很低"到"10＝高度智能化"，对企业现状进行评价；其二是"您所在企业是否存在'机器换人'现象？"被调查者对该问题从"1＝不存在"到"4＝非常普遍"中进行选择以对企业"机器换人"的现状进行评价。

数据分析结果显示（见表7-11），调研对象对所在企业的智能化水平评价的平均分为6.38，在中值以上，说明多数企业已经开启了产业智能化的步伐；对"机器换人"现状评价的均值同样在中值以上，说明调研对象所在企业中"机器换人"已不再是少数现象。总体来看，从员工主观感受上看，调研对象所在企业的智能化水平已经达到了一定的高度。

表7-11　企业智能化现状评价

	Mean	SD
企业智能化水平	6.38	2.41
"机器换人"	2.30	0.86

四　劳动力素质与企业智能化发展的关系探讨

企业智能化是产业智能化的微观基础，但受小样本调查的方法限制，本节的主要目的是借助管理学研究方法，针对劳动力素质与企业智能化两个变量做统计上的关系分析。

（一）劳动力素质对企业智能化水平的影响

本节首先对劳动力素质与企业智能化水平的相关关系进行检验，结果如表7-12所示，除劳动力素质中的人力资本与员工对企业中"机器换人"的感知不存在显著的相关关系外，其余变量两两间均存在显著的相关关系。人力资本与"机器换人"的相关性不显著，表明企业中是否存在"机器换人"现象与劳动力个体的受教育程度、工龄与技能水平之间不存在直接关系。另外，人力资本与企业智能化水平呈现显著负相关，说明智能化水平越高的企业对劳动力本身的人力资本的要求越低。

表 7-12　劳动力素质与企业智能化水平的相关性关系

	人力资本	社会资本	心理资本	智能化水平	"机器换人"
人力资本	1				
社会资本	0.166 **	1			
心理资本	0.107 *	0.389 **	1		
企业智能化水平	-0.132 **	0.298 **	0.403 **	1	
"机器换人"	0.025	0.122 *	0.186 **	0.375 **	1

在相关性分析基础上，本节进一步对劳动力素质与企业智能化水平进行了回归分析。结果表明（见表 7-13），劳动力个体的人力资本、社会资本和心理资本均能够显著正向影响企业智能化水平，也就是说，劳动力素质能够促进企业智能化发展水平的提升。

表 7-13　劳动力素质对企业智能化水平的影响

变量	企业智能化水平		"机器换人"	
	F 值	p 值	F 值	p 值
人力资本	4.85	0.003	1.15	0.329
社会资本	37.65	0.000	5.81	0.016
心理资本	76.67	0.000	13.77	0.000

（二）企业智能化水平对劳动力素质的影响

本节进一步通过回归分析检验了企业智能化水平对劳动力素质的反向作用。结果表明（见表 7-14），企业智能化水平对劳动力个体的社会资本、心理资本都有显著的积极影响，即企业智能化转型发展能够促进个体主动"向外"建立联系，同时增强个体包括心理韧性、乐观心态等在内的心理资本。但是，企业智能化水平对劳动力人力资本的提升效应并不显著，这可能与人力资本的积累周期更长有关。

表 7-14 企业智能化水平对劳动力素质的影响

变量	人力资本		社会资本		心理资本	
	F 值	p 值	F 值	p 值	F 值	p 值
企业智能化水平	2.17	0.141	37.65	0.000	36.79	0.000
"机器换人"	1.41	0.236	5.81	0.016	13.77	0.000

（三）智能化背景下，企业员工的工作绩效与幸福感现状

为进一步探索企业智能化发展和劳动力素质对企业以及劳动力个体更为远端的影响，本节将企业员工客观的工作绩效以及主观的幸福感水平作为结果变量，探讨在企业智能化发展背景下企业员工的工作绩效与幸福感现状。

工作绩效和幸福感均通过具有高信度、高效度的李克特五点量表进行测量，被调查者从"1＝非常不同意"到"5＝非常同意"进行选择。

描述性分析结果表明（见表 7-15），在智能化背景下，参与调研员工的工作绩效均值为 3.98，幸福感均值为 3.64，表明在智能化发展背景下企业员工拥有较高的工作绩效和较强的幸福感。

表 7-15 智能化背景下员工的工作绩效与幸福感

	Mean	SD
工作绩效	3.98	0.87
幸福感	3.64	0.96

第八章　劳动力素质与产业 绿色化研究

在分别探讨了产业自然演进的高端化、由服务业引发的三次产业融合化、由信息技术引领的智能化之后，本书还需要从更广阔的人与自然关系的视野考察劳动力素质与产业优化升级的关系。《中华人民共和国国民经济和社会发展第十三个五年规划纲要》首次将绿色发展作为关系国家全局的新发展理念之一。《中华人民共和国国民经济和社会发展第十四个五年规划和 2035 年远景目标纲要》再次强调了绿色发展在我国现代化建设全局中的战略地位，进一步阐释了加快发展方式绿色转型和激发人才创新活力的重大战略意义。如何在人才开发与利用的同时实现产业的创新发展与绿色转型成为学术界亟待研究的课题。

第一节　理论分析及逻辑关系梳理

经济高质量发展的一个重要特征是产业与环境相协调，其背后则是经济建设与生态文明建设对人类生活品质提升同等重要的认识。之所以把绿色化作为产业优化升级的一个方向，正是基于因过去很长时期过度追求经济增长而忽视生态环境保护而受到的惩戒或付出的巨大代价。对产业绿色化的方向认同基本确立，实践中的争议还有待进一步地深入探索，这里至少涉及产业绿色化的基本内涵、影响因素和作用机理、测算方法、实现路径等几个方面。

一 产业绿色化的内涵及特征

产业绿色化是绿色发展理念在经济实践中的具体运用，是产业发展朝着与生态环境和谐相处的方向持续迈进的过程。与产业智能化类似，产业绿色化包括传统产业绿色化升级改造和绿色新产业培育两种情形。从经济发展与环境互动的角度来看，两种情形都包含以下三个基本特征。

生产源头的低耗能。产业发展在本质上是一个能量转换的过程，是将原本附着于自然物中的能量转化为人类可直接利用的能量形式，这种转化有相当一部分是不可逆的。为了发展的可持续性，人类必须考虑不可逆过程所对应的不可再生能量的使用强度，尽可能地降低能源消耗的数量和速度。经济学意义上的绿色发展就是在资源环境承载潜力基础上，通过各种手段降低生产对环境和自然资本的消耗（侯伟丽，2004）。

生产过程的少排放。伴随着自然能量的转换和消耗，生产过程中还会产生大量的废弃物，如果这些废弃物长期不被处理并源源不断地排入自然界，一旦超过了生态系统的降解和自我修复能力，就会改变生态系统的原生结构，影响人类的生活。如果降低能耗的出发点是节约，是努力延长对自然资源的采集时间，那么减少排放的本意就是充分利用和高效利用自然资源，尽量弱化生产对自然环境的人为干扰。

生产终端的可循环。同一种物质，在不同的产业运行环境下，可能是废弃物也可能是宝贵原料。循环经济就是按照废弃物再利用的思路来同步实现节能和减排，让传统生产模式的终端继续成为新模式下新一轮生产的开端。从这个角度看，产业绿色化就是要努力形成产业运行的自循环，从自然能源攫取和废弃物排放两端同时减少生产对生态环境的扰动。

综合以上分析，产业绿色化在本质上是可持续发展理念在经济发展过程中的具体展现，是人类面对全球气候变暖、土壤退化、水质变差、生物多样性减少等生态危机时对过去发展模式反思的结果，也是从人与自然和谐相处的目标出发，基于自然可承载能力对未来生产方式的重新构建。绿色发展观更加强调经济系统、社会系统和自然系统间的系统性、整体性和协调性（胡鞍钢和周绍杰，2014），更加注重发展的质量和效益，更加突出生产发展、生活富裕、生态良好等多维发展目标的有机融合（李顺毅，2017）。

二　产业绿色化的测量

根据产业绿色化的三个基本特征，对产业绿色化的测量可以从能耗、排放和循环三个角度进行。为从整体视角反映产业绿色化水平，学术界习惯于在综合考虑三个视角的基础上构建绿色发展指标。

关于绿色发展的衡量标准，中国高质量发展综合评价指标将绿色发展指标分为三级，一级指标为绿色发展指数，二级指标为资源利用、环境治理、绿色生活，三级指标为单位 GDP 能耗下降、单位 GDP 水耗下降、一般工业固体废弃物综合利用率、环境污染治理投资总额占 GDP 的比重、单位 GDP 二氧化硫排放量、生活垃圾无害化处理率、建成区绿化覆盖率、万人拥有公交车辆数。《2017/2018 中国绿色发展指数报告——区域比较》中省际绿色指数评价指标体系由经济增长绿化度、资源环境承载潜力和政府政策支持度 3 个一级指标，9 个二级指标以及 62 个三级指标构成。

宋涛和荣婷婷（2016）从资源节约、环境保护和成果共享三个衡量标准对绿色发展进行了测度；苏利阳等（2013）认为对绿色发展的评价可以分为四类：绿色 GDP 指数、绿色发展综合指数、绿色发展多指标测度体系、全要素生产率法；黄建欢等（2014）利用生态效率对区域绿色发展的水平进行了衡量；张欢等（2016）从绿色美丽家园、绿色生产消费、绿色高端发展三个方面构建了湖北省绿色发展水平测度指标体系，并对湖北省的绿色发展水平进行了测量；刘明广（2017）从绿色生产、绿色生活、绿色环境和绿色新政四个维度构建了中国省域绿色发展水平的测量指标体系。

关于绿色发展的测量方法，目前最为常见的是指数法。例如，李晓西（2016）等建立三级指标体系并综合各级指标信息构建了绿色发展指数。测量绿色发展的另一种方法是效率法，即利用数据包络分析（DEA）方法等测度生态效率或环境效率等，强调刻画绿色发展的核心特征。

三　绿色发展的理论演变和研究脉络

在发展经济过程中要注意保护生态环境的想法存在已久，18 世纪的经济学家马尔萨斯、李嘉图、穆勒在其著作中都相继提及过人类活动的生态边界问题，但直到 20 世纪 70 年代人类才把环境保护作为一个普遍议题进行讨论。20 世纪 90 年代后，世界各国纷纷将节能减排纳入国家发展战略。作为可持续发展理念的延续和提升，绿色发展理念已经成为我国五大新发展理念之一，自然也是未来学术探讨的重要领域。

在 CSSCI 数据库中搜集整理以"绿色发展"为主题的文献并经数据清洁后发现，1998～2021 年在经济学学科中共检索出相关论文 593 篇，引用论文文献 7143 篇。本节对这些文献做聚类图分析，计算得出代表图谱的信息模块性 Q 值为 0.6917，代表图谱的轮廓系数 S 值为 0.8539，说明图谱的聚类模块性是显著和高效的。①

研究发现，主要的文献聚类关键词包括包容性绿色发展、人力资本、耦合理论、绿色转型、气候变化应对和碳排放交易体系等。围绕这些关键词对聚类后的文献做进一步分析，可对不同聚类的文献集中度、关注主题和时间特征有更详细的了解（见表 8-1）。其一，绿色发展和绿色经济已经成为一个被持续关注的话题，且其被关注度随着时间推移有不断增强的趋势；其二，关于绿色发展的讨论正在从污染排放、碳交易、区域绿色经济等具体现实话题向内涵体系、影响因素、作用机制等一般性理论层面转移；其三，围绕人力资本、绿色效率、科技创新等与

---

① 通常 Q 值大于 0.3 时意味着划分出的聚类模块性是显著的，S 值大于 0.7 时意味着聚类是高效和令人信服的，S 值大于 0.5 时意味着该聚类是合理的。

劳动力素质相关主题的探讨有增多趋势。

表 8-1 绿色发展领域主要文献聚类的时间特性

编号	规格	轮廓	中位数	主题（LLR）
0	69	0.805	2015	影响因素（8.85, 0.01）；绿色经济效率（7.87, 0.01）；绿色发展效率（5.9, 0.05）；溢出效应（5.89, 0.05）；超效率 SBM 模型（5.89, 0.05）
1	57	0.767	2014	工业企业（7.38, 0.01）；环境规制（5.43, 0.05）；资源型城市（5.05, 0.05）；绿色发展效率（4.54, 0.05）；产业结构调整（3.91, 0.05）
2	44	0.911	2012	包容性绿色发展（7.97, 0.01）；污染排放（7.97, 0.01）；技术进步（7.78, 0.01）；绿色全要素生产率（4.54, 0.05）；技术引进（3.97, 0.05）
3	41	0.779	2013	人力资本（8.61, 0.01）；FDI（8.61, 0.01）；工业绿色转型（8.47, 0.01）；绿色经济增长核算（5.03, 0.05）；CO_2 排放（4.29, 0.05）
4	32	0.944	2013	耦合理论（9.64, 0.01）；信息化（9.64, 0.01）；绿色化（9.05, 0.01）；可持续发展（5.69, 0.05）；机制（4.80, 0.05）
5	30	0.863	2015	空间马尔科夫（7.56, 0.01）；绿色发展（5.62, 0.05）；绿色经济（4.34, 0.05）；科技创新（4.06, 0.05）；广东（4.06, 0.05）
6	21	0.953	2008	绿色转型（8.71, 0.01）；可持续发展（7.59, 0.01）；碳金融（5.50, 0.05）；碳交易（5.50, 0.05）；推进策略（5.50, 0.05）
7	19	0.976	2006	气候变化应对（10.98, 0.001）；巨灾风险防范（10.98, 0.001）；绿色经济（4.01, 0.05）；绿色发展（0.42, 1.00）；长江经济带（0.18, 1.00）
10	8	0.966	2017	习近平（6.76, 0.01）；内涵体系（6.76, 0.01）；生态利益（6.76, 0.01）；物质变换思想（6.76, 0.01）；强国建设（6.76, 0.01）
29	3	1	2014	碳排放交易体系（10.30, 0.01）；绿色创新政策（10.30, 0.01）；可再生能源（10.30, 0.01）；绿色经济（3.37, 0.10）；绿色发展（0.56, 0.50）

四　劳动力素质与产业绿色化的关系

人口资源与环境经济学已经成为经济学科一个非常重要的分支。人口必须依托于自然环境而存在，人对自然环境的干扰甚至破坏通常是自发出现的，与之相反，人对自然环境的保护却未必是自觉产生的，而是与人口的素质密切相关的。劳动力素质与产业绿色化同样存在相互影响，但其传导机制更为复杂，且伴随着经济发展呈现明显的阶段性差异。在工业化过程中劳动力素质与产业绿色化的相互影响主要表现为环境退化对劳动力绿色素养提升的反向刺激，对环境的保护则更多源自政策规制的作用；随着工业化过程的逐步完成，劳动力绿色素养显著提升，且能够以创新方式对环境进行保护和修复。

（一）产业绿色化的诉求刺激劳动力绿色素养提升

绿色素养主要靠后天习得，而且具有显著的规模效应。目前关于绿色素养的研究成果并不多，综合不同文献的界定，绿色素养大致包括绿色知识、绿色意识、绿色技能和绿色行为四个方面。其中，绿色知识是有关人与环境关系的理性认知，可以通过理论学习获得，是构成绿色素养的基础，也是相关领域研究最具共识的部分；绿色意识是在学习绿色知识基础上形成的对人与环境关系的主观认识，是对绿色知识的内化和深化；绿色技能是能够将绿色意识转变为通过特定行为改善人与环境关系的能力，必须通过在实践中观察、模仿和训练才能获得，这是相关环境保护政策能够产生实际效果的基础；绿色行为是绿色知识和绿色意识的外化，是绿色技能的落地，是人们实际做出的保护环境的行动。

个别研究加入了绿色环境，从宏观视角考察人的绿色素养，更多研究并未对绿色素养的内容做明确划分，但基本内涵未超出上述范畴。OECD（2014）以绿色技能代替绿色素养，将其界定为在节能环保领域可以学习的知识、属性和能力的集束，认为绿色技能可以使个人成功且持续地执行一项环保活动或任务。Cedefop（2012）将绿色技能定义为可持续发展和资源节约型社会所需的知识、能力、价值观和态度。随着可持续发展理念的传播和普及，针对绿色素养的研究不断向微观领域拓展，鼓励企业加强对员工绿色知识和技能的培训，以帮助产品、服务和流程适应气候、环境和法规的变化。

总体来看，经济发展和环境变化同时导致了产业绿色化发展的诉求，进而推动了宏观层面对劳动力绿色素养提升的要求和政策制定，也在市场层面催生出更多关于绿色素养提升的培训活动。从长期来看，这些政策和培训活动对劳动力市场的影响是中性或积极的，但在短期内对不同国家和地区可能产生差异化的效果，尤其对不同类型劳动力的影响差别更大。导致政策不均匀扩散的部分原因是劳动力对绿色素养的识别和评估还不成熟，并且从绿色素养提升到环境改善的周期较长，同时绿色素养提升还受到不同地区劳动力认知水平的约束。

（二）创新型人力资本能够显著加快产业绿色化步伐

快速城镇化和工业化引发了巨大的能源消耗，产业绿色化的诉求刺激了人口绿色素养的提升，但人口素质与产业优化升级之间的关系并非单向影响，人口素质的变化同样加快了产业绿色化的步伐。自 20 世纪 90 年代中后期从国家层面提出经济转型以来，学术界关于能源利用效率和环境保护的研究成果就不断涌现，主流思路是如何以技术进步带动生产效率提升，降低经济发展对自然资源的依赖和对生态环境的破坏。进入 21 世纪，随着人力资本理论地位的提升和影响力的扩大，从人口素质特别是创新型人力资本的视角探讨绿色转型的文献开始增多，对推动我国经济高质量发展相关政策的出台产生了广泛的积极影响。

人力资本积累是推动经济绿色转型的重要动力。绿色技术创新是实现经济绿色转型的关键力量，而人力资本对绿色技术开发也发挥着越来越重要的作用。Nelson 和 Phelps（1965）将劳动力受教育程度视作决定技术进步速度的两个核心因素之一；Barro（1991）的研究发现人力资本积累的确可以促进全要素生产率的提高。技术进步不仅包括劳动节约型技术进步，而且包括资本和自然资源节约型技术进步，那些投身自然节约型技术进步的人才也就成为一个国家经济绿色化发展的重要推动者。

随着人力资本理论的持续发展，创新型人力资本概念开始受到更多国内外学者的关注。国外文献中，创新型人力资本影响技术进步的机制主要强调利用知识积累形成的智慧思维，认为这种思维是设计出高效准确创新方案的基础（Raszkowski，2015），有助于推动生产要素的高效组合和技术效率的显著提升。作为一种高端生产要素，创新型人力资本通过知识溢出、观念转变、集体学习、技术模仿与创新等效应促进绿色转型，被认为是推动中国经济发展和体制转型的关键（景跃军和刘晓红，2013）。Gardas 等（2019）从人才结构、产业优化、观念转变等视角出发探究了人力资本与绿色转型的关系，提出人力资本积累所带来的知识、技能及创造力是绿色转型的重要原动力。姚树荣（2001）基于企业绩效改进的视角提出了促进一般型、专业型人力资本向创新型人力资本转化的制度安排。张桅和胡艳（2020）指出创新型人力资本通过自主创新、模仿创新等手段开展绿色技术创新，显著提高了能源效率，减少污染排放，最终促进了绿色发展。

第二节　我国产业绿色化的现状特征和整体趋势

一　我国产业发展的能源消费水平持续上升

实现产业绿色化转型的首要任务是控制能源消费。由于我国经济正处于产业化深化阶段，工业化任务尚未彻底完成，能源消费总量还在持续增加，未来节能压力还很大，全球能源消费大国的状况短期内难以扭转。

（一）能源消费仍处于上升趋势

2000～2021 年中国能源消耗总量保持上升趋势（见图 8-1）。2000
年，我国能源消费总量为 14.70 亿吨标准煤，2011 年我国能源消费总
量增加至 38.70 亿吨标准煤，2021 年进一步增加至 52.40 亿吨标准煤，
分别为 2000 年的 2.63 倍和 3.56 倍。

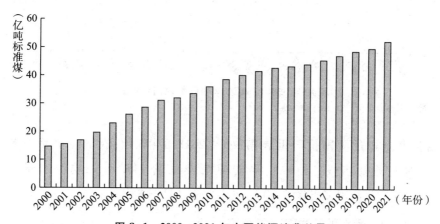

图 8-1　2000～2021 年中国能源消费总量
资料来源：历年《中国统计年鉴》。

从中国能源消费增速来看（见图 8-2），2002～2007 年处于 8% 以上
的高速增长期，之后随着国家节能力度的加大能源消费增速逐渐回落，
2015 年降至 1.35%，之后又出现波动回升势头，2021 年再次达到
5.15% 的增速。

（二）中国已经成为全球能源消费最高的国家

改革开放之初，中国能源消费总量与日本和德国基本持平；1993
年中国一次能源消费量超过俄罗斯位居世界第二①，2009 年中国一次能

---

① 国家计委宏观经济研究院课题组．"十五"时期我国能源发展战略及政策 ［EB/OL］
（2004-2-19）［2025-2-26］https：//www.ccchina.org.cn/Detail.aspx？newsId=27977
&TId=60.

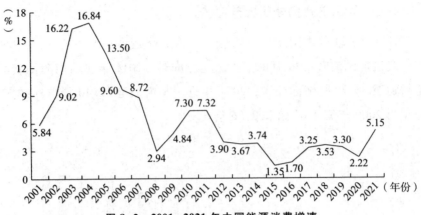

图 8-2　2001~2021 年中国能源消费增速

资料来源：历年《中国统计年鉴》。

源消费量超过美国位居世界第一①。2018 年中国一次能源消费总量
32.74 亿吨油当量，约占世界能源消费总量 143.01 亿吨油当量的
22.89%，比美国多出将近 10 亿吨油当量（见图 8-3）。

（三）能源利用效率有待提高

与发达国家相比，我国的居民生活能源消费占比并不高（低于
15%），能源消费以生产用能为主。2020 年我国单位 GDP 能源消耗水平
约为 3.4 吨标准煤/万美元，高出全球平均水平 1.2 吨标准煤/万美元，
与发达国家相比节能的空间更大（见图 8-4）。

从各省份能源消费情况来看（见表 8-2），东部地区的江苏、福建、
广东、北京、天津等省份一直保持领先，平均能效指数在 0.600 以上；
而中西部地区的新疆、内蒙古、宁夏、陕西、甘肃、青海和东北地区的
黑龙江、辽宁等省份则相对落后，多数年份不足 0.500，这也从侧面反
映出产业结构与能耗效率的关系。

---

① 国际能源署：中国能源消耗首超美 改变百年境况［EB/OL］（2010-7-20）［2025-2-26］https://news.sohu.com/20100720/n273627016.shtml.

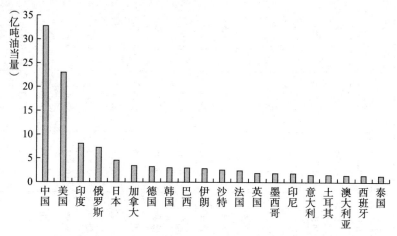

图 8-3　2018 年世界能源消费大国一次能源消费量

资料来源：《世界能源统计年鉴》。

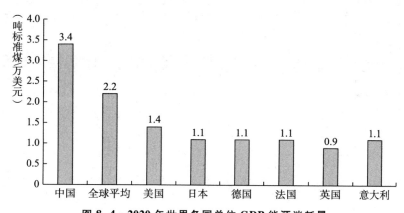

图 8-4　2020 年世界各国单位 GDP 能源消耗量

资料来源：《世界能源统计年鉴》

　　从各省份能效指数的动态变化情况来看，2010～2018 年湖北、贵州、北京、上海、重庆、陕西、云南、浙江等省份能源利用效率在持续改善，黑龙江、新疆、青海、辽宁等省份有波动下滑趋势，其余省份变化趋势不明显。

表 8-2 2010~2018 年各省份能效指数

序号	2010 年		2012 年		2014 年		2016 年		2018 年	
	省份	指数	省份	指数	省份	指数	省份	指数	省份	指数
1	江苏	0.714	江苏	0.706	福建	0.722	北京	0.758	北京	0.775
2	江西	0.665	江西	0.691	北京	0.722	福建	0.747	江苏	0.765
3	广东	0.652	北京	0.658	江苏	0.711	江苏	0.745	福建	0.761
4	北京	0.629	广东	0.646	江西	0.682	广东	0.703	重庆	0.720
5	安徽	0.622	天津	0.640	重庆	0.682	重庆	0.694	安徽	0.720
6	福建	0.621	福建	0.639	广东	0.677	天津	0.689	上海	0.718
7	广西	0.619	安徽	0.620	天津	0.670	江西	0.687	浙江	0.701
8	天津	0.614	浙江	0.616	陕西	0.653	浙江	0.679	广东	0.701
9	浙江	0.607	陕西	0.614	浙江	0.649	陕西	0.676	陕西	0.692
10	陕西	0.592	广西	0.608	山东	0.635	山东	0.669	江西	0.685
11	四川	0.586	上海	0.590	海南	0.634	上海	0.662	海南	0.660
12	海南	0.576	吉林	0.581	安徽	0.625	海南	0.645	天津	0.659
13	上海	0.575	海南	0.577	上海	0.612	安徽	0.643	湖北	0.653
14	吉林	0.556	四川	0.567	河南	0.612	湖北	0.632	山东	0.653
15	河南	0.554	山东	0.554	广西	0.588	河南	0.622	广西	0.649
16	山东	0.552	河南	0.552	吉林	0.586	广西	0.600	四川	0.644

续表

序号	2010 年		2012 年		2014 年		2016 年		2018 年	
	省份	指数	省份	指数	省份	指数	省份	指数	省份	指数
17	重庆	0.534	辽宁	0.543	四川	0.584	四川	0.597	河南	0.638
18	辽宁	0.528	重庆	0.542	湖南	0.566	吉林	0.595	湖南	0.573
19	河北	0.526	河北	0.510	湖北	0.560	湖南	0.579	云南	0.559
20	黑龙江	0.514	黑龙江	0.502	辽宁	0.548	云南	0.540	贵州	0.549
21	青海	0.482	湖南	0.499	河北	0.529	贵州	0.534	河北	0.529
22	湖南	0.479	湖北	0.474	云南	0.515	河北	0.527	吉林	0.523
23	湖北	0.444	青海	0.470	贵州	0.496	辽宁	0.504	辽宁	0.464
24	甘肃	0.441	云南	0.469	青海	0.491	青海	0.478	甘肃	0.457
25	云南	0.437	甘肃	0.459	甘肃	0.473	甘肃	0.468	青海	0.444
26	新疆	0.426	贵州	0.433	黑龙江	0.471	内蒙古	0.456	黑龙江	0.417
27	宁夏	0.411	宁夏	0.432	内蒙古	0.461	宁夏	0.446	内蒙古	0.404
28	内蒙古	0.400	内蒙古	0.420	宁夏	0.441	黑龙江	0.428	宁夏	0.395
29	贵州	0.398	山西	0.411	山西	0.405	山西	0.377	山西	0.389
30	山西	0.389	新疆	0.403	新疆	0.385	新疆	0.323	新疆	0.360

注：因西藏地区部分数据缺失，本次未统计。

二　我国产业发展的碳排放总量延续增长趋势

（一）碳排放总量居全球首位

2000 年之前，中国碳排放总量总体呈现缓慢增长态势，2001~2012 年则出现了一轮快速增长，之后增速缓慢回落（见图 8-5）。2020 年中国碳排放总量为 102.51 亿吨，占全球碳排放量的比重达 28%，相当于排名 2~5 位的美国、印度、俄罗斯、日本四国的总和。

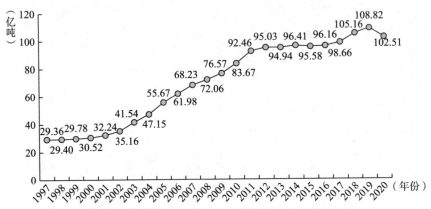

图 8-5　1997~2020 年中国碳排放总量情况

资料来源：国际能源署各年度《全球碳排放报告》。

（二）单位 GDP 碳排放显著下降

尽管中国碳排放总量仍在缓慢上升，但从 2006 年开始，单位 GDP 碳排放量明显下降（见图 8-6），至 2020 年总降幅达到 64.81%，这为按期实现"双碳"目标奠定了良好的基础。

（三）碳排放强度仍居全球前列

从国际比较来看，中国碳排放的强度仍然很高。2020 年中国单位 GDP 碳排放量为 6.70 吨/万美元，不仅远远大于发达国家，且高于全球平均水平 2.90 吨/万美元（见图 8-7）。造成这一问题的原因除了我国自身能源结构约束以外，一个关键的因素是中国所处的经济阶段以及在全球产业链中的分工。

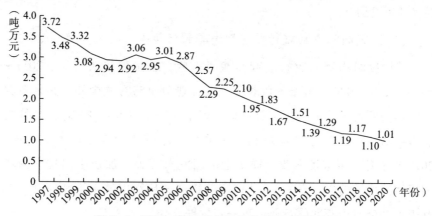

图 8-6　1997~2020 年中国单位 GDP 碳排放量
资料来源：根据国家统计局数据计算整理。

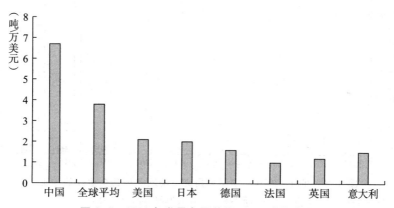

图 8-7　2020 年世界各国单位 GDP 碳排放量
资料来源：国际能源署各年度《全球碳排放报告》。

三　我国循环经济发展呈现良好势头

（一）新能源汽车销量快速增长

2011~2020 年，我国新能源汽车销量呈现迅猛增长势头。根据中国汽车工业协会统计，2011 年中国新能源汽车销量不足 1 万辆，2014 年即达到 7.5 万辆，2015 年突破 30 万辆，2018 年超过 120 万辆，2020 年达到 136.7 万辆。

（二）废旧物资回收行业呈快速崛起势头

我国废旧物资回收行业起步相对较晚，但发展势头很快。2011～2020 年，除 2020 年废纸回收相关企业注册数量略有减少外，其余各类废旧物资回收相关企业注册数量均呈现增长势头（见图 8-8），尤其是农作物秸秆利用和建筑垃圾利用相关企业注册数十年间扩大数十倍。2022 年 1 月，国家发展改革委等七部门发布《关于加快废旧物资循环利用体系建设的指导意见》，我国废旧物资循环利用体系不断完善，有利于推动废旧物资回收行业的进一步发展。

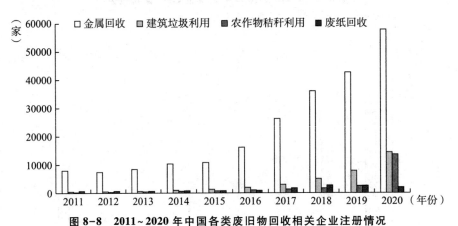

图 8-8　2011～2020 年中国各类废旧物回收相关企业注册情况
数据来源：根据企查查网数据整理绘制（统计时间 2021 年 7 月 8 日）。

（三）新能源行业迈入稳步发展轨道

截至 2020 年，我国规模化应用的新能源产业主要包括太阳能、风能、核能等，各种非煤发电量占总发电量的 35% 左右（见图 8-9）。其中，我国风力发电主要集中在风能资源最丰富的辽宁、山东、浙江、福建、海南等沿海及岛屿地区以及三北地区（东北、西北、华北），2020 年我国风力发电达 0.47 万亿千瓦时，占全国累计发电量的 6%。我国核电技术已跻身世界前列，运行核电机组主要分布在广东、浙江、山东、江苏、辽宁、福建、广西等沿海省份；2020 年运行核电机组累计发电量为 0.37 万亿千瓦时，占全国总发电量的 5%。我国太阳能产业目前形成了以长江三角洲地区为电池组件制造基地、中西部地区为原材料供应基地的产业分布格局。地面大型电站主要分布在西北荒漠戈壁地区，东部地区多为分布式光伏的领地。2020 年光伏发电量为 0.28 万亿千瓦时，占总发电量的 3.40%。

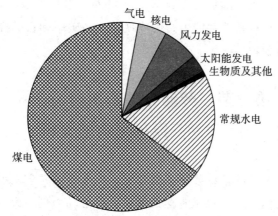

图 8-9 2020 年全国各类能源发电量情况

资料来源：国家统计局、中国电力企业联合会官网。

四 产业绿色发展人才不足问题亟待解决

绿色发展涉及从能源开采到产品应用的产业链全过程，目前我国产业绿色发展所遇到的所有障碍中最为突出的是人才短缺问题，包括绿色技术研发人才、复合型绿色金融人才、知识型绿色市场人才、综合型绿色管理人才等。据猎聘网统计，2021 年碳排放相关新发职位需求同比增长 753.87%，人才市场呈现明显供不应求的状态；企业招聘平均年薪逐年增长，2019 年为 15.36 万元，2020 年增长至 18.53 万元，2021 年进一步增长至 25.55 万元。

2021 年 3 月，人力资源和社会保障部、国家市场监管总局、国家统计局发布了 18 个新职业，"碳排放管理员"被列入国家职业序列，对应衍生岗位包括碳排放管理、碳排放咨询、碳资产管理，碳交易、碳监测等细分专业。2021 年 9 月，国家发布《关于完整准确全面贯彻新发展理念做好碳达峰碳中和工作的意见》指出，把绿色低碳发展纳入国民教育体系，建设碳达峰、碳中和人才体系，鼓励高等学校增设碳达峰、碳中和相关学科专业。2022 年 4 月，教育部颁发《加强碳达峰碳中和高等教育人才培养体系建设工作方案》，要求加强绿色低碳教育，推动专业转型升级，加快急需紧缺人才培养，深化产教融合协同育人，提升人才培养和科技攻关能力，为实现碳达峰碳中和目标提供坚强的人才保障和智力支持。

第三节　劳动力创新素养与产业绿色化实证分析

从本章第一节的理论分析可以看出，学术界对"创新型人力资本有助于产业绿色化升级"已基本达成共识，但劳动力创新素养作用于经济绿色发展的机制却存在多种看法，其对应的影响路径也可能存在差异，这对于劳动力素质与产业优化升级的协同化同样会产生影响。本节运用我国 30 个省份 2010~2018 年的相关数据对二者关系进行了实证检验。

一　基于门限效应的理论依据和数据准备

与前面三章劳动力素质与产业优化升级其他方向的研究不同，有关劳动力素质与产业绿色化协同的考察更加聚焦于前者对后者的影响，这与生态产品的公共属性以及由其导致的市场波动性相关。劳动力创新素养的提升能够从思想观念、技术手段、集体意志等多个维度推动产业绿色化升级。但不少研究发现，不论在何种作用机制下，相关效应的产生并非线性的，而是存在着明显的门限效应。

（一）劳动力创新素养对产业绿色化的门限效应分析

随着研究的丰富，越来越多的学者发现人力资本对绿色经济发展存在不确定性影响，门限模型能较好地刻画出这种不确定性以及复杂变量间的影响。以备受关注的人力资本水平影响全要素生产率（Benhabib 和 Spiegel，1994）话题为例，Krueger 和 Lindahl（2001）发现了人力资本的非线性作用，在教育水平较低的国家，人力资本对全要素生产率的增长起到促进作用；对于经济发展较好的国家，人力资本对全要素生产率的作用为负。魏下海和张建武（2010）采用门限模型构造非线性面板数据模型，同样得出人力资本对全要素生产率的增长存在明显门限特征的结论，当变量跨越相应高门限水平时，人力资本影响系数较大，并且跨越高门限水平的省份大多位于东部发达地区。在我国区域发展不平衡、人力资本积累差异较大的情形下，人力资本对绿色转型的影响也可能存在门限效应，并且这种作用机制产生预期效果的大小受制于一些实际因素的发展状况，比如人力资本聚集度、环境规制、工业化等，在不同变量水平下人力资本的绿色经济效益会发生变化，因此不同地区会呈现差异化的特征。

对创新型人力资本的持续研究有助于深度把握经济绿色转型问题，但要将相关研究成果转化为真正推动绿色发展的制度和政策，尚需要在三个方向上继续努力。其一，现有研究主要从受教育年限来衡量创新型人力资本，这与其"高端生产要素"的界定还存在明显差距，在绿色发展研究领域，把更能激发绿色技术创新的因素纳入人力资本衡量范畴具有重要的现实意义；其二，现有研究已经注意到创新型人力资本对经济绿色转型的关键作用，但大部分研究尚局限于创新型人力资本的整体视角，而对其中的异质性问题关注不够，特别是关于异质性教育人力资本对经济绿色转型影响的研究还比较少；其三，现有研究侧重于考察某一个变量与人力资本、经济绿色转型之间的关系，而经济绿色转型是发展方式的系统性变革，涉及更为复杂的系统变量，有待补充从产业、技术、市场等视角的研究。本节将从这三个方向上做出改进，探究在产业结构变迁、异质性教育人力资本、绿色技术创新和市场化水平等社会经济发展重要变量的作用下，创新型人力资本对经济绿色转型的影响及其变化，并检验地区异质性。本节的研究进一步拓展了人力资本理论在我国经验层面的实际应用，也为我国经济绿色转型战略的实施和区域性人才政策的制定提供参考。

（二）门限变量的选取

创新型人力资本是否有效促进了经济绿色转型？这种影响的作用机制如何？其实际效果受到哪些因素的影响？创新型人力资本与经济绿色转型是否存在非线性关系？已有研究（蔡文伯等，2020；常青山等，2020；沙依甫加玛丽·肉孜和邓峰，2020）从工业化水平、环境规制、人力资本集聚等角度探讨了人力资本对绿色发展或绿色生产的非线性影响。本节将从产业结构变迁、异质性教育人力资本、绿色技术创新和市场化水平四个因素出发，尝试探究创新型人力资本对经济绿色转型的复杂影响。如图 8-10 所示，结构红利、教育红利、技术红利和市场红利分别是经济社会发展的重要变量，会对创新型人力资本的绿色转型溢出效应产生复杂的影响。可能存在某些门限变量在低水平的时候，通过模拟或扩散，更能激发创新型人力资本的绿色溢出效应，达到了在发展初期的"追赶效应"；也存在一些门限变量只有积累到一定程度后，创新型人力资本的绿色溢出效应才更加明显；同时，这四个因素本身还可能直接对经济绿色转型产生正向或负向的影响，即直接效应。选取这四个维度作为门限变量的原因有以下几方面。

第一，产业结构变迁。产业结构变迁是理解不同地区经济发展差异的核心变量之一。改革开放以来，正是产业结构变迁所形成的"结构红利"和相对年轻的劳动力大军形成的"人口红利"共同促成了我国举世瞩目的经济发展成就。针对绿色经济发展是否也在一定程度上依赖于产业结构演变的问题，顾剑华和王亚倩（2021）认为这种依赖性不仅存在，而且其在空间正相关性和空间集聚性方面的特征十分显著。在不同的产业结构下，创新型人力资本的绿色溢出效应很有可能具有差异。由此，本节提出假说 1：创新型人力资本对经济绿色转型的影响存在

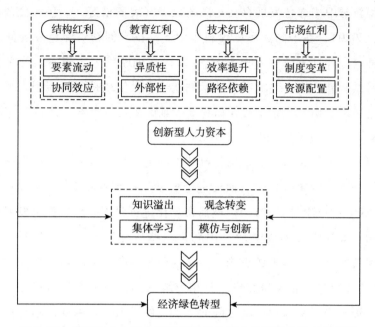

图 8-10　创新型人力资本对经济绿色转型非线性影响的理论假说
资料来源：作者自绘。

"结构红利"的门限效应。

　　第二，异质性教育人力资本。资本和技术更倾向于流向人力资本相对丰裕的地区，并且异质性教育人力资本对全要素生产率和技术进步的空间溢出效应存在明显差异，高等教育的集聚能力和溢出效应相对于中小学教育而言具有明显的优势（魏下海，2010）。当教育人力资本存量积累到一定程度后，其对经济发展方式的影响会更加突出，尤其是高级教育人力资本的技术创新效应只有达到某一程度后才会发挥出来。由此，本节提出假说 2：创新型人力资本对经济绿色转型的影响存在"教育红利"的门限效应。

　　第三，绿色技术创新。绿色技术创新是实现效率提升和经济转型的关键力量。2019 年"绿色技术创新"首次进入党内最高纲领性文件。①

---

　　①　2019 年 4 月，《关于构建市场导向的绿色技术创新体系的指导意见》出台。

技术创新对中国绿色发展存在正向的效应（袁润松等，2016；徐佳和崔静波，2020），在不同的环境规制作用下，技术创新对绿色发展同时存在激励效应和挤出效应（史敦友，2021）。创新型人力资本是绿色技术创新的重要动力之一，而绿色技术创新又会激发或挤出创新型人力资本的绿色溢出。由此，本节提出假说3：创新型人力资本对经济绿色转型的影响存在"技术红利"的门限效应。

第四，市场化水平。市场化改革本身是一种制度变革，市场化改革能够提升资源配置效率，从而促进全要素生产率的提升（Hsieh和Klenow，2009；樊纲等，2011）。然而市场化进程对不同地区经济发展存在显著的马太效应（孙晓华等，2015）。一些研究发现，市场化程度对绿色发展效率产生了显著的影响，同时这种影响存在区域异质性（郭爱君和张娜，2020）。相关研究成果和相应结论为进一步考察市场化、创新型人力资本与经济绿色转型之间的关系提供了依据。由此，本节提出假说4：创新型人力资本对经济绿色转型的影响存在"市场红利"的门限效应。

二 模型构建与变量选取

（一）模型构建

本节重点考察复杂变量作用下创新型人力资本对我国经济绿色转型的门限影响，属于结构突变问题。通常的方法是加入解释变量的二次项或交互项，但是二次项往往存在共线性，而交互项无法解决多个结构突变界点的问题。Hansen（1999）提出的门限模型可以有效地规避这些缺陷，并根据数据的特点找出某个因素下结构突变的一个或多个界点，即非线性的影响。本节通过构建创新型人力资本的面板门限模型，考察分别以产业结构变迁、异质性教育人力资本、绿色技术创新和市场化水平4个因素为门限变量时，创新型人力资本对经济绿色转型的门限效应。具体计量模型如下：

$$EI_{it}=\mu+IHC_{it}(q_{it}<\gamma)\beta_1+IHC_{it}(q_{it}\geqslant\gamma)\beta_2+X_{it}\beta_3+u_i+e_{it} \qquad (8.1)$$

公式（8.1）表示单维度的单门限模型，其中 EI_{it} 表示各省份不同年份的经济绿色转型；IHC_{it} 为创新型人力资本；q_{it} 表示单维度门限变量，包含产业结构变迁、异质性教育人力资本、绿色技术创新和市场化水平；β_1 和 β_2 分别为两个阶段的影响系数；γ 作为不同门限变量的门限值；μ 为截距项；μ_i 为个体效应；e_{it} 为误差项；X_{it} 表示经济绿色转型的其他控制变量集合，β_3 为其影响系数。公式（8.1）也可表示为公式（8.2）和（8.3）的形式：

$$EI_{it}=\mu+IHC_{it}(q_{it},\gamma)\beta+X_{it}\beta_3+u_i+e_{it} \qquad (8.2)$$

$$IHC_{it}(q_{it},\gamma)=\begin{cases}IHC_{it}I(q_{it}<\gamma)\\IHC_{it}I(q_{it}\geqslant\gamma)\end{cases} \qquad (8.3)$$

其中，公式（8.3）表示门限指示函数。

公式（8.4）为创新型人力资本的双门限模型。双门限模型中，门限变量的门限值有两个，分别是 γ_1 和 γ_2，其将创新型人力资本的影响分成了三个不同的阶段，并显示出三个不同的影响系数 β_1、β_2 和 β_3。

$$EI_{it}=\mu+IHC_{it}(q_{it}<\gamma_1)\beta_1+IHC_{it}(\gamma_1\leqslant q_{it}<\gamma_2)\beta_2+$$
$$IHC_{it}(q_{it}\geqslant\gamma_2)\beta_3+X_{it}\beta_4+u_i+e_{it} \qquad (8.4)$$

其中，β_4 为控制变量的影响系数；其余变量含义与公式（8.1）相同，不再赘述

（二）变量选取

1. 被解释变量

被解释变量为经济绿色转型。陈诗一和陈登科（2018）把拖累经济效率的驱动因素概括为资本深化、能源强度、产业结构和能源结构，并将能源强度作为经济转型的重点分析对象。受其启发，本节采用省际能源效率指数来衡量经济绿色转型。关于能源效率指数核算的主流方法有基于含非期望产出的数据包络分析方法的全要素能源效率评估模型和

基于区域和行业的综合能源经济效率指数。本节引用王科等（2021）提出的能源经济效率指数（简称"能效指数"）衡量经济绿色转型，该指数在构建过程中采用每单位终端能源消费量所产生的部门增加值作为部门的能效指数，再利用标准化的各部门增加值占比将五个部门的能效指数聚合为地区能效指数。

$$EI_{it} = \frac{O_{ij,2015}}{EI_{ij}} \tag{8.5}$$

$$EI_i = \sum_{j=1}^{s} W_{ij} \times EI_{ij} \tag{8.6}$$

其中，$O_{ij,2015}$ 为 i 省份中 j 部门以 2015 年为基期的不变价增加值；EI_{it} 是 i 省份中 j 部门的终端能源消费量；EI_{ij} 为 i 省份 j 部门的能效指数；W_{ij} 为标准化的 i 省份 j 部门的增加值占比。EI_i 为 i 省份的能效指数。

2. 核心解释变量

目前已有研究中关于人力资本以及技术创新的度量指标并没有形成统一的标准。很多研究从教育的视角使用本科及以上学历人数占比来衡量创新型人力资本（谢良和黄健柏，2009；张根明等，2010；刘智勇和张玮，2010）；有学者从创新型人力资本投资价值出发，将创新教育价值投资总额与社会创新环境投资相加来衡量创新型人力资本，并采用本科及以上毕业生人数和专业技术人员数与职工平均货币工资相乘来衡量创新教育价值投资总额，利用 R&D 经费投入来衡量社会创新环境投资（黄健伯等，2009；张桅和胡艳，2020）；还有学者从创新型人力资本产出质量出发，选择高校教职工人数、高校教育经费支出、高校科研经费支出和高校固定资产等作为衡量创新型人力资本的投入变量（白勇，2016）。

本节借鉴王玉燕和王婉（2020）、柳香如和邬丽萍（2021）等学者的研究思路和方法，使用 R&D 人员与从业人员的比重（$RatioRDer$）来衡量创新型人力资本的变化情况。

3. 门限变量

产业结构变迁，包括传统意义上的产业高级化水平和产业合理化水平。本节采用区域第三产业产值与第二产业产值之比作为产业结构高级化的度量指标（*TS*）来衡量该区域的经济结构服务化程度。如果 *TS* 随着时间的变化在增加，意味着该区域经济在向着服务化方向演进，产业结构在升级。

$$TS = \frac{SGDP_{it}/GDP_{it}}{IGDP_{it}/GDP_{it}} \quad (8.7)$$

其中，$SGDP_{it}$ 表示 i 省份在 t 时刻第三产业产值；GDP_{it} 表示 i 省份在 t 时刻的总产值；$IGDP_{it}$ 表示 i 省份在 t 时刻第二产业产值。

产业结构合理化水平（*TL*）能够反映产业间的要素投入结构和产出结构的耦合程度。本节参考干春晖等（2011）的做法利用泰尔指数测算产业合理化水平，其优点在于考虑了产业的相对重要性。当 $TL = 0$ 时，意味着经济处于均衡状态，产业结构比较合理；当 *TL* 越偏离 0 时，产业结构越不合理。

$$TL = \sum_{i=1}^{3} \left(\frac{Y_i}{Y} \right) \ln \left(\frac{Y_i}{L_i} / \frac{Y}{L} \right) \quad (8.8)$$

其中，i 代表产业；Y 代表总产值；Y_i 代表 i 产业的产值；L 代表总就业人数；L_i 代表 i 产业的就业人数。

异质性教育人力资本。为了检验人力资本的异质性作用，本节根据受教育程度引入大专及以上学历人口占总劳动力人口的比例（*Ratiocollege*）、高中学历人口占总劳动力人口的比例（*Ratiohigh*）以及初中及以下学历人口占总劳动力人口的比例（*Ratiojunior*），分别衡量高级、中级和初级教育人力资本。一般而言，中级教育人力资本和初级教育人力资本只拥有必要的知识和技能，而高级教育人力资本通常拥有数量多、质量高的知识和技能（彭伟辉，2019）。

绿色技术创新。本节收集了我国沪深两市 A 股上市公司的绿色专利申请数据，并对其按上市公司所在省份进行区域性汇总，得到历年省际绿色专利申请数据。根据已有研究（徐佳和崔静波，2020）的做法，本节将绿色专利申请数据根据专利类型划分为绿色发明型专利（$GnIn\text{-}vPat$）、绿色实用新型专利（$GnUtyPat$）和绿色专利（$GnPat$）三种，并对其进行对数处理。[①]

市场化水平。市场化改革对资源配置效率具有提高作用，对经济发展和绿色转型亦有贡献。本节参考樊纲等（2011）的研究，构建了省际市场化水平指标（Mkt）。

4. 控制变量

经济绿色转型是一场系统性变革，还会受到其他社会经济因素的影响。因此，本节将与能源效率和经济绿色转型密切相关的其他因素作为控制变量加入模型。城镇化水平（$Urban$），采用城镇人口占总人口的比重来衡量；外商直接投资（FDI），采用外商直接投资总额与经过汇率调整的 GDP 之比来衡量；政府规模（Gov），采用地方财政支出占 GDP 的比重来衡量；环境保护力度（$EnvExp$），采用环境保护支出占 GDP 的比重来衡量。

（三）数据采集和处理方法

鉴于数据统计口径的一致性、连续性和可得性，本节对我国 30 个省份 2010~2018 年的相关数据进行了经验分析[②]，样本数为 270 个。其中，人力资本相关数据来自《中国科技统计年鉴》《中国劳动统计年鉴》以及中央财经大学《中国人力资本报告（2020）》；上市公司专利数据来自国家知识产权局，上市公司基本资料来自和讯网；其他数据来自 EPS 数据库、CSMAR 数据库、中经网和国家统计局数据库等。为了消除异方差对结果的影响，各变量以对数形式加入模型，并使用 Stata16

---

① 对数处理时将不同类型的绿色专利数量加 1 再取对数，以避免 0 值的影响。
② 西藏等地区数据缺失较为严重，因此本节仅对我国 30 个省份进行了检验。

进行数据处理和分析，相关变量的描述性统计结果见表 8-3。随后本节选择了双向固定效应面板模型作为基准回归，并进一步构造面板门限模型进行非线性关系检验，最后通过地区门槛进入差异的分析，探讨了地区差异。

表 8-3　变量选取说明及描述性统计结果

变量名称	代理	样本数	均值	标准差	最小值	最大值
被解释变量						
经济绿色转型	EI	270	0.57	0.104	0.323	0.775
核心解释变量						
创新型人力资本	RatioRDer	270	45.146	45.277	8.153	216.422
门限变量						
产业结构变迁						
产业高级化	TS	270	1.229	0.682	0.527	5.022
产业合理化	TL	270	0.228	0.148	0.017	0.777
异质性教育人力资本						
高级教育人力资本	Ratiocollege	270	16.111	7.534	7.581	52.798
中级教育人力资本	Ratiohigh	270	19.03	3.378	10.013	26.816
初级教育人力资本	Ratiojunior	270	64.859	9.480	27.701	82.372
绿色技术创新						
绿色发明型专利	GnInvPat	270	2.322	1.646	0.000	6.806
绿色实用新型专利	GnUtyPat	270	3.083	1.618	0.000	6.912
绿色专利	GnPat	270	3.430	1.704	0.000	7.314
市场化水平						
市场化水平	Mkt	270	6.418	1.875	2.330	10.000
控制变量						
城镇化水平	Urban	270	0.565	0.126	0.338	0.896
外商直接投资	FDI	270	0.021	0.016	0.000	0.094

续表

变量名称	代理	样本数	均值	标准差	最小值	最大值
政府规模	Gov	270	0.228	0.086	0.107	0.564
环境保护力度	EnvExp	270	0.008	0.006	0.002	0.043

三　基准回归及讨论

实证分析中，本节首先构建了一个面板数据的基准回归，考察创新型人力资本对经济绿色转型的一般性效应。Hausman 检验结果显示 P 值为 0.0000，同时对时间效应进行检验，P 值小于 0.05，也就是在 5% 的水平下显著，由此双向固定效应面板模型更适合于本次实证研究，既控制了不随时间变化的个体效应，也控制了不随个体变化的时间效应。表 8-4 报告了 6 个固定效应模型的估计结果，其中模型①~③是没有控制时间效应的固定效应模型，模型④~⑥是控制了时间效应的固定效应模型；另外，模型①和模型④以创新型人力资本、异质性教育人力资本和绿色专利作为解释变量，模型②和模型⑤加入产业结构高级化和产业结构合理化作为控制变量，模型③和模型⑥再加入对外直接投资和城镇化水平作为控制变量。

其一，从固定效应模型的结果来看，6 个模型中核心解释变量的系数均在 1% 的水平上显著，验证了创新型人力资本对经济绿色转型存在显著的积极影响。这与沙依甫加玛丽·肉孜和邓峰（2020）的研究结论一致，表明创新型人力资本集聚至少在短期内对能源效率提升具有显著的积极作用，遵循"创新驱动、人才为本"的策略有助于实现经济绿色转型。但是，常青山等（2020）的研究显示创新型人力资本集聚对于经济绿色转型的影响充满不确定性，有着较为复杂的作用机制。由此，本节进一步验证了创新型人力资本对经济绿色转型的非线性影响。

表 8-4　固定效应模型估计结果

变量	模型①	模型②	模型③	模型④	模型⑤	模型⑥
RatioRDer	0.078 ***	0.077 ***	0.076 ***	0.081 ***	0.079 ***	0.077 ***
	(3.872)	(4.143)	(4.269)	(4.173)	(4.451)	(4.758)
Ratiocollege	0.066 **	0.073	0.034	0.049	0.064	0.020
	(2.211)	(1.606)	(0.594)	(1.566)	(1.349)	(0.329)
Ratiohigh	-0.092	-0.107	-0.198 **	-0.094	-0.109	-0.212 ***
	(-1.148)	(-1.414)	(-2.537)	(-1.190)	(-1.426)	(-2.771)
GnPat	0.015 **	0.016 **	0.016 **	0.015 **	0.015 **	0.015 **
	(2.215)	(2.455)	(2.486)	(2.152)	(2.442)	(2.413)
TL		-0.030	-0.026		-0.011	-0.005
		(-0.410)	(-0.378)		(-0.152)	(-0.069)
TS		-0.010	-0.015		-0.016	-0.019
		(-0.315)	(-0.446)		(-0.446)	(-0.524)
FDI			0.005			0.005
			(0.992)			(0.946)
Urban			0.232			0.260 *
			(1.496)			(1.706)
Constant	0.340 *	0.383 **	0.924 **	0.381 **	0.413 **	1.018 ***
	(1.855)	(2.466)	(2.699)	(2.198)	(2.720)	(3.005)
样本量	270	270	270	270	270	270
R^2	0.468	0.470	0.486	0.490	0.493	0.511
省份数量	30	30	30	30	30	30
地区固定效应	YES	YES	YES	YES	YES	YES
时间固定效应	No	No	No	YES	YES	YES

注：括号内为 t 值；*、**、*** 分别表示在 10%、5%、1% 条件下通过显著性水平检验；数据来自 Stata 16.0 估计结果；本节同。

其二，模型①、③和⑥的估计结果显示不同条件下异质性教育人力资本的作用有所不同。模型①的结果表明高级教育人力资本在 5% 的水平上对经济绿色转型具有积极影响，而模型③和⑥的结果表明中级教育人力资本对经济绿色转型具有惩罚效应，说明异质性教育人力资本对经济绿色转型的影响存在明显的特殊性，同时也意味着随着地区中级教育人力资本所占比重的下降，高级教育人力资本所占比重的上升，人力资本能够通过"干中学"或技术创新等有效驱动经济绿色转型的提升。这与现有研究得到的"中级教育人力资本对全要素生产率和技术进步均产生显著的负面影响，而高级教育人力资本则产生显著的正向促进作用"结论比较一致①。为了直观反映中级教育人力资本的变化特点，笔者绘制了全国中级教育人力资本的时间变化图，从全国异质性教育人力资本比例变化来看（见图8-11），全国初级教育人力资本占比从1985年的88.23%下降到2018年的60.22%，中级教育人力资本从1985年的10.60%上升到2018年20.54%，高级教育人力资本从1985年的1.17%上升到2018年的19.24%。

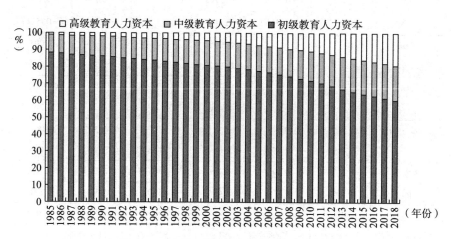

图8-11　全国异质性教育人力资本比例变化

数据来源：中央财经大学人力资本与劳动经济研究中心《中国人力资本报告（2020）》

① 赵莎莎（2019）的研究中以从业人数中受教育程度为初中（中职）和高中（中专）的人数分别所占比例乘以各自的受教育年限的和来衡量中级人力资本，以从业人数中大专及以上的人数所占比例乘以对应的受教育年限，衡量方式与本节有所不同。

其三，绿色专利的系数在固定效应的 6 个模型中均显著为正，这就意味着绿色技术创新是实现经济绿色转型的关键力量，这一检验结果与徐佳（2020）的研究结论一致。绿色技术创新通过改进生产设备、中间投入品以及制造工艺等路径，实现了节能增效的创新突破和价值链升级，有效促进了我国经济绿色转型。

其四，从其他控制变量来看，模型⑥中城镇化水平在 10% 的水平上显著为正，对经济绿色转型具有积极的影响，这或许是因为能源利用同样存在规模经济效应。此外，无论是产业高级化水平、产业合理化水平，还是对外直接投资水平对经济绿色转型的影响在固定效应模型下都不显著。

四　非线性关系检验

双向固定效应模型中发现了创新型人力资本和绿色技术创新对于经济绿色转型具有显著的促进作用，本节进一步借鉴 Hansen（1999）的门限模型，考察了创新型人力资本与经济绿色转型之间是否存在结构性变化，即在产业结构变迁、异质性教育人力资本、绿色技术创新和市场化水平的影响下，创新型人力资本对经济绿色转型的影响是否会发生显著变化。

表 8-5 报告了面板门限模型的部分变量显著性检验和相应门限值的估计结果，结果表明创新型人力资本对经济绿色转型的影响的确表现出非线性特征，进一步证实了产业结构变迁、异质性教育人力资本、绿色技术创新和市场化水平作为门限变量时创新型人力资本对经济绿色转型的影响程度会发生变化，该结果在 4 个面板门限模型中稳健且显著。

具体来说，产业结构变迁作为门限变量时，产业结构高级化水平的门限效应并不显著，产业结构合理化水平具有单一门限效应。蔡文伯等（2020）也有类似的发现，这可能是由于产业结构合理化与经济增长之间的关系具有较强的稳定性，而产业结构高级化与经济增长之间的关系具有较大的不确定性（干春晖和王强，2018）；异质性教育人力资本中，中级教育人力资本具有双重门限效应，而高级教育人力资本和初级教育人力资本的门限效应不显著，这可能与异质性教育人力资本的特殊性及其显著的区域差异性有关；绿色技术创新的变量中绿色发明型专利水平具有单一门限效应；市场化水平具有双重门限效应。

表 8-5　部分变量门限显著性检验及门限值估计结果

门限变量	假设检验	F 值	p 值	门限值	95%置信区间
TL	单一门限	38.34**	0.0460	0.1552	[0.1537, 0.1573]
	双重门限	8.98	0.8380	0.0291	[0.0287, 0.0313]
Ratiohigh	单一门限	30.25*	0.0700	2.7695	[2.7484, 2.7722]
	双重门限	24.24*	0.0800	3.0825	[3.0612, 3.0830]
GnInvPat	单一门限	22.79*	0.0460	1.0986	[0.3466, 1.3863]
	双重门限	3.87	0.6740	3.4965	[3.4657, 3.5264]
Mkt	单一门限	27.21*	0.0740	5.4533	[5.3100, 5.4600]
	双重门限	22.73*	0.0620	7.0500	[6.9778, 7.0600]

注：受篇幅限制，本表只列出了通过门限显著性检验的变量的估计结果。

表 8-6 报告了分别以产业结构合理化水平、中级教育人力资本、绿色发明型专利以及市场化水平为门限变量的 4 个面板门限模型估计结果。主要发现有以下几方面。

其一，产业结构变迁的"结构红利"在发展初始阶段对创新型人力资本的绿色溢出效果更为明显。当产业结构合理化水平进一步提升时，创新型人力资本对经济绿色转型的估计系数依然显著但程度有所下降。具体来说，产业结构合理化水平的单一门限值为 0.1552，其将产业结构合理水平划分为两个阶段，当产业结构合理化水平大于或等于0.1552（合理化水平低）时，创新型人力资本对经济绿色转型的影响系数为 0.0023，且在 1%的水平上显著；当产业结构合理化水平小于0.1552 时，创新型人力资本对经济绿色转型的影响系数减小为 0.0009，且在 1%的水平上显著（见表 8-6 模型①）。一些研究从人力资本水平与产业结构高级化、产业结构合理化的交互项的技术手段出发，发现人力资本与产业结构变迁对绿色发展效率有提升作用（赵领娣等，2016），本节进一步明确了在产业结构合理化水平提升的初始阶段，创新型人力资本聚集能更有效地促进能源效率的提升。这是因为在经济绿色转型过程中，产业结构在自身合理化的同时有效推动了各个生产要素在不同产业间的合理流动，而创新型人力资本作为一种高端生产要素，其绿色效益的释放依赖于产业结构的演变，并且伴随着产业优化升级而逐步减弱。

其二，异质性教育人力资本的"教育红利"比较特殊，在教育发展的初始阶段，创新型人力资本对经济绿色转型的促进作用最大；随着中级教育人力资本所占比例的进一步提高，创新型人力资本的集聚效应依然显著，但其正向影响程度有所下降；随着高级教育人力资本所占比例的进一步提高，中级教育人力资本所占比例出现下降时，创新型人力资本集聚效应对经济绿色转型的积极作用有所提升。具体来说，中级教育人力资本存在双重门限，第一门限值为 2.7695，第二门限值为 3.0825。当中级教育人力资本占比的对数小于 2.7695 时，创新型人力资本对经济绿色转型的影响系数为 0.0040；当中级教育人力资本占比的对数大于或等于 2.7695，且小于 3.0825 时，创新型人力资本对经济绿色转型的影响系数为 0.0009；而当中级教育人力资本占比的对数大于或等于 3.0825 时，创新型人力资本对经济绿色转型的影响系数减小至 0.0005，且均在 1% 的水平上显著（见表 8-6 模型②）。由分析可以发现，随着一些地区的中级教育人力资本占比出现下降，高级教育人力资本发展进一步深化，创新型人力资本对经济绿色转型的促进作用开始增强。这表明教育人力资本持续深化下创新型人力资本的绿色溢出效果产生了比较复杂的结构性变化，其原因是不同教育层次的人力资本在技术创新和模仿学习方面存在明显的异质性。魏下海（2010）的研究发现，中级教育人力资本对新产品新工艺的创新与模仿强于初级教育人力资本，同时弱于高级教育人力资本。

其三，绿色技术创新所带来的"技术红利"，在绿色技术创新提升的初始阶段，创新型人力资本对经济绿色转型的显著正向影响要更为积极，当绿色技术创新跨越其门限值时，创新型人力资本对经济绿色转型的积极影响有所减弱。具体来说，绿色发明专利数量存在单一门限，门限值为 1.0986，其将绿色发明专利数量划分成两个阶段，当绿色发明专利数量小于 1.0986 时，创新型人力资本对经济绿色转型的影响系数为 0.0020，且在 1% 的水平上显著；当绿色发明专利数量大于或等于 1.0986 时，创新型人力资本对经济绿色转型的影响系数为 0.0004，且在 5% 的水平上显著（见表 8-6 模型③）。这意味着在绿色技术创新水平相对较低的地区，提升创新型人力资本更能有效地促进能源效率的提升，也能更高效地实现经济绿色转型。技术创新可能存在路径依赖效应，微观层面的绿色技术创新及其作用机制还有待进一步地识别和更深入地分析。

其四，随着市场化水平的不断提升，创新型人力资本的能源效率提升作用更为积极和显著，当市场化水平跨越门限值后，创新型人力资本对经济绿色转型的影响进一步增强。具体而言，市场化程度为双重门限，第一门限值为 5.4533，第二门限值为 7.0500。当市场化水平小于5.4533 时，创新型人力资本对经济绿色转型的影响系数为 0.0006，但不显著；当市场化水平大于或等于 5.4533，且小于 7.0500 时，创新型人力资本对经济绿色转型的影响系数为 -0.0008，且在 5% 的水平上显著；而当市场化水平大于或等于 7.0500 时，创新型人力资本对经济绿色转型的影响系数为 0.0003，且在 5% 的水平上显著（见表 8-6 模型④）。市场化水平较高的地区，更能有效地激发创新型人力资本的活力，促进经济绿色转型。

其五，"教育红利""技术红利"和"市场红利"对经济绿色转型具有直接效应，产业结构合理化水平对经济绿色转型的直接效应不显著，产业结构高级化水平对经济绿色转型具有惩罚效应，这意味着经济"服务化"并不有助于经济绿色转型。从其他影响经济绿色转型的控制变量来看，对外直接投资、城镇化水平、环境保护力度都有助于经济绿色转型；而政府规模对经济绿色转型可能存在惩罚效应。

表 8-6　面板门限模型估计结果

变量	模型①	模型②	模型③	模型④
TL	-0.0069	0.0138	-0.0084	0.0477
	(-0.177)	(0.405)	(-0.228)	(1.365)
TS	0.0185	-0.0488 ***	-0.0334 *	-0.0306 *
	(1.502)	(-2.814)	(-1.871)	(-1.803)
FDI	0.0052	0.0079 *	0.0087 *	0.0125 ***
	(1.164)	(1.847)	(1.912)	(2.843)
Urban	0.1206 **	0.2410 ***	0.1055 **	0.1919 ***
	(2.524)	(5.103)	(2.149)	(4.147)
GnInvPat	0.0082 **	0.0057	0.0115 ***	-0.0017
	(2.141)	(1.595)	(2.606)	(-0.466)
Ratiocollege		0.0033 **	0.0054 ***	0.0059 ***
		(2.305)	(3.676)	(4.265)
EnvExp		0.0238 **	0.0364 ***	0.0457 ***
		(2.068)	(3.119)	(4.167)
Mkt		0.0131 **	0.0109 *	0.0135 **
		(2.381)	(1.881)	(2.291)
Gov		-0.1120 ***	-0.1344 ***	-0.1470 ***
		(-3.356)	(-3.891)	(-4.450)
RatioRDer（第一区间）	0.0009 ***	0.0040 ***	0.0020 ***	0.0006
	(5.443)	(6.887)	(5.027)	(1.459)
RatioRDer（第二区间）	0.0023 ***	0.0009 ***	0.0004 **	-0.0008 **
	(7.026)	(4.878)	(2.240)	(-2.560)
RatioRDer（第三区间）		0.0005 ***		0.0003 **
		(3.508)		(2.253)

变量	模型①	模型②	模型③	模型④
Constant	0.5619***	0.5674***	0.4889***	0.5888***
	(11.975)	(5.945)	(4.744)	(6.014)
样本量	270	270	270	270
R^2	0.471	0.600	0.549	0.592
省份数量	30	30	30	30
地区固定效应	Yes	Yes	Yes	Yes
时间固定效应	Yes	Yes	Yes	Yes

五　地区差异分析

从非线性关系检验结果可知，创新型人力资本在复杂因素的作用下会对经济绿色转型产生不同程度的影响。就产业结构变迁、异质性教育人力资本、绿色技术创新和市场化水平而言，我国不同地区差异较大，平均水平难以反映不同地区的差别，有必要进行地区差异分析。

由表8-7可见，各地区产业结构合理化水平由高至低演变，达到产业结构更合理的状态。云南、内蒙古、吉林、四川、宁夏、山西、广西、新疆、河南、湖北、湖南、甘肃、贵州、陕西、青海等省份的泰尔指数较大，没有跨越门限值，对于这部分省份而言，创新型人力资本对于经济绿色转型的影响系数更大，由此应更加注重提升这些省份的创新型人力资本，充分发挥"结构红利"的作用。

从中级教育人力资本来看，各地区变化趋势更加复杂，云南和青海尚未通过中级教育人力资本的第一门限值，这两个省份可以最大程度地发挥创新型人力资本的"教育红利"；四川、安徽、广西、新疆、河北、贵州等省份于2011~2018年先后跨越中级教育人力资本的第一门限值，进入第一门限值与第二门限值的区间范围；内蒙古、吉林、宁夏、山东、江西、浙江、甘肃、福建、辽宁、陕西、黑龙江等省份在2010~2018年一直停留在第一门限值和第二门限值之间，这些地区应继续提升劳动力的受教育程度，有助于发挥"教育红利"的直接效应。
然而中级教育人力资本水平一旦跨越第二门限值之后，创新型人力资本
的"教育红利"对经济绿色转型的积极影响将会下降。山西、广东、
江苏、河南、海南、湖北、湖南、重庆等省份于 2012～2018 年先后跨
越中级教育人力资本的第二门限值，进入第二门限值与第三门限值的区
间范围，这些省份应继续提升高级教育人力资本水平，使中级教育人力
资本占比下降，有助于发挥创新型人力资本的积极作用。

表 8-7　各省份门限通过情况

门限变量及区间	RatioRDer 估计参数	省份
$TL \geqslant 0.1552$	0.0023 ***	云南、内蒙古、吉林、四川、宁夏、山西、广西、新疆、河南、湖北、湖南、甘肃、贵州、陕西、青海
$TL < 0.1552$	0.0009 ***	上海、北京、天津、广东、江苏、浙江、福建、安徽、山东、江西、河北、海南、辽宁、重庆、黑龙江
$Ratiohigh < 2.7695$	0.0040 ***	云南、青海
$2.7695 \leqslant Ratiohigh < 3.0825$	0.0009 ***	内蒙古、吉林、宁夏、山东、江西、浙江、甘肃、福建、辽宁、陕西、黑龙江、四川、安徽、广西、新疆、河北、贵州
$Ratiohigh \geqslant 3.0825$	0.0005 ***	上海、北京、天津、山西、广东、江苏、河南、海南、湖北、湖南、重庆
$GnInvPat < 1.0986$	0.0020 ***	吉林、宁夏、海南、青海、甘肃
$GnInvPat \geqslant 1.0986$	0.0004 **	上海、云南、北京、四川、天津、安徽、山东、山西、广东、江苏、河南、浙江、湖北、湖南、福建、重庆、陕西、内蒙古、广西、新疆、江西、河北、贵州、辽宁、黑龙江
$Mkt < 5.4533$	0.0006	云南、内蒙古、宁夏、新疆、甘肃、贵州、青海、海南
$5.4533 \leqslant Mkt < 7.0500$	-0.0008 **	四川、江西、湖南、辽宁、吉林、山西、广西、河北、陕西、黑龙江

续表

门限变量及区间	RatioRDer 估计参数	省份
$Mkt \geq 7.0500$	0.0003 **	上海、北京、天津、广东、江苏、浙江、安徽、山东、河南、湖北、福建、重庆

从绿色技术创新来看，绿色发明型专利的单一门限值为 1.0986，吉林、宁夏、海南、青海、甘肃等省份还没有跨越该门限值，这些省份如果能够在制定激励绿色技术创新政策的同时提升创新型人力资本水平，将有助于发挥创新型人力资本"技术红利"的积极作用。

从市场化水平来看，其第一门限值为 5.4533，第二门限值为 7.0500，云南、内蒙古、宁夏、新疆、甘肃、贵州、青海和海南等省份没有通过第一门限值，四川、江西、湖南、辽宁、吉林、山西、广西、河北、陕西、黑龙江等省份没有通过第二门限值，这些省份应加快市场化改革，促进要素流动，提升创新型人力资本水平，有助于充分发挥"市场红利"的积极作用。

总体而言，吉林、宁夏、甘肃、青海四个省份，产业结构合理化水平、中级教育人力资本水平、绿色发明型专利以及市场化水平均比较低，进一步提升创新型人力资本水平，能够充分发挥其"结构红利""教育红利"和"技术红利"，与此同时，继续完善市场化改革，有助于释放"市场红利"；云南、内蒙古、四川、广西、新疆、贵州、陕西等省份，进一步提升创新型人力资本水平，能够充分发挥其"结构红利"和"教育红利"，与此同时，继续完善市场化改革，有助于释放"市场红利"。

六　主要结论与研究启示

(一) 主要结论

经济绿色转型是发展模式的一场系统性变革，发展绿色技术是先导，创新型人力资本是关键。本节以 2010~2018 年中国省际面板数据为研究样本，采用双向固定效应模型和面板门限模型，系统考察了创新型人力资本对经济绿色转型的促进作用，以及"结构红利""教育红利""技术红利"和"市场红利"带来的非线性影响，并进一步分析了不同地区通过门限的情况，主要结论有以下几个方面。

第一，产业结构变迁、异质性教育人力资本、绿色技术创新以及市场化水平四个变量对我国各省份创新型人力资本发挥经济绿色转型的影响存在显著的门限效应，即非线性影响。随着不同省份产业结构合理化水平和绿色发明型专利跨越其门限值，创新型人力资本对经济绿色转型的影响程度有所降低，即在初始阶段更能发挥创新型人力资本的"结构红利"和"技术红利"，赶超效应更为明显；异质性教育人力资本的作用比较特殊，创新型人力资本对经济绿色转型的"教育红利"呈现先减弱后增强的变化趋势；而市场化水平的提升会增强创新型人力资本对经济绿色转型的积极影响，增强其"市场红利"的积累效应。

第二，我国各省份四个门限变量的通过情况有较大的差异，跨越绿色发明型专利门限的省份最多，其次是跨越产业结构合理化水平门限的省份，而跨越中级教育人力资本和市场化水平门限的省份相对较少。基于促进创新型人力资本的绿色溢出视角，我国各省份在绿色技术创新和产业结构变迁方面取得了一定进展，而在异质性教育人力资本和市场化水平方面还需进一步深化，尤其是吉林、宁夏、甘肃、青海等西部省份。

第三，"教育红利""技术红利"和"市场红利"对于经济绿色转型具有直接的促进效应，"结构红利"对经济绿色转型的直接效应并不明显；另外，对外直接投资、城镇化水平、环境保护力度都有助于经济绿色转型；政府规模对经济绿色转型可能存在惩罚效应。

（二）政策启示

碳达峰和碳中和目标的提出彰显了我国发展方式绿色转型的决心，

也为世界各国应对气候问题贡献了中国智慧和中国方案，体现了我国推动构建人类命运共同体和地球生命共同体的大国担当。为更好地发挥创新型人力资本的绿色溢出效应，构筑节能减排的基础，政策干预的空间有以下几方面。

第一，本节的主要发现为经济绿色转型必须遵循"创新驱动、人才为本"的原则提供了经验依据。充分发挥创新型人力资本的积极作用，一方面要激发创新型人力资本的技术创新效应，通过治污技术和新能源技术等的创新突破，推动能源效率提升、经济绿色低碳循环发展；另一方面，扩大创新型人力资本的知识溢出和集体学习效应，提升公众的绿色理念和低碳意识，引导绿色消费、低碳生活。

第二，区域差异大是我国的基本国情，经济绿色转型的实现又是一个广泛、深刻、复杂的系统问题，应按照"因地制宜、精准施策"的要求，统筹不同地区发展实际，避免突击冒进、"抢头彩"和"一刀切"，合理制定减碳任务。在坚持全国通盘考量基础上，地区"双碳"目标实现可以有先后。根据本节的发现，西部地区需预留一定发展时间，可与东部地区、中部地区实现梯度达峰。

第三，在推动经济绿色转型的过程中，应避免单纯提高产业结构高级化水平可能带来的惩罚效应，严控过度追求产业结构"服务化"蕴含的风险，坚持把发展经济的着力点放在实体经济上，注重不同地区产业结构合理化水平提升，注重先进制造业和现代服务业的深度融合。

第四，要实现经济绿色转型，还要进一步激发"技术红利"，加快绿色科技体制改革，创新对绿色技术的管理和激励方式。一方面，重视提高绿色技术创新的回报率，通过激发创新活力来促进成果转化应用；另一方面，重视公共绿色技术研发的引领作用，进一步强化政府服务，完善体制机制。

第五，政策制定要尊重和把握绿色发展的市场规律，培育更有活力、创造力和竞争力的市场主体。发挥市场在绿色技术创新领域、技术路线选择及创新资源配置中的决定性作用。全国碳排放权交易是利用市场机制推动低碳发展的一种重要手段，应逐步扩大碳市场覆盖的行业范围，进一步丰富交易品种、交易方式和交易主体，提升碳排放交易市场的活跃度。

第四节　基于人口素质的"双碳"目标与产业优化升级互动机制专题研究

实现碳达峰、碳中和是党中央统筹国内国际两个大局作出的战略决策，也是履行国家承诺和展现负责任大国形象的重要举措，自然也是开展产业绿色化研究无法绕开的话题。实现"双碳"目标既会给产业优化升级带来压力，又能推动人与自然的和谐共处。如何平衡好减碳行动与产业优化升级的速度、力度和幅度，形成环境保护与经济发展双向互动和良性互促局面，既是在寻求民族复兴道路上充分展现华夏"和合文化"的重大契机，又是在错综复杂国际形势下对中国共产党领导能力、执政能力和治理水平的重大考验。抓住重大契机和迎接重大考验必须处理好诸多关系，而人永远是这些关系中的核心要素，只有与人口素质匹配的机制才是最高效的机制。

一　"双碳"目标与产业优化升级的冲突、融合以及对绿色素养的要求

"双碳"目标与产业优化升级是一对矛盾统一体，既相互制约，又彼此支撑，短期局部看有轻重取舍，长期整体讲无敌我区分，处理得当便能实现生态与经济双赢，处理不好则要付出两败俱伤的代价（见图8-12）。二者最终能否同向而行，关键取决于人口的绿色素养能否跟上其对经济利益的追逐。

（一）"双碳"目标可能引发的产业优化升级压力

碳排放量增加是世界各国工业化过程中无法避免的伴生事件，控制

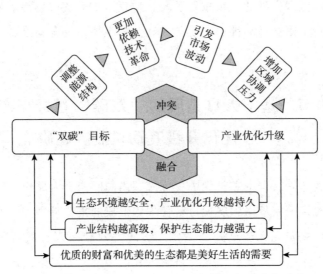

图 8-12　"双碳"与产业优化升级的目标冲突与融合

碳排放意味着在一定时期内必须承受经济发展的压力,尤其对于像我国这样处在发展过程中的大型经济体来说,产业优化升级面临的压力会更加复杂和多样。

1. 减少碳排放为调整能源结构带来直接压力

碳排放的源头是经济发展中的能源消费,一国能耗量通常随产业优化升级呈现倒"U"形趋势。欧美等发达国家碳排放峰值普遍出现在 1990～2010 年,这期间其经济发展程度、人均收入水平都处于高位,而经济增速及能源消费速度却处于低位或中低位,减碳具备一定的自然推动力,政策性减碳的施策空间要更大。比较来看,中国还是一个典型的发展中国家,2021 年人均 GDP 为 1.3 万美元,不到美国、德国、英国、日本、法国、加拿大等国的 1/3。不仅如此,国家统计局数据显示,中国经济仍处于 7% 左右的中高速增长阶段,2021 年能源消费总量达 52.3 亿吨标准煤,比 2015 年增加约 10 亿吨标准煤,在节能减排政策密集实施的背景下年均增速仍然接近 4%。更为紧迫的是,我国距离 2030 年实现碳达峰目标不足 10 年,调整能源结构的直接压力巨大。

2. 产业优化升级面临更加依赖技术革新的巨大挑战

受"富煤、少油、贫气"的能源结构约束，中国能源消费长期以传统能源为主，2021 年各类清洁能源消费综合占比仅为 25% 左右。由于清洁能源在供给稳定性、技术可靠性、开发价值和生产成本等方面各有不足，短期供给显著增加的难度较大，调整能源结构严重依赖产业优化升级的步伐。问题是欧盟和美国在碳达峰当年的服务业占比分别为63.7% 和 73.9%，而 2021 年中国服务业占比仅为 53.3%，能源消费最高的第二产业增加值占比却接近 40%。不仅如此，中国能源使用效率与发达国家存在较大差距，2020 年，中国单位 GDP 能耗为 3.4 吨标准煤/万美元，分别为美国、日本、德国和英国的 2.4 倍、3.1 倍、3.1 倍和3.8 倍（胡鞍钢，2021）。这些都决定了中国产业绿色化的任务通过现有产业布局调整较难完成，必须通过强有力的技术创新对高耗能行业进行替代，这对中国系统化技术创新能力构成了巨大挑战。

3. 企业生产成本上升容易引发市场波动风险

清洁能源替代和技术创新都需要一个较长的过程，其主要阻力来自对企业成本上升的担忧以及由此引发的市场波动。由于火电项目成本可通过运营周期进行分摊，价格主要受煤炭成本变动影响，而各种新能源开发和技术创新都需要大规模前期投资，即便不考虑能源供给稳定性和技术研发的不确定性，绝大多数企业的短期平均生产成本上升也是大概率事件，这是目前各种类型发电项目中清洁能源电价偏高的重要原因，同时也是限制企业绿色投资的主要影响因素。如果国家减排目标制定过急过重，除了会带来新能源投资的压力上升，还会导致企业生产成本增加并传导至下游引致最终商品价格普遍上涨，由此增加市场波动风险。

4. 禀赋差异可能增加区域协调压力

中国国土面积广阔但区域发展差异较大，地区间资源禀赋、产业形态和经济基础各不相同，为"双碳"目标的地区分解带来不小困难，一旦施策不当，极有可能对区域协调发展造成冲击。党的十九大首次将区域协调发展战略提升到统领性高度，这是对新时代社会主要矛盾中不平衡不充分发展问题的正面回应（孙久文，2018）。2022 年 4 月，中共中央国务院发布《关于加快建设全国统一大市场的意见》，明确要在有效保障能源安全供应的前提下，结合实现碳达峰碳中和目标任务，有序推进全国能源市场建设，同时要结合区域协调发展战略实施，鼓励京津冀、长三角、粤港澳大湾区以及成渝地区双城经济圈、长江中游城市群等区域，在维护全国统一大市场前提下，优先开展区域市场一体化建设工作，积极总结并复制推广典型经验和做法。这既表明党中央对处理好能源市场全国统一性和区域差异性的关系十分重视，也从另一个角度反映出中国地区差异对实现"双碳"目标可能带来复杂影响。

（二）明晰"双碳"目标与产业优化升级目标的融合性

能源需求大、产业能耗高、地区差异大、市场风险高等现实状况要求我们在实施减碳行动的过程中要高度重视各方面的压力。但我们也必须清醒地认识到，制定"双碳"目标是为了维护地球生态安全，保护人类生存环境，而推动产业优化升级和高质量发展也是为了给人们提供更加丰富和健康的产品与服务，二者的出发点和最终目标都是为了提高人类的生活品质。

1. 生态环境越安全，产业优化升级越持久

从竞争视域仅仅考虑当下利益，排放权就是发展权；从合作视角兼顾长远利益，过度排放就是限制发展。从各国实践过程来看，对自然的伤害最终会伤及人类自身。1956 年 3 月，毛泽东同志发出绿化祖国的伟大号召，体现了党的第一代中央领导集体对环境保护的重视。但由于当时我国对经济规律和自然规律的认识尚不充分，过多强调经济指标，对自然环境承载力的重视程度明显不足，使得原本已经慢慢恢复的工农业生产秩序再次陷入困境，各地生态环境也不同程度地遭到破坏。改革开放之初，邓小平同志指出，我们现在进行建设就要考虑如何解决好污染问题，随后又亲自推动了一场全民义务植树活动。正是在"一边开发

建设，一边防护保护"思路的指引下，我国人工造林面积多年居世界首位，党中央也陆续提出可持续发展观、科学发展观、生态文明观，确保经济发展沿着尊重自然、顺应自然和保护自然的正确轨道前进，产业结构持续优化升级。

2. 产业结构越高级，保护生态能力越强大

产业优化升级的实质是各类要素生产效率的整体提升，内在包含着淘汰高耗能产业和提高绿色产业比重。不仅如此，高层级的产业结构还意味着生产端采用更先进的技术手段和消费端具有更优质的生活水平，前者对应着保护生态的能力，后者蕴含着保护生态的动力。鲜军和周新苗（2021）的研究发现，全要素生产率的提高显著降低了 CO_2 排放量，而且越是产业结构落后的中西部地区减排效应越明显，说明目前减少碳排放最大的制约仍然是技术手段，包括清洁能源技术和传统能源再利用技术。此外，收入水平越高的人群对生活质量的要求越高，对保护生态的动力越大，对先进节能技术和绿色生活方式的接受越容易。

3. 优质的财富和优美的生态都是美好生活的需要

《中华人民共和国国民经济和社会发展第十四五年规划和2035年远景目标纲要》明确提出，要推动绿色发展，促进人与自然和谐共生。这里的"和谐共生"从过程上看就是让环境保护与产业优化升级相互促进，从结果上来看就是要生态文明与其他文明共存共荣，坚持优质的财富和优美的生态都是美好生活的需要，社会主义生态文明观正是中国共产党人对工业文明引起的生态危机进行反思的结果（朱可辛和孟书广，2021）。"双碳"目标既是中国对世界的环保承诺，更是国家对人民美好生活的誓言，一切关于经济建设和社会发展的具体目标都应该融入人民美好生活的根本目标之中。进一步讲，"双碳"目标带来的产业发展压力是真实且明显的，但为了更持久的产业发展和更美好的人民生活，这些压力也是暂时且值得承受的。

（三）绿色素养本质上是一种可持续发展的大局观

处理好"双碳"目标和产业优化升级的关系本质上就是用可持续发展理念看待经济发展与生态文明建设之间的关系，这不仅考验着党和政府的执政智慧，也对全民绿色素养提出了明确的要求。

1. 愿意为长期利益放弃眼前利益

宇宙是运动变化的，没有人知道地球还能存续多久，也没有人清楚人类还能在地球上生活多久。就某一代人的生命周期来讲，保护生态环境的意义确实有限，满足眼前的需求更加现实，但就整个人类文明的延续来看，对生态环境的破坏终将成为"压垮骆驼所有稻草中的其中一根"。从这个角度来讲，绿色素养是一个持续积累的过程，在大自然的报复到来之前，重视生态环境保护再晚也不晚，再早也不早。

2. 愿意为整体利益舍弃局部利益

自然环境既不是一棵树，也不是一条河，而是一个有机的生态系统。一个人终其一生的能源消费、一家企业无所顾忌地排放、一个地区或一个国家对大自然的漠视或许都不足以造成人类的毁灭，但总要有人为之付出代价，这就是自然平衡法则。从这个角度讲，绿色素养是一种严重依赖每个微观个体表现的整体状态，每个人对一草、一木、一山、一水的关怀终将成为整个人类与自然和谐相处的砝码。

3. 愿意为根本利益丢弃表面利益

既然这个世界迟早是要消亡的，那就很难用一个明确的标准来衡量个体生命的质量和人类文明的程度，但就人类有限的认知和普遍意义的共识来说，我们总是能区分出不同标准之间大致的层次差异。就如同马斯洛对人需求层次的划分一样，不同欲望在得到满足的时候总是有先后顺序的，越是紧迫的需求往往层次越低，对应于满足该类需求的行动也越自觉。从这个角度来讲，绿色素养一定是继所有物质需求和绝大多数精神需求满足之后才会出现的人类高级发展需求，而且绿色素养也由被动逐渐转为主动。

二　人口绿色素养推动"双碳"目标与产业优化升级融合的方式

中华文化源远流长，天人合一，中庸平和，依正不二，儒释道中蕴含着朴素而深刻的平衡观。控碳减碳和发展经济本身都只是手段，其最终目的是寻求人与自然在更高层次上的和谐共生，在平衡准则下携手构建地球生命共同体。人口绿色素养提升能够在速度、力度和幅度三个层面进行有效控制，实现"双碳"进度、深度和宽度的平衡（见图 8-13）。

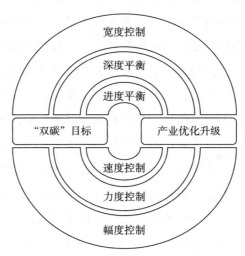

图 8-13　人口绿色素养推动"双碳"目标与产业优化升级融合的方式

（一）人口绿色素养有助于"双碳"速度控制与进度平衡

我国的"双碳"目标于 2020 年 9 月正式提出，共涉及两个时间节点，即 2030 年实现碳达峰与 2060 年实现碳中和。绿色素养提升意味着人们能够正视水质下降、垃圾堆山、土壤硬化、生物灭绝等环境污染和生态退化现象，及时采取必要的控碳减碳行动以改善生态环境。与此同时，人们也懂得"欲速则不达"的道理，能够围绕产业优化升级主线控制好减碳的步伐，结合中国所处的发展阶段量力而行，谨慎处理好短期成效与中长期任务之间的关系，避免因小失大。特别是人们能够充分认识到全球气候变化的公共性，清楚地知道单靠一国的努力无法改变全球变暖的趋势，发达国家应该更有条件也更有责任承担减碳任务。气候变化是一个缓慢发生的过程，生态环境是所有国家都应该关注的长远性工作，但作为发展中国家，短期内的主要任务仍然是发展经济，减碳速度必须在产业优化升级中寻求动态平衡。

（二）人口绿色素养有助于"双碳"力度控制与深度平衡

只有与产业优化升级同向而行的"双碳"才是有意义的，单纯的控碳减碳行为是无法取得预期效果的。无论是高耗能产业的淘汰调整还是新节能低碳产业的培育壮大都需要大量的投资，没有足够的人力、物力、财力投入，减排行动便如同隔靴搔痒，不仅无法应对气候变化，而且极易分散经济发展的精力。绿色素养提升意味着人们能够意识到，实现碳达峰碳中和充满挑战，需要壮士断腕的气魄进行生态修复或重建的投资。与此同时，人们也懂得，与大自然相处绝不能使用蛮力，必须掌握一定的技巧。当前节能减排最大的障碍仍然是技术不过关，各种清洁能源都存在各自的技术短板，很难实现对传统能源的规模化替代。为切实做好节能减排，有相当数量的绿色技能人才愿意投身绿色科技研发和推广应用。当然，人类对自然规律的认识远未透彻，地球不是静止不动的，自然界也处在不断演化之中，基于对过去若干年气温上升的事实，控制碳排放并尽快实现碳达峰在当下看来是必要的，但数十年后地球温度是否真的会按照人们预期的结果变动尚未可知。考虑到中国实现碳中和目标所承受的压力是其他国家和地区无法比拟的事实，政府部门有必要合理控制减碳投资力度，根据技术创新情况动态平衡不同发展阶段的减碳深度。

（三）人口绿色素养有助于"双碳"幅度控制与宽度平衡

控制碳排放是一个系统工程，涉及的要素和环节十分复杂，几乎与每一个人都有关系。从区域上来看，东部、中部、西部地区经济发达程度和人口集中度不同，减碳也应该承担不同的责任。从行业特征看，传统产业与新兴产业、支柱产业与配套产业等能耗强度和产业地位有别，节能技术改造投入也应有所区分。从部门关系看，规划、建设、产业、监督等部门既要责任明确，又要相互协调。可见，人口绿色素养提升意味着人们清楚地知道，单靠一个部门、一个行业或一个地区的力量是无法承担起"双碳"任务的，需要大家紧密配合，全国上下共同参与。但人人参与不等于全民皆兵，更不可一哄而上，个别地区对"双碳"目标的过度反应就是人口绿色素养较低的表现。2021年7月30日，中央政治局会议提出要坚持全国一盘棋，纠正运动式减碳的要求。具体来说就是要把握三个要领：一是减碳有重点，地区任务分解有差异，行业减碳领域有差异，部门责任有差异；二是减碳有节奏，四季转化时间有别，经济形势好坏有别，技术突破快慢有别；三是减碳有方向，生产减碳与生活减碳能有序衔接，整体减碳及局部增碳能相互认可，临时举措与长期政策能彼此支撑。

三 基于人口绿色素养的"双碳"目标与产业优化升级互动机制构建

习近平总书记将产业发展与生态环境保护的关系形象地比喻成金山银山与绿水青山的辩证统一关系，告诫我们要在保护中谋发展，在发展中求保护。因而，被动地等待环境库兹涅茨曲线自然进入回落区间显然是不可取的，目标融合与平衡准则要求我们树立系统化动态思维，形成"双碳"目标与产业优化升级的双向互促机制（见图8-14），既要坚定不移地沿着绿色化方向推动产业优化升级，又要顺应产业优化升级方向科学选择"双碳"目标的实现路径和方式。

（一）目标分担机制：人人愿意承担共同但有区别的责任

"共同但有区别的责任"是应对全球气候变化的基本原则，既强调保护环境是全人类的共同责任，又承认发达国家与发展中国家应该承担

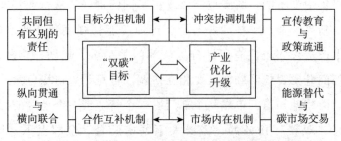

图 8-14 "双碳"目标与产业优化升级的双向互促机制

有差别的责任，这是世界各国能够在《联合国气候变化框架公约》下进行气候合作的前提。气候变化和减碳行动没有国别差异，各国难以独善其身，更无法以邻为壑。这一机制很好地将历史影响、现实能力与未来愿景结合在了一起，使得所有国家都能够有机会、有动力、有尊严地参与其中。作为一个发展中大国，做好"双碳"目标与产业优化升级的平衡也可以借鉴"共同但有区别的责任"机制，树立全国一盘棋的工作思路，做好总目标和总任务的分解，为各种形式的互动奠定基础。

其一，历史排放大户应该承担更多的减碳责任。世界各国环境保护法规制度普遍遵循"谁污染，谁治理；谁破坏，谁恢复"的责任对等原则。因此，实现"双碳"目标的第一步就是要全面摸清碳排放实情，按照排放强度分类施策，优先安排重点领域排放大户节能降碳行动。2021 年 10 月，国务院发布《2030 年前碳达峰行动方案》，对电力、钢铁、有色金属、建材、石化化工等重点行业节能降碳作出专项详细部署，并对重点用能单位能耗监测、重点基础设施绿色改造、重点用能设备节能增效等作出行动安排，充分体现了排放与减排责任对等原则。

其二，相对发达地区应该提供更多的减碳支持。发达国家实现碳达峰的路径既有产业优化升级的自然降碳，也有推广使用清洁能源替代传统能源，还有高耗能产业的海外转移，大国内部地区之间同样存在类似情况。有些经济发达地区未必是直接碳排放量大的地区，但一定是过去碳排放的受益地区，因而有义务对欠发达地区节能降碳行动提供一定的资金和技术支持。当前的国际减排机制中就包括了发达国家对发展中国家提供减排资金、技术和能力建设支持的条款，而我国尚缺乏这方面的安排，可随着实现碳达峰地区的扩大择机考虑。

其三，欠发达地区和排放小户要尽已所能履行责任。防止气候异常波动人人有责，尽管《巴黎协定》充分考虑了发展中国家在经济发展压力、减碳时间长度、生态脆弱性等多方面的困难，但并没有排除任何一个国家的责任。我国中西部地区有大片区域乡村振兴才刚刚起步，脱贫成果还不牢固，有些地区整个县城碳排放量还不及发达地区一家大型企业的碳排放量。这些地区目前仍以政策帮扶下发展经济为主，但新培育产业从一开始就要注意把好能耗和排放关，同时要通过植树造林、推广绿色生活方式等办法为完成全国"双碳"目标作出贡献。

（二）合作互补机制：人人能够纵向贯通与横向联合

明确责任划分是有效互动的基础，解决的是减碳意愿的问题。由于各国在控制温室气体排放方面的优劣势不同，除了发达国家对发展中国家提供必要的资金和技术支持，真正提高减碳的效率还有赖于各国在不同领域的密切配合。中国经济规模大、产业体系杂、人口数量多，城乡之间、地区之间、行业之间存在明显差异，这就为减碳合作提供了广阔的空间。

其一，纵向贯通，上下联动，支持层级合作。在"双碳"领域，从国际合作到微观企业和民众的具体行动，中间还存在着中央政府、地方政府、跨区域联合组织、行业性组织等诸多层级。逐级分解的减碳目标能否与各层级减碳行动方案有机衔接，依赖于纵向机制的畅通程度，取决于所有层级之间是否能够形成上下联动的信息和决策传递。目前，我国从中央到地方都成立了碳达峰碳中和工作领导小组，但从隶属关系上看，级别略显不够，能否发挥节能减排与产业发展综合平衡的作用尚待观察；但国家坚持"部门打通，上下联动""先试点建设，后逐步推广""鼓励有条件的地方主动作为、率先达峰，但严格限制减碳行动中的抢跑、'一刀切'和'运动式'减排"等思路和做法无疑是非常值得肯定的。

其二，强强联合，以强扶弱，鼓励横向合作。实现碳达峰、碳中和目标，是我国向国际社会作出的庄严承诺，也是实现高质量发展、满足人民美好生活需要的重要途径。减碳行动既要"系统设计，稳步推进"，也要"重点突出，讲求实效"，鼓励各种形式的横向合作。一方面，结合区域重大战略、区域协调发展战略和主体功能区战略，鼓励在重点地区、重点行业、重点领域进行强强联合，发挥各自在资金、技术、科研、产业等方面的优势，开展清洁能源和绿色产业关键技术的协同攻关，支持针对高耗能行业和碳排放大户联合制定专项减排方案，确保碳达峰碳中和时间压力不后移。另一方面，在非重点减排地区和领域鼓励采取以强扶弱的方式配合产业优化升级开展减碳合作，特别是要围绕全国产业优化升级的总目标实施产业的跨区域转移，转出地和承接地都要注重产业的环保标准，该淘汰就要淘汰，该技改就要技改，避免再走"先污染后治理"的老路子。

（三）市场内在机制：人人可参与能源替代与碳市场交易

党的十八届三中全会明确提出，要让市场在资源配置中起决定性作用。即便是在生态环境保护这一具有明显外部性的领域，更好地发挥政府作用也仅限于制定统一规则、维护市场秩序、政策引导支持等常规宏观调控手段，不能越位干预市场的正常生产经营决策，尤其要限制使用单纯行政指令强制减碳，以免破坏市场内在机制。只要政府规则制定合理，政策支持到位，就能引导市场主体在追求自身利益最大化的同时实现减碳目标。

其一，因地制宜支持低碳经济、循环经济发展。市场本身是趋利避害的，一些新兴产业发展缓慢既有可能是存在技术短板或成本过高造成的，也有可能是市场太小无法迅速产生规模经济效应造成的。此时，政府如果能准确发现问题并给予专项支持，市场的潜力就能迅速得到释放。一方面，利用各地产业结构调整的机会引导产业重新布局，助力低碳经济发展。比如在风能、光能、水资源富集地区布局高耗能产业，通过市场自发对接形成规模互促效应；在传统能源富集地区推动构建绿色金融，引导市场投资向新型煤化工等产业转移，延伸产业链并促进传统能源的清洁利用。另一方面，在产业集中但非能源富集地区探索多样化的废弃物资再利用技术和模式，为市场投资开辟必要的获利空间，下大力气推动循环经济发展，形成生产生活用能的良性互动，坚决贯彻国家明确提出的"节约优先"的碳达峰工作原则。

其二，利用好全国碳市场、用能权交易市场等机制。市场化减排在本质上还是要通过交易来实现。碳市场在价格发现、预期引导、风险管理等方面的天然优势，有利于发现碳排放的真实成本，从而引导市场在技术研发和能源开发等方面的投资，达到高效配置资源和更合理减排的效果。经过十年左右的试点探索，全国碳排放权交易市场于2021年7月正式开市，并在第一个履约周期取得了积极成果。碳市场得到的规模经济效益十分突出，从短期来看，健全碳市场机制重点在扩大市场覆盖范围，丰富交易品种和交易方式，其难点不在技术层面而在不同交易权之间的统筹衔接。从中长期来看，健全碳市场机制重点在如何配合分配方式更好地体现排放成本，其中涉及较为复杂的经济核算与机制设计，这也是把减排和产业优化升级有机结合起来的关键环节。

（四）冲突协调机制：人人接受宣传教育与政策疏通

"双碳"目标和产业优化升级在一定时期内的局部冲突是难以避免的，包括减排与产业发展本身的直接冲突，也包括人为设计的规则与市场规则的冲突，还有可能出现减碳利益争夺导致的人为冲突。为确保各层次减碳工作的顺利进行，同时为市场化减碳行动创造更好的条件，同步实现"双碳"和产业优化升级双目标，需要对各种可能的冲突情形提前作出预判，并制定必要的冲突协调机制。

其一，加强宣传教育，促进生态文明理念更加深入人心。《关于完整准确全面贯彻新发展理念做好碳达峰碳中和工作的意见》明确将绿色低碳发展纳入国民教育体系。通过教育普及环保知识、宣传低碳理念、增强绿色意识、促进节能行为、凝聚全社会共识，加快形成全民参与的良好格局，在思想上把各个领域的减碳行动统一起来，从认识上减少冲突。此外，实现"双碳"目标与产业优化升级的有机互动是一个跨学科多专业的复杂领域，要坚持用专业化的方式解决专业性的问题就必须创新人才培养模式，鼓励各级各类学校加快开展与"双碳"相关的学科建设和人才培养。

其二，财政要发挥积极的市场疏通作用。从国际普遍做法来看，除了健全碳市场交易制度，征收碳税同样是一种重要的控碳手段。征收碳税的目的不是增加财政收入，而是通过增大碳排放成本形成一种倒逼机制，促使企业更多地使用清洁能源，从而对碳市场交易形成一种良性补充。尽管碳税在扩大覆盖面和减碳效果上更加明显，但由于税率由政府确定，征收不当很容易扰乱正常的市场供求格局，因而在征收时要注意把握好节奏，循序渐进。此外，财政对新能源产品的补贴、对清洁技术专利的研发补贴等也能够在一定程度上缩短清洁能源和产品的转换周期，减少市场交易成本，对市场化减碳形成良好的补偿。

其三，科学合理地评估考核与反馈调整机制。实现"双碳"目标是一个宏伟任务，需要制定科学的整体规划和行动方案，更需要进行严格的监督和考核以便有效落实。然而，国际经济形势的变化、生产技术的未预期突破、新能源品种的发现、气候的反常变化等都有可能对既定的减碳方案提出调整要求，充分利用大数据平台进行环境测评与决策优化是国家生态文明试验区五年建设的重要经验之一[①]。因而，除了常态化的评估、考核、奖惩等，各地还需要制定积极的效果反馈和动态的政策调整机制，最大程度上减少旧思路与新形势的冲突，确保"双碳"目标与产业优化升级相互促进，同向而行。

---

① 国家发展改革委. 国家生态文明试验区改革举措和经验做法推广清单 [EB/OL].
2020. 11. 25，http://www.gov.cn/zhengce/zhengceku/2020−11−29/content_5565697.htm.

第九章 劳动力素质、创新能力与产业优化升级

通过分层次探讨劳动力素质与产业高端化、产业融合化、产业智能化和产业绿色化之间的关系可以看出，人与产业的协同发展既有数量问题也有质量问题，不同方面的劳动力素质在产业优化升级中扮演着不同的角色，其中人的创新能力无疑是推动劳动力素质提升与产业优化升级协同的最为关键的因素。只有下大力气在理论上构建中国特色的创新经济学，在制度和政策上形成卓有成效的公共创新体系，才能在实践中激发各类市场主体的创新热情，推动中国产业结构持续优化升级。

第一节 基于创新视角的人与产业关系再探讨

人与产业的关系是人类在适应和改造自然的过程中形成的基本关系，人与产业关系的协调度和稳定性与人类经济活动的生产方式密切相关，尤其是在特定历史阶段代表性生产工具直接决定着人与产业关系的性质。自然资源是天然形成的，而生产工具的变化则是人类在总结以往经验基础上的创新成果。持续不断地推动创新需要在理论上清楚认识劳动、创新与产业之间的相互作用。

一 一个小结：创新引领劳动力素质与产业优化升级的协同

本书讨论的对象始终集中于劳动力素质和产业结构两件事情，无论

前者的提升还是后者的升级，都是基于动态视角对变化的考察，同时包含有改进或创造的内容，从改变到改造再到创造是一个完整的创新过程。基于前文对产业优化升级的内涵分解及其各分项与劳动力素质的互动关系分析，发现创新在二者协同关系中具有极其重要的作用，正是创新的力量引领着劳动力素质与产业优化升级的协同，而两者不同步或不匹配也在很大程度上是创新不足的原因。

第5~8章分别从产业高端化、产业融合化、产业智能化和产业绿色化四个方面探讨了劳动力素质与产业优化升级的协同关系，这是从产业结构变化特征出发为研究方便而做出的分类。若从现实中产业形态变动的规律来看，问题则要简单得多。如图9-1所示，农业经济在人类历史上延续了相当长的时间，"靠天吃饭"使得人与自然的关系飘忽不定。17世纪的蒸汽动力革命打破了自然力的约束。此后，技术创新和制度创新一直是人与产业关系的主导因素。

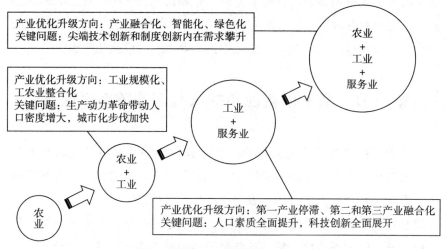

图9-1　产业形态演变规律及关键推力

首先，新产业形态的出现总是需要新的技术手段作为支撑。产业形态是各种具体产业类型和业态的总称，传统关于三次产业形态的划分是以经济活动中人与自然的距离为基础的，人类之所以能逐渐远离对自然物的直接攫取，其根本原因是新的技术手段能够确保人摆脱自然力的约束。新产业往往能满足更多的需求，因此人们会自觉地提升自己的素养以适应新的产业形态，从而保证劳动力素质能够达到新产业正常运行的需要。

其次，新产业形态出现后势必带来新的生产和生活方式。新产业形态会从生产和生活两方面带来新的气象。一是劳动的方式发生了改变，对工作时间、工作周期、工作强度等都会产生影响，从而对劳动力的身体素质、心理素质、技能素质等提出新的要求；二是新产业生产的新产品进入人们的生活，对家庭的日常生活方式产生影响，尤其是饮食、睡眠、交流等，当这些变化扩散至全社会后，人们的社会关系就会发生变化。

最后，新的生产和生活方式需要新的制度安排。制度是人类基于集体理性妥协的结果，个体利益与集体利益的天然冲突需要通过必要的制度安排加以平衡或化解。新的生产和生活方式需要新的制度安排，一方面是因为新的生产和生活方式改变了原有制度发挥作用的环境和条件，如公司制企业与家族企业的企业环境是完全不同的；另一方面是因为新的生产和生活方式产生了新的冲突因素，如工业品贸易和服务贸易都比原先的农产品贸易复杂得多。

二　回到开头：确立创新在人与产业协同关系中的核心地位

本书开篇提出了一个宏大的问题——我们身处的星球究竟是如何运转的？仅仅凭着对生活的感悟和做研究的直觉，我们相信，保持人与产业的协同关系，就如同找到了维护人与自然和谐相处的密码，也仿佛寻到了一把打开地球迷宫的钥匙。经过蜿蜒曲折的摸索，这把钥匙的模样渐渐变得清晰起来。就人类整体而言，人类始终拥有一种与生俱来的改变现状的冲动，即便偶尔会懈怠、停滞、破坏甚至倒退，但从来不曾真正失去过。现在看来，我们更愿意把这种一直伴随人类前行的创造性自我满足行为称为创新，并非它有多么的神奇神秘，恰恰是因为它每时每刻都出现在我们周围。

首先，创新本身就代表了劳动力与产业的高质量匹配关系。通过理论框架构建部分的分析发现，劳动力与产业的匹配质量存在诸多考察角度和评价标准。从动态角度看，二者并非停止于某个匹配水平，而是互相促进的。高素质的劳动力往往意味着更高的创新素养，具备突破现有产业成长边界的能力，相应地，高成长性的产业也能反向刺激劳动力素质的提升。可见，创新本身就是劳动力与产业匹配质量的重要衡量标准，一个国家的创新能力和创新成果同时展示着该国高端人才的集聚情况和产业的国际竞争力。

其次，创新能够以更快的速度纠正劳动力与产业的错配状况。当劳动力与产业出现数量均衡型错配时，可以简单地通过劳动力流动的方式进行纠错，即便政策不直接干预，市场也存在自发纠错的机制。当劳动力与产业之间存在质量不均衡型错配时，市场往往表现出滞后性，这就需要出台必要的政策对劳动力开展教育培训或调整产业结构，并确保政府和市场形成合力。如果劳动力教育培训仅仅是适应性的，其纠错的效果将是被动的和有限的，只有超前性人力资本培育才能通过创新效应发挥对产业结构调整方向的引领作用，从而更快扭转二者的错配关系。

最后，创新能够更加有效地引领劳动力与产业的未来匹配方向。动态视域下的劳动力与产业协同意味着一种永续发展的理念和目标，需要明确两者匹配的长远方向。从国内来看，供给层的资源是稀缺的，消费层的欲望是无限的，若想在资源可承载的情况下更好地满足居民生活质量提升的要求，需要不断强化创新；从国际上来看，随着各国经济的发展，国家间产业竞争和人才竞争逐渐激烈，对各国的创新能力构成巨大挑战。换句话讲，只有在创新引领下形成的劳动力与产业匹配关系才是更加可持续的协同关系。

三　展望未来：构建中国特色创新经济学的基本思路

创新是新时代推动中国经济高质量发展的关键动力，因此有必要构建中国特色创新经济学。纵观整个经济学界，目前尚未形成完整且成熟的创新经济学理论体系，这就为中国特色创新经济学的构建提供了机遇和空间，并且改革开放四十多年的"中国经济奇迹"也为中国特色创新经济学理论体系的形成奠定了坚实的实践基础（安同良和姜妍，2021）。构建中国特色创新经济学可以从多个方向入手探索，从助力产业优化升级的主体角度来看，至少应当囊括国家、组织、个人三个层级，其中，个人创新素养是构成国家创新体系和组织创新体系的微观基础。

从国家层面来看，应继续发挥举国体制的优势，构建引领中国经济由追赶到超越的国家创新体系。广义的国家创新体系囊括全国所有创新主体所开展的全部创新活动要素。国家创新体系重点强调公共创新环境，突出以政府为主的公共部门的作用，包括国家创新氛围、创新制度环境、创新基础条件、公共创新活动、对外创新合作等。中国特色社会主义国家创新体系的最大优势就是中国共产党领导的举国体制，其能够集中力量解决改革中的核心问题，确保经济社会沿着正确的方向持续前进。在改革开放四十多年的历程中，设立经济特区、实施扶贫开发、推进乡村振兴、攻克核能和空间探索关键技术、建设四通八达高铁网等，无不体现出举国体制的巨大优势。面对已经实现散点并跑或超越但整体仍然落后的创新状况，要实现创新的全面超越需进一步发挥举国体制的优势，形成全国、大区域、城市、乡村等多维公共创新的互动局面，推动国家创新从单点向系统、从模仿向自主、从应用向基础和应用结合等的多维转型，引领中国经济全面迈上创新发展之路。

从组织层面来看，应继续夯实市场的决定性地位，构建助力中国经济充满活力的组织创新体系。发达国家在国际上创新领先地位的确立主要在于拥有数量众多的教育科研机构、充满活力的市场主体和自主灵活的社会组织。改革开放以来我国得天独厚的大国市场优势的形成同样依赖于大量市场主体的凝智聚力。组织创新特别是市场型组织创新是应用型创新的绝对主力，是加快要素流动和提升要素配置效率的关键力量，包括社会服务、组织管理和技术研发等诸多领域的创新。"十四五"规划指出，坚持创新驱动发展，全面塑造发展新优势，需完善技术创新市场导向机制，强化企业创新主体地位，促进各类创新要素向企业集聚，形成以企业为主体、市场为导向、产学研用深度融合的技术创新体系。

从个人层面来看，应继续释放个体主观能动性，构建支撑中国经济高端突围的创新型人才体系。人才是经济活动中最活跃的要素，创新型人才是一切创新活动的最终执行者，广大人才的主观能动性是创新的源泉。随着经济实力和综合国力的不断增强，我国逐步告别了人才大量流失的困境，迎来各级各类人才的稳步回归，为中国经济高端突围奠定了坚实的人才基础。针对未来国家创新体系和组织创新体系构建的人才需求，创新型人才体系需要从人才引进、人才培养和人才使用三个方面整体发力。按照"十四五"规划的部署，人才引进的重点在于完善外籍高端人才和专业人才来华工作、科研、交流的停居留政策，完善外国人在华永久居留制度，探索建立技术移民制度；人才培养则要针对整个教育制度进行深度改革，树立终身教育、连续教育和融合教育理念，形成通识教育和专业教育、普通教育和职业教育协同发展的局面，同时注重依托重大科技攻关项目培养高精尖人才；人才使用则要根据经济高质量发展需求不断完善人才评价和激励机制，大力弘扬新时代科学家精神，推进创新、创业、创造向纵深发展。

四　创新理论：基于产业优化升级视角的修正与解释

创新活动是伴随着人类成长全过程的，但在漫长的自然力约束下的人类演进过程中，针对创新的研究起步较晚，明确将创新作为一种理论加以研究可追溯至 20 世纪初约瑟夫·熊彼特（Joseph Schumpeter）的《经济发展概论》。此后，罗斯托的经济发展阶段论、罗杰斯的创新扩散理论以及近年来发展的自由式创新学说、协同创新理论等纷纷破土而出，推动创新经济学成为经济学理论体系中重要的分支，创新活动在经济实践中的地位受到越来越多的关注。时至今日，创新话题已经遍布哲学、心理学、管理学、社会学等诸多学科，正如 Freeman（2007）所说，经济学本身并不足以理解创新经济学。

综合各方研究，对创新的认识主要集中于以下三种视角：一是从创新的内容上创新分为技术创新和制度创新，并存在延伸的体制创新、政策创新、管理创新等概念；二是从创新的范畴上创新分为商业创新和社会创新，同时出现了思想创新、理论创新、政治创新、文化创新、生态创新等诸多提法；三是从创新的主体上创新分为企业创新、非企业组织创新和政府创新等，还有学者提出了个人创新、私人部门创新、公众创新、公共创新、国家创新、用户创新、公民创新等。

以上关于创新的不同研究视角虽存在表述差异或领域重叠，但关于创新内涵的界定基本一致，即创新是不同于以往的活动、事物或成果。值得一提的是，米尔首次发现了创新的内部矛盾或双重作用。熊彼特基于此指出，产业突变的过程……不断从内部对这个经济结构进行彻底变革，不断破坏旧有的结构和创造一个新的结构，这样一个创造性破坏的过程，就是资本主义的本质事实（Schumpeter，1954）。此后，创新性破坏成为创新经济学中最重要的概念之一。幸运的是，创造的价值要超过破坏的价值（斯旺，2013）。也就是说，创新是那些推动人类进步的改变。按照这一认识，借鉴 20 世纪中后期兴起的国家创新系统理论，从推动产业优化升级的视角，本章尝试对创新理论做些许修正和简化（见图 9-2）。

其一，创新环境和创新行动是实现创新成果的两大基本要素。无论是熊彼特式的商业创新成果还是其他形式的社会创新成果，对于推动长期产业优化升级的作用同等重要，都是创新理论应当关注的对象。取得任何创新成果的影响因素都是复杂多样的，但其核心要素却很清晰，一个是鼓励和支持创新的国家环境，一个是参与和推动创新的切实行动，二者缺一不可。就其关系来看，创新环境影响创新行动的积极性，而创新行动效果反映创新环境的优劣。

其二，公共创新和组织创新是国家创新体系的两大组成部分。国家创新环境体现一国对待创新的基本理念，以及为鼓励创新所营造的社会氛围和为支持创新活动所提供的各类条件，包括制度环境、基础设施、政策法规、教育环境以及国家所处的国际环境等方面，主要由以政府为主的公共部门提供或决定，可称之为公共创新；创新行动主要包括对创新人才的组织和创新活动的投资行为，主要由以企业为主的各类社会组织和个人提供，可笼统地称之为组织创新。

其三，创新型国家总是建立在全体国民创新素养提升的基础上。创新的源头是人脑的思维活动，无论何种形式的创新实践，其最终创新效果都取决于全体国民的整体创新素养，包括创新的意识、热情和能力等。没有足够数量和一定层次的人才支撑，所有的创新规划都将停留于理论或设想层面，现成的创新成果也无法转化为国家经济发展的动力。

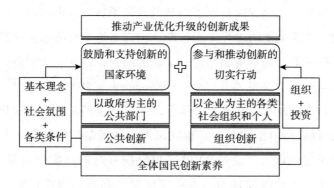

图 9-2　基于产业优化升级视角的创新活动
资料来源：作者自绘。

第二节　人口素质、公共创新与产业优化升级

从全球经济演变历程来看，产业优化升级所依赖的创新原动力显然离不开某些伟大科学家的杰出贡献，也离不开这些伟大科学家背后存在的国家或地区范畴的强大公共创新力。这种力量有时候并不能被直接观察或测量，它更像一种治国理念、社会氛围、民族情绪或者国家气质，

对于创新者的意义就如同空气和水之于普通生命；它通常基于特定时代全民素养的提升而形成，是推动国家产业优化升级不可或缺的力量。

一　创新的公共属性与狭义国家创新理论

在大多数创新经济学家看来，创新的源头是新思想的诞生（可称之为"发明"），经济学意义上的创新则是对发明的商业应用，而且是成功的应用，有些发明可能永远停留在新想法层面。可见，创新可以从结果和过程两个角度来做深入分析，而且不管从哪个角度考察，均可以发现创新具有公共物品的某些属性以及创新对国家政策或行动具有显著的依赖性（Arrow，1972）。

从过程来看，创新包含了发明、设计、开发、商业应用（生产或销售）等诸多复杂的环节，但这一过程没有任何规则可言，就算是创新者自己也无法清楚地描述每一个环节是如何完成的。这正是创新的第一个突出特征：探索性或不确定性。这一特征意味着创新是要承担风险的。如果创新仅仅是熊彼特式的，在缺乏外部压力的情况下，创新者需要对可能的利润和风险进行谨慎权衡。如果政府有加快产业优化升级的愿望或打算，那么有必要营造保护创新热情和刺激创新动力的公共环境。

从结果来看，创新思想在商业上的成功应用不仅意味着创新者获得更强的市场竞争力和更多的利润，同时也意味着消费者的需求被更低成本或更高层次地满足（创新的正外部效应）。全体居民生活品质的提升是国家的根本使命，这让我们再次对亚当·斯密"看不见手"的魅力有了更深的理解。与此同时，创新的破坏性也可能让部分竞争者丢掉市场或失去工作，如果不对其进行必要的保护，随之而来的极有可能是创新的马太效应和失衡效应。如果创新依旧是熊彼特式的，那么创新垄断乃至社会分层恐难以避免，政府在设法推动创新以加快产业优化升级的同时，还应当做好应对创新破坏效应的准备。当然，政府也不能忽视市场模仿对创新的反向抑制效应，需加强对创新成果的保护。

从以上分析可以看出，熊彼特式市场创新（近似于下一节的组织创新）是很难孤立且持续地产生的，它严重地依赖国家整体的创新环境，即公共创新。需要说明的是，这里的公共创新既不同于陈劲和李佳雪（2020）等所讲的公众创新或社会创新，也不同于阿兰·阿舒勒和陈雪莲（2003）所质疑的由政府部门直接推动参与的政治层面的政府创新，这里所说的公共创新的主体虽然是以政府为主的公共组织，但其内容更多强调营造有助于市场组织创新的环境。根据现代市场经济条件下政府与市场的职责分工，公共创新在理论上有两大职能。一是为市场组织创新提供有利环境，比如反垄断法、专利保护法、失业保险、企业救济政策、研发投入税收优惠政策等；二是弥补市场主体不愿意或无法有效进入的创新领域，比如提供更高质量的基础教育、组织开展基础学科研究、引导和支持新兴产业投资等。

二　中国式公共创新对产业优化升级的现实意义

尽管仍然存在频繁的地区冲突、普遍性收入差距拉大、蔓延性环境污染等诸多严重问题，但第二次世界大战后的世界整体上是趋于发展和进步的，其中一个非常重要的原因在于层出不穷的创新驱动使各国经济取得了显著的成就。中国是新兴大国经济强势崛起的典型代表，由追赶迈向并跑的发展进程为中国公共创新提供了重大历史机遇，中国也很好地利用这一机遇展示了自己的制度特色和发展优势，并对推动产业结构持续升级发挥了重要作用。中国式公共创新包括四个层次：公共理论创新、公共制度创新、公共政策创新和公共创新行动（见图9-3）。

图9-3　中国式公共创新的整体架构

（一）公共理论创新为中国产业优化升级明确了方向

以党的十一届三中全会为标志，中国对社会主义建设方向进行了大幅调整，由经济领域发端并带动各个领域陆续发生了翻天覆地的变化，中国特色社会主义市场经济理论成为产业优化升级的航向标，并为市场创新营造了良好的环境。四十多年来，中国经济理论总体上沿着包容性越来越大、开放度越来越高、解释力越来越强的主线不断发展，对混合经济、市场机制和多样化分配的兼容性越来越高，形成了中国特色的社会主义市场经济理论体系，为各阶段产业优化升级指明了方向。改革开放以来中国公共理论创新的部分重大事件如表 9-1 所示。

过去四十多年，在中国共产党的领导下，中国公共理论建设始终坚持和不断创新马克思主义，并用中国化时代化的马克思主义指导社会主义国家建设。从公共经济理论发展来看，公有制经济的主体地位始终没有动摇，这是确保一切产业活动能够始终坚守最广大人民根本利益的基础；不同所有制经济之间的关系不断优化，为各类市场主体充分发挥其积极性创造了条件，这是加快产业优化升级的重要前提；市场在资源配置中的地位和作用得到持续提升，确保产业布局和产业活动切实尊重经济发展的内在规律。

表 9-1　改革开放以来中国公共理论创新的部分重大事件

年份	文件或讲话	重大理论创新
1981	党的十一届六中全会通过《关于建国以来党的若干历史问题的决议》	正式提出以计划经济为主，以市场调节为辅
1984	党的十二届三中全会通过《中共中央关于经济体制改革的决定》	在基本经济制度层面明确社会主义经济是公有制基础上的有计划的商品经济
1987	党的十三大《沿着有中国特色的社会主义道路前进》	进一步将新体制界定为计划与市场内在统一的体制
1992	邓小平南方谈话	计划经济不等于社会主义，资本主义也有计划；市场经济不等于资本主义，社会主义也有市场；计划和市场都是经济手段

年份	文件或讲话	重大理论创新
1992	党的十四大《加快改革开放和现代化建设步伐夺取有中国特色社会主义事业的更大胜利》	正式提出我国经济体制改革的目标是建立社会主义市场经济体制。从根本上破除了将计划经济和市场经济作为社会基本制度范畴的束缚，标志着中国特色社会主义市场经济理论的正式提出和初步形成
1993	党的十四届三中全会通过《中共中央关于建立社会主义市场经济体制若干问题的决定》	勾勒了社会主义市场经济体制的基本框架、改革方向和建设蓝图
1997	党的十五大《高举邓小平理论伟大旗帜，把建设有中国特色社会主义事业全面推向二十一世纪》	公有制为主体、多种所有制经济共同发展，是我国社会主义初级阶段的一项基本经济制度。一是从单一的公有制理论走向了主辅并存的所有制结构理论，二是将所有制和所有制的实现形式区分开来，形成了公有制实现形式理论
2003	党的十六届三中全会通过《中共中央关于完善社会主义市场经济体制若干问题的决定》	建立有利于逐步改变城乡二元经济结构的体制，形成促进区域经济协调发展的机制，建设统一开放竞争有序的现代市场体系
2013	党的十八届三中全会通过《中共中央关于全面深化改革若干重大问题的决定》	提出公有制为主体、多种所有制经济共同发展的基本经济制度，是中国特色社会主义制度的重要支柱，也是社会主义市场经济体制的根基；提出经济体制改革是全面深化改革的重点，核心问题是处理好政府和市场的关系，使市场在资源配置中起决定性作用和更好发挥政府作用
2017	党的十九大《决胜全面建成小康社会 夺取新时代中国特色社会主义伟大胜利》	指出经济体制改革必须以完善产权制度和要素市场化配置为重点，实现产权有效激励、要素自由流动、价格反应灵活、竞争公平有序、企业优胜劣汰
2022	党的二十大《高举中国特色社会主义伟大旗帜 为全面建设社会主义现代化国家而团结奋斗》	提出了中国式现代化的五个基本特征和九个方面的本质要求

资料来源：根据网络资料整理。

（二）　公共制度创新为中国产业优化升级打开了空间

公共制度创新是公共理论创新的延续，当一种新的理论被以法律法规的形式确立下来，并因此形成一种新规则下的稳定预期时，便构成了制度创新。制度天然具有公共属性，只是不同制度所限定的群体范围和约束力不同。从全国层面来看，基于市场经济理论的国家重大制度创新起步于改革开放初期的家庭联产承包责任制，连同 20 世纪 80 年代后期的企业承包经营制，对于调动广大城乡居民的生产积极性发挥了重要作用；而以价格双轨制、分税制等为代表的渐进式增量改革制度创新对理顺不同主体的相互关系产生了重要影响；以经济特区等为代表的公共制度创新则扮演了引领市场创新的重要角色。改革开放以来中国公共制度创新的部分重大事件详见表 9-2。

表 9-2　改革开放以来中国公共制度创新的部分重大事件

重大制度创新	形成历程	对产业优化升级的意义
家庭联产承包责任制	1983 年，中央 1 号文件标志着家庭联产承包责任制作为农村改革一项战略决策正式确立；1991 年，十三届八中全会通过《中共中央关于进一步加强农业和农村工作的决定》，把以家庭联产承包为主的责任制、统分结合的双层经营体制作为乡村集体经济组织的一项基本制度长期稳定下来	农民生产的积极性大增，农业生产效率大幅提升，为加快工业化创造了条件
价格双轨制	1979~1993 年，计划经济向市场经济转型过程中所采取的一种特殊制度安排，是渐进式增量改革（体制外优先改革）的一个重要特征	避免利益过大调整的震荡，减少改革的风险，刺激短线行业的发展
企业承包经营责任制	1988 年，国务院发布《全民所有制工业企业承包经营责任制暂行条例》，提出按照所有权与经营权分离的原则，以承包经营合同形式，确定国家与企业的责权利关系，使企业做到自主经营、自负盈亏	超收多留，欠收自补，权利和责任挂钩，扩大企业自主权，增强企业活力，调动企业经营者和生产者的积极性和创造性

重大制度创新	形成历程	对产业优化升级的意义
经济特区	1979年4月，邓小平首次提出要开办出口特区； 1979年7月，中共中央、国务院同意在深圳、珠海、汕头、厦门试办出口特区； 1980年5月，四个出口特区改称为经济特区； 1988年4月，设立海南经济特区； 1992年，经济特区模式移到国家级新区，上海浦东等国家级新区发展起来	在体制改革中发挥"试验田"作用；在对外开放中发挥"窗口"作用；在自主创新中发挥排头兵作用；在现代化建设中发挥"示范区"作用；对香港、澳门顺利回归和繁荣稳定发挥重要促进作用
分税制财政管理体制（简称分税制）	1993年，国务院发布《关于实行分税制财政管理体制的决定》，确定从1994年起改革地方财政包干体制，实行分税制财政管理体制	分税制是中央实施宏观管理的财力保证，以充分发挥税收杠杆调节经济配置资源的独特作用

资料来源：作者根据公开资料整理。

　　从促进产业优化升级的角度来看，城乡居民生产积极性的释放显著提升了工农业的劳动生产率，推动了产业规模的扩大并加剧了产业间竞争，这有助于刺激产业更加注重技术进步的投入，从而加速了产业的层次更迭。理顺不同主体间关系有利于明确各类主体经济活动的边界，对引导企业在细分领域精耕细作和避免产业间过度竞争具有重要作用。至于像经济特区类的公共制度创新本身就是营造产业创新环境的重要组成部分，是新产业不断萌发的重要推手。

（三）公共政策创新为中国产业优化升级增添了动力

　　国家重大战略是对公共制度创新的落实，伴随这些战略推进实施的往往是系列公共政策创新，为相关产业转型升级提供了动力。改革开放以来，根据时代背景和制度创新需要，党中央相继推动实施了系列国家发展战略，其中对产业优化升级产生方向性影响的有对外开放战略、科教兴国/人才强国战略、可持续发展战略、区域/城乡协调发展战略等。改革开放以来我国公共政策创新部分重大事件详见表9-3。

表 9-3　改革开放以来我国公共政策创新部分重大事件

重大战略	年份	政策要点	对产业优化升级的意义
对外开放战略	1980	设立经济特区	设立深圳、珠海、汕头、厦门 4 个经济特区，赋予外资税收减免、土地优惠等政策，打造对外开放"试验田"，通过局部开放探索市场化改革路径
	1984	设立沿海开放城市	开放大连、天津、上海等 14 个沿海港口城市，逐步兴办经济技术开发区，扩大外资准入范围，简化行政审批流程，形成从特区到沿海城市的点状开放网络
	1985	设立沿海经济开放区	先后将长江三角洲、珠江三角洲、闽南三角洲（闽南金三角）以及辽东半岛、胶东半岛、环渤海地区等沿海地区设为经济开放区，鼓励发展外向型加工贸易，推动城乡一体化开放，融入全球产业链
	1987	出口创汇	提出发展外向型经济，贯彻实施沿海经济发展战略，关键是必须把出口创汇抓上去，要"两头在外"、大进大出、以出保进、以进养出、进出结合
	1994	外汇管理体制改革	汇率并轨与经常项目可兑换，"引进来"与"走出去"相结合，建立了以产业导向为特点的外商投资政策体系
	2001	加入世界贸易组织	承诺关税总水平逐渐从 15.3% 降至 9.8%，修订 3000 余部法律法规，深度融入全球贸易体系
	2010	深化区域经济合作	签署中国-东盟自贸区协定，启动与新西兰、智利等国的自贸谈判，搭建区域合作框架，拓展多边经贸网络
	2013	"一带一路"倡议	通过基础设施互联互通、贸易投资便利化等合作，建立亚投行、丝路基金等投融资平台，推动与沿线国家共建共享，构建陆海联动的全球合作新格局
	2013	建设自贸试验区	先后设立上海、广东等 21 个自贸试验区，试点负面清单管理际高标准经贸规则

续表

重大战略	年份	政策要点	对产业优化升级的意义
对外开放战略	2018	建设海南自由贸易港	海南全岛实行"零关税、低税率、简税制",推进跨境数据流动、金融开放等压力测试,打造面向太平洋和印度洋的开放门户
	2020	签署区域全面经济伙伴关系协定（RCEP）	与东盟十国、日本、韩国等国家建立全球最大自贸区,推动区域内90%以上货物贸易零关税,推动亚太区域经济一体化
科教兴国/人才强国战略	1986	国家高技术研究发展计划	选择对中国未来经济和社会发展有重大影响的生物技术、信息技术等7个领域,确立了15个主题项目作为突破重点,以追踪世界先进水平
	1992	产学研联合开发工程	建立大中型企业、高校和科研院所之间密切稳定的交流、合作制度,加速科技成果转化
	1995	科教兴国战略	全面落实科学技术是第一生产力的思想,坚持教育为本,把科技和教育摆在经济、社会发展的重要位置,增强国家的科技实力及实现生产力转化的能力,提高全民族的科技文化素质
	1999	教育振兴行动	提出基本实施九年义务教育和基本扫除青壮年文盲的"两基"目标,全面推进素质教育
	2002	人才强国战略	明确"人才资源是第一资源"理念,制定《2002-2005年全国人才队伍建设规划纲要》,推动人才结构优化与区域平衡发展
	2006	国家中长期科学和技术发展规划纲要（2006-2020年）	部署16个重大科技专项（如载人航天、探月工程）,提出"自主创新、重点跨越、支撑发展、引领未来"方针,明确2020年进入创新型国家行列的目标

续表

重大战略	年份	政策要点	对产业优化升级的意义
科教兴国/人才强国战略	2012	创新驱动发展战略	党的十八大将"创新驱动"引入科教兴国战略，提出"非对称"赶超战略，围绕国家重大战略需求，组织实施一批重大科技项目和工程的关键核心技术，创新领域组建一批国家实验室，积极抢占战略制高点
	2016	"双一流"建设	推进世界一流大学和一流学科建设，聚焦基础学科、前沿技术领域人才培养，支持高校与科研机构协同创新
	2020	实施"强基计划"	在 36 所高校试点基础学科招生改革，选拔数学、物理等学科拔尖学生，衔接本硕博贯通培养模式，破解"卡脖子"技术人才短缺问题
	2022	新时代科教升级战略	将教育、科技、人才统筹为"三位一体"战略框架，强调新型举国体制与创新生态构建，加快建设世界重要人才中心和创新高地，重点培养战略科学家、一流科技领军人才、卓越工程师等战略力量，实施"人才国际交流计划"与"青年人才托举工程"等
可持续发展战略	1992	签署《里约宣言》和《21 世纪议程》	首次将可持续发展纳入国家议程
	1994	发布《中国 21 世纪议程》	提出人口、资源、环境协调发展的总目标，明确污染防治、生态保护等 76 项行动计划，设立《优先项目计划》，推动清洁能源、生态农业等示范工程
	1995	可持续发展上升为国家战略	强调经济与社会、环境协调发展，启动"三北"防护林三期建设，累计造林 3000 万公顷
	1996	污染防治专项行动	国务院发布《关于环境保护若干问题的决定》，实施"一控双达标"（控制污染物总量、工业污染源达标、城市环境质量达标），重点治理淮河、太湖等流域水污染

续表

重大战略	年份	政策要点	对产业优化升级的意义
可持续发展战略	1998	国有林区天然林保护工程	建立自然保护区和生态功能保护区，调减木材产量、保护资源、分流人员、提高效益
	2003	《中国 21 世纪初可持续发展行动纲要》	明确重点领域包括产业结构绿色转型、资源循环利用、生态功能区划等，提出单位 GDP 能耗降低 20% 的量化目标
	2008	颁布《循环经济促进法》	建立生产者责任延伸制度，推动工业废弃物综合利用率提升至 65% 以上
	2012	"五位一体"总体布局	中共十八大将生态文明建设纳入国家发展总布局，与经济建设、政治建设、文化建设、社会建设并列
	2020	"双碳"目标承诺	宣布 2030 年前碳达峰、2060 年前碳中和，写入"十四五"规划和 2035 年远景目标纲要，建立全国碳交易市场
	2021	生态保护红线制度	划定全国生态保护红线面积 320 万平方公里，占陆域国土面积 30% 以上，实施分级分类管控
	2025	加快绿色转型	推行"重点行业能效标杆行动"，钢铁、水泥等行业能效基准水平提升 30%；新能源汽车产销占全球 50% 以上，可再生能源装机容量突破 14 亿千瓦
区域/城乡协调发展战略	1999	西部大开发战略	重点加强基础设施与生态建设，实施青藏铁路、西气东输等重大工程，累计退耕还林 4.79 亿亩，引导东部产业向西部转移；2006 年《西部大开发"十一五"规划》出台，推动能源化工、特色农业等优势产业发展
	2003	东北老工业基地振兴战略	推进国有企业改革，支持装备制造业国产化，试点增值税转型改革，累计完成 90% 国有中小工业企业改制

续表

重大战略	年份	政策要点	对产业优化升级的意义
区域/城乡协调发展战略	2006	中部崛起战略	建设粮食生产基地、能源原材料基地，打造长江中游城市群，促进与长三角、珠三角联动
	2012	新型城镇化战略	推进农业转移人口市民化，2024 年常住人口城镇化率达 67.9%，户籍制度改革覆盖 1.3 亿流动人口
	2014	京津冀协同发展战略	疏解北京非首都功能，建设雄安新区（2017 年设立），构建"轨道上的京津冀"交通网
	2016	长江经济带发展战略	贯彻"共抓大保护、不搞大开发"，实施长江流域十年禁渔，推动沿江 11 省市产业绿色转型
	2017	乡村振兴战略	实施农村人居环境整治三年行动，新建改建农村公路 150 万公里，农村卫生厕所普及率超 78%
	2019	粤港澳大湾区建设	推动金融市场互联互通，建设广深港科技创新走廊，试点跨境执业资格互认
	2019	城乡融合发展试验区建设	在全国 11 个城市群内设立改革试验区，推动城乡要素平等交换、双向流动
	2022	县域城镇化建设	选择 120 个县开展试点，完善市政设施与公共服务，培育特色产业集群

资料来源：根据网络资料整理。

　　在系列重大国家战略和公共政策创新的推动下，我国产业优化升级获得了源源不断的动力。对外开放战略和相关公共政策创新为我国产业优化升级不断注入强劲动力，推动我国产业在技术先进性和市场广阔性方面获得双丰收；科教兴国战略和相关公共政策创新使得我国各行各业更加重视人才培养和技术研发，促使科技对产业发展的贡献不断增加；可持续发展战略和相关公共政策创新推动我国产业绿色化发展，引导产业发展更加注重人与自然的协同化；区域协调发展战略和相关公共政策创新对产业的跨区域转移和产业链的优化升级发挥了不可替代的作用，也有利于城乡融合发展。

(四) 公共创新行动引导和带动市场创新

公共创新行动指的是由公共部门直接推动实施或主动参与的创新活动，是基于市场机制不完备假设对市场创新的引导和补充。公共创新行动对我国创新能力提升和创新成果涌现发挥着更加重要的作用。改革开放初期，中国经济增长的主要直接推动力量来自各类要素投入数量的增加；进入 21 世纪，随着要素成本优势的逐步消失，国家越来越注重创新对于经济发展的重要性，特别是党的十八大报告指出要坚持走中国特色自主创新道路，随后我国采取了系列重大公共行动引导和推动创新发展（见表 9-4）。

表 9-4　21 世纪以来我国公共创新行动部分重大事件

重大公共创新行动	主要行动任务	主要工作进展
国家创新型试点城市	确立城市创新发展战略；加快经济发展方式转变；促进经济社会协调可持续发展；大力增强企业自主创新能力；加强创新人才培养和创新基地建设；加强创新服务体系建设；营造激励创新的良好环境；推进体制改革和管理创新	2008 年，国家发展和改革委员会在深圳市启动创建国家创新型城市试点工作；2010 年 1 月，科技部复函同意北京市海淀区等 20 个城市（区）为首批国家创新型试点城市（区）；2008~2013 年两部委先后部署批复 57 个城市开展创建国家创新型城市试点
国家自主创新示范区	进一步完善科技创新的体制机制，加快发展战略性新兴产业，推进创新驱动发展，加快转变经济发展方式，发挥重要的引领、辐射、带动作用	2009 年 3 月，国务院批复北京中关村国家自主创新示范区成为第一个国家自主创新示范区；截至 2022 年 5 月，国务院共批复建设国家自主创新示范区 23 个

续表

重大公共创新行动	主要行动任务	主要工作进展
全面创新改革试验区	紧扣创新驱动发展目标，以推动科技创新为核心，以破除体制机制障碍为主攻方向，开展系统性、整体性、协同性改革的先行先试，统筹推进科技、管理、品牌、组织、商业模式创新，统筹推进军民融合创新，统筹推进"引进来"和"走出去"合作创新，提升劳动、信息、知识、技术、管理、资本的效率和效益，加快形成我国经济社会发展的新引擎，为建设创新型国家提供强有力支撑	2015 年 9 月 7 日，中央办公厅、国务院办公厅印发《关于在部分区域系统推进全面创新改革试验的总体方案》，京津冀、上海、广东、安徽、四川、武汉、西安、沈阳等 8 个区域被确定为全面创新改革试验区

在系列公共创新行动的引导和带动下，我国科技事业发生了历史性、整体性、格局性变化，全社会研发投入持续增加，创新成效日益显现，产业发展的科技含量大幅提升。其中，在量子信息、干细胞、脑科学等方面取得了一批具有国际影响力的原创成果；超级计算、人工智能、大数据等新兴技术加快应用，推动数字经济等新产业新业态的蓬勃发展。在系列公共创新行动的引导和带动下，我国农业、传统制造业全面提质增效，新能源、生物医药等高端产业不断迈上新的台阶。

三　广义国家创新体系建设的成就与不足

狭义的国家创新体系特指围绕公共部门所形成的创新系统。事实上，一个国家各类创新主体的行为是没法截然分开的，不同类型、不同层级的创新活动往往相互交织彼此影响，共同构成广义的国家创新体系。进入 21 世纪，根据全球创新指数评分情况，我国创新能力稳步提升。其中，知识和技术产出、人力资本和研究、市场成熟度、商业成熟度、创意产出等五项指标水平评分较高，制度和基础设施评分相对较低。但这些分项指标之间也存在着复杂的相互作用，从主体、行为、效果三个维度来考察我国广义国家创新体系建设的成效，实际上就是要分析创新人才及其层次、创新组织及其机制、创新成果及其转化等三个方面的情况。

（一）创新人才汇聚效应显现，尖端领军人物尚有短缺

在公共创新理论、制度、战略和行动引导下，国家创新能力得到持续提升，这一伟大成就既是各类创新人才呕心沥血奋斗的结果，也为一批又一批新生力量的汇聚创造了条件，他们的格局担当和专业素养构成我国持续推进国家创新的坚实基础，是我国经济腾飞的最大动力源泉。

一是高考录取率和接受过高等教育的人数持续提升。教育部公布的相关数据显示，改革开放初期，我国高考录取率不足 10%，这一指标在2020 年达到 90%（见图 9-4），由此带动中国高等教育毛入学率从 1978年的 1.6%攀升至 2021 年的 57.8%。2021 年，全国接受高等教育的人数达到 2.4 亿人。

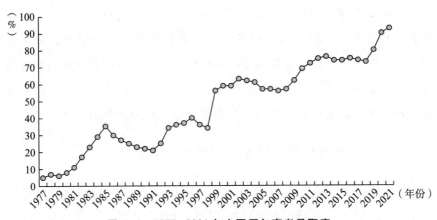

图 9-4　1977~2021 年中国历年高考录取率
资料来源：根据教育部发布的相关统计数据整理绘制。

二是出国留学人数稳步增加，学成归国人员比例显著回升。1978年，我国出国留学人员以公派为主，数量相对有限；1985 年，自费出国留学资格审查取消，"出国热"迅速升温，1992 年邓小平同志南方谈话后，对外交往大门进一步打开，至 2000 年，各类出国留学人数接近3.9 万人。然而，与走出国门的人数相比，2000~2002 年学成归国的留学生比例却一路下滑，2002 年降至 14.4%。随着国家鼓励和吸引海外优秀留学人才服务祖国建设各项政策的陆续推出，学成归国的留学生比例逐步回升，2011 年首次突破 50%。2013 年后基本保持在 80% 左右。2020 年，受新冠疫情等多种因素的影响，学成归国人数超过出国留学人数。2021 年更是有超过 100 万留学生归国发展（见图 9-5），学成归国人员逐渐成为提高我国自主创新能力的生力军。

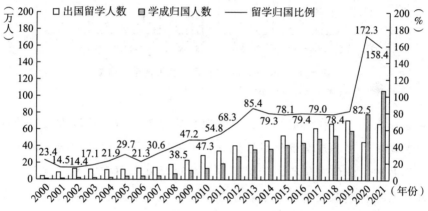

图 9-5　2000~2021 年中国历年出国留学及学成归国人数
资料来源：根据教育部发布的相关统计数据整理绘制。

三是从事科学研究和技术开发工作的人才队伍不断壮大。新中国成立伊始，全国科技人员数量不超过 5 万人，专门从事科研工作的人员仅 600 余人。改革开放后，虽然我国科教领域发展较快，但经济发展模式更多强调要素投入，对科技研发重视程度不高，1999 年底，我国每万人中从事研究与开发的工作人员仅为 7 人，这与我国经济大国的地位很不匹配。为加快向经济强国迈进，我国持续加大全社会研发投入，R&D 领域人才汇聚效应不断显现。国家统计局报告显示（见图 9-6），2016 年按折合全时工作量计算的全国研发人员总量为 387.8 万人年，2018 年增加至 438.1 万人年，2021 年进一步增长到 562.0 万人年，连续九年稳居世界第一位。

然而，与上述人才快速大规模汇聚相比，我国不少前沿领域的尖

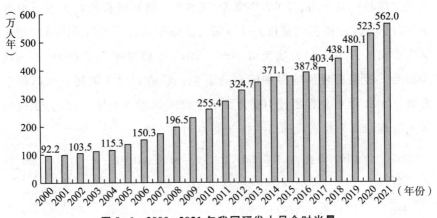

图9-6　2000~2021年我国研发人员全时当量

资料来源：根据历年《中国统计年鉴》整理绘制。

端领军人物还存在明显短缺：一是在自然科学领域，传统发达经济体垄断诺贝尔奖的现实仍然难以撼动，屠呦呦获得诺贝尔生物学医学奖给了我国一定的自信心，但想要在自然科学基础研究方面实现重大突破，常态化地触及世界自然科学前沿奖项，仍有很长的路要走；二是面对西方国家的技术压制，我国在芯片等现代科技基础应用方面仍显被动。培育领军人才以及围绕领军人才形成的强大研发团队是解决这些问题的关键。

（二）市场创新主体规模稳增，科技投入结构仍待优化

随着国家对创新的日益重视，市场创新主体出现了多元化趋势，规模也稳步增加。根据历年《中国统计年鉴》，近年来全国专门从事科学研究与开发的机构数小幅缩减，从2005年的3901个减少至2020年的3109个。与此同时，高等教育机构开始承担越来越多的科研任务，2001年全国共有普通高校1225所，2021年增加至2756所，翻了一倍还要多。不仅如此，企业作为市场创新核心主体的地位日益显现，全国规模以上工业企业中开展研究与试验发展活动的企业数从2004年的17075家增加至2020年的146691家。2012~2022年，我国企业创新主体地位更加突出，高新技术企业数从2012年的4.9万家

增加到 2021 年的 33 万家，683 家企业进入 2021 年全球企业研发投入 2500 强。企业在国家创新体系中的重要性逐步增强，创新主体地位日益巩固。

伴随国家创新主体多元化和企业创新主体地位的抬升，全社会创新经费投入呈现持续快速增长态势。如图 9-7 所示，2002 年，全国研究与试验发展（R&D）经费支出为 1287.6 亿元，2021 年已达到 27864.0 亿元，年均增速超过 17.6%，在世界各国横向比较中遥遥领先。

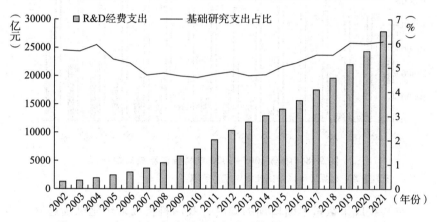

图 9-7 2002～2021 年我国研究与试验发展（R&D）经费支出及基础研究支出占比

资料来源：根据历年《中国统计年鉴》整理。

然而，我国各类型创新主体的研发投入更多面向市场应用领域，与大多数发达国家相比，我国基础研究支出占比仍然偏低。2002～2021年，这一比例一直在 4.5%～6.5% 徘徊（见图 9-7）；而同一时期，美国基础科学研究费用占年度 R&D 的比例始终保持在 15%～20%。这一巨大差距反映出我国的国家创新体系在投入结构方面的历史短板和路径依赖，随着全球科技竞争趋于激烈化，重视基础研究投入成为我国创新能力提升的重要方向。

（三）科技研发成果层出不穷，成果转化机制尚需完善

多年来，我国在研发领域的持续投入正在结出累累硕果。从最具代

表性的科技创新成果来看，2005~2020 年我国出版科技著作数量一直稳定在 40000~60000 种，而同时期专利申请授权数和技术市场成交额均呈现持续攀升势头，2020 年两者规模分别超过 2005 年的 18 倍和 17 倍（见图 9-8）。

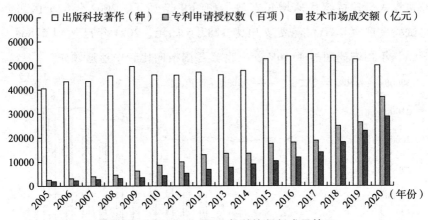

图 9-8　中国 2005~2020 年科技创新成果情况

资料来源：根据历年《中国统计年鉴》整理。

在科技成果数量不断增加的同时，我国科技成果转化机制还存在诸多问题，直接影响到创新实际效应的发挥。比如我国许多支持创新的政策无法有效落地、从科技成果到市场应用的专业化中介服务还很缺乏、用于创新成果转化的直接金融支持力度还不够、高校院所的科技成果研发与市场转化应用之间脱节较为严重等。这些问题的解决既有赖于国家层面公共创新制度本身的改革和完善，还需要从市场层面深入理解组织创新的机理。

第三节　人力资本、组织创新与产业优化升级

如果说公共创新提供的是阳光和沃土，组织创新就是让种子变成果实的耕种人，是大多数创新经济学家或管理学家眼中推动商业创新和产业优化升级的真正践行者。以企业为主体的各类组织借助灵敏的市场嗅

觉发现机遇，并通过人力资本聚集改变旧的生产经营模式或创造新的商业领域，进而提升企业的价值创造能力，最终成为推动组织创新、加快产业优化升级的源头活水。

一　理论基础：组织创新与企业价值创造

在经济管理领域，组织创新被视为适应社会应变的动力来源。组织创新对产业优化升级具有显著正向效应，作为影响组织创新的最活跃的因素——人力资本，对于企业进行价值再造发挥着重要作用。因此，以组织创新为中介，从微观视角考察人力资本对企业价值创造的作用逻辑，对于深入认识劳动力素质提升与产业优化升级的互动机制具有突出的现实意义。

（一）组织创新的内涵、理论分析及其衡量

若将目光投向市场活动，那熊彼特式创新就变得鲜活起来。Schumpeter（1934）认为创新是企业利用资源以新的生产方式来满足市场的需要，是经济成长的原动力；Drucker（1985）进一步提出，创新是一种赋予资源创造价值的新能力，认为创新是可以训练、学习的；Smith（2000）区分了发明和创新的差异，认为发明是发现新技术原理的过程，而创新是将发明商业化的一种过程。以上学者几乎都是将组织作为创新的载体，被普遍接受的组织创新的概念便应运而生。Daft（1978）简洁明了地指出，组织创新就是采用一种新方法或新产品；Kanter（1988）的认识则较为全面和复杂，其认为组织创新包含组织内任何新的事物，比如新的观念、新的流程、新的服务或者新的产品。可见，组织创新的内涵是多元的。组织创新的一个相对平衡的定义为：组织在公司产品、技术、服务与管理中注入新的理念与技术，创造出新的价值以提升组织经营绩效与竞争力。

过去有关组织创新的研究多以技术作为出发点，将创新归类为技术创新和知识创新。Han 等（1998）将创新分为技术创新与管理创新两个

部分，其中，技术创新包含服务、产品或流程创新；管理创新则涵盖组织结构与管理方式的创新。总之，技术创新是组织创新中重要的内容。Amabile（1988）将组织创新划分为设定程序、设定流程、拟订目标并产生创意、创意测试与实施及评估结果等五个阶段；Knater（1988）则认为组织创新包括创意产生、创意实现、创意组合、创意迁移等过程。20 世纪末，随着互联网企业的快速发展，商业模式创新、服务创新等概念被相继创造出来，大大丰富了组织创新理论。如 Kochhar 和 David（1996）尝试采取综合研究的思路以新产品、新服务、新过程、新技术等来界定组织创新。由此可见，对组织本身而言，创新是一种新的理念或行为，不一定非要具有技术性，只要能使现有的资源创造出新的价值，或是产生一个有用的结果、产出或过程，便是创新能力的体现。

至于组织创新能力的衡量则是一个相对复杂的事情，大多数研究将技术创新作为衡量组织创新能力的主要指标。Wolfe（1994）提出四个影响创新的因素：人员特质、组织结构、组织气候与文化、环境；Ramezani 等（2002）进一步将创新能力的来源分为组织内部刺激和组织外部刺激两种类型。整合不同学者的方法，本节以服务创新、管理创新和研发创新作为探讨组织创新能力的衡量指标。其中，服务创新主要是服务方式、社会形象等较抽象方面的创新；管理创新主要是企业组织、用人、领导、控制、规划方面的创新；研发创新主要是企业寻求产品上、技术上、制程上的突破。

（二）组织管理视角下人力资本的理论探讨

谈到组织创新的驱动力，Edvinsson 和 Malone（1997）将人力资本比喻为组织的心脏与灵魂，是组织唯一的行动力量，是组织运营成功的重要因素，并由此得出组织创新能力的强弱是由企业内部人力资本所决定的结论。从产业发展的角度来看，人力资本无疑是人口素质的核心组成部分，包括个人特质、工作经验、知识技能等诸多方面。劳动经济学将人力资本视为个人在教育与培训上的投资，其效果是个人收入与生产力的提升（Lazear，1998）。从组织管理学的角度来看，人力资本是组织智力资本的构成部分。两个角度对人力资本内涵的界定并无实质差异但表述略有不同。

多数学者从个人角度定义人力资本，比如 Stewart（1997）认为人力资本包括公司所有员工与管理者的知识、经验、能力及技术等，且属于一种动态性的资产，突出工作技能方面的硬实力，并将其分为专属型技能、杠杆型技能和商务型技能三种类型；Subramaniam 和 Youndt（2005）持有类似的观点，认为人力资本指组织员工的经验、专业技能与创新能力。也有学者从企业角度定义人力资本，比如 Grantham 等（1997）认为，人力资本是公司运用所有员工的知识来解决企业问题的能力。综合来看，公司的业务流程管理、产品的创新研发、组织的知识管理都与人力资本紧密相关，都有助于企业绩效的提升，因而员工或管理者的知识、创新、技能与经验都属于人力资本的范畴。本节定义人力资本为员工与管理者的专业、知识与技能等动态性资产。

劳动经济学通常使用个体接受教育程度和工作经验作为衡量人力资本的指标，组织管理学研究者则倾向于分个人与组织两个层面探讨人力资本。在个人层面，Gratton 和 Ghoshal（2003）将人力资本分为三个衡量维度：智力资本、情绪资本和社会资本。其中，智力资本指知识与技能；情绪资本是采取行动的勇气；社会资本是指关系网络的质量和结构。温玲玉与庄仁锋（2011）从工作经验与创新能力两个方面衡量人力资本。其中，工作经验指累积的专业知识和技能；创新能力指员工开创新技术，并发展新的能力。

借鉴以上研究成果，本节将人力资本的衡量指标分为创造力、专业技能、向心力与管理团队。其中，创造力指员工具有的能够提出有别于既有想法、工具与解决问题方式的能力；专业技能指员工的专业技术能力与管理能力；向心力指个人对组织目标和价值观的认同与支持及组织的稳定性；管理团队指高层管理成员的组成背景与专长互补性。

（三）人力资本对组织创新的影响

在加速迭代的时代，无论是新兴行业还是传统行业，都无法否认创新的重要性，重视服务创新、管理创新、研发创新等成为企业经营的重要选择。尽管有学者（王孝斌，2006）认为技术创新的关键要素是企业人力资本，也有部分学者（杨勇和达庆利，2007）的研究证实了企业动态创新能力与企业人力资本的投资呈现明显正相关性，但企业管理学界真正研究人力资本与组织创新之间相互作用机制的成果并不多。

从相关人力资源管理的研究成果中大致可总结出四条影响路径。一是组织通过人力资源管理实践，可增强员工的知识、能力与态度，使员工自主地执行组织策略，进而达成组织目标。这些员工的知识、能力与动机，是组织能力的关键要素，而组织创新能力是组织能力的重要组成（MacDuffie，1995）。二是组织通过人力资源管理可以激发员工的创意与创新，从而助力企业差异化目标的实现。三是企业人力资本策略通过教育、培训等途径获得企业价值增值，形成知识创新（王金营，2000）。四是特定的人力资源管理实践可以为员工营造自由的创新氛围，培育组织创新能力（Johnston 和 Kong，2011）。整体而言，人力资源管理实践，即招聘、培训、绩效考核、报酬、人员发展等，可以强化组织创新能力、塑造创新文化，故人力资本与组织创新行为及创新性文化具有较强的关联性。

（四）组织创新与企业价值创造

梳理组织创新的相关文献，尽管从 Ohmae（1994）到 Ramezani 等（2002）都强调价值创造要以满足目标客户需要为标准，但多数学者仍坚持企业价值是顾客价值、企业本位价值、社会价值的综合反映（杨依依和李必强，2006），即企业价值既是一个经济指标，也是一个社会指标，同时反映公司对社会总财富的影响以及公司的社会责任。那么，企业价值从何处而来呢？Grantham 等（1997）认为给公司创造价值的不是自己拥有的资源，而是拥有竞争对手无法复制的、企业长期竞争优势的维持能力；刘新（2005）指出，企业价值创造是企业资源和综合能力的体现。可见，企业价值创造是一个为股东、员工、客户以及社会持续创造价值的过程，在这一过程中，无价值的东西无法吸引顾客，没有创新的价值不足以在市场中脱颖而出，因此企业价值创造与创新必须紧密结合。

企业价值创造理论来自波特的企业价值链理论。价值链理论认为，企业的竞争优势来源于其内部活动的组合，而这些活动可以被划分为基本活动（Primary Activities）和支持活动（Support Activities）。企业的价值创造过程是通过这些活动的协同作用实现的，而这些活动的效率和效果直接影响企业的成本和差异化能力。结合 Priem（2007）的研究，企业价值创造理论强调企业在价值链上各个方面能力的综合提升。其中，企业创新和资源整合的能力非常重要，不仅反映在企业产品和服务创新上，还决定了企业能否持续创造价值。基于此，波特提出任何企业价值的提升过程都源于创新，组织创新的目标是通过保持竞争优势提升企业价值。

为了更加客观便捷地对企业价值创造进行衡量，本节借鉴张维迎（2019）等学者的研究，将企业价值创造的衡量指标分为产品价值、服务价值和形象价值三个方面。其中，产品价值是由产品的功能、特性、品质、品种与式样等所产生的价值，它是顾客选购产品的首要因素，决定了顾客购买总价值的大小；服务价值指企业伴随实体产品的出售单独向顾客提供的各种服务所体现的价值；形象价值是指企业及其产品在社会公众中形成的总体形象所产生的价值。

通常来讲，价值是企业赖以生存的核心。顾客在感知利得与利失基础上对产品效用的总体评价（顾客价值）会受到产品价值、服务价值与形象价值的共同影响。只有将创新与企业价值创造紧密结合，强化竞争优势、创造核心价值，将产品导向和顾客导向有效结合，才能创造更大的企业价值。组织创新与企业价值创造的作用路径可概括为：研发创新在组织创新中发挥主导作用，其目的是拥有自主知识产权获取竞争优势，最终实现企业价值创造；服务创新通过提升客户价值，获得客户青睐从而为企业创造价值；管理创新通过流程创新改善服务与生产，提升企业价值创造能力。

二　研究设计：基本思路与研究假设

基于前文的理论分析，有必要从组织的视角进一步分析企业内部人力资本和组织创新的关系，为此，本节借用企业组织管理和人力资源管理等相关领域的研究思路和方法，通过实际调查的办法进行微观层面的分析。

（一）研究假设

在理论分析的基础上，本节根据人力资本与组织创新的相关关系提出如下假设。

假设1-1：不同性别的主管对人力资本的知觉有显著差异；

假设1-2：不同年龄的主管对人力资本的知觉有显著差异；

假设1-3：不同工作年限的主管对人力资本的知觉有显著差异；

假设1-4：不同教育程度的主管对人力资本的知觉有显著差异；

假设1-5：不同部门的主管对人力资本的知觉有显著差异；

假设1-6：不同成立年限企业的主管对人力资本的知觉有显著差异；

假设1-7：不同员工人数背景下主管对人力资本的知觉有显著差异；

假设2-1：不同性别的主管对组织创新的知觉有显著差异；

假设2-2：不同年龄的主管对组织创新的知觉有显著差异；

假设2-3：不同工作年限的主管对组织创新的知觉有显著差异；

假设2-4：不同教育程度的主管对组织创新的知觉有显著差异；

假设2-5：不同部门的主管对组织创新的知觉有显著差异；

假设2-6：不同成立年限企业的主管对组织创新的知觉有显著

差异；

假设 2-7：不同员工人数背景下主管所感知组织创新有显著差异；

假设 3-1：不同性别的主管所感知企业价值创造有显著差异；

假设 3-2：不同年龄的主管所感知企业价值创造有显著差异；

假设 3-3：不同工作年限的主管所感知企业价值创造有显著差异；

假设 3-4：不同教育程度的主管所感知企业价值创造有显著差异；

假设 3-5：不同部门的主管所感知企业价值创造有显著差异；

假设 3-6：不同成立年限企业的主管所感知企业价值创造有显著差异；

假设 3-7：不同员工人数背景下主管所感知企业价值创造有显著差异。

（二）问卷的发放

正式问卷编制完成后，本节选择在哈尔滨、烟台、青岛和深圳等地，以工业园区和产业园区的企业为研究对象，面向各层主管发放问卷，进行调查。2021 年 11 月 18 日至 2022 年 4 月 5 日正式发放问卷1500 份，共回收问卷 1032 份，有效问卷 920 份。问卷回收情形，如表9-5 所示。

表 9-5　问卷回收统计表

地区	抽样人数（人）	回收份数（份）	有效问卷（份）	有效回收率（%）
深圳	600	418	386	92
青岛	400	267	217	81
烟台	200	121	116	96
哈尔滨	300	226	201	89
合计	1500	1032	920	89

（三）研究程序

本节首先针对人力资本、组织创新与企业价值创造相关问题进行文献搜集与探讨，基于人力资本、组织创新与企业价值创造相关文献的研究，确定研究主题与研究目的，进而确定研究框架与研究假设，再综合文献探讨确定研究变量和问卷设计，以分层抽样方式寄出问卷进行资料搜集，再通过统计分析得到本章的研究结论并提出政策建议。本节的研究设计与基本思路如图 9-9 所示。

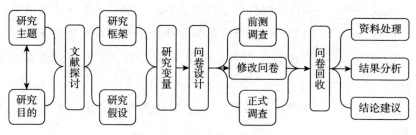

图 9-9　研究设计与基本思路

（四）资料处理

研究过程中，笔者首先将问卷结果编码，并利用 SPSS21.0 进行各项统计分析。针对研究目的与研究问题，本节选择的统计方法有以下几种。

（1）描述性统计分析。描述性统计分析是将问卷各变量所得数据进行统计，以求得频率、百分比等个体背景变量的方法。

（2）信度分析。信度分析采用 Cronbach 的 α 值衡量回收问卷中个体变量的内容一致性，以及由因素分析所萃取的因素负荷量来衡量各变量的信度。α 系数若小于 0.35，则表示信度相当低；介于 0.35 至 0.7 之间则尚可接受；若大于 0.7 则表示信度相当高。

（3）效度分析。效度分析主要采用内容效度与建构效度作为衡量问卷的效度工具，以验证研究的问题在内容上与适切性上具有一定的效度。

（4）因素分析。因素分析可以萃取变量中重要的共同因素，具有简化原始资料的功能，方便研究者分析及解释多变量中复杂的互动关系。主成分分析法是因素分析的一种，其通过选取特征值大于 1 者，以直交转轴之最大解释变异法来进行转轴，并以因素负荷量大于 0.5 且两变量因素负荷量之差需大于 0.3 为原则，将原有的变量资料进行缩减，从各衡量项目中，萃取各变量的因素构成，并将其重新命名。

（5）T 检验。T 检验可被用于考察个人基本变量在人力资本、组织创新、企业价值创造中的差异性。

（6）单因子方差分析。单因子方差分析可被用于考察以个人基本变量为自变量，以人力资本、组织创新、企业价值创造为因变量的差异情形。当变异数分析达到显著水平时，便以 Scheffe 法进行事后比较分析。

（7）Pearson 相关系数。Pearson 相关系数可被用于分析人力资本、组织创新、企业价值创造的相关性。

（8）多元逐步回归分析。此方法可被用于分析人力资本、组织创新、企业价值创造的预测能力。

三　实证分析：假设检验与主要结论

本节旨在将调查研究结果与相关文献的研究结论进行对照分析，借以探讨人力资本、组织创新与企业价值创造的现实状况和相关关系。本节首先以描述性统计分析现状，再以单因子方差分析来检查人力资本、组织创新、企业价值创造各个层面的差异是否显著，若 F 值达到显著水平（$p < 0.05$），则进一步进行事后比较检验；其次以 T 检验、单因子方差分析来考察人力资本、组织创新与企业价值创造的现状与差异情形，若 F 值达到显著水平（$p < 0.05$），则进一步采用 Scheffe 法进行事后比较分析；然后以 Pearson 相关系数探讨各变量间的相关情况；最后以多元逐步回归分析了解人力资本、组织创新对企业价值创造的整体及分层预测力。

（一）人力资本、组织创新与企业价值创造的现状分析

本次调查问卷采用五点量表作答，最高分为 5 分（非常同意）、其次为 4 分（同意）、再次为 3 分（无意见）、接着为 2 分（不同意）、最

后为 1 分（非常不同意），并以中位数 3 分为平均值，高于平均值界定为中上程度，低于平均值界定为不佳。根据问卷调查所得资料，由所有变量分层面的平均值、标准差所反映的人力资本、组织创新与企业价值创造的情况如下。

1. 人力资本现状分析

人力资本调查问卷共分管理团队、专业技能、创造力及向心力四个层面，由表 9-6 可知，人力资本各层面的得分情形为：分层面得分以"专业技能"的 3.73 分最高，"创造力"的 3.68 分最低；整体层面人力资本平均得分为 3.71 分，介于五点量表中的中上等程度，这表明目前主管对人力资本认知介于"同意"与"无意见"之间，人力资本的知觉属中上程度。

表 9-6　人力资本现状（N=920）

单位：分，道

名称	平均值	标准差	题数	每题平均得分
管理团队	19.53	3.05	5	3.72
专业技能	15.32	2.46	4	3.73
创造力	15.63	2.35	4	3.68
向心力	15.58	2.33	4	3.72
人力资本整体	64.18	9.25	17	3.71

2. 组织创新现状分析

组织创新调查问卷共分服务创新、管理创新及研发创新三个层面。由表 9-7 可知，分层面中得分以"服务创新"的 3.73 分最高，"研发创新"的 3.61 分最低。就整体层面而言，平均得分为 3.66 分，介于五点量表中的中上程度，即产业主管对组织创新的知觉介于"同意"与"无意见"之间，组织创新的知觉属中上程度，主管组织创新的负向印象并不高。进一步分析发现，组织创新中的"服务创新"最令主管所感知，而"研发创新"的主管感知最低。究其原因，在竞争激烈的环境中，人员素质与设备不变情况下，唯有研发创新才有可能摆脱低价的冲击，亦可争取更多顾客的购买意愿。

表 9-7 组织创新现状分（N＝920）

单位：分，道

名称	平均值	标准差	题数	每题平均得分
服务创新	17.35	2.43	5	3.73
管理创新	17.84	3.09	4	3.64
研发创新	13.65	2.53	4	3.61
组织创新整体	50.58	7.55	14	3.66

3. 企业价值创造现状分析

企业价值创造问卷共分产品价值、服务价值与形象价值三个层面。如表9-8所示，"企业价值创造整体"的平均得分为3.75分，介于五点量表中的中上程度；分层面得分以"形象价值"的3.80分最高，"产品价值"的3.69分最低。可见，目前主管对于企业价值创造直觉介于"同意"与"无意见"之间，企业价值创造的主管知觉属中上程度。进一步分析发现，可能是由于现在的资讯发达，企业价值创造会随着市场机制而做调整，尤其是面对低价竞争时，企业更倾向于为客户提供更多元的选择以及更好的服务，以满足多数客户的需求。

表 9-8 企业价值创造现状（N＝920）

单位：分，道

名称	平均值	标准差	题数	平均得分
产品价值	18.44	3.32	5	3.69
服务价值	22.65	3.51	6	3.78
形象价值	19.01	2.90	5	3.80
企业价值创造整体	71.29	10.25	19	3.75

（二）不同背景变量下主管所感知人力资本的差异情形分析

本部分以主管对人力资本四个维度（管理团队、专业技能、创造力及向心力）的认知进行独立样本 T 检验与单因子方差分析，以了解不同背景的主管所感知人力资本各量度是否有所差异。

1. 不同性别的主管所感知人力资本的差异

由表 9-9 可以知，不同性别的主管所感知人力资本"管理团队 t = -0.386"、"专业技能 t = 1.102"、"创造力 t = 0.320"、"向心力 t = -0.063"差异不显著。

表 9-9　不同性别的主管所感知人力资本的差异（N = 920）

项目	男性（N = 644）		女性（N = 276）		t 值
	平均值	标准差	平均值	标准差	
管理团队	17.330	3.086	17.540	3.066	-0.386
专业技能	14.880	2.539	15.210	2.786	1.102
创造力	15.580	2.385	13.820	2.531	0.320
向心力	15.240	2.599	13.400	2.377	-0.063
人力资本整体	64.844	8.934	62.598	8.961	0.259

2. 不同年龄的主管所感知人力资本的差异

由表 9-10 可以看出，不同年龄的主管所感知人力资本"管理团队 F = 0.882""专业技能 F = 0.537""创造力 F = 0.112""向心力 F = 1.707""人力资本整体 F = 0.312"均未有显著差异。

3. 不同教育程度的主管所感知人力资本的差异

由表 9-11 可以得知，不同教育程度的主管所感知人力资本"管理团队 F = 1.180""专业技能 F = 1.826""创造力 F = 2.196""向心力 F = 0.641""人力资本整体 F = 1.523"均未有显著差异。

4. 不同部门的主管所感知人力资本的差异

由表 9-12 可以得知，不同部门的主管所感知人力资本"管理团队 F = 0.680""专业技能 F = 1.627""创造力 F = 1.228""向心力 F = 0.478""人力资本整体 F = 1.227"均未有显著差异。

5. 不同成立年限企业的主管所感知人力资本的差异

由表9-13可知，不同成立年限企业的主管所感知人力资本"管理团队 F=12.379，p<0.001""专业技能 F=10.144，p<0.001""创造力 F=8.967，p<0.001""向心力 F=11.810，p<0.001""人力资本整体 F=13.967，p<0.001"有显著差异，经Scheffe事后比较发现成立21年以上公司的主管，其所感知人力资本中"管理团队"高于成立16~20年公司的主管。换言之，成立21年以上公司的主管所感知企业人力资本的"管理团队"高于成立16~20年公司的主管，且有显著差异。其次，"专业技能""创造力""向心力""人力资本整体"均未有显著差异。

6. 不同员工人数背景下的主管所感知人力资本的差异

由表9-14可知，不同员工人数背景下的主管所感知人力资本"管理团队 F=4.227，p<0.01""专业技能 F=3.653，p<0.05""人力资本整体 F=3.419，p<0.05"有差异，经Scheffe事后比较发现无差异。此外，不同员工人数背景下的主管所感知人力资本"创造力 F=1.816""向心力 F=1.572"均未有显著差异。

7. 综合讨论

综合上述结果，不同背景变量下主管对人力资本的知觉差异如表9-15所示。

（1）不同性别背景下的主管所感知人力资本。研究发现，不同性别的主管所感知人力资本"管理团队""专业技能""创造力""向心力"与"人力资本整体"无显著差异，表明性别不同不会造成主管对人力资本的知觉差异。因此，假设1-1"不同性别的主管对人力资本的知觉有显著差异"未获得支持。

（2）不同年龄背景的主管所感知人力资本。研究发现，不同年龄的主管所感知人力资本"管理团队""专业技能""创造力""向心力"与"人力资本整体"无显著差异，表明不同年龄不会造成主管对人力

表 9-10　不同年龄的主管所感知人力资本的差异 (N=920)

项目	35 岁以下 (N=462)		36~44 岁 (N=271)		45~50 岁 (N=97)		51 岁以上 (N=37)		F 值
	平均值	标准差	平均值	标准差	平均值	标准差	平均值	标准差	
管理团队	17.970	3.251	17.940	3.275	17.550	2.997	18.760	2.495	0.882
专业技能	13.250	2.953	14.620	2.468	15.260	2.756	14.550	2.765	0.537
创造力	15.460	2.731	14.800	2.795	15.110	2.458	15.880	2.553	0.112
向心力	14.510	2.887	15.240	2.186	14.980	2.763	13.590	2.168	1.707
人力资本整体	61.200	9.610	64.550	9.886	65.230	8.430	62.870	8.446	0.312

表 9-11　不同教育程度的主管所感知人力资本的差异 (N=920)

项目	高中 (职) 以下 (N=271)		大专 (N=371)		本科 (N=189)		研究生以上 (N=89)		F 值
	平均值	标准差	平均值	标准差	平均值	标准差	平均值	标准差	
管理团队	17.230	2.597	17.620	3.384	19.550	3.363	20.860	3.554	1.180
专业技能	16.040	2.660	15.880	2.762	15.420	2.468	16.540	1.768	1.826
创造力	15.970	2.359	14.670	2.845	15.890	2.945	17.860	2.066	2.196
向心力	18.120	2.884	15.820	2.686	14.780	2.512	16.770	2.953	0.641
人力资本整体	65.060	8.872	65.230	9.836	64.862	9.885	70.790	5.278	1.523

表 9-12　不同部门的主管所感知人力资本的差异 （N=920）

项目	业务部 (N=46)		生产部 (N=557)		研发部 (N=93)		营销部 (N=53)		财务部 (N=19)		其他 (N=152)		F 值
	平均值	标准差	平均值	标准差	平均值	标准差	平均值	标准差	平均值	标准差	平均值	标准差	
管理团队	18.540	2.789	20.730	3.598	19.440	3.795	17.890	3.245	18.440	3.152	19.540	3.002	0.680
专业技能	14.890	2.666	16.820	2.635	16.820	2.888	15.660	2.162	15.630	1.334	16.870	2.446	1.627
创造力	14.980	2.881	16.970	2.635	14.790	2.446	15.460	2.778	16.940	2.760	14.150	2.852	1.228
向心力	15.210	2.468	16.880	2.354	14.520	2.756	15.120	2.536	16.100	2.998	15.340	2.460	0.478
人力资本整体	65.880	9.564	60.990	9.089	65.000	11.056	61.540	9.812	68.110	8.540	61.89	8.768	1.227

表 9-13　不同成立年限企业的主管所感知人力资本的差异 （N=920）

项目	10 年以下 (N=551)		11~15 年 (N=275)		16~20 年 (N=66)		21 年以上 (N=28)		F 值	Scheffe
	平均值	标准差	平均值	标准差	平均值	标准差	平均值	标准差		
管理团队	17.580	2.622	19.330	2.735	19.640	3.223	16.560	3.833	12.379***	4>3
专业技能	13.360	2.246	13.580	2.162	14.670	2.521	15.360	2.805	10.144***	
创造力	15.360	2.225	13.780	2.267	14.930	2.797	13.750	2.743	8.967***	
向心力	13.690	2.158	13.980	2.237	16.680	2.546	14.210	2.878	11.810***	
人力资本整体	63.550	8.304	63.440	8.529	67.410	9.136	60.320	12.342	13.967***	

注：***、**、* 分别表示 $P<0.001$，$P<0.01$，$P<0.05$。本节同，不再赘述。

表 9-14　不同员工人数背景下的主管所感知人力资本差异（N=920）

项目	100 人以下 (N=358)		101~200 人 (N=183)		201~300 人 (N=279)		301 人以上 (N=100)		F 值	Scheffe
	平均值	标准差	平均值	标准差	平均值	标准差	平均值	标准差		
管理团队	17.360	3.254	18.380	3.212	18.030	4.213	22.250	3.423	4.227**	ns.
专业技能	15.170	2.528	16.230	2.097	12.960	3.347	14.920	2.753	3.653*	ns.
创造力	13.860	2.549	14.830	2.194	13.850	3.491	15.780	3.252	1.816	
向心力	15.160	2.499	14.890	2.407	14.820	3.126	17.190	2.517	1.572	
人力资本整体	63.470	9.457	63.970	8.476	59.230	13.105	71.120	12.103	3.419*	ns.

注：ns. 表示经 Scheffe 事后比较发现无差异。本节同，不再赘述。

资本的知觉差异。因此，假设 1-2 "不同年龄的主管对人力资本的知觉有显著差异"未获得支持。

（3）不同工作年限的主管所感知人力资本。研究发现，不同工作年限的主管所感知人力资本"管理团队""专业技能""创造力""向心力"与"人力资本整体"无显著差异，表明不同工作年限不会造成主管对人力资本的知觉差异。因此，假设 1-3 "不同工作年限的主管对人力资本的知觉有显著差异"未获得支持。

（4）不同教育程度的主管所感知人力资本。研究发现，不同教育程度的主管所感知人力资本"管理团队""专业技能""创造力""向心力"与"人力资本整体"无显著差异，表明不同教育程度不会造成主管对人力资本的知觉差异。因此，假设 1-4 "不同教育程度的主管对人力资本的知觉有显著差异"未获得支持。

（5）不同部门的主管所感知人力资本。研究发现，不同部门的主管所感知人力资本"管理团队""专业技能""创造力""向心力"与"人力资本整体"无显著差异，表明来自不同部门不会造成主管对人力资本的知觉差异。因此，假设 1-5 "不同部门的主管对人力资本的知觉有显著差异"未获得支持。

（6）不同成立年限企业的主管所感知人力资本。研究发现，不同成立年限企业的主管所感知人力资本"管理团队""专业技能""创造力""向心力"与"人力资本整体"有显著差异。结果发现成立年限在21 年以上企业的主管所感知人力资本的"管理团队"高于成立年限为16~20 年企业的主管。因此，假设 1-6 "不同成立年限企业的主管对人力资本的知觉有显著差异"部分获得支持。

（7）不同员工人数背景下主管所感知人力资本。研究发现，不同员工人数背景下的主管所感知人力资本"管理团队""专业技能""创造力""向心力"与"人力资本整体"无显著差异，表明来自不同员工人数背景不会造成主管对人力资本的知觉差异。因此，假设 1-7 "不同员工人数背景下主管对人力资本的知觉有显著差异"未获得支持。

表 9-15　不同背景变量主管对人力资本的知觉差异

背景变量	管理团队	专业技能	创造力	向心力	人力资本整体
性别					
年龄					
工作年限					
教育程度					
部门					
企业成立年限	4>3				
员工人数	ns.	ns.			ns.

（三）不同背景变量下主管所感知组织创新的差异分析

本部分以主管感知组织创新的三个维度"服务创新""管理创新"及"研发创新"进行独立样本 T 检验与单因子变异数分析，以了解不同背景下的主管感知组织创新"服务创新""管理创新"及"研发创新"量度是否有所差异。

1. 不同性别的主管所感知组织创新的差异

由表 9-16 可以得知，不同性别的主管所感知组织创新"研发创新 t=1.969""服务创新 t=0.837""管理创新 t=0.870""组织创新整体 t=1.341"未有显著差异。

表 9-16　不同性别的主管所感知组织创新的差异摘要表　（N=920）

项目	男性（N=644）		女性（N=276）		t 值
	M	SD	M	SD	
服务创新	19.330	2.736	19.010	2.721	0.837
管理创新	19.320	3.276	18.930	3.142	0.870
研发创新	15.640	2.835	15.260	2.617	1.969
组织创新整体	52.880	8.019	51.620	7.841	1.341

2. 不同年龄的主管所感知组织创新的差异

由表 9-17 可知，不同年龄的主管所感知组织创新"服务创新 F = 0.340""管理创新 F = 2.391""研发创新 F = 0.457""组织创新整体 F = 0.811"均无显著差异。

3. 不同工作年限的主管所感知组织创新的差异

由表 9-18 可以得知，不同工作年限的主管所感知组织创新"管理创新 F = 3.323，p < 0.05"有显著差异，经 Scheffe 事后比较分析并无差异。其次，其所感知组织创新"服务创新 F = 1.191""研发创新 F = 1.110""组织创新整体 F = 1.828"未有显著差异。

4. 不同教育程度的主管所感知组织创新的差异

由表 9-19 可以得知，不同教育程度的主管所感知组织创新"服务创新 F = 2.931，p < 0.05""管理创新 F = 2.746，p < 0.05""组织创新整体 F = 2.616，p < 0.05"有显著差异，经 Scheffe 事后比较并无差异。其次，不同教育程度的主管所感知组织创新"研发创新 F = 1.327"未有显著差异。

5. 不同部门的主管所感知组织创新的差异

由表 9-20 知，不同部门的主管所感知组织创新"服务创新 F = 1.107""管理创新 F = 1.237""研发创新 F = 2.041""组织创新整体 F = 1.439"均无显著差异。

6. 不同成立年限企业的主管所感知组织创新的差异

由表 9-21 可以得知，不同成立年限企业的主管所感知组织创新"服务创新 F = 3.321，p < 0.05"有显著差异，经 Scheffe 事后比较并无差异。其次，"管理创新 F = 2.156""研发创新 F = 1.818""组织创新整体 F = 1.002"未有显著差异。

7. 不同员工人数背景下主管所感知组织创新的差异

由表 9-22 可以得知，不同员工人数背景下主管所感知组织创新"管理创新 F = 11.288，p < 0.001""研发创新 F = 4.152，p < 0.01""组织创新整体 F = 5.849，p < 0.01"均有显著差异，经 Scheffe 事后比较发现

表 9-17　不同年龄的主管所感知组织创新的差异

项目	35 岁以下 (N=462)		36-44 岁 (N=278)		45-50 岁 (N=136)		51 岁以上 (N=44)		F
	M	SD	M	SD	M	SD	M	SD	
服务创新	19.230	2.704	19.150	2.683	19.100	2.651	18.970	2.598	0.340
管理创新	18.410	3.186	19.240	3.257	19.330	3.383	18.370	2.864	2.391
研发创新	15.310	3.018	15.240	2.857	14.210	2.364	14.120	2.125	0.457
组织创新整体	52.260	7.437	52.370	7.653	52.620	7.825	54.570	6.422	0.811

表 9-18　不同工作年限的主管所感知组织创新的差异

项目	10 年以下 (N=462)		11~15 年 (N=378)		16~25 年 (N=136)		26 年以上 (N=44)		F	Scheffe
	M	SD	M	SD	M	SD	M	SD		
服务创新	17.930	2.725	19.230	2.814	19.370	3.267	18.670	2.358	1.191	
管理创新	19.310	3.258	19.390	2.769	18.280	3.368	21.370	2.427	3.323*	ns.
研发创新	15.370	2.739	15.280	2.462	15.370	2.526	16.820	2.359	1.110	
组织创新整体	52.470	7.793	52.470	7.417	52.380	7.839	57.140	6.362	1.828	

表 9-19　不同教育程度的主管所感知组织创新的差异

项目	高中（职）以下 (N=271)		大专 (N=371)		本科 (N=189)		研究生以上 (N=89)		F	Scheffe
	M	SD	M	SD	M	SD	M	SD		
服务创新	19.370	2.731	19.360	3.213	19.470	2.925	20.880	2.759	2.931*	ns.
管理创新	19.210	3.379	19.330	3.426	18.570	3.363	21.530	2.597	2.746*	ns.
研发创新	15.160	2.816	15.370	2.506	15.260	2.611	17.310	1.231	1.327	
组织创新整体	51.620	7.716	53.160	8.729	51.470	7.614	59.370	5.623	2.616*	ns.

表 9-20　不同部门的主管所感知组织创新的差异

项目	业务部 (N=46)		生产部 (N=557)		研发部 (N=93)		营销部 (N=53)		财务部 (N=19)		其他 (N=152)		F
	M	SD	M	SD	M	SD	M	SD	M	SD	M	SD	
服务创新	19.280	2.859	19.270	2.433	19.410	2.606	19.320	2.769	18.890	2.436	19.460	2.831	1.107
管理创新	19.130	3.213	19.420	3.253	18.370	3.179	19.460	3.433	19.760	3.493	19.490	2.928	1.237
研发创新	14.920	2.637	15.170	2.728	14.660	2.258	14.730	2.681	16.100	2.703	15.860	2.482	2.041
组织创新整体	51.360	8.254	52.020	7.681	50.170	6.782	51.470	7.937	55.190	7.892	53.550	6.859	1.439

表 9-21　不同成立年限企业的主管所知觉组织创新的差异

项目	10年以下 (N=551)		11~15年 (N=275)		16~20年 (N=66)		21年以上 (N=28)		F	Scheffe
	M	SD	M	SD	M	SD	M	SD		
服务创新	19.310	2.644	19.270	2.479	20.260	2.842	19.480	3.279	3.321*	ns.
管理创新	19.150	2.438	18.170	2.722	18.390	3.368	19.240	3.597	2.156	
研发创新	13.980	2.248	15.290	2.435	15.650	3.127	15.280	3.137	1.818	
组织创新整体	52.320	6.892	51.480	7.148	52.620	8.158	51.470	9.265	1.002	

表 9-22　不同员工人数背景下主管所感知组织创新的差异

项目	100人以下 (N=358)		101~200人 (N=183)		201~300人 (N=279)		301人以上 (N=100)		F	Scheffe
	M	SD	M	SD	M	SD	M	SD		
服务创新	19.160	2.746	18.960	2.599	18.490	3.531	21.860	4.272	1.935	
管理创新	18.370	3.139	18.880	2.759	19.170	3.264	21.270	3.729	11.288***	2>1
研发创新	15.390	2.738	15.320	2.421	14.290	3.327	18.290	1.828	4.152**	ns.
组织创新整体	51.480	7.829	54.280	7.193	49.280	9.162	58.280	7.429	5.849**	2>1

101~200 人的主管所感知组织创新的"管理创新""组织创新整体"高于 100 人以下员工的主管。不同员工人数背景下主管所感知组织创新"服务创新 F = 1.935"未有显著差异性。

8. 综合讨论

综合上述结果，分析不同背景下主管所感知组织创新的差异，如表9-23 所示。

表 9-23　不同背景变量下主管所感知组织创新的差异

背景变量	服务创新	管理创新	研发创新	组织创新整体
性别				
年龄				
工作年限		ns.		
教育程度	ns.	ns.		ns.
部门				
企业成立年限	ns.			
员工人数		2>1	ns.	2>1

（1）不同性别的主管所感知组织创新没有显著差异。不同性别主管对组织创新"服务创新""管理创新""研发创新""组织创新整体"的知觉均未有显著差异。因此，假设 2-1"不同性别的主管对组织创新的知觉有显著差异"未获得支持。

（2）不同年龄的主管所感知组织创新没有显著差异。不同年龄主管对组织创新"服务创新""管理创新""研发创新""组织创新整体"均未有显著差异。因此，假设 2-2"不同年龄的主管对组织创新的知觉有显著差异"未获得支持。

（3）不同工作年限的主管所感知组织创新没有显著差异。不同工作年限的主管对组织创新"服务创新""管理创新""研发创新""组织创新整体"的知觉均未有显著差异。因此，假设 2-3"不同工作年限的主管对组织创新的知觉有显著差异"未获得支持。

（4）不同教育程度的主管所感知组织创新没有显著差异。不同教育程度的主管对组织创新"服务创新""管理创新""研发创新""组织创新整体"的知觉均未有显著差异。因此，假设 2-4"不同教育程度的主管对组织创新的知觉有显著差异"未获得支持。

（5）不同部门的主管所感知组织创新有显著差异。不同部门的主管对组织创新"服务创新""管理创新""研发创新""组织创新整体"的知觉均未有显著差异。因此，假设 2-5"不同部门的主管对组织创新的知觉有显著差异"未获得支持。

（6）不同成立年限企业的主管所感知组织创新没有显著差异。不同成立年限企业的主管对组织创新"服务创新""管理创新""研发创新""组织创新整体"的知觉均未有显著差异。因此，假设 2-6"不同成立年限企业的主管对组织创新的知觉有显著差异"未获得支持。

（7）不同员工人数背景下主管所感知组织创新有显著差异。不同员工人数背景下主管对组织创新"服务创新""管理创新""研发创新""组织创新整体"的知觉有显著差异。101~200 人的主管所感知组织创新的"管理创新""组织创新整体"高于 100 人以下员工的主管，假设 2-7 获得部分支持。

（四）不同背景变量主管所感知企业价值创造的差异分析

本部分以企业价值创造的三个维度"产品价值"、"服务价值"与"形象价值"进行独立样本 T 检验与单因子变量分析，以了解不同背景变量下主管所感知企业价值创造是否有所差异。

1. 不同性别的主管所感知企业价值创造的差异

由表 9-24 可知，不同性别的主管感知企业价值创造"产品价值 t=0.916""服务价值 t=0.383""形象价值 t=0.239""企业价值创造整体 t=0.281"无显著差异。

表 9-24 不同性别的主管所感知企业价值创造的差异

项目	男性 (N = 644)		女性 (N = 276)		t 值
	M	SD	M	SD	
产品价值	19.310	3.397	19.320	3.328	0.916
服务价值	23.170	3.356	21.930	3.479	0.383
形象价值	18.830	2.699	19.440	3.127	0.239
企业价值创造整体	72.550	10.148	72.360	10.570	0.281

2. 不同年龄的主管所感知企业价值创造的差异

由表 9-25 可以得知，不同年龄的主管所感知企业价值创造"产品价值 F = 0.502""服务价值 F = 0.473""形象价值 F = 0.553""企业价值创造整体 F = 0.376"无显著差异。

3. 不同工作年限的主管所感知企业价值创造的差异

由表 9-26 可知，不同工作年限的主管所感知企业价值创造"产品价值 F = 1.480""服务价值 F = 0.481""形象价值 F = 0.615""企业价值创造整体 F = 0.723"无显著差异。

4. 不同教育程度的主管所感知企业价值创造的差异

由表 9-27 可以得知，不同教育程度的主管所感知企业价值创造"产品价值 F = 1.548""服务价值 F = 1.600""形象价值 F = 0.749""企业价值创造整体 F = 1.412"无显著差异。

5. 不同部门的主管所感知企业价值创造的差异

由表 9-28 可以得知，不同部门的主管所感知企业价值创造"产品价值 F = 0.482""服务价值 F = 1.843""形象价值 F = 1.610""企业价值创造整体 F = 1.502"无显著差异。

6. 不同成立年限企业的主管所感知企业价值创造的差异

由表 9-29 可以得知，不同成立年限企业的主管所感知企业价值创造"产品价值 F = 20.009，P < 0.001""服务价值 F = 8.291，P < 0.001""形象价值 F = 9.481，P < 0.001""企业价值创造整体 F = 12.282，P < 0.001"等

352 劳动力素质提升与产业优化升级的协同路径研究

表 9-25 不同年龄的主管所感知企业价值创造的差异

项目	35 岁以下 (N=462)		36~44 岁 (N=278)		45~50 岁 (N=136)		51 岁以上 (N=44)		F
	M	SD	M	SD	M	SD	M	SD	
产品价值	19.350	3.296	19.220	3.621	19.430	3.478	19.020	2.372	0.502
服务价值	23.020	3.744	21.790	3.251	21.930	3.172	22.830	3.122	0.473
形象价值	18.990	3.253	18.940	2.769	19.330	2.820	19.360	2.215	0.553
企业价值创造整体	72.440	10.664	72.670	10.388	71.590	9.791	72.560	7.729	0.376

表 9-26 不同工作年限的主管所感知企业价值创造的差异

项目	10 年以下 (N=462)		11~15 年 (N=378)		16~25 年 (N=136)		26 年以上 (N=44)		F
	M	SD	M	SD	M	SD	M	SD	
产品价值	19.150	3.637	19.310	2.899	18.490	3.128	18.580	1.799	1.480
服务价值	21.980	3.537	21.490	3.304	21.770	3.207	22.430	2.139	0.481
形象价值	18.770	3.213	19.350	2.437	19.270	2.688	18.890	1.439	0.615
企业价值创造整体	72.330	10.769	71.240	9.462	69.880	9.292	72.470	5.373	0.723

表 9-27　不同教育程度的主管所感知企业价值创造的差异

项目	高中（职）以下 (N=271)		大专 (N=371)		本科 (N=189)		研究生以上 (N=89)		F
	M	SD	M	SD	M	SD	M	SD	
产品价值	19.020	3.251	19.490	3.359	19.020	3.548	21.330	3.627	1.548
服务价值	21.980	3.491	21.880	3.197	21.690	3.659	24.990	2.509	1.600
形象价值	19.200	2.778	19.490	2.733	18.990	3.169	21.350	3.206	0.749
企业价值创造整体	72.340	9.859	71.100	9.659	72.140	11.601	78.390	8.627	1.412

表 9-28　不同部门的主管所感知企业价值创造的差异

项目	业务部 (N=46)		生产部 (N=557)		研发部 (N=93)		营销部 (N=53)		财务部 (N=19)		其他 (N=152)		F
	M	SD	M	SD	M	SD	M	SD	M	SD	M	SD	
产品价值	19.460	3.426	19.350	3.231	18.040	4.626	19.270	3.359	18.290	3.511	19.280	3.144	0.482
服务价值	21.870	3.432	23.210	3.528	22.620	3.532	23.250	3.321	25.270	2.683	23.520	4.329	1.843
形象价值	19.330	2.837	18.920	2.761	19.320	2.822	19.480	2.759	21.040	2.662	19.490	3.258	1.610
企业价值创造整体	71.200	10.937	72.440	9.839	69.330	12.103	72.930	10.832	76.390	9.227	71.080	11.728	1.502

有显著差异。经 Scheffe 事后比较发现成立年限为 16～20 年企业的主管对"产品价值"的知觉高于成立 21 年以上企业的主管。

7. 不同员工人数背景下主管所感知企业价值创造的差异

由表 9-30 可以得知，不同员工人数背景下主管所感知企业价值创造"服务价值 $F=1.215$""形象价值 $F=0.633$""企业价值创造整体 $F=1.433$"无显著差异。"产品价值 $F=4.153$，$P<0.01$"有显著差异，经 Scheffe 事后比较发现未有显著差异。

8. 综合讨论

不同背景下主管对企业价值创造的知觉差异，如表 9-31 所示，以下做分别讨论。

（1）不同性别的主管所感知企业价值创造的差异。不同性别的主管所感知企业价值创造"产品价值""服务价值""形象价值""企业价值创造整体"无显著差异。因此，假设 3-1"不同性别的主管所感知企业价值创造有显著差异"未获得支持。

（2）不同年龄的主管所感知企业价值创造的差异。不同年龄的主管所感知企业价值创造"产品价值""服务价值""形象价值""企业价值创造整体"无显著差异。因此，假设 3-2"不同年龄的主管所感知企业价值创造有显著差异"未获得支持。

（3）不同工作年限的主管所感知企业价值创造的差异。不同工作年限的主管所感知企业价值创造"产品价值""服务价值""形象价值""企业价值创造整体"无显著差异。因此，假设 3-3"不同工作年限的主管所感知企业价值创造有显著差异"未获得支持。

（4）不同教育程度的主管所感知企业价值创造的差异。不同教育程度的主管所感知企业价值创造"产品价值""服务价值""形象价值""企业价值创造整体"无显著差异。因此，假设 3-4"不同教育程度的主管所感知企业价值创造有显著差异"未获得支持。

表 9-29　不同成立年限企业的主管所感知企业价值创造的差异

项目	10年以下 (N=551)		11~15年 (N=275)		16~20年 (N=66)		21年以上 (N=28)		F	Scheffe
	M	SD	M	SD	M	SD	M	SD		
产品价值	19.080	2.438	18.920	2.433	19.010	3.392	17.830	4.231	20.009***	3>4
服务价值	21.990	3.276	21.660	3.243	22.990	3.533	21.490	3.439	8.291***	ns.
形象价值	19.330	2.602	19.440	2.327	20.220	3.271	18.950	3.317	9.481***	ns.
企业价值创造整体	70.160	8.833	70.280	8.840	76.390	10.218	70.200	12.927	12.282***	ns.

表 9-30　不同员工人数背景下主管所感知企业价值创造的差异

项目	100人以下 (N=358)		101~200人 (N=183)		201~300人 (N=279)		301人以上 (N=100)		F	Scheffe
	M	SD	M	SD	M	SD	M	SD		
产品价值	19.160	3.339	19.030	2.539	17.280	4.216	22.470	2.527	4.153**	ns.
服务价值	23.210	3.529	22.930	3.216	23.270	3.402	23.890	4.307	1.215	
形象价值	18.990	3.214	19.360	2.433	19.380	2.821	21.340	1.438	0.633	
企业价值创造整体	71.200	10.672	73.110	9.142	69.380	11.253	79.190	7.829	1.433	

表 9-31　不同背景下主管对企业价值创造的知觉

背景变量	产品价值	服务价值	形象价值	企业价值创造整体
性别				
年龄				
工作年限				
教育程度				
部门				
企业成立年限	3>4	ns.	ns.	ns.
员工人数	ns.			

（5）不同部门的主管所感知企业价值创造的差异。不同部门的主管所感知企业价值创造"产品价值""服务价值""形象价值""企业价值创造整体"无显著差异。因此，假设 3-5"不同部门的主管所感知企业价值创造有显著差异"未获得支持。

（6）不同成立年限企业的主管所感知企业价值创造的差异。不同成立年限企业的主管所感知企业价值创造"产品价值""服务价值""形象价值""企业价值创造整体"差异显著。成立年限为 16~20 年企业的主管对"产品价值"的知觉高于成立 21 年以上企业的主管，因此，假设 3-6"不同成立年限企业的主管所感知企业价值创造有显著差异"部分获得支持。

（7）不同员工人数背景下主管所感知企业价值创造的差异。不同员工人数背景下主管所感知企业价值创造"产品价值""服务价值""形象价值""企业价值创造整体"无显著差异。因此，假设 3-7"不同员工人数背景下主管所感知企业价值创造有显著差异"未获得支持。

（五）人力资本、组织创新与企业价值创造的相关性分析

本部分的主要目的是探讨企业主管所感知人力资本（管理团队、专业技能、创造力、向心力）、组织创新（服务创新、管理创新、研发创

新）与企业价值创造（产品价值、服务价值、形象价值）在各个不同向量与整体上的相关性，并以 Pearson 相关系数进行统计分析。

1. 人力资本与组织创新的相关性分析

由表 9-32 可以得知人力资本与组织创新不同层面之间的相互关系，具体情况如下：人力资本的"管理团队"与组织创新的"服务创新""管理创新""研发创新""组织创新整体"等层面呈正相关；人力资本的"专业技能"与组织创新的"服务创新""管理创新""研发创新""组织创新整体"等层面呈正相关；人力资本的"创造力"与组织创新的"服务创新""管理创新""研发创新""组织创新整体"等层面呈正相关；人力资本的"向心力"与组织创新的"服务创新""管理创新""研发创新""组织创新整体"等层面呈正相关；人力资本的"人力资本整体"与组织创新的"服务创新""管理创新""研发创新""组织创新整体"等层面呈正相关。

上述结果表明，人力资本的"管理团队""专业技能""创造力""向心力""人力资本整体"与组织创新的"服务创新""管理创新""研发创新""组织创新整体"等层面呈现中度以上相关；人力资本的"管理团队""专业技能""创造力""向心力""人力资本整体"愈高，组织创新的"服务创新""管理创新""研发创新""组织创新整体"就愈高。

表 9-32　人力资本与组织创新的相关性分析结果

人力资本 组织创新	管理团队	专业技能	创造力	向心力	人力资本 整体
服务创新	0.676 ***	0.618 ***	0.621 ***	0.664 ***	0.745 ***
管理创新	0.543 ***	0.549 ***	0.558 ***	0.646 ***	0.760 ***
研发创新	0.537 ***	0.663 ***	0.687 ***	0.658 ***	0.631 ***
组织创新整体	0.702 ***	0.777 ***	0.907 ***	0.910 ***	0.845 ***

2. 人力资本与企业价值创造的相关性分析

由表 9-33 可以得知人力资本与企业价值各层面之间的相互关系，具体情况如下：人力资本的"管理团队"与企业价值创造的"产品价值""服务价值""形象价值""企业价值创造整体"等层面呈正相关；人力资本的"专业技能"与企业价值创造的"产品价值""服务价值""形象价值""企业价值创造整体"等层面呈正相关；人力资本的"创造力"与企业价值创造的"产品价值""服务价值""形象价值""企业价值创造整体"等层面呈正相关；人力资本的"向心力"与企业价值创造的"产品价值""服务价值""形象价值""企业价值创造整体"等层面呈正相关；人力资本的"人力资本整体"与企业价值创造的"产品价值""服务价值""形象价值""企业价值创造整体"等层面呈正相关。

上述结果表明，人力资本的"管理团队""专业技能""创造力""向心力""人力资本整体"与企业价值创造的"产品价值""服务价值""形象价值""企业价值创造整体"等层面呈现中度以上相关；人力资本的"管理团队""专业技能""创造力""向心力""人力资本整体"愈高，企业价值创造的"产品价值""服务价值""形象价值""企业价值创造整体"就愈高。

表 9-33　人力资本与企业价值创造的相关性分析结果

企业价值创造 ＼ 人力资本	管理团队	专业技能	创造力	向心力	人力资本整体
产品价值	0.689 ***	0.669 ***	0.667 ***	0.711 ***	0.789 ***
服务价值	0.613 ***	0.567 ***	0.639 ***	0.707 ***	0.682 ***
形象价值	0.586 ***	0.632 ***	0.688 ***	0.635 ***	0.771 ***
企业价值创造整体	0.821 ***	0.856 ***	0.918 ***	0.882 ***	0.821 ***

3. 组织创新与企业价值创造的相关性分析

由表 9-34 可以得知组织创新与企业价值创造各层面之间的相互关

系，具体情况如下：组织创新的"服务创新"与企业价值创造的"产品价值""服务价值""形象价值""企业价值创造整体"等层面呈正相关；组织创新的"管理创新"与企业价值创造的"产品价值""服务价值""形象价值""企业价值创造整体"等层面呈正相关；组织创新的"研发创新"与企业价值创造的"产品价值""服务价值""形象价值""企业价值创造整体"等层面呈正相关；组织创新的"组织创新整体"与企业价值创造的"产品价值""服务价值""形象价值""企业价值创造整体"等层面呈正相关。

上述结果表明，组织创新的"服务创新""管理创新""研发创新""组织创新整体"与企业价值创造的"产品价值""服务价值""形象价值""企业价值创造整体"等层面呈现中度以上相关；组织创新的"服务创新""管理创新""研发创新""组织创新整体"愈高，企业价值创造的"产品价值""服务价值""形象价值""企业价值创造整体"就愈高。

表 9-34 组织创新与企业价值创造的相关性分析结果

组织创新 企业价值创造	服务创新	管理创新	研发创新	组织创新整体
产品价值	0.689***	0.588***	0.632***	0.713***
服务价值	0.680***	0.542***	0.598***	0.679***
形象价值	0.647***	0.478***	0.598***	0.641***
企业价值创造整体	0.757***	0.620***	0.694***	0.773***

4. 人力资本、组织创新与企业价值创造的相关性分析

由表 9-35 可知，人力资本与组织创新呈现显著正相关，二者关系为高度相关；人力资本与企业价值创造呈现显著正相关，二者关系为高度相关；组织创新与企业价值创造呈现显著正相关，二者关系为高度相关。

表 9-35　人力资本、组织创新与企业价值创造的相关性分析结果

核定变量	人力资本	组织创新	企业价值创造
人力资本	1		
组织创新	0.777***	1	
企业价值创造	0.821***	0.773***	1

上述结果表明，主管对人力资本知觉度愈高，其对组织创新知觉度愈高；主管对人力资本知觉度愈高，其对企业价值创造知觉度愈高；主管对组织创新知觉度愈高，其对企业价值创造知觉度愈高。

（六）人力资本、组织创新对企业价值创造的回归分析

本部分旨在探讨人力资本、组织创新对企业价值创造的联合预测作用。因此，本部分将人力资本（管理团队、专业技能、创造力、向心力）、组织创新（服务创新、管理创新、研发创新）等作为预测变量，以企业价值创造（产品价值、服务价值、形象价值）作为因变量，进行多元逐步回归分析，以了解各预测变量的联合预测效能。

1. 人力资本与组织创新对"产品价值"的预测分析

由表 9-36 可以发现，管理团队、专业技能、创造力、向心力、服务创新、管理创新、研发创新七个预测变量对"产品价值"有显著预测力的变量共六个，依序为"向心力""服务创新""创造力""管理团队""专业技能""研发创新"。六个预测变量与"产品价值"的多元相关系数为 0.808、可决系数（R^2）为 0.653，最后回归模型整体性考验的 F 值为 165.870（$P < 0.001$），因而六个预测变量可有效解释"产品价值"。

从个别变量的预测力高低分析可知，对"产品价值"最具预测力的是"向心力"，其个别解释变异量为 0.506，其次为"服务创新"，其个别解释变异量为 0.084，其余四个的预测力分别为 0.038、0.012、0.008、0.006。从标准化的回归系数（β）来看，回归模型中的六个预测变量值分别为 0.190、0.188、0.177、0.154、0.135、0.116，均为正

数，表明各变量其对"产品价值"的影响均为正向。

2. 人力资本与组织创新对"服务价值"的预测分析

由表9-37可以发现，管理团队、专业技能、创造力、向心力、服务创新、管理创新、研发创新七个预测变量对"服务价值"有显著预测力的变量共五个，依序为"服务创新""向心力""专业技能""研发创新""管理团队"，其与"服务价值"的多元相关系数为0.750、可决系数（R^2）为0.563，最后回归模型整体性检验的F值为136.391（P<0.001），因而五个预测变量可有效解释"服务价值"56.3%的变异量。

从个别变量的预测力高低来看，对"服务价值"最具预测力的是"服务创新"，其个别解释变异量为0.463，其次为"向心力"，其个别解释变异量为0.063，其余三个预测变量的预测力分别为0.023、0.009、0.006。从标准化回归系数（β）来看，回归模型中的五个预测变量的值分别为0.311、0.128、0.188、0.125、0.127，均为正数，表明各变量对"服务价值"的影响均为正向。

3. 人力资本与组织创新对"形象价值"的预测分析

由表9-38可以发现，管理团队、专业技能、创造力、向心力、服务创新、管理创新、研发创新七个预测变量对"形象价值"有显著预测力的变量共六个，依次为"服务创新""向心力""创造力""研发创新""管理创新""专业技能"。六个预测变量与"形象价值"的多元相关系数为0.736、可决系数（R^2）为0.541，最后回归模型整体性检验的F值为103.749（P<0.001），因而六个预测变量可有效解释"形象价值"54.1%的变异量。

从个别变量预测力高低来看，对"形象价值"最具预测力的是"服务创新"，其个别解释变异量为0.419，其次为"向心力"，其个别解释变异量为0.073，其余四个预测力分别为0.021、0.014、0.011、0.003。从标准化回归系数（β）来看，回归模型中六个预测变量的值分别为0.356、0.190、0.156、0.206、-0.166、0.094，其中"管理创

表 9-36 人力资本与组织创新对"产品价值"的多元逐步回归分析结果

投入变项顺序	多元相关系数	可决系数（R^2）	增加量（ΔR^2）	F 值	净 F 值（ΔF）	B	Beta（β）
截距						-0.336	
向心力	0.711	0.506	0.506	545.773***	545.773***	0.249	0.190
服务创新	0.768	0.590	0.084	382.423***	108.745***	0.221	0.188
创造力	0.792	0.627	0.038	298.155***	53.763***	0.220	0.177
管理团队	0.800	0.639	0.012	235.000***	17.590***	0.162	0.154
专业技能	0.804	0.647	0.008	193.975***	11.411***	0.172	0.135
研发创新	0.808	0.653	0.006	165.870***	9.591**	0.146	0.116

表 9-37 人力资本与组织创新对"服务价值"的多元逐步回归分析结果

投入变项顺序	多元相关系数	可决系数（R^2）	增加量（ΔR^2）	F 值	净 F 值（ΔF）	B	Beta（β）
截距						4.057	
服务创新	0.680	0.463	0.463	458.829***	458.829***	0.385	0.311
向心力	0.725	0.525	0.063	294.445***	70.357***	0.177	0.128
专业技能	0.741	0.549	0.023	215.263***	27.531***	0.253	0.188
研发创新	0.747	0.558	0.009	166.948***	10.476***	0.165	0.125
管理团队	0.750	0.563	0.006	136.391***	6.825**	0.140	0.127

新"为负,其余均为正,表各变量对"形象价值"的影响除"管理创新"为负向外,"服务创新""向心力""创造力""研发创新""专业技能"均为正向。

4. 人力资本与组织创新对"企业价值创造整体"的预测分析

由表 9-39 可以发现,管理团队、专业技能、创造力、向心力、服务创新、管理创新、研发创新七个预测变量对"企业价值创造整体"有显著预测力的变量共六个,依序为"服务创新""向心力""专业技能""研发创新""创造力""管理团队",六个预测变量与"企业价值创造整体"的多元相关系数为 0.858、可决系数(R^2)为 0.737,最后回归模型整体性检验的 F 值为 246.368(P<0.001),因而六个预测变量可有效解释"企业价值创造整体"73.7%的变异量。

从个别变量的预测力高低来看,对"企业价值创造整体"最具预测力的是"服务创新"自变量,其个别解释变异量为 0.573,其次为"向心力",其个别解释变异量为 0.104,其余四个的预测力分别为0.029、0.016、0.009、0.006。从标准化的回归系数(β)来看,回归模型中六个预测变量的值分别 0.272、0.173、0.135、0.168、0.141、0.130,均为正数,表明各变量对"企业价值创造整体"的影响均为正向。

(七)主要研究发现

第一,主管对人力资本所感知状况属中上程度,以"专业技能"最高。人力资本各层面的平均数介于 3.68 分至 3.73 分之间。就整体层面而言,所调研企业人力资本的程度属于中上程度。其中,以"专业技能"为最高,其次为"管理团队",而"创造力"的程度最低。可见,相关企业现阶段的专业技术能力与管理能力是具备的,但对于创造力的思维与解决问题的能力需再加强。本研究结果与 Subramaniam 和 Youndt(2005)等的研究结果较一致。

表 9-38 人力资本与组织创新对"形象价值"的多元逐步回归分析结果

投入变项顺序	多元相关系数	可决系数（R^2）	增加量（ΔR^2）	F 值	净 F 值（ΔF）	B	Beta（β）
截距						4.352	
服务创新	0.647	0.419	0.419	384.609***	384.609***	0.365	0.356
向心力	0.701	0.492	0.073	257.538***	76.201***	0.218	0.190
创造力	0.716	0.513	0.021	186.486***	23.042***	0.169	0.156
研发创新	0.726	0.528	0.014	147.939***	16.242***	0.226	0.206
管理创新	0.733	0.538	0.101	123.052***	11.632***	-0.150	-0.166
专业技能	0.736	0.541	0.003	103.749***	3.881*	0.106	0.094

表 9-39 人力资本与组织创新对"企业价值创造整体"的多元逐步回归分析结果

投入变项顺序	多元相关系数	可决系数（R^2）	增加量（ΔR^2）	F 值	净 F 值（ΔF）	B	Beta（β）
截距						9.311	
服务创新	0.757	0.573	0.573	716.679***	716.679***	0.985	0.272
向心力	0.823	0.677	0.104	557.910***	170.811***	0.698	0.173
专业技能	0.840	0.706	0.029	425.188***	52.251***	0.534	0.135
研发创新	0.850	0.722	0.016	344.319***	30.602***	0.650	0.168
创造力	0.855	0.731	0.009	287.307***	17.189***	0.542	0.141
管理团队	0.858	0.737	0.006	246.368***	11.946***	0.422	0.130

　　第二，主管对组织创新所感知状况属中上程度，以"服务创新"最高。组织创新各层面的平均数介于 3.61 分至 3.73 分之间。就整体层面而言，所调查企业组织创新程度属于中上程度。其中，以"服务创新"为最高，究其原因，在技术迭代加速的今天，在人员素质与环境设施不变情况下，唯有创新营销策略，才能争取到更多顾客的青睐，以多元化的服务方式增加顾客满意度。相比较而言，"管理创新"和"研发创新"的程度较低，说明相关企业对服务方式的创新是具备的，但在产品、技术、工艺方面的突破需再加强。

　　第三，主管对企业价值创造所感知状况属中上程度，以"形象价值"最高。相关企业主管在企业价值创造各层面感知的平均数介于 3.69 分至 3.80 分之间。就整体层面而言属于中上程度。其中，以"形象价值"为最高，其次为"服务价值"，而"产品价值"的程度较低。可见，相关企业现阶段形象价值是有口碑的，但对于满足顾客的需求需再加强。本研究结果与 Aaker（1984）等的研究结果相符。

　　第四，人力资本、组织创新与企业价值创造的知觉愈高愈能促进产业发展。研究发现，相关企业在人力资本与组织创新两者间呈现正相关，显示两者之间有相当高的关联性，彰显出强化组织中"服务创新""管理创新""研发创新"等因素的重要意义。由于企业竞争力受人力投入影响，组织创新效益也会对企业价值创造产生影响，如前文在人力资本、组织创新与企业价值创造所描述的那样，企业必须随外在环境的变化调整策略方向，并利用人力资本弥补技术与能力的不足。进一步讲，为了提升企业价值创造，企业还需通过人力资本与组织创新效用的发挥去赢得更大的竞争优势。

　　第五，人力资本、组织创新对企业价值创造整体有显著的预测力，其中以"服务创新"最能预测企业价值创造能力。根据研究发现，相关企业在人力资本与组织创新中，以"服务创新"最能有效预测企业价值创造。说明企业在面对外部市场变化时，内部运营调整应以创新为根本方式，如此才能发掘公司优势并激发出更多创意以推进新产品、新服务等价值创造。

(八) 相关研究启示

根据前述对于人力资本、组织创新与企业价值创造关系的研究结论，本节可以获得以下重要启示。

第一，创新专业技能，强化主管核心素养。研究显示，主管对于人力资本的感知为中上微高程度，其中以"专业技能"最高。因此，企业经营者应根据时代的改变，从消费者需求入手将创新方法有效应用在工作实务上，培养灵活的创新思维。结合专业技能，开发新的流程与产品，突破市场束缚寻找商业新蓝海，并快速导入产品、技术及服务创新，将机会转化成可实行的商业模式。同时，企业的管理方式与企业文化应注重以人为本，并体现在人力资源管理制度与活动中，将员工视为人才与资本而非成本或费用。除专业职能规划以外，企业应该实施职务民主管理，重视员工声音，有力支撑跨部门间的整合。

第二，强调服务创新，提升附加价值，确保服务质量。研究显示，相关企业主管对于组织创新的感知为中上微高程度，其中以"服务创新"的感知最高。因此，企业经营者要意识到，企业服务的目的包括维护或提升企业形象、增加顾客附加价值、吸引更多新顾客、了解顾客需求、回应竞争者的新服务、节省更多成本及提供大量定制化服务等。为了确保服务质量，企业应该通过标准化流程服务顾客。同时企业应以不同的创新方法倾听顾客需求，依照顾客的需求与期望，提出崭新的服务模式，让每一项作业流程都能快速服务，并切实提高服务质量。

第三，转变客户对质量的认知，以提升企业信誉，增加信赖度。研究显示，相关企业主管对于企业价值创造的感知是有认同感的，其中在"形象价值"方面最强。因此，企业经营者面对加速迭代的市场，应优先掌握行业发展。企业要有自创品牌准备，给客户最好的质量与信赖以及认同感，为此要鼓励员工创造各种不同的产品，借以提升企业的品牌形象。在目前信息发达的时代，企业价值创造要随着市场机制变化而做调整，尤其面对行业低价的竞争，企业不仅要为客户提供多元化选择以及更好的服务，还要以品牌、质量、信誉来满足客户的需求。

第四，激发员工热情，强化主管向心力，并提高团队经营的效能。研究显示，不同成立年限企业的主管对人力资本的"管理团队""专业技能""创造力""向心力"与"人力资本整体"等都有正面知觉。因此，企业经营者只有激发员工的工作热情，并积极维系这股活力，才能激发员工最佳的表现并击败竞争对手。在塑造高效组织方面，员工绩效受到意愿、能力与环境三大因素的影响。其一，通过明确的规定、角色分工和任务分配，适时奖励工作表现优秀的员工并有针对性地进行个别关怀，组织决策还应考虑员工感受，让员工参与其中并全力投入，为企业创造更大价值。其二，配合激励措施（例如：进修补助、奖金制度、员工旅游等福利）使员工愿意主动参与、用心投入工作中，以增强员工心理认同。

第五，以创新经营策略与技术，推动组织绩效，厚植组织价值创造。研究显示，不同员工人数背景下主管所感知组织创新"管理创新""研发创新""组织创新整体"具有显著差异。因此，在快速变化的竞争环境中，企业只有持续推出新产品、新服务，并加速商品化进程，才能维持竞争优势。同时，企业应着重发挥主管的专业素养，借助研习或座谈会，将其成功经验与员工分享交流，提升整体的专业素养。对于新进员工在工作讨论、决策拟定、奖励分配、升迁制度、组织气氛营造、人事安排等方面应多予关怀。此外，在内部管理上还可以采取轮动管理，将创新思维转化为组织文化，让效率驱动管理方式转变为创新驱动。

第六，整合专业与服务需求，争取顾客认同。研究显示，人力资本与组织创新对企业价值创造的影响是正向的，主管对于企业人力资本或组织创新表现出相当高的认同感。因此，为提升经营绩效，企业应鼓励主管积极充实专业知识，培养专业技能，增强自己的技术或服务的信念与行为，以促进组织的创新；另外，在软硬件设备上，应不断创新服务，通过创新营销方法，提升企业销售额，增加企业经营绩效；并从企业外部市场入手，加强内部成本管控，降低经营成本，为顾客提供全方位的服务，满足顾客需求与认同感，树立企业的良好社会形象。

第七，提升技术优势，采取跨域学习合作，并形成组织文化的核心。研究显示，不同成立年限企业的主管所感知企业价值创造"产品价值""服务价值""形象价值""企业价值创造整体"有显著差异。因此，企业应顺应时势变化，善用科技与软硬件，并学习新的知识与技能，例如参加专业技能研习以改善技术与产业的环境。通过部门间的讨论与分享，提升专业知识、创新服务与营销技巧，寻求解决困难的方法，这样不仅能实现企业与客户的双赢，还可提升企业价值创造，改善组织成员对组织文化的感受。

第八，整合产品价值（广告、展览、促销等），提升品牌竞争优势，促进企业价值创造。研究显示，相关企业在人力资本与组织创新和企业价值创造三者间呈现正相关。面对同业激烈竞争以及层出不穷的营销手法，企业要以有效的价值创造适应市场竞争，掌握产业的潮流与趋势，调整和改进企业内部价值创造能力。例如，通过对产业顾客管理、产品营销、有效资源的获取与投入，为顾客提供多元化服务和产品，满足顾客需求，树立品牌形象，以提升企业价值创造。

第九，提高员工福利，重视员工未来，以凝聚员工向心力，激发员工潜能，再造企业高峰。研究显示，在人力资本与组织创新中，以"服务创新"和"向心力"最能有效预测企业价值创造。因此，为了提高企业服务与产品质量，增强员工团队意识和集体认同感是根本的解决之道，否则技术无法生根，质量无法超越水平。企业应将长期目标和发展蓝图及时传述于员工，设定明确的目标达成激励方式，尤其是团体奖赏办法，以激发员工的工作意愿，增加员工的归属感，逐步树立企业与员工是合作伙伴的理念，使员工产生持久的激励效应与向心力，进而达成组织目标。

第十章　劳动力素质提升与产业优化升级的协同路径及政策建议

进入新时代，我国社会主要矛盾已经转化为人民日益增长的美好生活需要和不平衡不充分的发展之间的矛盾，而发展不充分不平衡的现实国情迫切需要树立协同发展理念，人与产业的协同无疑是"协同之大者"。我国应积极借鉴世界各国产业发展中的成功经验，努力规避其失败教训，系统谋划基于我国人口状况的产业发展战略和基于我国产业特征的人口与教育发展思路，从宏观、中观、微观层面构建行之有效的协同机制，在总体吻合与适度超前原则下推动劳动力素质提升和产业优化升级的协同。

第一节　劳动力素质提升与产业优化升级的国际经验与教训

纵观全球，各国经济发展的实践是一次次鲜活的社会实验。发达国家产业优化升级过程中无一例外地获得了高素质劳动力的强力支撑，而那些掉入发展陷阱的国家则或多或少地遭遇了人才瓶颈。尽管时代在变化，国情有差别，但不同国家产业演变中的成败得失对于我国推进经济高质量发展都具有一定的启示。

一 教育改革是否能跟随产业演进的步伐

教育对于劳动力素质提升和产业优化升级的积极作用是毋庸置疑的，但发展教育事业需要大量投资，从教育投资到教育成果再到促进经济成长需要一个较长的时期。或许是出于对短期利益和长期利益的权衡，各国在不同时期对待教育的态度和方式不尽相同，并进一步延伸至产业优化升级的差异化结果。

其一，世界各国对教育投入的重视程度与产业发展质量总体上是正向相关的。人才是产业优化升级的第一推动要素，教育是培养人才的基本途径，对教育投入的重视就是对人才的重视。从全球范围来看，抛开经济规模的影响，产业综合竞争力强的国家往往也是教育投入比重较高的国家。按照世界银行的数据，北欧诸国对教育投入的占比平均高达7%，其次是北美、西欧和澳洲的各国，多数超过5%，这些国家产业发展水平普遍较高。相比较而言，非洲各国教育投入占 GDP 比重的平均值仅在 2%左右，其产业发展水平也整体偏低。2011~2021 年，我国政府对教育投入占 GDP 的比重保持在 4%左右，距离世界 4.5%的平均水平还有一定距离。随着国际经济形势复杂化和国内产业升级压力的持续增大，我国需要继续增加教育投入以更加有力地推进人才强国战略。

其二，整体教育布局是否与经济发展阶段相适应对提升产业质量尤为重要。教育投入除了经费总额，还存在结构或方向的问题，包括教育类型结构、城乡结构、区域结构、教育要素结构等诸多方面。在发达经济体中，德国、西班牙、意大利、日本等国家的教育投入占比只是略高于甚至略低于我国，但这些国家教育投入的方向都能与自身的经济发展阶段尤其是产业结构形成良好的互动，特别是二战后的德国对职业教育的高度重视有力地支撑了其制造业的发展，以行业为主导并在经济、教育、科研深度融合基础上构建的职业教育体系为其高品质制造输送了源源不断的高技能人才，也成为其推进工业 4.0 战略的优势。相比较而言，20 世纪 90 年代拉美诸国和亚洲"四小虎"的政府教育投入占比并不低，却因为"产学脱钩"导致受教育的人群与产业发展的人才需求不能很好地匹配，限制了产业对引进技术的吸收和转化，制约了产业的优化升级（邓洲和李童，2020）。

其三，具体教育方式和人才政策对人与产业协同发展也具有一定的影响。除了教育投入，许多产业先进的国家在人才培养和引进方面都形成了自己的经验。日本的教育高度重视学习再创新能力的培养，企业终身雇佣和教育的全面培训制度都为日本产业走精细化升级路线提供了保障；美国注重自由的氛围和个性化教育成为其引领全球创新高地的法宝，其以重大项目为中心面向全球招引人才的做法值得各国学习；新加坡注重动员民间力量以工厂模式办教育的思路成为其知识型产业枢纽建设的有力支撑。总的来看，我国地区发展差异较大，根据各地实际情况采用不同的人才培养思路、避免"一刀切"的程式化教育模式对于因地制宜推动产业优化升级十分重要。

二　是否有效地释放人才潜能并促进了创新

教育的目的一方面在于提升全民素养，另一方面在于培养高端创新人才。创新对于促进人与产业的协同发展具有重要作用。虽然我国在全球创新型国家的排名正在稳步攀升，并逐渐进入创新竞争力较强的国家行列，但应用创新代替不了基础创新，整体创新弥补不了尖端创新，多元创新形成不了系统创新，发达国家在创新环境方面的经验仍值得我国学习借鉴。

其一，注重创新战略与自身国情的结合有助于更好地发挥政府的作用。市场创新热情的释放离不开优质的公共创新环境，而公共创新环境的打造又必须充分而巧妙地发挥政府的作用，这在任何一个创新能力强大的国家都不例外，关键是国家创新战略能否有效地结合本国国情，与经济发展形成良性互动。在热衷于市场自由竞争的美国，政府注重保护竞争的法规制度建设，为创新驱动发展营造了良好的外部环境；法国注重国家对市场的计划调节，其创新驱动发展战略具有中央集权的特征，政府常采用税收政策、公共采购政策等支持和保护创新型企业（贾瑶，2016）。另外，日本将创新与传统文化相结合、德国对国际合作尖端创新的重视、芬兰的可持续创新等，都是将创新与本国国情相结合的结果。

其二，严格的知识产权保护有助于保护市场原始创新意愿和动力。虽然发达国家在创新方面的具体做法各有特色，但在立法保护知识产权方面却相当同步。作为工业革命先驱的英国是专利制度的发源地，最早的《垄断权条例》和1709年颁发的《安娜女王法令》为英国奠定了全球知识产权保护制度鼻祖的地位。作为法制市场经济的典范国家，美国在1790年颁布了《专利法》，并于1802年成立了直属国务院的专利与商标局，先后颁布了《商标法》《版权法》和《反不正当竞争法》等，建立起一套完整的知识产权保护法律体系。日本和韩国也都效仿西方国家建立了适合本国的知识产权保护法规，协助其在战后迅速成为创新型工业化国家，为其在国际竞争中形成创新优势奠定了基础。

其三，关键领域的率先突破有助于本国产业在国际市场上掌握主导权。营造良好的公共创新环境以保护市场创新热情并非政府唯一的职能，充分发挥公共机制的宏观调控优势，在产业优化升级的关键领域给予市场必要的投资引导或扶持，对于缩短市场创新周期和打破研发瓶颈具有重要作用。面对日益复杂的全球产业体系和日益细化的国际产业分工，没有任何一个国家能永远拥有在某个领域的创新优势，而关键领域的率先突破有助于其在国际竞争中赢得尊重和提高地位。英国在蒸汽动力和纺织技术方面率先实现突破并领导了第一次工业革命；美国在电力革命中的率先突破显著提升了其国际竞争力。

其四，加速创新主体和市场品牌培育有助于提升产业附加值。创新主体的基础是创新人才，尤其是具有批判性思维的人才。在创新人才培养的基础上，要积极培育企业、科研机构、高校和科技中介服务机构等多样化的创新主体，构建创新生态系统，尤其要激发作为核心主体企业的创新活力。例如，德国注重将中小企业作为创新的核心主体，支持那些专注于一个相对狭窄的领域且坚持精耕细作的企业；美国更加突出为创新型企业提供服务，包括担保、资金支持、信息管理、市场拓展、创业投资和资本市场等多元化服务。此外，大多数创新型国家都注重创新智库、中介组织等服务型创新主体的培育。

三 产业发展是否能有效融入国际经济循环

二战后最突出的经济形势是经济全球化，无论是高端人才培养还是创新体系打造，都越来越难以完全由一个国家独立完成，几乎每一项新技术或新产品的诞生都涉及多国，即便拥有完全知识产权的技术突破大多也是建立在消化吸收不同国家前期创新成果的基础之上。重视信息技术革命带来的国际合作良机、有效借力不同国家的独特优势、以更加积极的姿态融入国际经济循环，是众多发达国家经济腾飞的共同经验，而脱离国际经济循环也是导致不少地区陷入经济困局的重要原因。

其一，大国经济通过引领区域经济合作优化自身要素配置。自由贸易并非所有人都能完全随心所欲地开展交易，其必须建立在一定规则之上，而这些规则往往是由大国或经济强国主导制定的，从而有利于大国经济更好地扬长避短。当今世界并没有全球化的经济规则，即便是世贸组织、国际货币基金组织、国际复兴开发银行等也具有不同程度的排斥性，更普遍的是遍布全球的各类区域性经济合作组织。欧洲联盟、北美自由贸易区、亚太经合组织等区域经济合作组织在协调成员国经济方面发挥着重要作用。在动荡复杂的国际形势下，我国追求高质量发展必须重视与金砖国家成员国、共建"一带一路"国家或地区等开展区域性经济合作。

其二，快速成长的经济体通过对外投资缓解摩擦和提升优势。如果一个经济体出现快速成长往往是因为其拥有了超出那个时代平均水平的生产能力。快速增长的同时，经济体会面临两个问题：一是国内需求饱和；二是与老牌发达国家之间的市场冲突。20世纪70年代后期，快速崛起的日本同欧美诸国的贸易摩擦加剧，最终日本企业选择对欧美市场直接投资来减少摩擦，从而延续了产业继续升级的态势。1985 年，日元大幅升值导致其劳动力成本飞速上升，本国商品出口优势被大幅削减，日本转而将投资目光瞄向了亚洲地区以获取廉价劳动力。虽然日本的对外投资策略没有帮其避免经济停滞，但对日本产业向资本密集型和技术密集型升级起到了积极作用。事实上，在经济全球化的时代，资本寻求更广阔的海外市场是一种内在需求，这是因为快速成长中的经济体内部的产业失衡时常伴随着资本过剩，此时对外投资是其理性选择的结果。

其三，调整自身产业结构以更好地融入全球产业价值链。对外贸易是经济全球化的重要组成部分，也是发挥各国比较优势实现共享发展的重要方式。但打开国门也需要承担一定的风险，如果没有坚实的国内产业做后盾，自由贸易往往会导致国家的对外依存度上升、虚拟经济膨胀或经济发展自主权弱化。20 世纪 70~80 年代，墨西哥、智利、菲律宾等国家因为过度依赖自由贸易出现了实体产业空心化的情况。当然，全球产业分工并非一成不变的，传统优势国家对赶超国家的阻挠会随时存在，因而发展中经济体除了要注重国内产业的培育，还需要学习当年日本和韩国采用的"技术立国"的经验，推动产品链和产业价值链更好地融入全球市场。Felipe 等（2012）认为，韩国跨越"中等收入陷阱"的主要原因在于其出口的核心产品关联性强、复杂度高。

四　弱势群体或产业扶持是否有助于人与产业平衡

人既是生产者又是消费者，影响劳动力与产业匹配关系的核心变量自然绕不开人的收入。无论是马克思笔下的生产相对过剩还是凯恩斯眼中的有效需求不足，历史上任何一次经济危机的深层次原因都可以归结为人的贪欲和人与人之间的不公，以及由此引发的各种不平衡不协调的问题。20 世纪 70~80 年代，"亚洲四小虎"的基尼系数长期保持在 0.4

以上，收入差距不断扩大导致其贫困问题加重，进而限制了国内有效需求的扩大和经济发展的持续性。因此，处理好不同阶段效率和公平的关系，采取有效措施扶持弱势产业或弱势就业群体，形成一个有利于各类经济主体密切配合的收入分配格局，对于推动各种生产要素迸发活力和加快产业优化升级具有重要作用。

其一，从事农业生产的人群获得稳定收入是整个产业稳定运行的基础。在产业结构演变过程中，农业产值和就业比重的下降并不意味着农业在国民经济中地位的下降，恰恰相反，农业是其他产业甚至是整个社会稳定运行的基础，确保人与产业协同发展必须稳定农业人口的收入水平。经济大萧条后，美国相继通过《农业调整法》《农业贸易发展协助法案》等系列法规稳定农业经营，提高农产品价格，并出台各类农业补贴和保险政策增加农业就业人口收入，到20世纪70年代，美国农业人口收入甚至超过普通家庭收入的50%。农业人口的收入稳定是第二和第三产业快速发展的重要支撑。

其二，弱势产业从业者能否得到照顾关系到产业的融合质量。在非农产业领域，经济发展规律决定了有些产业势必要走向衰落，最终要么被新产业所替代、要么沦为弱势产业；经济周期也会导致部分产业暂时性受到冲击。产业竞争力下降过快会引发就业人口的流失，导致劳动力供给与产业发展需求失衡，也会导致从业者收入缺乏保障。

其三，公共就业体系和社会保障体系是人与产业协调发展的保障。20世纪初的经济大萧条迫使资本放弃了以优胜劣汰思维对待劳动力的习惯，世界各国纷纷建立起了不同形式的公共就业体系和社会保障体系，以帮助那些劳动力市场上的弱者或竞争失利者，这在促进劳动力与产业协同发展方面发挥了重要作用。在世界各地，混合经济特征越来越突出，公有与私有、计划与市场等意识形态领域的尖锐对立明显弱化，甚至出现了相互融合的趋势，这与全球对社会福利的重视明显相关。

第二节　劳动力素质提升与产业优化升级的
协同路径构建

基于前文对国内外产业发展的分析可以清晰地看出，产业优化升级与劳动力素质提升在长期内都是变化的概念，但在特定发展阶段两者又具有一定的稳定性，因而存在着静态与动态的双重协同问题。构建产业优化升级与劳动力素质提升的协同路径必须综合考虑横向和纵向两个维度的交叉影响。党的十八届五中全会提出的五大新发展理念专门提到了协调发展，协同推动产业优化升级与劳动力素质提升正是对协调发展理念的落实，其基本思路可概括为"按照劳动力状况布局和发展产业，按照产业发展需要培养和调配人才"。在具体执行中要逐步构建起全领域、多维度、立体式协同发展机制：在宏观层面推动国际与国内协同，努力构建国内国际双循环的新发展格局；在中观层面推动部门协同与区域协同，加快建设高效规范、公平竞争、充分开放的全国统一大市场；在微观层面推动产教协同和劳资协同，在融合教育和共享发展中促进人的全面发展。

一　宏观层面：推动国际与国内协同，构建"双循环"新发展格局

自 2020 年 4 月习近平总书记在中央财经委员会第七次会议上首次提出"双循环"以来，学术界对新发展格局的关注度持续升温。"双循环"新发展格局是对新发展理念下国家发展战略的延续和优化，是新冠疫情冲击下被动型发展思路向政策驱动下主动型发展思路的转变，这一转变既体现了经济发展重心的内移，也是对外开放战略的适度调整。因此，要确保劳动力素质提升与产业优化升级携手共进，就必须站在宏观的视野推动国际与国内协同，正确理解两个循环的内在关联。人才培养

和产业培育既要有放眼全球的格局和胸襟,又要有坚守华夏文明和彰显民族底蕴的行动自信。

(一)"双循环"不是时空割裂的,是具有内在连续性的

"双循环"新发展格局是党中央立足过去发展基础,在特定时点上提出的重大战略决策,既体现对当前复杂严峻多变经济形势的积极应对,又展示对未来较长一段时期经济发展路径的新谋划。然而,与更多强调"百年未有之大变局"相比,学术界关于"双循环"背后"不变"的文献成果明显薄弱。综合权衡党中央相关会议和文件精神不难发现,通过建成现代化经济体系让人民生活更美好的最终目标并没有变,与之相对应的许多国家发展方针政策和重大战略也没有变,构建新发展格局决不能喜新厌旧,畅通国内大循环更要把住方向,守住底线。一是坚持新发展理念没有变。创新、协调、绿色、开放、共享的新发展理念仍然是"五位一体"总体布局和"四个全面"战略布局的方向指引,因而也应当是构建"双循环"新发展格局的基本指南。二是坚持深化改革开放没有变。全面深化改革和实行高水平对外开放依旧是破除制约高质量发展、高品质生活的体制机制障碍的根本方略,故而构建"双循环"新发展格局同样要让市场在资源配置中起决定性作用,要持续不断地开创合作共赢新局面。三是坚持深化供给侧结构性改革的主线没有变。畅通国内大循环必须有效扩大内需,但扩大内需绝不仅仅是需求数量的粗放式扩张,而是要按照《中华人民共和国国民经济和社会发展第十四个五年规划和 2035 年远景目标纲要》的要求,以创新驱动、高质量供给引领和创造新需求,提升供给体系的韧性和对国内需求的适配性。

(二)两个循环不是各自孤立的,要相互支撑、携手共进

国内循环和国际循环有着各自的要素流、产品流、资金流和技术流,其流动方向、市场空间、运作模式和活动规律也存在差异,但无论过去、现在还是将来,二者都无法完全分开。一方面,两个循环要共同发挥稳增长和防风险的作用,重视国际大循环是基于对国际化进程不可逆的基本判断，是应对国际形势变化的必要手段，是对单边自由贸易天然弊端的坚决抛弃，只有两个循环都有序运转才能担负起经济持续稳定健康发展的重任；另一方面，两个循环并非各自为战，而是在产业链与创新链为主的各关键环节、在市场主导型价值链和生产者主导型价值链，通过全球力量与本地能力的战略耦合，促进两个循环的有效联动、相互融合、相互促进。

（三）两个循环不是完全等位的，要以国内大循环为主体

任何国家的经济运行都包括内部市场交易和对外经济交往两个部分，其中国内市场的畅通程度和发展水平对国家经济安全和民生福祉发挥着决定性作用。"双循环"新发展格局究竟新在哪里？贾康（2021）指出，新在相互促进的"双循环"中，我们要以国内大循环为主体。国内大循环主体地位的确立，既源自国际市场的各种不确定性，又充分考虑到国内经济的下行压力。尤其当我国经济发展从"三期叠加"阶段转为"三重压力"阶段，对国内市场扩容提质的要求进一步提升，而大国经济的市场规模和资源条件也使得专业化和规模经济成为可能。至于如何才能实现国内大循环的主体地位，根本上取决于市场在国民经济发展中主体地位的确立状况，而市场能否在资源配置中发挥决定性作用，又与产业链各个环节的衔接程度及各类要素流动的自由度密切相关（钟卫华和任力，2021）。总之，只有通畅的国内大循环才有可能为国家奠定主体地位。

二　中观层面：推动部门和区域协同，建设全国统一大市场

畅通国内大循环的基础支撑是商品要素资源在全国范围内的畅通流动。2022年3月，中共中央国务院发布《关于加快建设全国统一大市场的意见》（以下简称《意见》），明确提出要打通制约经济循环的关键堵点，促进商品要素资源在更大范围内畅通流动，加快建设高效规范、公平竞争、充分开放的全国统一大市场。按照《意见》精神，只

有打破地方保护和市场分割，才能确保各类要素在层级之间、部门之间、区域之间的畅通流动与合理配置，更好地释放人才潜能以促进科技创新和产业升级。因此，从中观层面来看，各地区之间、各产业部门之间、产业链各环节之间都要加强协调，进而为建设高标准市场体系、构建高水平社会主义市场经济体制提供坚强支撑。

（一）以部门协同共建职责明确的产业治理体系

按照党的十九届四中全会的部署，坚持和完善中国特色社会主义行政体制，构建职责明确、依法行政的政府治理体系，应以推进国家机构职能优化协同高效为着力点，优化行政决策、行政执行、行政组织、行政监督体制。一方面，要树立全国一盘棋的协同治理理念，不断解放和发展生产力，持续提高人民的物质文化生活水平，这是任何一个国家都应当明确的根本发展目标，全社会所有部门都应当紧紧围绕这一目标开展工作，加强沟通，紧密配合，既要减少人才资源浪费，又不能轻易放弃产业发展机会。另一方面，充分认识到一切问题在本质上都是经济发展与人的发展问题，要构建产业主导部门与人才主导部门的互动机制，产业布局要兼顾就业质量，人才培养要立足产业发展需求。

（二）以区域协同共筑产业要素合理流动机制

区域间的异质性会导致不同地区产业集聚的人力资本积累效应产生较大差异。王春晖（2019）的研究表明，我国制造业集聚的人力资本积累效应仅对沿海地区的样本显著为正，而对内陆地区的样本不显著，为了更好地发挥产业集聚的作用，必须在区域层面探寻并实施区域开放及产业发展的差异化路径及战略。区域协同的关键是要摒弃各自为政的理念，尽量减少人为设置的要素流动障碍。一方面通过区域间产业链不同环节之间的配合减少劳动力的流动成本；另一方面通过劳动力跨区域配置降低产业发展的成本。

（三）以供需协同共促产业链各环节有序衔接

由于消费是衡量人民生活水平的重要指标，国内大循环畅通的关键是消费环节的畅通。党中央提出以国内大循环为主体自然也就表明了扩大内需的用意，而要真正有效扩大内需就应当从消费出发，立足消费查找国内大循环的堵点、断点。需要注意的是，没有供给的支持，单方面增加需求也只会引发通货膨胀和经济波动，经济供需平衡才是市场稳定和经济增长的基础。为畅通国内大循环，需要从供给侧和需求侧两端着手，供给侧改革立足于优化存量资源配置，扩大优质增量供给；需求侧改革则着力于扩大最终需求的规模，提升消费需求的质量和层次（闫坤，2021）。

三　微观层面：推动产教与劳资协同，促进人的全面发展

（一）加强产教协同，切实缓解结构性失业问题

20 世纪末期以来，我国国有企业改革深入推进，产业结构调整速度明显加快，教育改革也经历了较大波动，但是结构性失业问题依旧突出，劳动力呈现跨区域跨行业频繁流动的状态。系统推进教育改革就是要以终身教育、协同教育和连续教育为准则，加强产教融合，深入推进普通教育与职业教育协同发展。具体来讲，就是要赋予各类型教育特定的职能使命，各负其责，有机衔接，协调发展。幼小学阶段重在培养学生的差别意识，适当开展专业启蒙教育；中学阶段重在培养学生的专业兴趣，引导学生建立职业方向感；家庭教育重在生活技能训练，为未成年人职业成长全程护航；高等教育重在专业思维培养，承担着职业觉醒教育的重任；职业教育要以就业为指引，把专业技能提升作为中心任务。

（二）加强劳资协同，不断增强人才职业使命感

构建中国特色社会主义和谐劳动关系的重任最终要落到每一家企业和每一位劳动力身上，在全面深化改革和发展社会主义市场经济的过程中，既要遵循基本价值规律，也要广泛地宣扬和谐理念。从推动劳资协同的角度来讲，既要鼓励每一家企业积极履行社会责任，为员工提供安

全、稳定、舒适的工作环境和尽可能公平的教育培训机会，突发公共事件面前尽量不减薪不裁员，创造条件为待岗劳动力提供劳动实习机会；同时要引导每一位劳动力立足本职工作，树立终身学习的理念，不断提升劳动素养，把自己的事业之路和企业的成长之路有机融合在一起。

第三节　同步推动产业优化升级与劳动力素质提升的政策建议

基于对创新的关键作用和人的主动性的双重认可，建议国家以人力资本培育作为劳动力素质提升与产业优化升级协同的政策着力点。一方面，通过超前性人才培养引导创新和推动产业优化升级，在更高层次上实现更高水平的人与产业协同；另一方面，通过适应性人才培养以满足新产业或新岗位的用人需求，以更好地提高人与产业匹配度，重点在于提升教育灵活性和加强职业教育。此外，还需要为人才创造力的释放提供必要的保障。

一　产业优化升级、创新能力与超前性人力资本培育

党的十九大报告提出，要建设知识型、技能型、创新型劳动力大军，这是产业结构优化升级的内在要求和人才保障，我国经济持续健康发展的关键是能够持续地进行人力资本超前投资，培育长期发展新动能（李钢，2018）。有效推动人力资本超前投资的关键是解决风险分担和动力培育两大问题。

（一）超前性人力资本培育中的风险分担

无论从个体还是国家层面看，创新都是一项着眼于未来的活动，越是投资巨大、影响深远的创新行为越会面临更多的不确定性。理智的投资者能够通过合理规划和精心设计规避部分可预见的风险，但规避的程度是相当有限的，尤其是对人投资的结果更难以预料。因此，

基于创新动机的超前性人力资本投资一旦成功，其收益可能瞬间膨胀，相反失败后的损失往往也很大。单纯考虑风险因素，针对人力资本与其他要素投资的风险往往难以分离，就创新整体而言，现实中通常需要市场和政府同时进行激励和保护。

一是市场化风险分担。在竞争性市场经济环境下，单靠某个主体承担风险的创新过程无疑是缓慢且低效的，合同分包、购买保险、风险投资基金等风险分担方式则有助于激发创新投资的积极性。风险投资基金的风险评估通常是整体性的，包含了针对人力资本的投资风险。我国的风险投资事业起步于 1985 年，目前已经成为与美国并驾齐驱的全球前两大风投市场。2016 年，中国市场风险资本募集总额超过 500 亿美元，对实体经济的创新风险发挥了强大的分担效应。尤其是在高科技领域，创新人才能够大量涌现和潜心科研，与风险投资市场的支撑密不可分。但由于历史原因以及相关制度的不完善，我国风险投资市场财政资金占比过大，民间资本的积极性未能得到有效释放，尤其是极度缺乏专业的风险投资人才。白旭光（2017）研究表明，山西省 2020 年对风险投资人才的需求达 20 万人。专业人才成为制约我国风险投资机构成长的主要瓶颈，因而人才也是市场化创新风险分担机制有效发挥作用的重要突破口。

二是政策性风险分担。企业创新是国家创新体系的重要组成部分，强化企业的创新主体地位不能忽略政府的风险分担职责。企业创新大多集中于风险相对较小的常规技术应用领域，而基础研究或尖端技术领域的创新往往蕴含着较大的风险，因而需要政策的扶持和保护。政府不仅要加大对市场创新行为的直接投资支持，而且要从理念和机制上认可和包容科技研发的失败结果，鼓励市场大胆试错，同时积极学习发达国家市场化经验，不断健全我国的知识产权保护制度。李勃昕和韩先锋（2018）认为，国家创新体系具有典型的"金字塔"结构特征，中国创新绩效研究更多强调塔尖部分创新产业化的投入产出效率，选择性忽视塔基建设和塔尖收益的依存关系。未来必须注重基础学科教育和知识积累，建立国家、机构紧密结合的科研机制，培育公平高效的自主产研融合环境，通过坚实的塔基建设支撑中国创新产业优化升级，以创新产业化反哺塔基进化，系统提升国家创新竞争力。

（二）超前性人力资本培育中的动力塑造

从历史经验来看，人之所以愿意从事风险巨大的创新活动，除了创新结果带来的收益外，还有兴趣引导和生存压力两个重要原因。兴趣引导的作用在于能够让人保持好奇心和探索欲，生存压力的作用则在于能够激发动力和意志力。考虑到我国各级教育、科学研究和产业成长的综合环境状况，超前性人力资本培育既要善于营造自由宽松的氛围，保持创新人才对特定事物的持久兴趣，又要尊重事物运行的自然规律，不可因过度保护而人为削减创新的压力。

一是塑造自由宽松的创新环境。创新环境包括基础设施、市场发育、人文状况和创业氛围等多个方面，各子环境通过产业集聚、技术外溢、市场竞争、要素配置等多重机制对创新产生重要作用。换句话讲，建立高素质的创新大军，需要全民科学素质的普遍提高，更需要为各类创新人才创造一个自由宽松的环境，只有持续保持对事物的探索兴趣，才能有效激发创新人才的潜力和活力。

二是塑造市场内在的生存压力。优胜劣汰是市场规律，压力时常会成为创新的动力。从人类发展史来看，不少落后产业的转型升级都是在激烈竞争中实现的，甚至许多重大创新也都源自创新主体的生存压力。20 世纪 60 年代，我国在国际全面技术封锁的情况下实现了原子能领域的自主创新；党的十八大以来，面对各种重大公共安全事件的严峻考验，华为、中芯国际、中航集团、中国重工等企业先后取得了重大科技突破。因此，在经济结构快速转型过程中，对落后产业的过度保护有可能是对创新精神的压制，敢于淘汰反而有望成为创新的推动力。此外，对创新本身的保护也不能过度，如果专利制度对个体利益的保护超过了一定限度，很有可能让某项技术创新成果形成过分垄断，不利于创新成果的扩散。

二　产业运行、匹配能力与适应性人力资本培育

创新会带来产业结构和部分产业运行方式的变革，新的产业结构又会引发劳动力需求的变化。产业优化升级带来的劳动需求变化不仅仅体现在数量方面，劳动力素质也需要随之调整。适应性人力资本培育应当保持一定的灵活性，以确保相关制度安排能够根据市场人才需求而动态调整。此外，通过劳动力在岗培训减少社会转岗成本也是十分必要的。

（一）适应性人力资本培育中的教育灵活性

关于教育的功能历来充满争议，但个人心智完善与社会人才需求之间并不对立，脱离社会的个人成长是没有意义的，忽视个体差异的社会育人也必然走向僵化。社会对人才的需求与现实产业运行密切相关，产业结构的变动要求劳动力素质随之变动，由此提出了人力资本培育中的教育灵活化问题。在我国，尤其需要重点解决的是高等教育的办学自主权以及社会力量办教育的渠道疏通问题。

一是高等教育办学自主权的有效落实。与基础教育相比，高等教育的培养对象更接近于劳动力市场，满足经济社会发展人才需求的责任更突出。多年来被各方热议的大学生就业难话题，其背后往往是高等教育与市场需求脱离的问题，究其原因，高校办学自主权未能有效落实导致的人才培养模式长期滞后。为适应市场经济环境对人才需求的变化，高等教育综合改革不仅要在学科建设方面给予高校更大的自主权，在专业选择方面给予学生更大的选择权，同时也要在教育理念和教学方式方面不断寻求创新和实践，力争与市场接轨、与年轻人的需求接轨。

二是社会力量兴办教育的支持与规范。教育自有其内在规范性，不可放任自流，但教育同样要避免走向模式化和单一化，否则就会限制教

育的活力，影响人才创新能力的培养。教育方式多样化需要广泛吸收社
会力量，支持社会力量兴办教育，同时以财政投入为主的教育主要负责
基础教育的公平性和其他教育层次的规范引导。

（二）适应性人力资本培育中的职业培训

产业结构调整意味着劳动力需求的变化，有些行业或岗位出现劳动
力过剩，同时有新的行业或岗位等待劳动力加入。对于雇佣双方来说，
需要转岗的劳动力经内部培训后重新上岗无疑是一种省时省力的办法。
经过多年的努力，我国基本建立起了较为完备的职业培训政策法规体
系，基本形成了以技工学校为骨干、企业培训机构以及大量民办培训机
构为依托的职业培训体系。但用人单位内部培训重视程度不够和职业培
训的产教融合深度不足的现象仍然较为突出。

一是深化产教融合和校企合作。产教衔接不足是我国教育事业发展
中的一个突出问题，解决这一问题需要积极发展职业教育，推动产学研
高度融合、中高职无缝对接、职教与普教相互沟通；深化校企合作，拉
近教育与产业发展之间的距离。

二是强化企业内部员工培训。员工培训是提升企业内部人力资本水
平的重要手段，既是员工增长知识、增强创新意识、提升创新能力的重
要渠道，也是员工提高对企业的认知、更新和统一理念、适应产业转型
中企业人才需求变化的捷径。当前，我国企业员工培训在投资力度、培
训方式和培训效果几个方面存在明显不足，劳动力通过在岗培训快速融
入新岗位的效果不甚理想。突出地表现在两个方面：其一，不认可培训
的收益或过多考虑培训风险，担心培训后员工的流失，宁愿选择保守投
入，不到万不得已不进行培训；其二，培训投入很多但培训针对性不
强，很多教育经费用于外部购买培训而非企业内部组织培训，其结果是
真正推动企业创新发展的培训效果较弱。因此，需要多管齐下，通过体
制改革、税收调节、国企示范、舆论引导等手段推动企业更加重视对员
工的内部培训。

三 有助于劳动力素质提升与产业优化升级协同的其他保障举措

(一) 构建劳动力自主流动的体制机制以加快产业高端化

由于三次产业各自的就业吸纳特征存在明显差异,劳动力流动在产业高端化过程中发挥着至关重要的作用。鉴于中国地域辽阔、劳动力和产业结构地区差异显著等情况,继续深化有关劳动力流动的体制机制改革,清除阻碍劳动力自主流动的制度障碍,有利于提高就业结构与产业结构匹配度、逐步消除地区发展差异。

一是消除劳动力市场的制度障碍,重点纠正行政壁垒和人为市场分割问题。与改革开放之初相比,我国劳动力流动的制度约束已经大大放松,当前制约劳动力自主跨区域就业的主要障碍是土地、户籍、社保相互关联的阻力,需要国家在做好顶层设计的基础上从各种可能的领域寻找突破口。比如,根据新一轮户籍制度改革中存在的不同规模城市的落户门槛两极化现象,构建过渡期分类分层落户机制,北京、天津、上海等特大城市之间允许户籍自由迁移,大城市根据各自市情采取不同的积分落户制度,中等规模以下城市全面实行居民户口登记制度;又如对于完全自愿放弃宅基地和所承包耕地的农户,土地由国家或集体收回,允许其在一定范围内选择城市落户,对于有稳定就业和已购住房或成功创业者放开落户限制。

二是消除劳动力流动的信息阻滞,加强人力资本市场服务平台信息化建设。大国经济区域间劳动力供求失衡是一种常态,信息开放对于降低失衡程度具有重要作用。新一轮科技革命为消除劳动力流动的信息阻滞提供了可能,为加快落实《中共中央、国务院关于加快建设全国统一大市场的意见(2022)》,不断健全统一规范的人力资源市场体系,建议打造一个全国性的人力资本流动服务电子虚拟市场,减少人力资本供求双方的信息不对称(邓飞和柯文进,2020)。同时,为配合劳动力跨区域就业政策的实施，建议加快推进社会信用立法，建立全国统一的、企业与个人分类的身份信息和信用信息账户体系，健全守信激励和失信惩戒机制，降低就业信息风险。

三是强化区域发展平衡，出台有助于欠发达省份打造次区域中心城市的专项人口集中政策。实现共同富裕必须分类施策，发达地区的重点任务是收入分配的均等化，欠发达地区的重点任务仍然是加快城市化和工业化步伐，但东部地区当年采取城市群模式实现工业化的环境条件已经不复存在，西部地区各省份除省会城市外再培育 1~3 个次区域中心城市。为此，建议根据地均水平大幅度地提升对欠发达地区的转移支付力度，新增专项资金用于西部地区基础设施建设工程，以"合村并镇""异地土地置换""公共就业引导"等办法加快次区域中心城市人口密度的提升，形成新的产业辐射核心，带动区域经济发展。

（二）专项支持特殊群体和重点行业以促进产业融合化

产业融合化是产业高端化发展到一定程度后各产业相互渗透导致产业边界模糊的现象，也是区域融合与城乡一体化发展的必然结果。就中国目前所处的发展阶段而言，产业融合化主要体现为城市的第二和第三产业融合、农村的三大产业融合。在两种情形下，都需要重点关注跨区域就业的农民工群体和拥有更多知识的大学生等青年就业群体。

一是强化对农民工群体的专项就业促进政策。党的十八大以来，虽然农民工收入水平和就业质量都得到不同程度的提高，但工作时间长、社保覆盖率低、劳动合同签订率不高、家庭随迁问题突出等依旧普遍存在。为此，除继续提高农民工的学历水平、加强对农民工的职业技能培训之外，政府要在管理方式上实现由防范式管理向服务型管理的转变，构建面向外出农民工的家庭公共服务体系，增加面向外出农民工子女、父母等家庭成员的教育、医疗和就业等方面的公共服务供给（赵明霏和王珊娜，2020；赵明霏和冯婧，2020）。

二是出台针对大学生等青年就业群体的支持政策。青年就业群体拥有丰富的知识和活跃的思维，是国家产业创新的主力军，但由于社会履历少、工作经验短缺，青年就业群体时常成为受经济波动冲击较大的群体。建议在现有就业支持政策的基础上，适当前置对高校毕业生等青年就业群体的就业帮扶，重点增加青年就业群体在校期间的实习机会和创业辅导，鼓励大型公共项目吸收更多青年就业群体，既为他们发挥专业特长提供机会，也能增加青年就业群体的工作经验。

三是加快推进产业融合的专项扶持政策。顺应产业融合化发展趋势，主动软化过去条块分割的产业管理体制，加强区域间和部门间政策协调，消除跨行业跨部门就业障碍。在广大乡村地区重点是根据经济发展水平和产业特征因地制宜推动第三产业与其他产业融合发展，发达地区坚持精细化农业路线，鼓励高科技企业投资培育精品农业；欠发达地区要把农业机械化、规模化和特色化作为主要方向，加强基础设施建设，培育新型产业融合主体，开拓新的农产品营销渠道，培育农业旅游等新业态。在城镇则要坚持做大做强实体经济，不断完善先进制造业与现代服务业融合的支持政策，加速向智能制造升级，全面提升制造业市场竞争力。

（三）全力抢占未来科技前沿阵地以推动产业智能化

产业高端化和产业融合化的根本动力是科技创新，而前沿科技与生产的融合表现出越来越突出的智能化特征。产业智能化对尖端技术的深度要求更加依赖全球合作，中国推进高质量发展过程中将面临国际合作多元化和人才竞争白热化并存的局面，需要构建系统化的尖端人才培养体系、出台专项科研支持政策。

一是积极探寻尖端人才培养和前沿科学研究的新模式。顺应新一轮科技革命和产业变革趋势，做好高科技领域尖端人才培养的长期规划。在基础教育阶段通过改革考核标准，为单科天赋突出的孩子创造更多机会；在高等教育阶段，围绕人工智能整个技术环节全面布局专业教育，为前沿科技研究做好人才储备。此外，可借鉴国际先进经验，继续创建人工智能国家实验室，搭建以龙头企业为主体、跨界交叉领域的创新平台，积极布局国家级人工智能创新中心（宁兆硕，2018），提升人工智能创新人才创新水平。

二是系统设计国际高端人才引进和使用的政策体系。稀缺的国际高端人才已经成为知识经济时代各国竞相追逐的对象，信息技术的突飞猛进正在打破传统人才"所有权"和"使用权"的界限。系统设计相关制度和政策体系主要包括三个方面的内容。其一，创新创业工作环境。搭建科研平台、产业平台和合作平台，为国际人才施展才能提供广阔的舞台。其二，生活环境。创造条件便利、社会服务完善的生活环境，以吸引更多国际高端人才。其三，社会环境。营造开放包容的社会环境，为不同信仰、不同文化、不同个性的高端人才创造和谐的创新环境。

三是广泛寻求和全力拓展国家间产业合作新空间。面对以美国为首的西方国家的关键核心技术封锁，畅通国内大循环不仅意味着埋头苦干和迎头赶上，还必须敞开大门寻求突破封锁的路径，形成双循环互动互促新格局。一方面，针对我国人工智能领域的短板，加大与国际顶尖科研创新团队的合作交流力度，为智能制造在基础理论、芯片研发、底层算法等前沿领域和核心技术的突破提供支持；另一方面，寻求智能制造国家间战略的对接切口，为我国的产业技术人才走出国门构筑多元通道，为相关行业企业积极融入全球市场创造更多机会，为促进传统产业智能化升级拓展广阔空间。

（四）积极引导全民绿色素养提升以助力产业绿色化

综合考虑我国当前所处的经济发展阶段和面临的国际环境，建议国家在积极调整能源结构、加快绿色生产技术应用的同时注重全民绿色素养的提升。

一是科学构建绿色素养知识体系，通过宣传教育增强公民绿色意识。落实习近平生态文明思想需明确科学的理论范畴，把绿色理念转化为可学能懂的知识，通过广泛宣传和持续教育的方式培养绿色人才，提高全体公民绿色素养。首先，传播关于资源稀缺性和环境承载力的知识，引导公众不断强化生态环境需要主动保护的理念；其次，传播关于合理消费的知识，告知公众过度消费的不良后果以及哪些一次性消费才是必要的，真正懂得健康消费和发展型消费；最后，传播关于"绿水青山就是金山银山"的相关知识，引导公众把生态环境保护与经济发展有机结合起来，形成科学的可持续发展认知。

二是系统设计公民绿色行动计划，循序渐进养成绿色生产生活习惯。为确保有效落实"双碳"目标，需要将绿色理念和知识落实到公民的实际行动之中，从日常生产生活中培养绿色习惯。建议设立公民"绿色账户"，构建切实可行的绿色积分指标体系，与公民信用账户相关联，真正实现绿色行动从我做起；各地加快推进居民生活垃圾分类处理和储运设施建设，在排污端减少对环境的压力并实现部分废弃物再利用；完善生活用能价格形成机制，引导增加清洁能源消费减少化石能源消费，在生产和消费端优化用能结构；营造"绿色行动光荣"的社会氛围，鼓励民众积极参加环境保护活动。

三是搭建社会绿色实践互动平台，推动形成个人、企业、政府共同参与的局面。打造一批有影响力的实践互动平台，促进公民绿色素养提升和绿色行动实施；总结各地碳交易试点经验教训，尽快完善全国性的碳市场交易平台，分类开展存量碳交易和增量碳交易、区域碳交易和行业碳交易、企业碳交易和个人碳交易，通过市场机制引导减碳实践有序展开；研究构建完备的碳税体系，科学设计资源税、燃油税、环境税、排污费等税费的征收范围和税率；鼓励公民积极监督政府和企业的环境行为。

参考文献

阿兰·阿舒勒，陈雪莲. 公共创新与政治激励 [J]. 经济社会体制比较，
　　2003（4）：25-30.

安同良，姜妍. 中国特色创新经济学的基本理论问题研究 [J]. 经济学
　　动态，2021（4）：15-26.

白旭光. 基于灰色系统理论的风险投资人才需求预测研究——以山西省
　　为例 [J]. 系统科学学报，2017（11）：67-69.

白勇. 我国创新型人力资本技术效率研究 [J]. 商业研究，2016（4）：
　　156-163.

白争辉，原珂. 数字经济发展与产业结构升级的就业效应实证研究 [J].
　　兰州学刊，2022（3）：62-73.

卜伟，杨玉霞，池商城. 中国对外贸易商品结构对产业结构升级的影响
　　研究 [J]. 宏观经济研究，2019，65（08）：55-70.

蔡海亚，徐盈之. 贸易开放是否影响了中国产业结构升级？[J]. 数量经
　　济技术经济研究，2017，34（10）：3-22.

蔡荣生，刘传扬. 低碳、技术进步与产业结构升级——基于 VEC 模型和
　　脉冲响应函数的实证分析 [J]. 财政研究，2012，33（6）：33-36.

蔡文伯，黄晋生，袁雪. 教育人力资本对绿色经济发展的贡献有多
　　大？——基于产业结构变迁的门槛特征分析 [J]. 华东师范大学学
　　报（教育科学版），2020，38（10）：34-47.

曹卫东，章屹祯. 我国区域间制造业转移及其结构演进研究 [J]. 长江

流域资源与环境，2021，30（3）：591-601.

曾晓宏. 向西开放视角下西部优势产业高端化路径与"走出去"研究
　　[J]. 科学管理研究，2016，34（06）：69-72.

常青山，侯建，宋洪峰，等. 科技人力资源对工业绿色转型的门槛效
　　应——基于环境规制的视角 [J]. 科技管理研究，2020，40
　　（12）：220-228.

陈创练，马子柱，单敬群. 中国技术进步偏向、要素配置效率与产业结
　　构转型升级 [J]. 产经评论，2021，12（06）：47-58.

陈凤仙. 人工智能发展水平测度方法研究进展 [J]. 经济学动态，2022，
　　（02）：142-158.

陈华峰. 劳动力素质对中国经济增长的影响 [D]. 硕士学位论文，中南
　　民族大学，2013.

陈津津. 浅析纺织服装产业升级和劳动力素质的关系 [J]. 山东纺织经
　　济，2010（5）：16-17+24.

陈劲，李佳雪. 公共创新：财富创造与创新治理 [J]. 创新科技，2020，
　　20（1）：1-9.

陈诗一，陈登科. 中国资源配置放率动态演化——纳入能源要素的新视
　　角 [J]. 中国社会科学，2017，（04）：67-83.

陈甬军，国庆. 中国人口流动与城市化进程的地区差异研究 [J]. 经济
　　问题探索，2013（1）：36-40.

陈再华. 宜川人口素质的现状及综合评价 [J]. 西北人口，1992，（4）：
　　15-21.

程林，包耀东. 江苏省劳动力素质影响因素识别实证研究 [J]. 金陵科
　　技学院学报（社会科学版），2019，33（4）：39-44.

程林，黄晓霞，朱学义，等. 劳动力素质结构在信息化对产业升级影响
　　中的中介作用 [J]. 中国科技论坛，2020（5）：99-108.

丛晓男. 耦合度模型的形式、性质及在地理学中的若干误用 [J]. 经济
　　地理，2019（4）：18-25.

单良，张涛．中国产业结构与就业结构协调性时空演变研究［J］．中国人口科学，2018（2）：39-49+127.

单元媛，赵玉林．国外产业融合若干理论问题研究进展［J］．经济评论，2012（5）：152-160.

邓飞，柯文进．异质型人力资本与经济发展——基于空间异质性的实证研究［J］．统计研究，2020（2）：93-104.

邓睿．工会会员身份提高了农民工的就业质量吗？——来自流动人口专题调查的证据［J］．当代经济科学，2020（3）：117-128.

邓洲，李童．依托全球价值链实现产业升级转型的国际经验与启示［J］．海外投资与出口信贷，2020（4）：18-22.

翟晓萌，诸德律，吴霜，等．技术创新、对外贸易与产业结构升级——基于"一带一路"沿线中国省市的数据分析［J］．价格理论与实践，2020，40（01）：155-158+178.

杜传忠，许冰．技术进步和产业结构升级的就业效应——2000-2014年省级面板数据分析［J］．科技进步与对策，2017（13）：55-60.

樊纲，王小鲁，马光荣．中国市场化进程对经济增长的贡献［J］．经济研究，2011，46（9）：4-16.

范合君，吴婷．新型数字基础设施、数字化能力与全要素生产率［J］．经济与管理研究，2022，43（1）：3-22.

G.M.彼得·斯旺．创新经济学［M］．韦倩译．上海：格致出版社，2013.

干春晖，王强．改革开放以来中国产业结构变迁：回顾与展望［J］．经济与管理研究，2018，39（8）：3-14.

干春晖，郑若谷，余典范．中国产业结构变迁对经济增长和波动的影响［J］．经济研究，2011（5）：4-16+31.

葛晶，李勇．中国人力资本错配的测算及成因研究——基于行政垄断的视角［J］．产业经济研究，2019（1）：62-74.

盖庆恩，朱喜，史清华．劳动力市场扭曲、结构转变和中国劳动生产率［J］．经济研究，2013（5）：87-97+111.

耿修林.1990-2008 年我国人口素质变化的实证分析 [J].江苏大学学报（社会科学版），2011（4）：84-88.

耿修林.社会发展对人口素质影响的实证分析 [J].数理统计与管理，2009（5）：776-784.

耿子恒，汪文祥，郭万福.人工智能与中国产业高质量发展——基于对产业升级与产业结构优化的实证分析 [J].宏观经济研究，2021（12）：38-52+82.

龚炳铮.推进我国智能化发展的思考 [J].中国信息界，2012（1）：5-8.

龚关，胡关亮.中国制造业资源配置效率与全要素生产率 [J].经济研究，2013（4）：4-15+29.

顾剑华，王亚倩.产业结构变迁对区域高质量绿色发展的影响及其空间溢出效应——基于我国省域面板数据的实证研究 [J].西南大学学报（自然科学版），2021，43（8）：116-128.

郭爱君，张娜.市场化改革影响绿色发展效率的理论机理与实证检验 [J].中国人口·资源与环境，2020，30（8）：118-127.

郭凯明.人工智能发展、产业结构转型升级与劳动收入份额变动 [J].管理世界，2019，35（07）：60-77+202-203.

韩民春，赵泽彬.碳排放约束视角下产业智能化对区域经济差距的影响研究 [J].工业技术经济，2022，41（1）：3-11.

何江，闫淑敏，朱黎黎，等.工业机器人与劳动力的互动关系分析 [J].上海经济研究，2023，（03）：71-87.

何小钢，罗奇，陈锦玲.高质量人力资本与中国城市产业结构升级——来自"高校扩招"的证据 [J].经济评论，2020（4）：3-19.

惠树鹏，单锦荣.基于工业智能化的中国劳动力技能结构升级路径研究 [J].软科学，2022，36（07）：16-22+30.

侯风云，范玉波，孙国梁.中国人力资本存量估计 [J].南大商学评论，2005（3）：27-54.

侯伟丽.21 世纪中国绿色发展问题研究 [J].南都学坛，2004（3）：

106-110.

胡鞍钢，周绍杰．绿色发展：功能界定、机制分析与发展战略［J］．中国人口·资源与环境，2014，24（1）：14-20.

胡鞍钢．中国实现 2030 年前碳达峰目标及主要途径［J］．北京工业大学学报（社会科学版），2021，21（3）：1-15.

胡拥军，关乐宁．数字经济的就业创造效应和就业替代效应探究［J］．改革，2022（4）：42-54.

华德亚，汤龙．产业结构与就业结构协调性及地区趋同研究［J］．统计与决策，2019.35（9）：145-149.

黄斌，鲁旭．产业高端化的几个重要评价指标及国际参照［J］．科技进步与对策，2014，31（12）：124-129.

黄建欢，吕海龙，王良健．金融发展影响区域绿色发展的机理——基于生态效率和空间计量的研究［J］．地理研究，2014，33（3）：532-545.

黄健柏，谢良，钟美瑞．我国创新型人力资本与经济增长关系的实证研究［J］．科技进步与对策，2009，26（1）：1-4.

黄文正．人力资本积累与产业结构升级的关系——基于 VAR 模型的实证分析［J］．经济问题探索，2011（3）：24-27.

纪雯雯，赖德胜．人力资本配置与中国创新绩效［J］．经济学动态，2018（11）：19-31.

冀强，巴森达西．中国产业结构与就业结构协调度的时空分布研究［J］．河南社会科学，2020，28（11）：103-114.

加里·S·贝克尔．人力资本理论［M］．陈耿宣译．机械工业出版社，2016.

贾康．双循环新发展格局"新"在哪里［J］．中国经济报告，2021（4）：49-51.

贾瑶．创新驱动发展的国际经验与启示［J］．长春工程学院学报（社会科学版），2016，17（3）：15-18.

焦斌龙，焦志明．中国人力资本存量估算：1978-2007［J］．经济学家，

2010 (9)：27-33.

靳卫东．人力资本与产业结构转化的动态匹配效应——就业、增长和收入分配问题的评述 [J].经济评论，2010 (6)：137-142.

景跃军，刘晓红．创新型人力资本与我国经济增长关系研究（1990-2010) [J].求索，2013 (1)：218-221.

康茜，林光华．工业机器人与农民工就业：替代抑或促进 [J].山西财经大学学报，2021, 43 (2)：43-56.

赖德胜．高质量就业的逻辑 [J].劳动经济研究，2017, 5 (6)：6-9.

赖明勇，张新，彭水军，等．经济增长的源泉：人力资本、研究开发与技术外溢 [J].中国社会科学，2005 (2)：32-46+204-205.

李彬．中国产业结构转换与大学生就业关联性研究 [J].中国人口科学，2009 (2)：34-43+111.

李劲昕，韩先锋．新时代下对中国创新绩效的再思考——基于国家创新体系的基于国家创新体系的"金字塔"结构分析 [J].经济学家，2018 (10)：72-79.

李钢，等．从数量型到质量型人口红利：劳动力素质对产业升级的影响研究 [M].社会科学文献出版社，2015 年．

李钢．加大人力资本投资是培育中国长期新动能的关键 [J].中国科技论坛，2018 (8)：1-7.

李海峥，贾娜，张晓蓓，等．中国人力资本的区域分布及发展动态 [J].经济研究，2013, 48 (7)：49-62.

李华，许晶．我国劳动力素质现状、评价及其对策 [J].中国科技论坛，2012 (10)：85-91.

李静，楠玉，刘霞辉．中国经济稳增长难题：人力资本错配及其解决途径 [J].经济研究，2017, 52 (3)：18-31.

李静，楠玉．人力资本错配下的决策：优先创新驱动还是优先产业升级 [J].经济研究，2019a (8)：152-166.

李静，楠玉．人才为何流向公共部门——减速期经济稳增长困境及人力

资本错配含义 [J].财贸经济，2019b（2）：20-33.

李廉水，石喜爱，刘军.中国制造业40年：智能化进程与展望 [J].中国软科学，2019（1）：1-9+30.

李龙，宋月萍.工会参与对农民工工资率的影响——基于倾向值方法的检验 [J].中国农村经济，2017（3）：2-17.

李敏，孙佳佳，张婷婷.人力资本高级化对产业结构升级的影响研究——基于中国省级面板数据 [J].工业技术经济，2020，39（8）：72-77.

李敏，吴丽兰，吴晓霜.平台经济发展对就业质量的影响研究——产业结构升级的中介效应 [J].工业技术经济，2021（10）：62-69.

李梦娜，周云波.数字经济发展的人力资本结构效应研究 [J].经济与管理研究，2022，43（01）：23-38.

李平.落实科学发展观 推动产业高端化 [J].中国党政干部论坛，2007（10）：46-47.

李群.中国劳动人口素质红利与经济增长 [J].社会科学家，2016（6）：61-66.

李顺毅.绿色发展与居民幸福感：基于中国综合社会调查数据的实证分析 [J].财贸经济，2017，28（1）：1-12.

李天成，孟繁邨.产业升级背景下农民工就业结构变化及影响因素研究 [J].经济经纬，2020（4）：47-55.

李晓西.绿色经济与绿色发展测度 [J].全球化，2016（4）：110-111.

李旭辉，彭勃，程刚.长江经济带人工智能产业发展动态评价及系统协调度研究 [J].统计与信息论坛，2020，35（1）：89-100.

李涌平，扬华.未来人口素质的预测——以云南省澜沧江下游区域人口为例 [J].中国人口科学，2001（3）：41-47.

李媛媛，金浩，张玉苗.金融创新与产业结构调整：理论与实证 [J].经济问题探索，2015，36（3）：140-147.

李中建，袁璐璐.务工距离对农民工就业质量的影响分析 [J].中国农村经济，2017（6）：70-83.

梁泳梅 . 中国劳动力素质提升对产业升级的促进作用分析 ［M］. 经济管理出版社，2014 年 .

廖桂蓉，葛俊龙 . 四川人口素质水平的统计分析 ［J］. 西北人口，2007 (1)：28-30.

刘冠军，尹振宇 . 能力和教育：人力资本理论发展中两个核心概念转换研究 ［J］. 国外理论动态，2020 (2)：91-98.

刘贯春，陈登科，丰超 . 最低工资标准的资源错配效应及其作用机制分析 ［J］. 中国工业经济，2017 (7)：62-80.

刘军，陈嘉钦 . 智能化能促进中国产业结构转型升级吗 ［J］. 现代经济探讨，2021 (7)：105-111.

刘明广 . 中国省域绿色发展水平测量与空间演化 ［J］. 华南师范大学学报 (社会科学版)，2017 (3)：37-44+189-190.

刘三林 . 基于劳动素质的经济增长演化路径研究 ［J］. 工业技术经济，2013 (2)：118-127.

刘小兵 . 经济发展方式转变对新型劳动力素质的要求 ［J］. 经济论坛，2011 (8)：164-166.

刘新 . 关于企业价值的内涵及评估方法 ［J］. 价值工程，2005，(10)：27-30.

刘新智，沈方 . 人力资本积累与产业结构升级的耦合协调研究——以长江经济带为例 ［J］. 西南大学学报 (社会科学版)，2021，47 (3)：99-111.

刘英基 . 我国产业高端化的协同创新驱动研究——基于产业共生网络的视角 ［J］. 中国地质大学学报 (社会科学版)，2013 (6)：125-132+135.

刘智勇，李海峥，胡永远，等 . 人力资本结构高级化与经济增长——兼论东中西部地区差距的形成和缩小 ［J］. 经济研究，2018，53 (03)：50-63.

刘智勇，张玮 . 创新型人力资本与技术进步：理论与实证 ［J］. 科技进步与对策，2010，27（1）：138-142.

柳香如，邬丽萍. 全球价值链嵌入与制造业国际竞争力提升分析——基于创新型人力资本的作用效应 [J]. 金融与经济，2021（2）：53-62.

隆云滔，刘海波，蔡跃洲. 人工智能技术对劳动力就业的影响——基于文献综述的视角 [J]. 中国软科学，2020（12）：56-64.

芦婷婷，祝志勇. 人工智能是否会降低劳动收入份额——基于固定效应模型和面板分位数模型的检验 [J]. 山西财经大学学报，2021，43（11）：29-41.

吕荣杰，郝力晓. 人工智能等技术对劳动力市场的影响效应研究 [J]. 工业技术经济，2018（12）：131-137.

吕炜，杨沫. 迁移时间有助于农民工融入城市吗？——基于职业流动和工资同化的动态研究 [J]. 财经问题研究，2016（10）：101-109.

马淑鸾. 我国人口生命素质指数比较分析 [J]. 人口研究，1986（3）：31-33+52.

马艳，王洁辰. "一带一路"金融合作对产业结构升级的影响研究 [J]. 统计与信息论坛，2021，31（11）：76-86.

马颖，何清，李静. 行业间人力资本错配及其对产出的影响 [J]. 中国工业经济，2018（11）：5-23.

迈克尔·波特. 竞争优势 [M]. 中信出版，2014：77.

毛学峰，等. 中国的工会可以降低性别工资差异吗 [J]. 经济学动态，2016（5）：26-36.

孟望生，王询. 中国省级人力资本水平测度——基于成本法下的永续盘存技术 [J]. 劳动经济研究，2014，2（4）：141-160.

宁兆硕. 中国人工智能产业发展分析及对策研究 [J]. 山东行政学院学报，2018（1）：69-75.

欧阳平凯，赵顺龙. 产业高端化及其评价指标体系 [J]. 山东科技大学学报（社会科学版），2009（1）：1-6.

潘家华，廖茂林，陈素梅. 碳中和：中国能走多快？ [J]. 改革，2021

（7）：1-13.

潘明明，王艳，龚新蜀. 技术进步与产业结构升级：制度环境的门槛效
　　应 [J]. 财经论丛，2017，33（10）：11-17.

彭伟辉. 异质性创新人力资本对企业价值链的影响——基于我国制造业
　　上市公司的实证检验 [J]. 财经科学，2019（4）：120-132.

彭五堂，余斌. 经济高质量发展问题的三级追问 [J]. 理论探索，2019
　　（3）：14-20.

齐鹰飞，王伟同. 人口发展与产业结构调整：经济可持续发展的双驱动
　　力——"人口发展与产业结构调整"学术研讨会综述 [J]. 中国人
　　口科学，2014（4）：121-125.

钱雪亚，缪仁余. 人力资本、要素价格与配置效率 [J]. 统计研究，
　　2014，31（8）：3-10.

钱雪亚. 人力资本水平统计估算 [J]. 统计研究，2012（8）：74-82.

乔红芳，沈利生. 要素合理配置视角下中国潜在产出测算 [J]. 宏观经
　　济研究，2015（12）：38-50.

冉光和，曹跃群. 资本投入、技术进步与就业促进 [J]. 数量经济技术
　　经济研究，2007（2）：82-91.

人口和就业统计司课题组，等. 中国城镇就业质量指数研究 [J]. 调研
　　世界，2020（6）：10-15.

任保全，王亮亮. 战略性新兴产业高端化了吗？[J]. 数量经济技术经济
　　研究，2014，31（4）：38-55.

任小军. 经济增长、产业升级与技术进步的互动机制 [J]. 经济纵横，
　　2011，26（8）：51-54.

沙依甫加玛丽·肉孜，邓峰. 人力资本集聚促进绿色经济效率的非线性
　　影响 [J]. 社会科学家，2020（8）：96-102.

史敦友. 异质性环境规制、技术创新与中国工业绿色化 [J]. 贵州财经
　　大学学报，2021（3）：83-93.

宋涛，荣婷婷. 人力资本的集聚和溢出效应对绿色生产的影响分析 [J].

江淮论坛，2016（3）：46-53.

苏海涛，王秀丽．人工智能对我国产业结构的影响分析［J］.产业创新研究，2018（10）：18-22+51.

苏利阳，郑红霞，王毅．中国省际工业绿色发展评估［J］.中国人口·资源与环境，2013，23（8）：116-122.

苏娜．人口素质的家庭影响因素分析［J］.人口学刊，2001（4）：35-39.

孙继国，石铁华，徐清清．人口流动、工资变化与经济增长——基于省级面板数据的空间计量分析［J］.人口与发展，2021，24（4）：14-23+36.

孙健，尤雯．人才集聚与产业集聚的互动关系研究［J］.管理世界，2008（3）：177-178.

孙久文．论新时代区域协调发展战略的发展与创新［J］.国家行政学院学报，2018（4）：109-114+151.

孙晓华，李明珊，王昀．市场化进程与地区经济发展差距［J］.数量经济技术经济研究，2015，32（6）：39-55.

孙雪，宋宇，赵培雅．人工智能对异质劳动力就业的影响——基于劳动力供给的视角［J］.经济问题探索，2022（2）：171-190.

孙早，侯玉琳．工业智能化如何重塑劳动力就业结构［J］.中国工业经济，2019（5）：61-79.

孙兆阳，刘玉锦．工会对企业员工工资有什么影响？——基于中国综合社会调查2008-2015年混合截面数据的分析［J］.劳动经济研究，2019，7（4）：121-144.

汤灿晴，董志强．工会能促进员工—企业"双赢"吗——理论与来自"雇主—员工"匹配数据的经验证据［J］.学术研究，2020（1）：94-102.

唐东波．贸易开放、垂直专业化分工与产业升级［J］.世界经济，2013，36（4）：47-68.

唐茂华．推进产业高端化的两条主线［J］.中国党政干部论坛，2010

（9）：46–48.

唐万梅.用因子分析法对西部地区的人口素质进行分析评价［J］.运筹
　　与管理，2005（4）：85–89+79.

唐晓华，姜博，马胜利.基于 ISCNFI 分析框架的我国区域产业融合发
　　展研究［J］.商业研究，2015（5）：1–10.

唐晓华，李静雯.区域创新、工业智能化与产业结构升级［J］.经济与
　　管理研究，2021（10）：108–120.

童玉芬，刘志丽，宫倩楠.从七普数据看中国劳动力人口的变动［J］.
　　人口研究，2021，45（3）：65–74.

屠文娟，王雅敏.技术创新视角下我国高技术产业高端化发展策略［J］.
　　科技管理研究，2013（19）：41–45.

万晓榆，赵寒，张炎.我国智能化发展评价指标体系构建与测度［J］.
　　重庆社会科学，2020，（05）：84–97+2.

汪前元，魏守道，金山，等.工业智能化的就业效应研究——基于劳动
　　者技能和性别的空间计量分析［J］.管理世界，2022，38（10）：
　　110–126.

王春晖.区域异质性、产业集聚与人力资本积累：中国区域面板数据的
　　实证［J］.经济经纬，2019，36（1）：87–94.

王丽莉，乔雪.我国人口迁移成本、城市规模与生产率［J］.经济学
　　（季刊），2019（10）：165–188.

王家庆.嘉兴市人口素质与产业结构协调发展问题研究［J］.经济论坛，
　　2014（8）：68–71.

王健，李佳.人力资本推动产业结构升级：我国二次人口红利获取之解
　　［J］.现代财经（天津财经大学学报），2013（6）：35–44+78.

王金菅.企业人力资本在技术创新、技术扩散中的作用研究［J］.科技
　　管理研究，2000（1）：12–14+29.

王静文.为什么经济放缓就业不降反升？——引入"产业—就业结
　　构"视角的联动机制分析［J］.云南财经大学学报，2017，33

（5）：26-41.

王科，李晨馨，王家钰，等．中国省际能源效率指数（2010—2018）
　　［J］．北京理工大学学报（社会科学版），2021（3）：9-21.

王文倩，张羽．金融结构、产业结构升级和经济增长——基于不同特征
　　的技术进步视角［J］．经济学家，2022，34（02）：118-128.

王孝斌．企业人力资本与技术创新的相互作用研究［J］．生产力研究，
　　2006（6）：214-215.

王星，徐佳虹．中国产业工人技能形成的现实境遇与路径选择［J］．学
　　术研究，2020（8）：59-64+177.

王星．技能形成、技能形成体制及其经济社会学的研究展望［J］．学术
　　月刊，2021（7）：132-143.

王星．技能形成中的国家、行会与劳工——基于英国行会学徒制演化的
　　社会学分析［J］．华东师范大学学报（教育科学版），2020，38
　　（4）：96-106.

王一乔，赵鑫，杨守云．金融集聚对产业结构升级的非线性影响研究
　　［J］．工业技术经济，2020，39（05）：135-143.

王永钦，董雯．机器人的兴起如何影响中国劳动力市场？——来自制造
　　业上市公司的证据［J］．经济研究，2020，55（10）：159-175.

王玉燕，王婉．GVC嵌入、创新型人力资本与制造业高质量发展——基
　　于"新发展理念"的影响机制分析与效应检验［J］．商业研究，
　　2020（5）：67-76.

王兆萍，马婧．"中等收入陷阱"视角下经济开放、技术进步与产业结构
　　升级：基于国际经验的比较［J］．产经评论，2017，8（4）：25-38.

王振．人工智能对产业发展的影响［J］．现代管理科学，2018（4）：58-
　　60.

王政．我国稳居全球第一大工业机器人市场［N］．人民日报，2022年9
　　月8日，第07版．

王志华，董存田．我国制造业结构与劳动力素质结构吻合度分析——兼

论"民工荒"、"技工荒"与大学生就业难问题 [J].人口与经济，2012 (5)：1-7.

王智勇.城市规模与劳动生产率——基于 283 个地级市面板数据的分析 [J].劳动经济研究，2020，8 (6)：87-119.

王治宇，马海涛.综合评价人力资本水平指标体系的构建 [J].统计与决策，2007 (21)：73-75.

王子丹，袁永，邱丹逸.我国高端产业监测研究 [J].科技管理研究，2018，38 (22)：178-184.

威廉·配第.政治算术 [M]，载《配第经济著作选读》，陈东野等译，商务印书馆，1997：19.

魏峰，江永红.劳动力素质、全要素生产率与地区经济增长——基于安徽省 17 个地级市的研究 [J].人口与经济，2013 (4)：30-38.

魏后凯.高质量持续推进农村产业融合发展 [J].农村工作通讯.2022 (5)：30-32.

魏下海，张建武.人力资本对全要素生产率增长的门槛效应研究 [J].中国人口科学，2010 (5)：48-57+111.

魏下海.人力资本、空间溢出与省际全要素生产率增长——基于三种空间权重测度的实证检验 [J].财经研究，2010 (12)：94-104.

魏下海.异质型人力资本与中国全要素生产率增长：基于省际面板数据的经验分析 [J].劳动经济评论，2010，3 (00)：76-93.

温忠麟，叶宝娟.中介效应分析：方法和模型发展 [J].心理科学进展，2014 (5)：731-745.

温玲玉，庄仁锋.寿险业人员之社会资本与人力资本关联性研究：以虚拟社群知识分享为中介变项 [J].人力资源管理学报，2011，49 (1)：49-75.

吴昊，赵阳.中国人口集聚对劳动生产率的非线性影响研究 [J].人口学刊，2019 (6)：78-88.

吴海瑾.基于产业价值链分拆理论的产业高端化研究 [J].山东社会科

学，2009（2）：108-110+67.

吴振华. 城市化、人力资本集聚与产业结构调整 [J]. 经济体制改革，2020（1）：59-65.

吴振球. 产业结构优化升级、经济发展方式转变与扩大就业 [J]. 中央财经大学学报，2013（12）：70-77.

西奥多·舒尔茨. 对人进行投资——人口质量经济学 [M]. 吴珠华译. 商务印书馆，2002.

夏海勇. "人口素质综合指数"的构造设想与评价 [J]. 人口学刊，1992（4）：1-6.

夏四友，赵媛，许昕，等. 中国就业结构与产业结构协调性的时空格局演化 [J]. 华东经济管理，2020，34（05）：73-80.

鲜军，周新苗. 全要素生产率提升对碳达峰、碳中和贡献的定量分析——来自中国县级市层面的证据 [J]. 价格理论与实践，2021（6）：76-79.

肖周燕. 层次分析法在人口素质评价中的应用研究 [J]. 湖南师范大学社科学报，2006（5）：26-29.

谢良，黄健柏. 创新型人力资本、全要素生产率与经济增长分析 [J]. 科技进步与对策，2009，26（6）：153-157.

谢汝宗，杨明婉，白福臣. 数字普惠金融、居民消费与产业结构升级——基于广东省地级面板数据的PVAR动态分析 [J]. 调研世界，2022，35（02）：59-70.

谢婷婷，李玉梅，潘宇. 外商直接投资、技术进步与产业结构升级——基于中国省域空间计量分析 [J]. 工业技术经济，2018，37（08）：35-43.

辛冲冲. 贸易开放有助于中国产业结构转型升级的空间收敛吗？——兼论产业结构转型升级的β收敛特征 [J]. 北京工商大学学报（社会科学版），2022，37（2）：24-36.

熊季霞，李洁，孙源源，等. 江苏高新技术产业高端化发展的可行性分

析与对策措施 [J].科技管理研究，2012（14）：108-111.

徐佳，崔静波.低碳城市和企业绿色技术创新 [J].中国工业经济，2020（12）：178-196.

徐建伟.全球产业链分工格局新变化及对我国的影响 [J].宏观经济管理，2022（6）：22-29.

徐思雨，杨悦.智能化发展对就业结构的影响研究 [J].工业技术经济，2022，42（2）：121-128.

徐万刚.四川省劳动密集型制造业高质量发展研究——基于2006-2019年的数据 [J].四川师范大学学报（社会科学版），2021（5）：151-159.

徐向龙.广东省产业结构与就业结构演进特征与互动效率研究 [J].学术研究，2009（5）：90-96.

宣旸，张万里.产业智能化、收入分配与产业结构升级 [J].财经科学，2021，（05）：103-118.

闫坤.发挥财政政策效力支持畅通国内大循环 [J].中国经济报告，2021（4）：140-142.

闫雪凌，朱博楷，马超.工业机器人使用与制造业就业：来自中国的证据 [J].统计研究，2020，37（1）：74-87.

颜冬，陈能军.金融发展、贸易开放与产业升级之间的关系研究——基于中国1999-2014年的经验数据考察 [J].经济问题探索，2016，37（08）：36-43.

杨飞，范从来.产业智能化是否有利于中国益贫式发展？[J].经济研究，2020，55（05）：150-165.

杨建芳，龚六堂，张庆华.人力资本形成及其对经济增长的影响——一个包含教育和健康投入的内生增长模型及其检验 [J].管理世界，2006（5）：10-18+34+171.

杨师箐，周炎炎.人口素质测评指标体系的构建及应用 [J].统计与决策，2016（12）：74-76.

杨骁，刘益志，郭玉. 数字经济对我国就业结构的影响——基于机理与实证分析 [J]. 软科学，2020，34（10）：5.

杨依依，李必强. 论企业价值创造方式的转移 [J]. 价值工程，2006（4）：25-27.

杨莹莹. 人才联盟促进我国产业高端化作用机理研究 [D]. 硕士学位论文，云南大学，2015.

杨勇，达庆利. 企业技术创新绩效与其规模、R&D 投资、人力资本投资之间的关系——基于面板数据的实证研究 [J]. 科技进步与对策，2007（11）：128-131.

姚树荣. 论创新型人力资本 [J]. 财经科学，2001（5）：10-14.

姚战琪. 数字贸易、产业结构升级与出口技术复杂度：基于结构方程模型的多重中介效应 [J]. 改革，2021，34（1）：50-64.

叶明确，杨亚娟. 主成分综合评价法的误区识别及其改进 [J]. 数量经济技术经济研究，2016（10）：142-153.

叶琴，徐晓磊，胡森林，等. 长三角人工智能产业空间格局及影响因素 [J]. 长江流域资源与环境，2022，31（3）：526-536.

叶仁荪，王光栋，王雷. 技术进步的就业效应与技术进步路线的选择——基于 1990~2005 年中国省际面板数据的分析 [J]. 数量经济技术经济研究，2008，25（3）：137-147.

余玲铮，魏下海，林涛. 企业工会"代言人"的工资分配效应：事实与机制 [J]. 学术研究，2020（1）：87-93.

余玲铮，魏下海，孙中伟，等. 工业机器人、工作任务与非常规能力溢价——来自制造业"企业—工人"匹配调查的证据 [J]. 管理世界，2021，37（1）：47-59.

俞鼎起，俞涵. 劳动力素质是决定经济增长的根本要素 [J]. 中国发展观察，2017（12）：40-43.

袁润松，丰超，王苗，等. 技术创新、技术差距与中国区域绿色发展 [J]. 科学学研究，2016，34（10）：1593-1600.

袁永，邱丹逸．中国高技术产业高端化评价研究 [J]．科技管理研究，2019 (3)：86-91.

袁志刚，解栋栋．中国劳动力错配对 TFP 的影响分析 [J]．经济研究，2011 (7)：4-17.

张帆．中国的物质资本和人力资本估算 [J]．经济研究，2000 (8)：65-71.

张根明，陈才，曹裕，等．创新型人力资本对经济增长影响的实证研究——基于存量与水平的视角 [J]．科技进步与对策，2010，27 (3)：137-141.

张国强，温军，汤向俊．中国人力资本、人力资本结构与 产业结构升级 [J]．中国人口·资源与环境，2011，21 (10)：138-146.

张欢，罗畅，成金华，等．湖北省绿色发展水平测度及其空间关系 [J]．经济地理，2016，36 (9)：158-165.

张抗私，盈帅．产业结构升级对就业有何影响？——基于斯托克夫指数的视角 [C]//教育部人文社会科学重点研究基地东北财经大学产业组织与企业组织研究中心，东北财经大学经济学院，中国工业经济学会.2011 年产业组织前沿问题国际研讨会会议文集．东北财经大学经济学院/产业组织与企业组织研究中心，2011：14.

张抗私，周晓蒙．就业结构缘何滞后于产业转型：人力资本视角的微观解释——基于全国调研数据的实证分析 [J]．当代经济科学，2014 (6)：11-19+122.

张世伟，张君凯．技能培训、工作转换与就业质量 [J]．劳动经济研究，2022，10 (1)：3-29.

张添，余伯阳．医疗器械产业高端化进程中产业创新生态系统的构建研究——以江苏省为例 [J]．现代经济探讨，2018 (8)：106-111.

张万里，宣旸，睢博，等．产业智能化、劳动力结构和产业结构升级 [J]．科学学研究，2021，39 (8)：1384-1395.

张万里，宣旸．产业智能化对产业结构升级的空间溢出效应——劳动力

结构和收入分配不平等的调节作用 [J]. 经济管理, 2020, 42
(10): 77-101.

张万里, 宣旸, 睢博, 魏玮. 产业智能化、劳动力结构和产业结构升级
[J]. 科学学研究, 2020 (8): 1384-1395.

张桅, 胡艳. 长三角地区创新型人力资本对绿色全要素生产率的影
响——基于空间杜宾模型的实证分析 [J]. 中国人口·资源与环境,
2020 (9): 106-120.

张维迎. 市场的逻辑 (第 3 版) [M]. 西北大学出版社, 2019.

张飉, 马宁. 21 世纪我国人口身体素质问题分析 [J]. 西北人口, 2011,
32 (6): 124-127.

张学江. 产业结构优化升级与提高劳动力素质 [J]. 商业研究, 2009
(2): 83-85.

张玉兰, 崔日明, 郭广珍. 产业政策、贸易政策与产业升级: 基于全球
价值链视角 [J]. 国际贸易问题, 2020, 46 (10): 111-128.

张志强. 我国人口素质水平的统计分析 [J]. 山西财经大学学报, 2001
(2): 102-104.

赵春明, 范雅萌, 熊珍琴. 贸易政策不确定性对中国地区产业结构升级
的影响 [J]. 亚太经济, 2020, 37 (5): 116-125.

赵利, 姜均武. 中国技术进步对劳动力素质影响的实证研究 [J]. 经济
经纬, 2011 (2): 82-85.

赵利, 卢杰. 产业结构调整影响劳动就业的理论演变及作用机理分析
[J]. 理论学刊, 2016 (3): 54-59.

赵领娣, 张磊, 徐乐, 等. 人力资本、产业结构调整与绿色发展效率的作
用机制 [J]. 中国人口·资源与环境, 2016, 26 (11): 106-114.

赵明霏, 冯婧. 农民工就业质量的微观影响因素分析 [J]. 学术交流,
2020 (9): 2-11.

赵明霏, 王珊娜. 外出农民工就业质量的变化趋势及特征分析——基于
流动人口动态监测调查数据的研究 [J]. 山东工会论坛, 2020

（2）：1-11.

赵永平，徐盈之．新型城镇化、技术进步与产业结构升级——基于分位
　　数回归的实证研究［J］．大连理工大学学报（社会科学版），2016，
　　37（2）：56-64.

赵雨薇．基于微观层面的创新投入、劳动力素质与企业技术进步研究
　　［J］．科技与管理，2019，21（2）：27-32.

郑爱兵．产业升级对我国服务业劳动市场结构的影响［J］．华东理工大
　　学学报（社会科学版），2018（2）：98-106.

郑江淮，冉征．智能制造技术创新的产业结构与经济增长效应——基于
　　两部门模型的实证分析［J］．中国人民大学学报，2021，31（6）：
　　86-101.

郑有贵主编．中华人民共和国经济史（1949-2012）［M］．当代中国出
　　版社，2016：8.

钟卫华，任力．实现国内大循环为主体的政治经济学分析［J］．厦门特
　　区党校学报，2021（1）：54-59.

仲理峰．心理资本对员工的工作绩效、组织承诺及组织公民行为的影响
　　［J］．心理学报，2007，39（2）：328-334.

周国富，柴宏蕊，方云龙．金融发展、技术进步与产业结构升级［J］．
　　云南财经大学学报，2020，36（10）：76-87.

周健．中国第三产业产业结构与就业结构的协调性及其滞后期研究［J］．
　　兰州学刊，2020（6）：95-109.

周茂，陆毅，符大海．贸易自由化与中国产业升级：事实与机制［J］．
　　世界经济，2016，39（10）：78-102.

周密．人力资本、劳动密集型产业转移与区域产业升级——基于泛珠九
　　省的实证研究［D］．硕士学位论文，广东外语外贸大学，2017.

周文霞，谢国宝，辛迅，等．人力资本、社会资本和心理资本影响中国
　　员工职业成功的元分析［J］．心理学报，2015（2）：251-263.

朱可辛，孟书广．历史、现实与未来：马克思生态文明思想的三个维度

[J].党政研究，2021（4）：1-69.

朱平芳，徐大丰.中国城市人力资本的估算［J］.经济研究，2007（9）：84-95.

祝树金，谈晓静，李丹.劳动力需求视角下智能化影响制造业价值链攀升的实证研究［J］.国际贸易问题，2022，（05）：51-68.

邹建国，李明贤.科技金融对产业结构升级的影响及其空间溢出效应研究［J］.财经理论与实践，2018，39（05）：23-29.

邹璇，钟航.劳动力素质与生产技术协调发展研究——基于中国省级层面的实证研究［J］.金融与经济，2017（12）：50-56.

邹璇.浅谈幼儿美术教育的可教性与不可教性［J］.读与写（教育教学刊），2017，14（7）：259.

Aaker. Strategic Marketing Analysis：Framework and Practical Applications［M］.Best-wise Publishing Co，1984.

Acemoglu D，Restrepo P. Robots and Jobs：Evidence from US Labor Markets［J］. National Bureau of Economic Research，2017.

Adamopoulos T，Restuccia D. The Size Distribution of Farms and International Productivity Differences［J］. American Economic Review，2014，104（6）：1667-1697.

Agrawal A，Gans J，Goldfarb A. The Economics of Artificial Intelligence：An Agenda［M］. University of Chicago Press，2019.

Amabile M T. A Model of Creativity and Innovation in Organization［J］. Research in Organizational Behavior，1988，10：123-167.

Andrew K，David D. Intelligent Manufacturing Systems［J］. Journal of Engineering for Industry，1991，113（2）：248-251.

Antonucci T，Pianta M. Employment effects of product and process innovations in Europe［J］. International Review of Applied Economics，2002，16（3）：295-307.

Arrow K J. Economic Welfare and the Allocation of Resources for Invention

［M］.//Rowley C K. Readings in Industrial Economics. London: Red Globe Press, 1972: 219-236.

Arthur M B, Claman P H, Defillippi R J. Intelligent Enterprise, Intelligent Career ［J］. Academy of Management Executive, 1995, 9: 7-20.

Autor D H, Handel M J. Putting Tasks to the Test: Human Capital, Job Tasks and Wages. Journal of Labor Economics, 2013, 31 (S1): S59-S96.

Autor D, Dorn D. The Growth of Low-Skill Service Jobs and the Polarization of the US Labor Market ［J］. American Economic Review, 2013, 103 (5): 1553-1597.

Azariadis C, Drazen A. Threshold Externalities in Economic Development ［J］. The Quarterly Journal of Economics, 1990, 105 (2): 501-526.

Barro R J. Economic Growth in a Cross Section of Countries ［J］. The Quarterly Journal of Economics, 1991, 106 (2): 407-443.

Becker G S, Murphy K M, Tamura R. Human Capital, Fertility, and Economic Growth ［J］. Journal of Political Economy, 1990, 98 (5): 1-20.

Becker G. Human Capital: A Theoretical Analysis of Special Reference to Education ［M］. New York: Columbia University Press, 1964.

Bell M, Albu M. Knowledge Systems and Technological Dynamism in Industrial Clusters in Developing Countries World ［J］. World Development, 1999, 27 (9): 1715-1734.

Benhabib J, Spiegel M M. The Role of Human Capital in Economic Development Evidence from Aggregate Cross-country Data ［J］. Journal of Monetary Economics, 1994, 34 (2): 143-173.

Borland J, Coelli M B. Are Robots Taking Our Jobs? ［J］. Australian Economic Review, 2017, 50 (4): 377-397.

Brida J G, Risso W A. Human Capital and Innovation: A Model of Endogenous Growth with a "Skill-loss Effect" ［J］. Economics Bulletin, 2008,

3 (21): 1-8.

Burgess B H. Industrial Organization [M]. NJ: Englewood Cliffs. Cavusgil, 1989.

Carr A. Positive Psychology: The Science of Happiness and Human Strengths [M]. New York: Routledge, 2004.

Caselli F, Coleman W J. The U. S. Structural Transformation and Regional Convergence: A Reinterpretation [J]. Journal of Political Economy, 2001, 109 (3): 584-616.

Cedefop. Green Skills and Environmental Awareness in Vocational Education and Training [R]. Luxembourg: European Commission, 2012.

Chenery H, Robinson S, Syrquin M. Industrialization and Growth: A Comparative Study [M]. New York: Oxford University Press, 1987.

Coffey W J, Bailly A S. Producer Services and Flexible Production : An Exploratory Analysis [J]. Growth and Change, 1991 , 22 (4): 95-117.

Colakoglu S N. The Impact of Career Boundary Lessness on Subjective Career Success: The Role of Career Competencies, Career Autonomy, and Career Insecurity [J]. Journal of Vocational Behavior, 2011, 79 (1): 47-59.

Daft. Consumer Behavior (9 th ed.). Ft. Worth, Tex: Harcourt College Publishers, 1978.

Davis D F, Herr P M. From Bye to Buy: Homophones as a Phonological Route to Priming [J]. Journal of Consumer Research, 2014, 40 (6): 1063-1077.

DeFillippi R J, Arthur M B. The Boundaryless Career: A Competency-based Perspective [J]. Journal of Organizational Behavior, 1994, 15 (4): 307-324.

Denison E. Trends in American Economic Growth, 1929-1982 [M]. Washington: Brookings Institution Press, 1985.

Dixit, A. The Optimum Factory Town [J]. Bell Journal of Economics & Management Science, 1973, 4 (2): 637-651.

Edvinsson L, Malone M S. Intellectual Capita [M]. New York: Harper Collins Publishers, Inc, 1997.

Erhel C, Guergoat-Larivière M, et al. Trends in Job Quality during the Great Recession and the Debt Crisis (2007-2012): A Comparative Approach for the EU [J]. Psychopharmacology, 2015, 232 (19): 3563-3572.

Felipe J, Abdon A, Kumar U. Tracking the Middle-income Trap: What is it, Who is in it, and Why? [R]. Working Paper, Levy Econoics Institute of Bard College, 2012.

Freeman C. The ICT Paradigm [M]. Mansell R, et al. (eds). The Oxford Handbook of Information and Communication Technologies, Oxford: Oxford University Press, 2007.

Freeman R B, Medoff J L. What Do Unions Do? [M]. New York: Basic Books, Inc, 1984.

Gardas B B, Mangla S K, Raut R D, et al. Green Talent Management to Unlock Sustainability in the Oil and Gas Sector [J]. Journal of Cleaner Production, 2019, 229 (20): 850-862.

Garicano L, Lelarge C, Reenen J V. Firm Size Distortions and the Productivity Distribution: Evidence From France [J]. American Economic Review, 2016, 106 (11): 79-3439.

Gereffi G. International Trade and Industrial Upgrading in The Apparel Commodity Chain [J]. Journal of International Economics, 1999, 48 (1): 37-70.

Grantham C E, Nichols L D, Schonberner M. A Framework for the Management of Intellectual Capital in the Health Care Industry [J]. Journal of Health Care Finance, 1997, 23 (3): 1-19.

Gratton L, Ghoshal S. Managing Personal Human Capital: New Ethos of the

Volunteer Worker ［J］. European Management Journal, 2003, 21 (1): 1-10.

Greenfield H L. Manpower and the Growth of Producer Services ［M］. New York: Columbia University Press, 1966.

Greenstein S, Khanna T. What Does Industrial Convergence Mean? Competing in the Age of Digital Convergence ［M］. Harvard Business School Press, 1997.

Griliches Z. Capital-skill Complementarity ［J］. Review of Economics and Statistics, 1969 (3): 465-468.

Grossman G, Helpman E. Innovation and Growth in the Global Economy ［M］. MA: MIT Press, 1991.

Han J K, Kim N, Srivastava R K. Market Orientation and Organizational Performance: Is Innovation a Missing Link? ［J］. Journal of Marketing, 1998, 62: 30-45.

Hansen B E. Threshold Effects in Non-dynamic Panels: Estimation, Testing, and Inference ［J］. Journal of Econometrics, 1999, 93 (2): 345-368.

Hémous D, Olsen M. The Rise of the Machines: Automation, Horizontal Innovation and Income Inequality ［R］. London: The Centre for Economic Policy Research, 2014.

Herrendorf B, Herrington C, Valentinyi A. Sectoral Technology and Structural Transformation ［J］. American Economic Journal: Macroeconomics, 2013, 7 (4): 104-133.

Herrendorf B, Schoellman T. Wages, Human Capital, and Structural Transformation ［R］. Cesifo Working Paper, 2017.

Hsieh C, Klenow P J. Misallocation and Manufacturing TFP in China and India ［J］. The Quarterly Journal of Economics, 2009, 124 (4): 1403-1448.

Hsieh C, Klenow P J. The Life Cycle of Plants in India and Mexico ［J］. The

Quarterly Journal of Economics, 2014, 129 (3): 1035-1084.

Hsieh C, Klenow P J. Misallocation and Manufacturing TFP in China and India [J]. The Quarterly Journal of Economics, 2009, 124 (4): 1403-1448.

Humphrey J, Schmitz H. How Does Insertion in Global Value Chains Affect Upgrading in Industrial Clusters? [J]. Regional Studies, 2002, 36 (9): 1017-1027.

Johnston R, Kong X. The Customer Experience: A Road-map Form Provement [J]. Managing Service Quality, 2011, 21 (1): 5-24.

Kanter R M. When A Thousand Flowers Bloom: Structural, Collective, and Social Conditions for Innovation in Organization [J]. Research in Organizational Behavior, 1988, 10: 169-211.

Kaplinsky R, Morris M. A Hand Book for Value Chain Re-search [R]. Prepared for the IDRC, 2001.

Khandelwal A, Schott P K, Wei S. Trade Liberalization and Embedded Institutional Reform: Evidence From Chinese Exporters [J]. American Economic Review, 2013, 103 (6): 2169-2195.

Kochhar R, David P. Institutional Investors and Firm Innovation: A Test of Competing Hypotheses [J]. Strategic Management Journal, 1996, 17: 73-84.

Koenker R, Bassett G. Regression Quantiles [J]. Economitrica, 1978, 46: 33-50.

Krueger A B, Lindahl M. Education for Growth: Why and for Whom? [J]. Journal of Economic Literature, 2001, 39 (4): 1101-1136.

Laptev V. Artificial Intelligence and Liability for Its Work [J]. Law. Journal of the Higher School of Economics, 2019, 2: 79-102.

Lazear E P. Personnel Economics for Managers [M]. New York: John Wiley and Sons, Inc, 1998.

Leschke J, Watt A. Challenges in Constructing a Multi-dimensional European

Job Quality Index [J]. Social Indicators Research, 2014, 118: 1-31.

Liu J, Chang H H, Forrest J Y-L, et al. Influence of Artificial Intelligence on Technological Innovation: Evidence from the Panel Data of China's Manufacturing Sectors [J]. Technological Forecasting and Social Change, 2020, 158: 120-142.

Lu Y, Tao Z, Wang Y. Union Effects on Performance and Employment Relations: Evidence From China [J]. China Economic Review, 2010, 21 (1): 202-210.

Lucas R E. Industrial Revolution: Past and Future [R]. The 1996 Simonkuznets Lectures Working Paper, 1998.

Lucas R E. On the Mechanics of Economic Development [J]. Journal of Monetary Economics, 1988, 22 (1): 3-42.

Luthans F, Avolio B J, Walumbwa F, et al. The Psychological Capital of Chinese Workers: Exploring the Relationship with Performance [J]. Management and Organization Review, 2005, 1 (2): 249-271.

MacDuffie J P. Human Resource Bundles and Manufacturing Performance: Organizational Logic and Flexible Production System in the World Auto Industry [J]. Industrial and Labor Relations Review, 1995, 48 (2): 197-213.

McCarthy J. Artificial Intelligence, Logic and Formalizing Common Sense [J]. Philosophical Logic and Artificial Intelligence, 1989: 161-190.

Midrigan V, Xu D Y. Finance and Misallocation: Evidence From Plant-level Data [J]. American Economic Review, 2014, 104 (2): 422-58.

Mincer J. Schooling, Experience, and Earnings [M]. National Bureau of Economic Research, Inc, 1974.

Nelson R R, Phelps E S. Investment in Humans, Technological Diffusion, and Economic Growth [J]. American Economic Review, 1965, 56 (1): 69-75.

OECD. Greener Skills and Jobs for a Low-Carbon Future [R]. OECD Green Growth Papers, 2014.

Ohmae K. The Borderless World: Power and Strategy in the Global Market-place [M]. London: Harper Collins, 1994.

Pianta M. The Employment Impact of Product and Process Innovations [J]. The Employment Impact of Innovation: Evidence and Policy, 2000.

Davis D F, Herr P M. From Bye to Buy: Homophones as A Phonological Route to Priming [J]. Journal of Consumer Research, 2014, 40 (6): 1063-1077.

Priem R L. A Consumer Perspective on Value Creation [J]. Academy of Management Review, 2007, 32 (1): 219-235.

Raj M, Seamans R. Primer on Artificial Intelligence and Robotics [J]. Journal of Organization Design, 2019 (8): 11.

Ramezani C A, Soenen L, Jung A. Growth, Corporate Profitability, and Value Creation [J]. Financial Analysts Journal, 2002, 58 (6): 56-67.

Ranasinghe A. Property Rights, Extortion and the Misallocation of Talent [J]. European Economic Review, 2017, 98 (5): 86-110.

Raszkowski A. The Strategy of Local Development as A Component of Creative Human Capital Development Process [R]. Wroclaw: Wroclaw University of Economics, 2015: 135-143.

Restuccia D, Rogerson R. Policy Distortions and Aggregate Productivity with Heterogeneous Establishments [J]. Review of Economic Dynamics, 2008, 11 (4): 707-720.

Romer P M. Endogenous Growth and Technical Change [J]. Journal of Political Economy, 1990, 98 (5): 71-73.

Romer P M. Increasing Returns and Long-run Growth [J]. Journal of Political Economy, 1986, 94 (5): 1002-1037.

Schultz T W. Investment in Human Capital [J]. American Economic Review,

1961, 51 (1): 1-17.

Schumpeter J A. Capitalism, Socialism and Democracy [M]. London: Unwin University Books, 1954.

Schumpeter J M. The Theory of Economic Development [M]. Cambridge: Harvard University Press, 1934.

Smith, K. Innovation Indicators and the Knowledge Economy: Concepts, Results and Policy Challenges [C]. //Thuriaux B, Arnold E, Couchot C (eds). Innovation and Enterprise Creation: Statistics and Indicators, Luxembourg: [s. n.], 2001: 22-24.

Solow R M. Technical Change and The Aggregate Production Function [J]. Review of Economics and Statistics, 1957, 39 (3): 312-20.

Stewart T A. Intellectual Capital: The New Wealth of Organizations [M]. New York: Bantam Doubleday Dell Publishing Group, Inc, 1997.

Subramaniam M, Youndt M. The Influence of Intellectual Capital on the Types of Innovative Capabilities [J]. Academy of Management Journal, 2005, 48: 450-463.

Teixeira A A C, Queirós A S S. Economic Growth, Human Capital and Structural Change: A Dynamic Panel Data Analysis [J]. Research Policy, 2016, 45 (8): 1636-1648.

Topel R. Labor Market and Economic Growth [M]. Ashen- felter O, Card D (Eds.). Handbook of Labor Economic, Amsterdam: North-Holland, 1999.

Uzawa H. Optimum Technical Change in an Aggregative Model of Economic Growth [J]. International Economic Review, 1965, 6 (1): 18-31.

Vollrath D. The Efficiency of Human Capital Allocations in Developing Countries [J]. Journal of Development Economics, 2014, 108 (6): 106-118.

Vries G J D. Productivity in A Distorted Market: the Case of Brazil's Retail

Sector [J]. Review of Income and Wealth, 2014, 60 (3): 499-524.

Wolfe R A. Organizational Innovation: Review, Critique and Suggested Research Directions [J]. Journal of Management Studies, 1994, 31 (3): 405-430.

附　录

附录1　2022年DL市职工状况调查研究问卷

第一部分　基本信息

A1　您的性别：[　　　]

　　1. 男　　　　　2. 女

A2　您的出生年月：＿＿＿＿年＿＿＿＿月（公历）

A3　您的户口类型：[　　　]

　　1. 农业户口　　2. 城镇户口　　3. 其他

A4　您户口所在地：＿＿＿＿省＿＿＿＿市＿＿＿＿区/县

A5　您的受教育程度：[　　　]

　　1. 小学及以下　2. 初中　　　　3. 高中

　　4. 中专或技校　5. 大专　　　　6. 本科及以上

A6　您的婚姻状况：[　　　]

　　1. 未婚　　　　2. 已婚有配偶　3. 离异　　　　4. 丧偶

A7　您的政治面貌：[　　　]

　　1. 中共党员　　　　　　　　　2. 共青团员

　　3. 民主党派成员　　　　　　　4. 未加入任何党派

第二部分　就业情况

B1 您目前工作的行业类别（主要业务活动或主要产品）：[　　　]

1. 农、林、牧、渔业　　　2. 采矿业　　　3. 制造业

4. 电力、热力、燃气及水生产和供应业　　5. 建筑业

6. 批发和零售业　　　　7. 交通运输、仓储及邮政业

8. 住宿和餐饮业

9. 信息传输、软件和信息技术服务业　　10. 金融业

11. 房地产业　　　　　12. 租赁和商务服务业

13. 科学研究和技术服务业

14. 水利、环境和公共设施管理业

15. 居民服务、修理和其他服务业　　　16. 教育

17. 卫生和社会工作　　　18. 文化、体育和娱乐业

19. 公共管理、社会保障和社会组织

20. 国际组织　　　　　21. 其他

B2 您目前工作的单位类别：[　　　]

1. 企业　　　　　　　2. 事业单位　　　3. 机关

4. 个体经营户　　　　5. 其他

B3 您目前的职业：[　　　]

1. 非技术工人（普通工人、杂工）

2. 技术工人或熟练工人（电镀工、管件工、车工、泥工、工艺工人等）

3. 办公室一般工作人员（秘书、办事员）

4. 服务行业人员（司机、厨师、服务员、门卫、理发员、售货员、个体经营者、保姆等）

5. 管理者/经理（厂长、车间主任、工段长、班组长等）

6. 灵活就业者（外卖员、快递员、网约车司机、卡车司机等）

7. 自雇或创业

8. 农民、渔民

9. 其他（＊请注明_____）

第三部分　劳动经济权益

C1　您上月实际领到的全部工资收入（包括基本工资、奖金、津补贴以及其他相关现金收入等）有多少元？_____元（请填写数据）。

C2　目前，您每周工作_____天；每天工作_____小时（请填写估算数据）。

C3　您加班加点的情况如何：〔　　　〕

　　1. 几乎每天加班加点　　　　2. 经常加班加点

　　3. 偶尔加班加点　　　　　　4. 从不加班加点

C4　您签订的劳动合同的类型是：〔　　　〕

　　1. 固定期限劳动合同

　　2. 无固定期限劳动合同

　　3. 以完成一定任务为期限的劳动合同

　　4. 没有签订劳动合同

C5　目前，您单位有没有拖欠您的工资：〔　　　〕

　　1. 拖欠　　　　　　　　　　2. 未拖欠

C6　您参加的是哪种养老保险：〔　　　〕

　　1. 参加了职工基本养老保险

　　2. 参加了城乡居民基本养老保险

　　3. 没有参加上述养老保险

　　4. 不知道

C7　是否参加了下列医疗保险

　　C71 单位办理的职工基本医疗保险：〔　　　〕

　　　　1. 参加了　　2. 没参加　　3. 不知道

C72 新型农村合作医疗：[　　　]

    1. 参加了　　　2. 没参加　　　3. 不知道

C73 城镇居民基本医疗保险：[　　　]

    1. 参加了　　　2. 没参加　　　3. 不知道

C74 城乡居民基本医疗保险：[　　　]

    1. 参加了　　　2. 没参加　　　3. 不知道

C75 商业医疗保险：[　　　]

    1. 参加了　　　2. 没参加　　　3. 不知道

C76 职工医疗互助活动：[　　　]

    1. 参加了　　　2. 没参加　　　3. 不知道

C8　如您没有办理社会保险，原因是：[　　　]

1. 薪资较低，相关费用无法承担

2. 办理手续太过复杂

3. 没有办理的必要

4. 不了解社会保险制度

5. 单位不给办理

6. 其他（＊请注明_____）

第四部分　工会与劳动关系

D1　您是工会会员吗：[　　　]

1. 是，工会关系在现在的工作单位

2. 是，但关系没有接转到现在的工作单位

3. 单位有工会，但我没加入

4. 不是会员，单位没有工会

5. 不是会员，不知道单位有没有工会

D2　您享受过哪些工会提供的服务（限选三项）：[　　　]

1. 保住职工工作岗位　　　　2. 提高职工工资收入

3. 维护职工社会保障权益　　4. 改善职工劳动条件

5. 提高职工职业技能　　　　6. 组织职工参与企业管理

7. 调解劳动争议　　　　　　8. 丰富职工业余文化生活

9. 帮扶困难职工　　　　　　10. 维护女职工特殊权益

11. 做职工思想工作，进行心理疏导

D3　您最希望单位工会开展或加强下列哪些方面的职工服务工作
（限选三项）：[　　　]

　　1. 提高职工工资收入

　　2. 开展职工职业技能培训

　　3. 组织职工参与企业管理

　　4. 调解劳动争议

　　5. 心理咨询、婚姻家庭咨询等专业服务

　　6. 职工子女教育托管等

　　7. 组织职工开展劳动和技能竞赛、建功立业

　　8. 养老照料等

　　9. 其他

第五部分　技能与培训

E1　目前您取得的最高专业技术等级 [　　　]

　　1. 无技术等级　　　　　2. 初级工

　　3. 中级工　　　　　　　4. 高级工

　　5. 技师　　　　　　　　6. 高级技师

E2　最近 1 年，您参加单位组织的培训情况：[　　　]

　　1. 经常参加　　　　　　2. 有时参加

　　3. 偶尔参加　　　　　　4. 没参加过

E3　您最希望参加哪些方面的进修或培训（限选三项）：[　　　]

　　1. 学历或学位教育

　　2. 计算机技术类

　　3. 外语类

4. 金融、财会类

5. 教育、心理等类

6. 人力资源、文秘等类

7. 管理、策划、营销等类

8. 技工类培训（如车工、钳工等）

9. 厨师、家政类

10. 文艺、体育、书画等类

11. 其他

第六部分　思想状况

F1　您认为您的工作得到了社会的尊重与认可吗：[　　]

　　1. 非常认同　　　　　　　2. 比较认同

　　3. 一般　　　　　　　　　4. 不太认同

　　5. 非常不认同

F2　您对我国 2035 年远景目标怎么看：[　　]

　　1. 规划目标切实可行

　　2. 能让老百姓得到实惠

　　3. 虽然对具体内容不很了解，但相信党和政府制定的目标是
正确的

　　4. 目标是好的，但落实起来很难，未必能实现

　　5. 那是政府的事情，跟我们老百姓没啥关系

　　6. 说不清

F3　您对"职工参与单位管理"的看法？至多选三项　　[　　]

　　1. 是职工应当享有的权利

　　2. 有利于促进单位的发展

　　3. 有利于维护职工权益

　　4. 那是少数人的事情

　　5. 实际作用不大，多是走形式

6. 会增加单位的成本

7. 单位领导不太可能真正让职工参与管理

8. 职工只要干活挣钱，没必要参与单位管理

第七部分　安全生产

G1　您单位是否向从业人员如实告知作业场所和工作岗位存在的危险因素、防范措施以及事故应急措施：[　　　]

1. 如实告知　　　　　　　　2. 必要时告知

3. 没告知　　　　　　　　　4. 不清楚

G2　《安全生产法》第五十八条规定："从业人员应当接受安全生产教育和培训，掌握本职工作所需的安全生产知识，提高安全生产技能，增强事故预防和应急处理能力。"您单位组织过这类培训吗：[　　　]

1. 定期组织　　　　　　　　2. 偶尔组织

3. 没组织　　　　　　　　　4. 不清楚

G3　最近一年来，您参加单位组织体检的情况：[　　　]

1. 参加过　　　　　　　　　2. 没参加过

附录2　人工智能应用与劳动力工作转换
相关变量描述性统计

变量		频数（人）	比例（%）	样本（人）
工作转换	未来2年之内计划找新工作	608	14.36	4234
	无此计划	3626	85.64	4234
人工智能应用	应用人工智能技术	466	11.01	4231
	没有应用人工智能技术	3765	88.99	4231

变量		频数（人）	比例（%）	样本（人）
培训参与	参与培训	768	18.15	4232
	没有参与培训	3464	81.85	4232
有技能证书	有技能证书	1177	27.81	4232
	没有技能证书	3055	72.19	4232
性别	男性	2263	53.45	4234
	女性	1971	46.55	4234
户籍	农业户籍	2284	53.94	4234
	非农户籍	1950	46.06	4234
受教育程度	未上过学	89	2.11	4226
	小学	483	11.43	4226
	初中	1314	31.09	4226
	普通高中	531	12.57	4226
	职业高中	78	1.85	4226
	中专	62	1.47	4226
	技校	250	5.92	4226
	大专	647	15.31	4226
	本科	699	16.54	4226
	硕士	63	1.49	4226
	博士	10	0.24	4226
健康状况	非常不健康	27	0.64	4232
	比较不健康	223	5.27	4232
	一般	954	22.54	4232
	健康	2037	48.13	4232
	非常健康	991	23.42	4232
婚姻状况	未婚/同居	754	17.81	4234
	已婚或曾结婚	3480	82.19	4234
工会参与	加入工会	1220	37.01	3296
	没有加入工会	2076	62.99	3296

变量		频数（人）	比例（%）	样本（人）
脑力劳动使用程度	从不	599	15.86	3777
	很少	893	23.64	3777
	有时	958	25.36	3777
	经常	1327	35.13	3777
互联网使用程度	从不	1346	35.64	3777
	很少	541	14.32	3777
	有时	567	15.01	3777
	经常	1323	35.03	3777
技能掌握所需时间	一天	298	8.57	3478
	几天	331	9.52	3478
	大约一周	441	12.68	3478
	不到一个月	430	12.36	3478
	一个月到三个月	744	21.39	3478
	超过三个月，不到一年	481	13.83	3478
	一年以上	454	13.05	3478
	三年以上	299	8.6	3478
劳动合同签订	签订劳动合同	2205	58.36	3778
	没有签订劳动合同	1573	41.64	3778
技能使用评价	非常不满意	42	1.03	4066
	比较不满意	208	5.12	4066
	一般	1526	37.53	4066
	满意	2000	49.19	4066
	非常满意	290	7.13	4066
工作满意度评价	非常不满意	36	0.85	4213
	比较不满意	221	5.25	4213
	一般	1453	34.49	4213
	满意	2240	53.17	4213
	非常满意	263	6.24	4213

续表

变量		频数（人）	比例（%）	样本（人）
经济满意度评价	非常不满意	174	4.11	4233
	比较不满意	605	14.29	4233
	一般	1479	34.94	4233
	满意	1533	36.22	4233
	非常满意	442	10.44	4233
行业类型	第一产业	67	1.66	4026
	第二产业	1396	34.67	4026
	第三产业	2563	63.66	4026
工作所在区域	东部地区	2560	60.46	4234
	中部地区	739	17.45	4234
	西部地区	758	17.9	4234
	东北地区	177	4.18	4234

附录3 产业智能化与劳动力素质专题
部分原始问卷

亲爱的朋友，您好：

　　非常感谢您抽出宝贵时间参与此次调查活动！请您将自己实际的想法、做法与题目所陈述的内容相对照，然后选择一个与自己最接近的答案。以下内容仅用于学术研究，不涉及个人隐私，您的回答将被严格保密。再次感谢您的配合！

×××××××课题组

××××年×月

一　基本信息

1. 性别：

A. 男　　　　　　　　　　B. 女

2. 年龄：

A. 25 岁及以下　　　　　　B. 26~35 岁

C. 36 到 45 岁　　　　　　D. 46 岁及以上

3. 学历：

A. 初中以下　　　　　　　B. 初中/中专

C. 高中/大专　　　　　　　D. 本科

E. 研究生

4. 工龄：

A. 1 年及以内　　　　　　 B. 2~3 年

C. 4~5 年　　　　　　　　D. 6~9 年

E. 10 年及以上

5. 技能：

A. 初级工　　　　　　　　B. 中级工

C. 高级工　　　　　　　　D. 技师

E. 高级技师

二　工作信息

6. 您企业所属的行业类型是：

A. 能源行业　　　　　　　B. 化工行业

C. 农副产品加工业　　　　D. 医药行业

E. 汽车行业　　　　　　　F. 轻工业

G. 服装制造业　　　　　　H. 其他

7. 您企业的性质是：

A. 国有及其控股企业　　　B. 集体企业

C. 民营/私营企业   D. 外商投资企业

E. 港澳台商投资企业

8. 您企业所在地区：

A. 东北地区   B. 华北地区

C. 华中地区   D. 华东地区

E. 华南地区   F. 西北地区

G. 西南地区

9. 您认为您所在企业目前的智能化水平如何？（智能化指企业为了将繁琐的、需要人工付出的精力降到最低，而使用机器或数据系统来完成一些工作）

（低）1——2——3——4——5——6——7——8——9——10（高）

10. 您所在企业是否存在"机器换人"现象？（机器换人：企业因使用机器或数据系统而减少对人的使用）

A. 1 = 不存在   B. 2 = 存在，但很少

C. 3 = 存在，比较常见   D. 4 = 非常普遍

三 自我认知

（一）人力资本：受教育程度（题 3）；工龄（题 4）；技能等级（题 5）

（二）社会资本

题号	条目	非常不同意	不同意	无意见	同意	非常同意
11	通过我的个人关系，我可以办到其他同级员工在本单位办不到的事情	1	2	3	4	5

续表

题号	条目	非常不同意	不同意	无意见	同意	非常同意
12	对于单位的一些重要决定,我可以在未公布前比多数同级员工先了解到	1	2	3	4	5
13	当我在单位遇到麻烦时,可以通过个人关系改善自己的处境	1	2	3	4	5

（三）心理资本

题号	条目	非常不同意	不同意	无意见	同意	非常同意
14	如果我发现在自己工作中陷入了困境,会想出很多办法来摆脱	1	2	3	4	5
15	目前,我在精神饱满地完成自己的工作	1	2	3	4	5
16	任何问题都有很多解决方法	1	2	3	4	5
17	眼前,我认为自己在工作上是成功的	1	2	3	4	5
18	我能想出很多办法来实现我目前的工作目标	1	2	3	4	5
19	目前,我正在实现自己设定的工作目标	1	2	3	4	5
20	在工作中遇到挫折时,我很难振作起来并继续前进	1	2	3	4	5
21	在工作中,我无论如何都会去解决遇到的难题	1	2	3	4	5
22	在工作中遇到不得不去做的事情,我也能独立应对	1	2	3	4	5
23	我通常能沉着应对工作中的压力	1	2	3	4	5
24	因为以前经历过很多磨难,所以我现在能挺过工作上的困难时期	1	2	3	4	5
25	在目前的工作中,我感觉自己能同时处理很多事情	1	2	3	4	5

（四）工作绩效

题号	条目	非常不同意	不同意	无意见	同意	非常同意
26	在主要工作职责上工作质量高（正确率高、品质好、错误少）	1	2	3	4	5
27	在主要工作职责上工作效率高	1	2	3	4	5
28	在主要工作职责上目标达成率高	1	2	3	4	5

（五）幸福感

题号	条目	非常不同意	不同意	无意见	同意	非常同意
29	我的工作非常有趣	1	2	3	4	5
30	总的来说，我对我从事的工作感到非常满意	1	2	3	4	5
31	我总能找到办法来充实我的工作	1	2	3	4	5
32	我对我具体的工作内容感到非常满意	1	2	3	4	5
33	对于我来说，工作会是很有意义的一场经历	1	2	3	4	5
34	我对目前从工作中获得的成就感感到基本满意	1	2	3	4	5

附录4　人力资本与组织创新部分原始问卷

填表说明：请依状况，在□内打"√"。
1. 性别：□男　　□女
2. 年龄：□35 岁以下　　□35~44 岁　　□45 岁~50 岁　　□51 岁以上
3. 工作年限：□10 年以下　　□11~15 年　　□16~25 年　　□26 年以上
4. 您的教育程度是：□高中（职）以下　　□大专　　□本科　　□研究生以上
5. 您的部门：□业务部　　□生产部　　□研发部　　□营销部　　□财务部　　□其他
6. 贵公司成立年限：□10 年以下　　□11~15 年　　□16~20 年　　□21 年以上
7. 贵公司员工人数：□100 人以下　　□101~200 人　　□201~300 人　□301 人以上

一　人力资本

第一部分：您对贵公司人力资本现状的看法

题号	条目	非常不同意	不同意	无意见	同意	非常同意	
8	公司高管能引导组织变革						
9	公司管理者能够妥善安排员工工作内容						
10	公司高管具有领导企业实现愿景的能力						经营团队
11	公司管理者能使用多样化的方式帮助员工发展能力						
12	公司高管在本行业经验丰富						
13	公司员工技术都是优良的						
14	公司员工积累了丰富的有关工作上的专业知识						
15	公司员工能够利用积累的专业知识解决工作的问题						专业技能
16	公司员工有主动积极的工作态度						
17	公司员工具有紧跟时代潮流的想法与知识						
18	公司员工能够积极展现个人创意						
19	公司员工能够意识到现有的专业知识与技能需要再加强						创造力
20	公司员工在各自的工作领域上，拥有与以往不同的思维方式						
21	公司员工常会主动和主管讨论有关工作的事情						
22	公司员工会主动满足内部及外部顾客						
23	公司员工会主动积极解决问题						向心力
24	只要对公司有利，员工就愿意全力以赴						

二 组织创新

第二部分：您对贵企业组织创新的看法

题号	条目	非常不同意	不同意	无意见	同意	非常同意
25	创造顾客价值是本公司公认的知识管理的重点				服务创新	
26	公司会采用新知识提高工作效率					
27	公司推动新的管理方法助力于企业营运成长					
28	公司会依据顾客的需求改善服务的内容或方式					
29	公司近三年有积极推动售后服务活动					
30	公司近三年有获得更新的国际认证或行业认证				管理创新	
31	公司近三年来有更新设备及软件					
32	公司会以创造新的产品来满足顾客的选择					
33	顾客提出合理要求时，公司会合理配合					
34	公司在研发方面的投入较同行业其他企业高				研发创新	
35	公司还有很大的空间去研发及创新					
36	公司时常会去改善生产技术以提高效率					
37	公司会比较同行业其他企业投入更多资源培养研发人员					

三 价值创造

第三部分：您对贵企业价值创造的看法

题号	条目	非常不同意	不同意	无意见	同意	非常同意
38	重视顾客持续企业价值创造				服务价值	
39	重视顾客定制化持续企业价值创造					

第三部分：您对贵企业价值创造的看法

题号	条目	非常不同意	不同意	无意见	同意	非常同意
40	重视创新自由度持续企业价值创造				产品价值	
41	重视成本优势持续企业价值创造					
42	企业拥有难以模仿性持续企业价值创造				形象价值	
43	企业拥有不可替代性持续企业价值创造					

后　记

　　历时四年有余，这项承载着全体课题组成员（张勇、赵明霏、王珊娜、冯婧、王蓉、赵鑫全、高雪原、燕晓飞、刘军丽、刘盾、王建宁）"专业壮志"和"社会薄心"的研究工作总算告一段落。研究过程中每一步都走过弯路，但没有人轻言放弃，迷惑时总能相互鼓励，困境中彼此扶持。掩卷搁笔之际，大伙儿都如释重负，但与来之不易的研究成果相比，日渐浓郁的友情更为珍贵。

　　这项研究是从思考"人与自然"的关系开始的，借着对经济学和管理学相关知识粗浅的认识，我们大胆地抽象出"产业活动"作为理解中介，并带着或许偏乐观的预期看待人口素质与产业优化升级之间的互动作用。

　　在马斯洛消费层次理论和罗斯托的经济成长阶段理论的启发下，我们首先假设产业结构演变存在内在的自然推动力，并外在地表现为产业内部结构的高端化，而劳动力素质起初是被动地通过社会分工和就业形态适应产业走势。随着服务业的日渐壮大，各次产业出现了融合化趋势，就业质量的群体分化引发对人口古典式综合素质的回归需求。消除新的人与产业关系的迷惑最终需要借助于科技革新，但人工智能的广泛应用似乎又伴随着传统就业岗位被大量替代的恐慌，最终我们只能把目光投向身兼消费者和生产者双重身份的人自身。作为大自然的宠儿，产业绿色化既是人借助自然资源满足自身的需要，也是人类对大自然母亲最好的回报，而这一切得以实现的根本必然归结为一种被称为"创新力"的素养。

　　由于人性中固有的短视和健忘，哲学家黑格尔直言不讳地说，人类从历史中获得的唯一教训就是从来不吸取教训。在现实世界里，人类的确在不断地重复着过往的错误，我们也确实看到了太多诸如战争、种族歧视、环境退化、生物灭绝等心酸的事情。然而，人类社会在曲折发展中所取得的进步是不容忽视的，除了丰富的物质和精神财富，人类追求和平和正义的脚步也从未停歇，更有越来越多善良的人们不断加入慈善事业或保护大自然的队伍之中。

　　研究暂告一段落，但思考不容止步。无论人类如何进化，都不过是这个星球上一根飞舞的琴弦，不管产业怎样升级，也不过是辽阔大自然中一颗跳动的音符。

　　我们始终坚信，协同永远是宇宙星空中最动听的乐章！

　　向所有给予本研究支持和帮助的朋友和亲人表达最真诚的感谢！

张　勇

2024 年 12 月记于增光路 45 号院

图书在版编目 (CIP) 数据

劳动力素质提升与产业优化升级的协同路径研究 /
张勇著 . --北京：社会科学文献出版社，2025.7.
(中国劳动关系学院学术论丛) . --ISBN 978-7-5228
-5364-2

Ⅰ.F241；F269.24

中国国家版本馆 CIP 数据核字第 20251LB959 号

中国劳动关系学院学术论丛
劳动力素质提升与产业优化升级的协同路径研究

著　　者 / 张　勇

出 版 人 / 冀祥德
组稿编辑 / 任文武
责任编辑 / 李艳芳
文稿编辑 / 杨晓琰
责任印制 / 岳　阳

出　　版 / 社会科学文献出版社 · 生态文明分社 (010) 59367143
　　　　　 地址：北京市北三环中路甲 29 号院华龙大厦　邮编：100029
　　　　　 网址：www.ssap.com.cn
发　　行 / 社会科学文献出版社 (010) 59367028
印　　装 / 三河市龙林印务有限公司

规　　格 / 开本：787mm×1092mm　1/16
　　　　　 印张：27.75　字数：400 千字
版　　次 / 2025 年 7 月第 1 版　2025 年 7 月第 1 次印刷
书　　号 / ISBN 978-7-5228-5364-2
定　　价 / 98.00 元

读者服务电话：4008918866